普通话
水平测试教程（第三版）

主　编　余铋珍
副主编　林朝虹　蔡斯永

暨南大学出版社
JINAN UNIVERSITY PRESS

中国·广州

图书在版编目（CIP）数据

普通话水平测试教程/余铋珍主编；林朝虹，蔡斯永副主编．—3 版．—广州：暨南大学出版社，2017.10（2022.8 重印）
ISBN 978 – 7 – 5668 – 2212 – 3

Ⅰ.①普…　Ⅱ.①余…②林…③蔡…　Ⅲ.①普通话—水平考试—教材
Ⅳ.①H102

中国版本图书馆 CIP 数据核字（2017）第 253668 号

普通话水平测试教程（第三版）
PUTONGHUA SHUIPING CESHI JIAOCHENG（DI-SAN BAN）
主　编：余铋珍　副主编：林朝虹　蔡斯永

出 版 人：张晋升
责任编辑：潘雅琴
责任校对：何利红
责任印制：周一丹　郑玉婷

出版发行：暨南大学出版社（511443）
电　　话：总编室（8620）37332601
　　　　　营销部（8620）37332680　37332681　37332682　37332683
传　　真：（8620）37332660（办公室）　37332684（营销部）
网　　址：http：//www. jnupress. com
排　　版：广州市天河星辰文化发展部照排中心
印　　刷：佛山市浩文彩色印刷有限公司
开　　本：787mm×960mm　1/16
印　　张：24
字　　数：460 千
版　　次：2011 年 8 月第 1 版　2017 年 10 月第 3 版
印　　次：2022 年 8 月第 9 次
印　　数：17401—19400 册
定　　价：49.80 元

序

　　年轻时我在中山大学中文系读书，在"现代汉语"课堂上，老师就跟我们讲，北方人说："天不怕地不怕，就怕老广说普通话。"老师还讲了清华四大导师之一梁启超曾经给清朝末代皇帝讲课，因为宣统皇帝听不懂他的"广东官话"而睡着了，忘记给他赐封官爵的故事。当然，作为"老广"的一分子，我深知我的同胞们讲的"广东普通话"的特征是多么明显，乃至成了小品里富商或者老板的语言"标记"。

　　后来，我自己也当了中文系的老师，给学生讲"现代汉语"或者"汉语方言学"时，我喜欢讲我自己身边的故事：

　　我在中山大学读书时，中文系办公室陈主任的母语是粤语，其普通话粤味很浓。有一次，他通知我们第二天下午开会，他说的是"sàwǔ"。北京的几位同学听不懂，问他究竟是上午还是下午。他生气地回答："告诉你们是'sàwǔ'就是'sàwǔ'嘛。一定要来，不来就扣你们的'公鸡（工资）'。"同学们都给逗得捧腹大笑。那时候，我们有不少同学已经工作超过四年，是带薪上学的。

　　我读中学的时候，有一位数学老师是客家人，老给我们讲"养猪场"，听了好几次以后，才知道他讲的是"圆周长"。

　　我讲这个故事的时候，有一个客家同学提供了另外一个生动的例子：他们那里的镇领导把"领导小组台上来"讲成"两条小猪抬上来"，实在令人忍俊不禁。

　　关于潮汕人讲普通话的笑话，近两年来流传在手机短信里的一段乡镇领导的讲话，我觉得编得最有水平也最精彩。兹录如下：

　　各（gò）位领导，各（gò）位嘉宾，老私（老师）们（múng），童鞋（同学）们（múng）：

　　娃（我）们（múng）上头（汕头），搞通荒变（biàng）（交通方便），猪羊哄户（资源丰富），荒淫强来头猪（欢迎前来投资），你花展（发展），我撞墙（赚钱）。……吓吓（谢谢）大家！

短短的一段话，把潮汕人讲普通话时平舌音（z－/c－/s－）和翘舌音（zh－/ch－/sh－）不分、唇齿擦音（f－）和舌根擦音（h－）不分、前鼻音韵尾（－n）和后鼻音韵尾（－ng）不分、撮口呼（－ü）和齐齿呼（－i）不分等都烩成一锅，真是巧妙之极。

由此可见，我们这些"老广"（当然不仅仅是小品里说"广东普通话"的那些人，还有不被注意的潮汕人和客家人）说的"普通话"，真的是笑料百出，而且让人难以听懂。也正因为如此，在广东推广普通话，真的是非常必要，而又任重道远。推普的重任，自然而然就落在了老师们身上。又正因为如此，教师的摇篮——师范院校就成了培养推普人才的重要基地。一位教师要讲好课，除了教学内容要丰富多彩、教学方法要生动得体，能讲一口标准流利的普通话也是必要的条件之一。也就是说，教学语言、教学艺术和教学内容完美结合，才有可能讲出一堂精彩的课。

所以，在师范生中开设"教师口语""教师语言艺术"或者"普通话语音与普通话水平测试"等课程都是十分必要的。而一门课程要上得好，合适的教材是关键。像《教师口语》《普通话语音与普通话水平测试》这类教材，全国统编的、讲普通原理的好编写，也出版了不少。但这些统编教材在方言复杂、语音特点突出的地区，其应用性和实践性却很有限。也就是说，实用性不强，或曰应用效果有待提高。因而，各省各地的大专院校，尤其是师范院校，纷纷编写适合各自方言区的这类教材，以改善普通话口语课程的教学效果。余铋珍、林朝虹、蔡斯永等老师编写的这本教材，也是为此目的而编写的。

这本教材有如下特点：

1. 针对性强

这本书是专门为普通话教学和普通话水平测试而编写的教材，所有内容都是根据普通话教学、练习和水平测试的要求而选编的，如语音的基本训练、词句的轻重格式、词汇和语法训练、朗读训练以及命题说话等。该书还提供了偏旁类推字表、多音字词、轻声儿化词语表、普通话异读词审音表、普通话水平测试大纲、常见多音字等材料，以便读者查阅和学习，明确测试要求和考试方式，加强学习的针对性。

2. 地方性强

这本书主要是为广东学生，尤其是潮汕学生而编写的，训练对象主要侧重于潮汕人，同时兼顾客家人和粤语读者。本教材主要根据闽、客、粤三种方言与普通话的相同、相异之处来阐述和剖析发音理论与方法，突出强调方音偏误辨正之法。在词汇、语法训练方面也将闽、客、粤三大方言与普通话进行一一对照，根据各自的特点，因人（言）施教，避免学生在练习时出现同类错误。

3. 形象性强

在以往的各种教材中或多或少存在不足，如全国通用的主干教材《教师口语》和《教师口语训练手册》，理论讲述过于笼统，与方言区的教学实践相脱离，教材与训练手册翻来覆去，不胜烦琐；有些地方院校编写的教材虽然针对性也比较强，但方言区不同，广东人使用不了；有的虽然是同一方言区的，但训练材料太少，词语训练缺乏层递性。为此，本书在编写时特别注意通过图像与理论相对照的方法，变笼统为具体，化抽象为形象，化难为易。

4. 实效性强

韩山师范学院潮州师范分院的普通话通过率从 2004 年的 52.2% 提高到 2010 年的 98.5%，这与实施有效的课堂教学是分不开的。本书的主要编纂者余铋珍自己是客家人，在潮州长大，熟谙闽、客两种方言；林朝虹老师有十多年的普通话教学经验。她们对方言与普通话之间的语音差异有着切身的体会。我相信，这本书一定是她们十多年来的教学实践和经验的心血结晶。

有鉴于此，作为一名有近 30 年语言学教学与研究经验的老教师，作为广东省语言文字工作委员会普通话水平评估专家组成员，我觉得，这本教材值得推荐。同时，也希望编写者在使用过程中，不断提高本书的四个特性，再辅以适当的趣味性，不断地完善这本教材，使学术性和应用性更加完美地结合起来，使其成为韩山师范学院潮州师范分院的优秀教材。

林伦伦

2011 年春节于韩园山居

（林伦伦为韩山师范学院院长、教授、广东省中国语言学会副会长、中国社科院青年语言学家奖获得者）

第三版前言

本教材自出版以来受到广大师生的欢迎以及学者专家的肯定，使笔者备受鼓舞。本教材的第二版受到国务院侨务办公室的肯定，成为海外 511 所孔子学院的馆藏图书，同时在全国多个方言区传播，用于交流和学习。本教材也因其针对性、地方性、形象性、实效性强，使得使用本教材的应试者普通话二级甲等通过率逐年提高，现已接近 30%，二级乙等通过率已达到 98%。

本次修订将继续保持第二版的基本框架，但内容上与时俱进，以适用于读者的需要。教育部语用司和语信司两司司长在联合国教科文组织主办的"南山会讲'语保世界观'"活动中提出，"一带一路"倡议需要语言铺路。地方经济的发展离不开语言隔阂的消除，文化的传承离不开对地方方言的保护与传承。本教材即是将两者巧妙地融合，既指出普通话与广东三大方言在语音、词汇和语法上的区别，又努力引导应试者实现语言学习的正迁移。

本次修订的主要内容有：①根据国家语言文字工作委员会普通话与文字应用培训测试中心下发的国语普测〔2016〕5 号文通知要求，更换了 50 号作品，即将纪广洋的《一分钟》替换为朱自清的《匆匆》，自 2017 年 1 月 1 日起开始实施；②在模拟试题后增加了 30 篇命题说话题目，便于查阅；③韵母 o 的舌位由原来的后半高调整为后中元音，ê 由前半低元音调整为前中元音；④声母部分个别段落做了调整，作品中个别词语、拼音等进一步完善。

在本次修订中特别感谢林伟同学，他为本书的完善提出了细致的修改意见和建议，在此深表谢意。为配合"潮州人学习语料库建设"活动，我们为本教程配备了由天津市津南区广播电视台遇博主播协助录制完成的音频资料，谨此表示由衷的感谢！该音频可使用"泛媒阅读"APP 收听，相关信息请见书末的"MPR 出版物链码使用说明"。最后，欢迎本书使用者多提宝贵意见，以期日臻完善。

余铋珍

2017 年 7 月 20 日

第二版前言

本书自 2011 年 8 月出版以来，受到学者专家、同行及使用者的肯定，认为其指导性、针对性强，理论讲解深入浅出，训练安排合理，实训方法巧妙适用，对初学者和复杂方言区的人学习普通话有一定的借鉴意义。对近三年来使用本教材者的普通话测试进行跟踪调查，结果显示，学习者普通话水平提高较快，第一次考核的二级乙等通过率已超过 92%，比往年提高了 10%，二级甲等以上水平的考生也不断增多。由此，本教材还得到国务院侨务办公室的肯定，成为海外孔子学院的馆藏图书，为推广汉语、推广普通话尽了一份绵薄之力。为使本书内容更完善，在 2013 年第二次印制时，我们增加了附录四和附录五的内容，以方便学习者进行音节练习。

为使本书内容能够与时俱进，应暨南大学出版社要求，本次修订我们结合了这门课的教学实际和测试需要，增补了一些内容、删减了一些篇幅并改换了一些例证；同时，也重写了一些章节和改写了一些段落。做了较大改动的章节有：第一章（普通话概说）、第三章（普通话语音训练）、第五章（命题说话）和附录二（普通话水平测试大纲）等。修订后的教材，概念描述更加清晰准确，语料积累更加丰富有趣，语言表达更加简洁凝练。

《普通话水平测试教程》作为一门课程，要有汉语体系的系统性，我们在编写时考虑到广东省三大方言的实际，按测试过程中容易出现的各个方面的问题做了比较详尽的讲解，教学时可根据本地学生的实际情况，确定教材的重难点和详讲略讲的内容，还可以突破常规，重新安排教学顺序。比如，声调可以放到语音训练部分的最前列；语流音变通常是语音训练学习的重点和难点，内容相对比较多、比较杂，各音变现象可分散到语音训练的各部分，如轻声、变调可以放在声调的学习之后，儿化放在韵母学习中，语气词"啊"可以放在声母的练习中。总之，授课者完全可以根据教学需要使用本书。

本书虽经再次修订，但仍难免有不足之处，欢迎使用者多提批评意见，使其日臻完善。

余钖珍

2014 年 11 月 21 日

前　言

　　1991 年国家教育委员会下发的教办 522 号文规定，各级各类师范院校都要开设普通话课程。根据以上规定和实际需要，国家教委把这门课程定为教师口语课，组编和发行了全国通用的主干教材——《教师口语》和《教师口语训练手册》，并要求各地根据本地区的实际，编写地方辅助教材。广东省教育厅根据教育部 2000 年 9 月 23 日颁布的《〈教师资格条例〉实施办法》明确规定："申请认定教师资格者其普通话水平应当达到国家语委颁布的《普通话水平测试等级标准》二级乙等以上标准。"（粤教办〔2001〕15 号文件）为了使地方院校的师范类毕业生达到这一标准，我们必须加强普通话教学。

　　目前，"教师口语"课程主要承担了普通话教学的任务，我们使用的教材是首都师范大学编写的全国通用主干教材《教师口语》《教师口语训练手册》及由韩山师范学院编写的《普通话与朗读》。但是经过这几年的教学，我们发现这几本教材特别是普通话部分都存在一些不足之处：理论的讲述或过于笼统模糊，或理论性太强、通俗性不足；训练材料的设置不合理，或理论与实践相脱离，缺乏层递性；配套的音频教材不能满足方言区学生学习的需要，学生在很大程度上依赖于教师课堂上的讲解，课外无法通过自学来进一步加深印象和提高学习效率。如果我们能编写出一本系统性、理论性、通俗性、实践性都能兼顾的教材，设计由浅入深的训练题目，录制有关普通话学习的音视频训练材料，构建立体的网络平台，那么，对于学校而言，可以解决师资不足的问题；对于学生而言，可以不受学习时间的限制，充分发挥学生学习的自主性和积极性，不断提高自己的普通话水平。

　　广东省方言复杂，主要有粤方言、客家方言和属于闽方言中闽南方言分支的潮汕方言三种方言。由于这三种方言都保留了很多古代汉语的成分，有自己明显的特点，尤其是在语音方面与普通话差异较大，说这些方言的人学习普通话相对来说比较困难。所以在编写教材过程中，我们主要根据闽、客、粤三种方言与普通话的相同、相异之处来阐述和剖析发音理论与方法，突出强调方音偏误辨正之法，针对普通话测试的各个项目选编训练材料，力求图文并茂、浅显易懂。

　　本书主要是为普通话教学和普通话水平测试而编写的教材，针对广东人学习普通话存在的语音、词汇、语法等方面的问题编排训练难点内容，训练对象侧重于说闽语的潮汕人，同时兼顾客家人和粤语读者。本书实用性、针对性强，内容丰富，涵盖了普通话的历史、方言与普通话的区别、用气发声技巧训练、语音训练、词汇语法训练等内容，提供了普通话测试用的 60 篇作品与拼音的对照及朗读提示，还有 30 篇命题说话的思路提示等，读者可以随时纠正误读，有效地提高普通话的表达水平。本书还提供了偏旁类推字表、多音字词、轻声儿化词语表、普通话异读词审音表、普通话水平测试大纲、汉语拼音方案等材料，以便读者查阅和学习，明确测试要求和考试方式，加强学习的针对性。

本书编者、审校者是长期从事推普、测试工作和普通话教学的地方师范院校一线教师，有着丰富的教学经验；多媒体制作者具有资深的实践经验和认真细致的工作态度，是网络支持的又一保证。本书由余铋珍主编，普通话概说、语音、朗读及测试部分主要由林朝虹审校，词汇、语法及命题说话部分主要由蔡斯永审校，课件制作和网络支持由沈珊负责。

本书的编写是在汇集各家精华的基础上进行的（书目详见参考文献），对此谨表谢忱！由于编者水平有限，书中难免有疏漏和不足，望专家、同行和读者多提宝贵意见，以便改进！

编　者
2011 年 3 月 27 日

目　录

第一章　普通话概说

第一节　普通话的内涵、由来及其地位

普通话是以北京语音为标准音，以北方方言为基础方言，以典范的现代白话文著作为语法规范的现代汉民族共同语。它从语音、词汇和语法三个方面确立了普通话使用的标准，是我们国家的标准语、通用语。

"普通话"这个词是怎么来的？普通话等于北京话吗？"华语""国语"等同于"普通话"吗？通过本章的学习，相信读者对上述问题定能有深入的了解。

一、普通话的由来

民族共同语是民族内部共同用来交际的语言，是识别一个独立民族的主要标志之一。汉民族共同语最晚在上古的夏商周时期就产生了，当时的民族共同语叫"雅言"，主要流行于黄河流域，我国第一部诗歌总集《诗经》的语言就是雅言；汉代的民族共同语叫"通语"；唐宋时期，人们写文章、作诗词时非常注意使用"正音"（国家颁布的读音）；明清时期的共同语叫"官话"；民国时期的共同语叫"国语"；新中国成立后的共同语才叫"普通话"。

普通话以北京语音为标准音，以北方方言为基础方言，以典范的现代白话文著作为语法规范。它作为我们国家通用语的地位是历史形成的。

第一，作为北方方言代表的北京话，数百年来作为官府的通用语言传播到了全国各地而发展成为"官话"。

第二，"白话文运动"以后，作家们自觉地运用普通话进行写作，涌现出一大批作为普通话书面语规范的典范作品。

第三，"国语运动"在口语方面增强了北京话的代表性，促使北京语音成为全民族共同语的标准音。

第四，北方方言区自身特殊的政治、经济、文化地位和人口优势等客观条件奠定了普通话作为国家通用语的地位。

"普通话"这个词早在清末就出现了。1902 年，学者吴汝纶去日本考察，日

本人曾向他建议中国应该推行国语教育来统一语言，在谈话中就曾提到"普通话"这一名称。1904 年，近代女革命家秋瑾留学日本时，曾与留日学生组织了一个"演说练习会"，拟订了一份简章，在这份简章中也出现了"普通话"的名称。1906 年，研究切音字的学者朱文熊在《江苏新字母》一书中把汉语分为"国文"（文言文）、"普通话"和"俗语"（方言）。他不仅提出了"普通话"的名称，而且明确地给"普通话"下了定义："各省通行之话。"20 世纪 30 年代，瞿秋白在《鬼门关以外的战争》一文中提出："文学革命的任务，决不止于创造出一些新式的诗歌小说和戏剧，他应当替中国建立现代的普通话的文腔。"

"普通话"的定义，在新中国成立前的几十年一直是不明确的，也存在不同的看法。新中国成立后，1955 年 10 月召开的"全国文字改革会议"和"现代汉语规范问题学术会议"，将汉民族共同语的名称正式定为"普通话"，并同时确定了它的定义，即"以北京语音为标准音，以北方话为基础方言"。1955 年 10 月 26 日，《人民日报》发表题为"为促进汉字改革、推广普通话、实现汉语规范化而努力"的社论，文中提到："汉民族共同语，就是以北方话为基础方言、以北京语音为标准音的普通话。"1956 年 2 月 6 日，国务院发出关于推广普通话的指示，把普通话的定义增补为："以北京语音为标准音，以北方话为基础方言，以典范的现代白话文著作为语法规范。"这个定义从语音、词汇和语法三个方面明确规定了普通话的标准，使普通话的定义更为科学、更为周密。其中，"普通"二字的含义是"普遍"和"共通"。

二、普通话不等同于北京话

严格地说，"普通话"并不等同于"北京话"。普通话是汉民族的共同语，而北京话只是诸多方言之一。普通话是在北京话的基础上发展起来的，成为汉民族共同语后就上升到了一个更高的层次。普通话"以北京语音为标准音"，指的是以北京音系为标准音，即北京话的声母、韵母、声调系统，而不包括北京话的土音，如把"和"读成"害"，把"往东"读成"wàng 东"，把"文化"说成"vén 化"；同时，普通话词汇也不包括北京话中的一些土语，如把"累垮了"说成"累 tān 了"，把"叔叔"叫成"二爹"等。

因此，我们学习普通话，不能完全按照北京人特别是老北京人的语音、词汇来说话，要注意分辨哪些是北京人的土词、土语，要多听普通话广播，多看普通话电视节目以及多观看普通话教学视频，学说标准的普通话。

三、国语、华语和普通话的区别

国语、华语和普通话都是指中国通用的普通话，它在中国大陆称"普通话"，在台湾称"国语"，在新加坡等一些国家的华人社区称"华语"。三种称谓，名称不同，但实质相同，三者不是相互排斥，而是相互补充的。

当然，这三种称谓从来源和使用范围上看，又有一定的差别。

"普通话"这个名称，在清末就已被一些语言学者使用。1906 年，朱文熊在"切音运动"中提出了推行与文言、方言相对的各省通用之语——"普通话"的构想。后来，黎锦熙、瞿秋白、鲁迅等陆续对"普通话"有过论述。新中国成立以后，为了尊重兄弟民族的语言文字，避免"国语"这个名称可能引起的误解，1955 年 10 月相继召开的"全国文字改革会议"和"现代汉语规范问题学术会议"决定将规范的现代汉语定名为"普通话"，并确定了普通话的定义和标准。

"国语"这个名称也是清朝末年提出来的。1909 年，清朝政府设立了"国语编审委员会"；1910 年，资政院议员江谦在《质问学部分年筹办国语教育说帖》中提出了"用合声字拼合国语，以收统一之效"的主张；后来，北洋军阀政府和国民党政府都沿用"国语"这种称说，台湾至今仍这样使用。

"华语"是新加坡和其他国家的华人社区对汉语通用语的称谓。在那里，这样称谓汉语是恰当的，在那里如果用"普通话"来称谓汉语，那么它在表达同宗同源方面就不如"华语"那样强烈。如果在那里用"国语"来称谓汉语，那就更不合适了，因为在那些国家里，汉语不一定是官方语言，或者并不是唯一的官方语言。

四、汉语在世界上的地位

汉语是中华人民共和国的全民通用语言，在世界上具有重要的地位。

（一）汉语是联合国六种工作语言之一

联合国有 160 多个会员国，但是它不可能用 160 多种不同的语言来工作。联合国成立之初就商定了五种工作语言，即英语、法语、西班牙语、俄语和汉语，后来增加了阿拉伯语。于是，联合国的工作语言变更成了六种。汉语能成为联合国工作语言之一，这是国家和语言的地位在世界上相对比较重要的一种具体体现。

（二）"汉语热"持续升温

20 世纪 70 年代末，中国开始实行改革开放政策，从此国门打开，中外交流不断增多，各国留学生纷纷来到中国学习汉语。他们既可能是为了了解中国的文化，也可能是为了增进两国之间的交流；既可能是为了旅游，也可能是为了学习和工作。总之，汉语正逐渐吸引各国学子的关注。"汉语热"不仅"热"在中国本土，许多国家的外语院校也纷纷开设汉语课程。另外，许多国家的中文报纸种类明显增加，仅哥斯达黎加就有十余种中文报纸。随着中国改革开放的不断深入，"汉语热"持续升温，进入中国的外国留学生正在逐年增多，走出国门的汉语教师队伍也在逐年壮大，去传播汉语以及它所代表的文化。截至2014年9月29日，全球五大洲已有123个国家和地区共建立了465所孔子学院以传播中国文化，"汉语桥"世界大学生中文比赛已成为一个品牌活动。

（三）使用人数最多

汉语是目前世界上使用人数最多的语言。汉语除了在中国（包括大陆、台湾、香港、澳门等地区）被广泛使用以外，还在新加坡、马来西亚等地使用。此外，还有大量的海外华人分散居住在世界上其他许多国家，他们也在使用汉语。据中国新闻网报道，全球"孔子学院日"首次证实汉语学习人数已达1亿人。美国学习汉语的人数比10年前增长了15倍，德国增长了10倍……目前，美、法、日、韩等48个国家将汉语教学纳入了国民教育体系。

（四）随着我国地位的提高，汉语的地位越来越重要

改革开放以来，我国的经济逐年增长，呈飞速发展趋势。目前，我国经济的发展速度为世人所瞩目，被世界称为奇迹。1997年，香港胜利回归祖国，中国洗雪了国耻；1999年，澳门回归，中国在世界上的地位得到进一步提高。汉语作为中国的全民通用语，它在世界上的地位必将随着国家地位的提高而显得更加重要。

周有光先生在《汉语的国际地位》一文中明确指出，汉语在世界上所处的地位虽然重要，但是与其他语言如英语、法语、俄语、西班牙语等语言相比，汉语在世界上的地位还有待进一步提高。为此，我们必须做到："普及全国通用的普通话，提高汉语的规范化水平，切实实行全民义务教育，为汉语争取更高的国际地位。"

第二节　普通话与方言的关系

一、普通话和方言的关系

普通话就是现代汉民族共同语。普通话和方言的关系其实是现代汉民族共同语和方言的关系。

民族共同语总是在某种方言的基础上形成的。汉民族共同语的基础是北方话。这是因为中国历代在北方建都，辽、金、元、明、清又都定都北京，宋元以来许多重要著作都以北方方言为基础写成，而且北方方言区面积广大，人口众多。因此，北方方言依托着政治、经济和文化的力量传播各地，汉民族共同语就

在北方方言的基础上逐渐发展而来。

汉民族共同语的基础虽是北方方言，但它同时从其他方言中汲取营养（从方言中吸收词汇、语法甚至语音的个别成分）来充实自己。民族共同语总有一系列规范化、标准化的研究和措施相伴随，所以，它比任何方言（包括北方话）更加丰富，更加具有规范性和公众性。

民族共同语这种既植根于方言又高于方言的特性决定了它为全民族服务的性质，而方言是汉语的地域分支，只为某一个地域的人群服务。随着社会统一和对外交往的日益发展，人们文明水平的日益提高和语言文字工作的日益法制化，更要求大力推行民族共同语，在正式场合和公众场合使用的具全民性和较强规范性的普通话。然而，方言的地域性、亲情特点和非物质文化遗产地方传承也决定了方言在局部地域存在的必要性和使用价值。因此，国家语言规划应一方面继续推广国家通用语言文字，另一方面也要科学地保护方言，进行方言文化教育。

二、方言的分布

方言是语言的变体，是全民语言在不同地域的分支，是语言发展不平衡性在地域上的反映。

在我国现代几大汉语方言中，北方方言可以看成是古汉语经过数千年在广大北方地区发展起来的，其余方言则是北方居民在历史上不断南迁而逐步形成的。汉族社会在发展过程中出现过程度不同的分化和统一，这使汉语逐渐产生了方言。在早期的广大江南地区，主要是古越族的居住地，他们使用古越语，与古汉语差异很大，不能沟通。后来，北方的汉人几次大规模南迁，带来了不同时期的北方古汉语，分散到江南各地区，于是逐步形成现在彼此明显不同的七大方言。现各方言之间之所以存在差异，究其原因有三：一是北方汉语与南方古越语在彼此接触之前，其内部就有各自的地区性方言；二是北方汉语南下的时间不同，汉语本身自然就不同；三是南方各方言分别在一定的独特环境中发展。

现代汉语有各种不同的方言，它们分布的区域很广。现代汉语各方言之间的差异表现在语音、词汇、语法等方面，语音方面尤为突出。但由于这些方言和共同语之间在语音上都有一定的对应规律，词汇和语法方面也有许多相同之处，因此它们不是独立的语言。根据方言的特点，联系方言形成和发展的历史，以及目前方言调查的结果，可以对现代汉语的方言进行划分。当前我国语言学界对现代汉语方言划分还未完全一致，大多数人的意见认为现代汉语有七大方言：

1. 北方方言

北方方言，即"官话"，是现代汉民族共同语的基础方言，以北京话为代表，内部一致性较强。在汉语各方言中它的分布地域最广，使用人口约占汉族总人口的70%。北方方言又有四种次方言：①狭义的北方方言，分布在北京、天津、河北、山东、辽宁、吉林、黑龙江和内蒙古的部分地区；②江淮方言，分布在安徽、江苏两省的长江以北地区，以及镇江以西、九江以东的长江南岸沿江一带；③西南方言，分布在四川、云南、贵州等省和湖北大部，广西西北部，湖南西北角等地；④西北方言，分布在山西、陕西、甘肃等省和青海、宁夏、新疆、内蒙古的一部分地区。

北方方言的明显特点为：失落了大部分的中古辅音韵尾。中古汉语中的 - p、- t、- k、- m、- n、- ng 现在已经只剩下 - n、- ng。与其他方言相比，北方话的声调较少（这是因为北方话中只有平声区分阴阳）。因此，北方方言包含了大量的同音字以及相应产生的复合词。这在其他方言中比较少见。

2. 吴方言

吴方言在江苏南部、浙江绝大部分、上海和安徽南部部分地区使用，使用人口约为汉族总人口的8%。

其主要特点为：古全清、次清、全浊声母三分，其中全浊声母一般读作浊音。大多数地方古三个鼻音韵尾合并为一个（一般为 - ng），三个入声韵尾亦合并为一个（ - ʔ）。双元音多单元音化，不少鼻音韵变为鼻化元音，甚至不带鼻化。声调按清浊分为两组，一般有七到八个，但上海市区只有五个。

3. 客家方言

客家方言在南方的客家人中使用广泛，主要包括广东东部和北部、福建西部、江西南部、广西东南部、四川、台湾桃园新竹苗栗三县等地，以梅县话为代表。虽然是一种南方方言，但客家话是受北方南下移民的影响而形成的，因而客家话保留了一些中古中原话的特点。客家话不仅限于汉族客家人使用，在畲族中也广泛使用。使用客家话的人口约占汉族总人口的4%。客家话是唯一一个不以地域而以民系来命名的方言。

4. 闽方言

闽方言在福建、海南、台湾、广东东部潮汕地区、广东雷州半岛等地使用。由于闽语的内部分歧比较大，通常分为闽北区、闽东区、闽中区、闽南区和莆仙区。闽语是所有方言中唯一不完全与中古汉语韵书存在直接对应关系的方言。闽语系中影响力最大的是闽南语，共有 - p、- t、- k、- ʔ、- n、- m、- ng 七种辅音韵尾，保留中古汉语声调"平、上、去、入"分阴阳的特征，潮汕方言即闽南语的次方言。使用闽语的人口约占汉族总人口的5%。

5. 粤方言

以广州话为代表，主要用于广东中部和西南部、广西南部、香港、澳门和海外华人之间。粤语声调非常复杂，广州话有九个声调，是保留中古汉语特征较完整的方言之一，包含 -p、-t、-k、-m、-n、-ng 六种辅音韵尾。粤语内部的分歧不大。使用粤语的人口约占汉族总人口的5%。

6. 湘方言

湘方言在湖南使用。通常被分为老湘语和新湘语两类。新湘语更接近于北方话。湘方言以长沙话（新）及娄邵片（老）为代表，使用者约占汉族总人口的5%。

其特点为方言舌音、后鼻音丢失，以及 ch、q 不分，h、f 不分，sh、x 不分，ong、eng 不分等。

7. 赣方言

赣语，又称赣方言，古称傒语，属汉藏语系汉语。主要用于江西大部、湖南东部、安徽西南部等地。使用赣语的人口约占汉族总人口的3%。

8. 其他方言

下面的几种方言是否构成独立的大方言区，现在尚有争议。

晋语：在山西绝大部分以及陕西北部、河北西部、河南西北部、内蒙古河套地区等地使用，以太原话为代表。其通常被认为是北方方言的一种。

平话：在广西的部分地区使用，相传为宋朝时驻守广西的平南军讲的山东话，是北方方言的分支。

徽语：又称徽州话，或认为属于吴语。

从上述方言的分布可以看出，广东是个多方言地区，其中部和西南部主要运用粤方言，东部广大潮汕地区主要运用闽南方言，东部及北部山区主要运用客家方言。这三种方言虽然同属于古汉语的遗留，都是广东话，但它们在语音方面仍存在着较大的差异，操持这三种方言的人彼此基本不能沟通。与北方方言相比，广东三大方言与普通话在语音、词汇、语法等方面有着较大差异，所以广东人学习普通话较为困难。

三、推广普通话并非消灭方言

《中华人民共和国宪法》规定："国家推广全国通用的普通话。"这是一个很重要的语言政策。但是，我国推广普通话的政策一再表明，推广普通话并不禁止说方言，更不是要消灭方言，而是在会说方言的基础上学会国家民族的主体性语言——普通话。早在1958年，周恩来总理就说过："我们推广普通话，是为了消除方言之间的隔阂，而不是禁止和消灭方言。……方言是会长期存在的。方言不能用行政命令来禁止，也不能用人为的办法来消灭。"1955年10月26日的《人民日报》社论也指出："普通话是为全民服务的，方言是为一个地区的人民服务的，推行普通话并不意味着人为地消灭方言，只是逐步地缩小方言的使用范围，而这是符合社会进步的客观法则的。方言可以而且必然会同普通话在相当长的时期内并存……"20世纪50年代的政策，当今仍然适用。

推广普通话并不是要消灭方言，而是要在会说方言的基础上，还要会说民族共同语。推广普通话总的要求是在正式的场合和公共交际场合讲普通话，但并不排除在非正式场合讲方言。国家推广全国通用的普通话是有重点、有步骤地进行的，并不是所有场合一律不让说方言。语言没有优劣之分，方言为一个地区的人们服务，能够很好地发挥日常交际的功能。同时，普通话也不断地从方言中汲取营养，借以丰富自己。"普通话在方言之上，又在方言之中"，两者是相依共存、互补分用的关系，它们既互相影响又互相丰富，不是互相对立、互相排斥的。

四、为什么要学好普通话

为了适应改革开放、经济建设和社会发展的需要，1986年国家把推广普通话列为新时期语言文字工作的首要任务，1992年确定推广普通话工作方针为"大力推行、积极普及、逐步提高"。

在推广普通话之初，北方人到广东来，遇到的最大障碍是语言交流困难，他们流传着这样一句俗话："天不怕，地不怕，就怕广东人说普通话。"广东作为中国的南大门，虽然经济上处于排头兵位置，南北交流在改革开放以来更加活跃，但是在语言交流方面仍存在障碍，闹出了许多笑话。例如：

盛夏，珠三角某干部领着一群从外省来取经的同志到处参观，中间小休时，他盛情地对大家说："天气太热，请大家吃点西瓜解暑，亲亲热（清清热）！来，你们吃大便（大块的），我们吃小便（小块的），吃完以后去看我们的下场（虾场）。"众人拿着西瓜，不知如何是好。

有一回，粤西某领导到部队去感谢解放军对少年宫的支持，他非常热情地发表演讲："亲爱的南海烂队（南海舰队）的指战员们，你们好，感谢你们给少年宫赠送了退役的烂艇（舰艇）……"在场的官兵面面相觑，那明明是一艘好船啊！

某潮汕地区领导热情地带领来参观的外省客人上船游览时，很认真地说："今天风大浪大，大家要吃点避孕药（药名'避晕'），免得头晕。"众人脸红。然后，该领导又热情地招呼大家："来来来，请到床头（船头）来，坐在床头（船头）看娇妻（郊区），真是越看越美丽啊！"众人无语。

上述笑话多是因为说话人方音严重而造成的误解和麻烦。语音虽然只是略有区别，但意思就相差甚远。也有一部分是由于词汇、语法不同而闹出的笑话。例如：

有一次，潮汕地区某官员以火锅设宴，招待上面来的高级嘉宾，他举起筷子在滚烫冒热气的火锅里一边搅拌，一边笑容可掬地说："大家别客气，滚了（煮开）就吃，吃了再滚（煮开）。"

所以，为了避免在工作和生活中闹出笑话，顺利地开展工作和学习，学好普通话就显得尤为重要。另外，普通话已成为当今社会衡量一个人文化素养的标准之一，大多数受过高等教育的人讲的普通话都不错，说好普通话已经成为大家的共识和审美取向。为了提高自身的文化素养，开创更多的机遇，要学好普通话，这也是国家推广普通话、促进语言文字规范化的需要。

【思考题】

1. 什么是汉民族共同语？简述它与"国语""华语"的区别。
2. 普通话的科学定义包含哪几个方面的内容？
3. 中国汉语分为几大方言区？你的家乡话属于哪个方言区？试比较你的家乡话与普通话之间在语音、词汇及语法方面的不同。

第二章　普通话语音概论

第一节　语音的性质

语言是人类最重要的交际工具，也是思维的工具。语言是声音和意义相结合的符号系统。学习语言，必须首先掌握语音。语音是语言的声音，是由人的发音器官发出来的能够代表一定意义的声音。语音是语言的物质外壳，语言的交际作用通过语音来实现。它具有生理性质、物理性质、社会性质三种属性。

一、语音的生理性质

语音是由人的发音器官发出来的声音，因此，我们可以从生理的角度考察语音的性质。人类没有专门用来发音的器官，而是使用呼吸器官、消化器官作为自己的发音器官，只有声带专用于发音。

人类的发音器官可以分为三大部分：

1. 肺、支气管和气管

这是人的动力器官，这部分器官只起供气和通气作用。肺供气，支气管和气管通气。

2. 喉头和声带

喉头上通咽头，下连气管，起通道作用。声带位于喉头中间，是两片富有弹性的薄膜。两片声带之间的空隙叫声门。从肺部呼出的气流通过声门时，会引起声带振动，发出声音。声带在发音中起重要作用。人们控制声带松紧的变化，可以发出高低不同的声音。人类无论是说话还是呼吸，无论是发乐音还是发噪音，气流都要通过声带。说话时，声门闭合，从肺中呼出的气流冲击声带；呼吸时，声门大开，让气流畅通。

3. 咽腔、口腔和鼻腔

咽腔是气流的通道和共鸣器，上通鼻腔，下通喉头。口腔和鼻腔靠软腭和小舌隔开。软腭和小舌上升时，鼻腔闭塞，口腔畅通，这时发出的音叫口音。软腭和小舌下垂，口腔某部位闭塞，气流只能从鼻腔呼出，这时发出的音叫鼻音。鼻腔一方面是通道，另一方面也用来发音，气流通过鼻腔时摩擦鼻腔四壁而出声。此外，鼻腔也是共鸣器，发口音时，气流虽然不通过鼻腔，但也发生共振，如果鼻腔不通气，音质就会受影响。

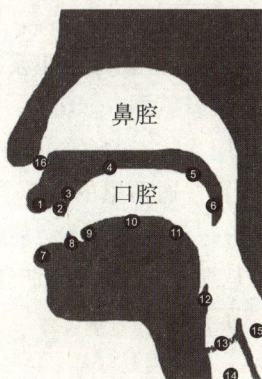

1. 上唇	2. 上齿
3. 上齿龈	4. 硬腭
5. 软腭	6. 小舌
7. 下唇	8. 下齿
9. 舌尖	10. 舌面
11. 舌根	12. 会厌（喉盖）
13. 声带	14. 气管
15. 食道	16. 鼻孔

发音器官示意图

以上的发音器官示意图有助于我们了解发音器官的各个部位，便于掌握普通话每个音的特点。

二、语音的物理性质

语音与自然界的其他声音一样，产生于物体的振动，因此，语音又具有物理性质。物体受到外力撞击而发生颤动，颤动体振动了周围的空气，就形成了一种疏密相间的音波。音波传播到人们的耳朵里，就成为人们能够用听觉器官感受到的声音。从物理角度来看，语音同其他声音一样，具有音高、音强、音长和音色四个要素。

1. 音高

音高，指声音的高低。声音的高低取决于发音体在一定时间内振动次数的多少。在同一时间内，振动次数多（即频率大）的声音高，振动次数少（即频率小）的声音低。

语音的高低与人们声带的长短厚薄有关。一般而言，女性和孩子的声带较成年男子的声带短、薄，发音时，在同一单位时间里振动次数要多，所以声音高；成年男子的声带较女性和孩子的声带长、厚，发音时，在同一单位时间里振动的次数少，所以声音低。同一个人可以发出高低不同的声音，这是由于人们能够控制自己声带的松紧。声带拉紧，声音高；声带放松，声音低。汉语声调高低升降的变化，主要是由音高不同形成的。例如：

八——声音高而平；

拔——声音由中升高；

把——声音由半低降低，再升至半高；

爸——声音由高直降到低。

2. 音强

音强，指声音的强弱。声音的强弱取决于音波振动幅度（即波幅）的大小。音波振动幅度大，声音就强；音波振动幅度小，声音就弱。

声音的强弱与撞击物体时力度的大小有关。用力大，物体振动的幅度大，声音就强；用力小，物体振动的幅度小，声音就低。普通话里的轻声与重音就是由不同的音强形成的。例如，"莲子"与"帘子"中都有"子"，前者要读上声，后者则读轻声，由于两个"子"的音强不同，从听感上就能区别意义：前者有"籽实"之意，意义是实在的；后者意义较虚，属于附加语素。

3. 音长

音长，指声音的长短。声音的长短取决于音波持续时间的长短。音波持续的时间长，声音就长；音波持续的时间短，声音就短。

音长也有区别意义的作用，但在普通话中不太明显。方言中多有这种情况，如粤语的"三"要发长音，"衫"要发短音。

4. 音色

音色，指声音的特色，也可以说是语音的本质，所以又叫作音质。不同的音色是由于音波振动的形式不同形成的，它是一个声音区别于其他声音的基本特征。

音色的不同，大体上是由以下三个条件决定的：

第一，发音体不同。如锣和鼓都是打击乐器，锣是金属的，鼓是皮面的，两者属于不同的发音体，因此它们有自己的声音特色。语音也一样，声带振动发出的音与声带不振动而由别的器官发出的音，音色是不同的。

第二，发音方法不同。如二胡和琵琶同是弦乐，二胡用弓子拉，琵琶用手指弹拨，不同的发音方法，使它们的音色不同。语音也一样，相同器官发出的音，送气和不送气能分别形成两个音色不同的音。

第三，共鸣器的形状不同。例如，小提琴和二胡虽然同是用弓弦拉的乐器，但由于小提琴的共鸣箱是扁平的，二胡的共鸣箱是圆筒形的，因而演奏时各具特色。语音也一样，口腔闭合一点或张大一点，发出的音是不同的。

任何声音都是音高、音强、音长和音色的统一体，语音也不例外。音色是语音中用来区别意义的最重要的要素，在普通话中，音高的作用也特别重要，因为它也能区别意义。

三、语音的社会性质

声音和意义本来没有必然的联系，用什么样的声音形式表达什么样的意义，这是一个民族的社会成员在漫长的社会发展中约定俗成的。一种语言所用词的音义结合，只有得到该民族全体社会成员的认可才能成立。所以，社会属性是语音的本质特点，这也是语言区别于自然界其他声音的本质特征。

语音的社会性质主要从"地方特征"和"民族特征"两个方面反映出来。由于地域不同，各地发音习惯也不尽相同。例如，某些地区的人把"兰"（lán）和"南"（nán）混同，这是因为不少方言没有或读不准"n"音。用普通话对照，n 和 l 区别很大：n 是鼻音，l 是边音。再如，普通话有些辅音声母有不送气和送气的区别，"波"（bō）和"坡"（pō）不同，就在于 b 是不送气音，p 是送气音，因而使"波"和"坡"的意义不同。但英语的辅音，就没有送气与不送气的对立，因此两个民族的语言系统并不相同。

语音是为交际服务的，什么样的声音代表什么样的意义，什么样的意义用什么样的声音来表示，并不取决于声音本身，而是与这个社会共同体的历史发展相联系的。因此，语音的社会性质是由语音的社会作用决定的，社会性质是语音的本质属性。

第二节　语音学的基本概念

为了更好地对语音情况进行说明，我们必须弄清楚几个相近语音基本概念的区别，如音节和音素，元音和辅音，声母、韵母和声调等。

一、音节和音素

音节是语音里最自然，听觉上最容易分辨出来的单位。一般而言，一个汉字就代表一个音节，如"需要是发明之母"（xūyào shì fāmíng zhī mǔ）七个汉字就是七个音节。只有少数儿化的音节，例如"花儿"写作两个汉字，口语中却是一个音节（huār）。

音节不是语音的最小单位，音节是由音素组成的。音素是语音的最小单位。在汉语里，少数音节是由一个音素构成的，如"阿"（ā）、"鹅"（é）等；大多数音节是由两到四个音素组成的，如"大学校"中的"大"（dà）是由 d 和 ɑ 两个音素组成的，"学"（xué）是由 x、ü、ê 三个音素组成的，"校"（xiào）是由 x、i、ɑ、o 四个音素组成的，这些音素都是组成音节的最小单位。

二、元音和辅音

根据不同的发音性质，音素可以分成两大类：一类是元音，即发音时呼出气流不受发音器官阻碍而发出的音；另一类是辅音，即发音时气流通过发音器官受到某种阻碍而发出的音。如音节"妈"（mā），m 是辅音，发音时双唇形成阻碍，让气流从鼻腔呼出，形成鼻音；而 a 是元音，发音时口腔大开，让气流顺畅地通过口腔。

任何一个辅音的发出，都要受到发音部位和发音方法两方面的制约。对于普通话来说，辅音的发音部位比较容易掌握，而发音方法就比较复杂，有"清"与"浊"、"不送气"与"送气"等区别。发元音时，声带都要振动。发辅音时，振动声带的只有 m、n、ng、l、r 五个音素，它们叫浊辅音；其余声带不振动的都是清辅音，如 b、p、f、d、t、g、k、h、j、q、x、zh、ch、sh、z、c、s。"不送气"辅音发音时没有明显的气流冲出，如 b、d、g、j、zh、z；"送气"辅音发音时则有明显的气流冲出，如 p、t、k、q、ch、c。另外，还有因阻碍和除阻方式不同而造成的"塞音""擦音""塞擦音""鼻音""边音"等区别。

三、声母、韵母和声调

汉语传统音韵学把汉字的字音分为声母、韵母和声调三个部分，这叫音节的三要素。

声母是汉字字音开头的辅音，普通话里一共有 21 个辅音声母。

韵母是汉字字音中声母后面的部分，普通话里一共有 39 个韵母。元音是韵母的主要成分，韵母中出现的辅音只限于鼻音 −n 和 −ng 两个，而且只能在元音之后。

声调是贯通整个字音高低升降的调子，这种高低升降的变化是音高的变化。普通话里一共有四个声调，每个声调的调值即实际读法不同。轻声属于音变现象，它的调值随前一个音节的变化而变化。

普通话音节（或字音）的三要素缺一不可，有些音节开头部分没有辅音，叫作"零声母音节"。"零声母"不等于没有声母，如"阿姨"（āyí）两个音节都是零声母音节。"零声母"也是一种声母，它占一个位置，这个位置是个"虚位"，就如宾馆里的"101"房号一样，中间的"0"不能省略。

第三节　语音训练的步骤及方法

在现代社会中，较好地驾驭公共语言，是现代人必备的条件。公共语言在全球而言是英语，在中国而言就是普通话。目前，我国学习推广普通话的热潮空前高涨，一些窗口行业的普通话普及率也大有提高，但反映出来的问题是普通话质量不高，特别是在广东方言地区，方言普通话现象仍然普遍。广东人能学好普通话吗？答案是肯定的。只要我们找到学习规律，掌握一定的学习方法，广东人是能学好普通话的。

一、探寻规律

广东人学普通话感觉最难的就是字音难记。广东人普遍存在平翘舌音、边鼻音、前后鼻音不分的情况。其实，只要找到了普通话的语音规律，要记住普通话的正确读音就不是难事。

汉字的四大造字法中，造字量最大的是形声字。形声字以形旁表意，以声旁表音。我们根据形声字的规律可以很简单地记住大量的普通话正确读音。如"成"（chéng），我们只需记住它读音的两个因素，一个是翘舌音 ch，另一个是后鼻音 eng，由此，我们可以掌握一个规律，凡是和"成"字有关的字都具备这两个因素，如"成、城、诚、铖、盛"等，它们的读音都是"chéng"。即便"盛"字是多音字（另一个读音：shèng）、"晟"的读音是"shèng"，但它们仍然具备"翘舌音"和"后鼻音"这两个因素。又如"青"字，我们只需记住它读音的一个因素，后鼻音 ing，由此，我们也可以掌握一个规律，凡是和"青"字有关的字都具备后鼻音这个因素，如"请、清、情、晴、氰、圊、蜻、箐、鲭"（以上是声母为 q 的字）和"静、精、睛、靖、菁、婧、腈、靓"（以上是声母为 j 的字）等。尽管这两组字的声母有所不同，但它们有一个共同的韵母 ing，所以，我们可以根据"青"的读音不假思索地判断出它们的音节都是带有后鼻音的。

另外还有一种规律，根据偏旁的左右位置不同来判断字的正确读音。如"且"字，如果在它的左边加上偏旁，如"组、阻、租、祖、诅、姐"，它们的声母都是平舌音（z）；如果在"且"字的右边加上偏旁"力"，字的读音就变成了翘舌音，如"助、锄"，它们的声母分别是 zh 和 ch。

以上是掌握普通话读音的两种规律。我们掌握了规律，以此类推，举一反三，就能掌握大量的普通话正确读音。

二、掌握方法

我们了解了普通话的读音规律，还需要掌握一定的学习方法。作为师范生，有专门的语音训练课，可以少走弯路，进行有针对性的学习。

首先，培养听力和音感。在语音训练过程中，听是基础，如果听力跟不上，就无从判断正误之间的区别，也就无法形成正确、标准的发音。所以，大家在课堂上和日常生活中都要养成有意听辨和用普通话思维交流的习惯。此外，多听作品朗读，多从中央电视台新闻联播的主播身上学习标准的语音，从纯正的相声小品中学习普通话口语的表达。另外，注意培养音感，多接受正确标准语音的刺激，形成良好的语音感觉。

其次，掌握正确的发音要领和发音方法。语音训练其实就是正音训练。正音训练的关键在于在专业教师的指导下，掌握正确的发音部位和发音方法。语音的每一部分都存在学习的重点和难点，学习者应该循序渐进地逐一突破和掌握，进行反复、准确的训练。从局部入手，进而掌握整体，坚持多说多读，才能有所进步。语音训练的过程是一个由浅到深、由生到熟、由量变到质变的过程。

再次，注意求同辨异，矫正偏误。在语音实验中，我们发现，当两个语音之间存在较大差异时，人们很容易将它听辨出来，而当两者的差异较小时则难以及时分清。之所以出现方言普通话的现象，是因为人们错把与标准普通话有细微差别的方音当成正确的。我们要学会求大同辨小异，矫正自己语音中存在的方言偏误，克服方言母语的影响，实现语音学习的正迁移。

最后，内化记忆和综合运用。内化记忆的要求就是将语音训练从课内向课外延展，不只在语音课上学和练，更要在日常生活中养成时时纠错、自觉改错的习惯。强化标准音，将其化为深刻的内在记忆，才能牢牢掌握语音学习的根本。语音训练是为了口语的综合运用，因此，必须在读准音节的基础上，做到字不离词，词不离句，句不离篇，篇不离境。通过综合运用，达到普通话语音运用准确、规范、自然和流畅的程度。

三、训练要求

通过语音训练掌握标准的普通话语音对于广东人而言是一个非常艰苦的过程，它要求我们必须有"三铁精神"（铁脸皮、铁嘴皮、铁意志）和"两面镜子"。"铁脸皮"意味着要放得下面子，脸皮要厚，不怕他人的批评指正；"铁嘴皮"意味着要多读多练，不怕苦、不怕累、不怕嘴皮酸；"铁意志"则要求学习者要有恒心和毅力，坚持不断地学习，克服重重困难，以到达胜利的彼岸。

"两面镜子"：一面是真镜子，对着镜子看清舌位，纠正口形，显得直观快捷，不受想象力的限制；一面是以人为镜，相同方言区的人学习普通话往往会呈现出共性的语音问题，他人的错误正是自己应该注意的地方，所以结伴练习普通话，相互指正，普通话的学习将事半功倍。

总之，广东人具有学习普通话的基本条件。爱因斯坦说："兴趣是最好的老师。"只要我们喜欢普通话，坚持不懈地学习，学好普通话就不是难事。

第四节 发声技能训练

口腔灵活，说话才利索。呼吸的正确与否，是决定声音好坏的关键。气不足，声音软弱无力；用气过猛，易损害声带，而且嗓音重。一般人是单纯的胸式呼吸法，声音虚而不实，没有底气。练声也就是练声音练嗓子。在生活中，我们都喜欢听饱满圆润、悦耳动听的声音，而不愿听干瘪无力、沙哑干涩的声音，所以锻炼出一副好嗓子，练就一腔悦耳动听的声音，是从事教师、导游等职业的人必做的功课。

一、气息控制

练声的第一步是练气。表演艺术家李默然曾说："练声先练气，气足声才亮。"气息是人体发声的动力，就像汽车上的发动机，它是发声的基础。气息的大小与发声有着直接的关系。气不足，声音无力；用力过猛，有损声带。所以我们练声，首先要学会用气，练呼吸。

做呼吸练习时的准备状态应该是心态稳定，心情平静，精神饱满，坐姿和立姿都可以练习。坐姿的准备状态是坐在椅子的前二分之一处，双脚踏住地面，上身直立，躯干略前倾，小腹微收；立姿的准备状态是两脚与肩同宽，两腿站直，平分重点，脊椎立直，不驼不塌不扭，胸自然挺起，两肩自然下垂，小腹微收。

（一）吸气

吸气时，口鼻同时进气，吸气要深，小腹收缩，整个胸部要撑开（不是单纯向前向上挺胸，也要向左右撑开，感到腰带渐紧，特别是后腰有向后撑开的感觉，不要提肩，也不要让胸部塌下去），尽量把更多的气吸进去。我们可以体会一下闻到一股香味时的吸气法。闻花时要自然轻松，不用猛吸。练习时感觉花的"香味"（意念）随着缓慢柔和的吸气动作，将气息深深地吸进小腹（小肚子）。小腹在吸气时完全放松，边吸边向外膨胀，这一切都在松弛自然的状态下进行。胸部舒展而又通畅，丝毫不紧张。吸气时，将意念很快集中到小腹部（意守丹田），接着留意鼻子闻花时小腹起伏的动作：小腹收则为吸气，小腹鼓则为呼气。久而久之，就能练成用小腹吸气而不是用鼻子、口腔、胸腔主动吸气的方法，好像吸气用小腹，而不用肺。

（二）呼气

呼气时小腹控制气流的出量，逐渐放松但仍不失去收住的感觉。要慢慢地进行，要让气慢慢地呼出。因为我们在演讲、朗诵或论辩时，有时需要较长的气息，只有呼气慢而长，才能达到这个目的。可以通过"嘶"音进行呼气练习。门齿轻合，嘴唇咧开，舌尖抵下齿背。小腹深吸气之后，让气息从齿间摩擦而出，发出不出声音的"嘶"的送气长音。此时，练习者应将注意力放在腰腹之间，体会气息的饱满状态，感觉一下门齿对气流形成阻力时收腹提臀与腰部扩张上下用力的对抗感觉。找到了呼吸的对抗力，就可以控制气息从深部位细长均匀缓慢地呼出。切忌一下把气呼出，使胸腰塌瘪，而要把小腹一直坚持收住，努力控制胸部和腰部，慢慢呼出气来。

（三）换气

除了练习吸气和呼气外，还要学会如何换气。为了表情达意或者生理的需要，我们还要掌握换气的时机和方法。换气时宜口鼻并用，以鼻为主，避免喝气声，掌握好时间差，在讲一句话前的一刹那进行，使气流充沛有力，也就是要在句首或者在句中语义变换处换气。换气一定要到位，气吸入丹田，可以时大时小，但不可时有时无。吸气七八分即可，呼气也应留有余地。练习者模仿"狗喘气"是寻找换气感觉的好方法：狗在夏天天热时常常吐着舌头快速地喘气。在胸口发声位置上练习"狗喘气"，这种练习可以使练习者体会到横膈膜在呼吸换气中快速颤动的活动状况，从而掌握换气要领。先要"看到"胸口，在练"狗喘气"时胸口感觉是"张开"的，此时下巴与喉结往下掉往下沉，是一种"懒洋洋"的松弛状态。

（四）胸腹式联合呼吸法

一般的呼吸是浅式呼吸，即胸式呼吸法，它的缺点是吸气浅、持续时间短。我们现在练习的是胸腹式联合呼吸法，胸腹式联合呼吸法并非不可捉摸，在我们日常生活中经常用到，请体会一下：

（1）假设你现在饿极了，突然，窗口飘来一阵炒菜香味，是烧肉，还是煎鱼？请大家闻闻看，究竟是什么味道？

（2）一朵鲜花包在手绢里，通过嗅觉说出它的名字。要舒适自如，避免紧张僵硬。吸气时深沉而安静，使五脏六腑都感到熨帖愉快。

（3）体会用力抬起一件笨重物体的感觉：气息自然下沉，腹肌收缩。

（4）早上来到野外，深呼吸，体会胸扩腹收。

（5）晚上仰卧床上，双肩自然并拢，体会呼吸状态。（若不会收小腹，可用双手帮助由两侧向丹田推动）

（6）用耳语声音数数，看谁延续最长，气快完时，要沉着冷静，自然放松，不要紧张。憋住气，不要失去信心，这样便可使呼吸气的控制力大大加强。

学习吸气与呼气的基本方法，可以每天到室外或公园做这种练习，做深呼吸，持之以恒定会见效。注意做此项练习时，不可太饿，太饿没力气；亦不可太饱，太饱了胃会顶住胸腔，不利于气息的存储。

我们知道人类语言的声源是在声带上，我们的声音是通过气流振动声带而发出来的。在练习发声之前要做准备工作，先放松声带，用轻缓的气流振动它，让声带有点准备，发出轻慢的声音，千万不要一张口就大喊大叫，那只会损伤声带。这就像我们在做激烈运动之前要做准备活动一样，否则容易拉伤肌肉。

二、共鸣控制

口腔是人体的一个重要共鸣器，声音的洪亮圆润与否与口腔有着直接的联系，所以不要小看口腔的作用。我们通常有这样的体验：早晨起床时说话往往没有下午或者晚上顺当，那是因为口腔肌肉休息了一整晚，所以没那么灵活。因此做口腔体操，能够帮助我们更好地使用嘴巴。共鸣控制时应注意以口腔为主，鼻腔和咽腔为辅，利用三腔共鸣的方式来美化音色。

（一）口腔、咽腔共鸣

练习口腔共鸣前，可以先活动口腔，尽可能把口腔打开。口腔活动练习可以按以下方法进行：

1. 口的开合练习

先做张嘴和闭嘴训练：张嘴要像打哈欠，闭嘴要如啃苹果。半打哈欠的方法可以用学鸭子叫"嘎"（gā）声来体会。开口的动作要柔和，两嘴角向斜上方抬起，上下唇稍放松，舌头自然放平。做这个练习有利于克服口腔开度不够的问题。

2. 咀嚼练习

张口咀嚼与闭口咀嚼要结合进行，舌头自然放平。

3. 双唇练习

先做闭拢操：双唇闭拢，向前、后、上、下转圈；然后做拍打操：双唇互相击打，打出声音。

4. 舌头练习

先是舌尖顶下齿，舌面逐渐上翘；再是舌尖在口内左右顶口腔壁，在门牙上下转圈；接着舌尖伸出口外向前伸，向左右、上下伸；然后舌尖在口腔内立起；跟着做舌尖的弹练运动，弹硬腭、弹口唇；最后是拍打运动：先是舌尖与上齿龈接触打响，再是舌根与软腭接触打响。

口腔共鸣发声最主要的一点是发声的时候鼻咽要关闭，不产生鼻泄露。大家可以通过下列练习体会一下：

ba da ga pa ta ka la pai pao zai cao

练习口腔共鸣时要注意前音稍后，后音稍前，开音稍闭，闭音稍开，注意与咽腔的连通，共鸣点应集中在口腔中部，气流打在硬腭上。例如："pɑi"音应稍靠后些，"pɑo"音应稍靠前些，这样发出的声音才厚实响亮。

（二）鼻腔共鸣

人体还有一个重要的共鸣器——鼻腔。有人在发音时，只会在喉咙上使劲，根本就没有用上胸腔和鼻腔这两个共鸣器，所以声音单薄，音色较差。练习鼻腔共鸣的方法是学牛叫"哞（mōu）——"。

鼻腔共鸣是通过软腭来实现的，标准的鼻辅音 m、n 和 ng 就是这样发声的。有人觉得鼻音重显得声音好听有厚度，但是过多的鼻音有如感冒就不好听了。发 a、i、u 的音加鼻辅音，加强鼻腔共鸣体会：

ma mi mu na ni nu dang ding dong

练习鼻腔共鸣时，我们不妨把鼻韵母拉长，感受鼻音穿透鼻腔的感觉，但真正发前后鼻音时，尾音却不可拉得太长，注意分辨。

（三）头腔、胸腔共鸣

人的共鸣器官除了口腔、鼻腔和咽腔以外，还有头腔诸窦穴和胸腔。如果能够充分利用人体的共鸣腔，那么我们的声音将更优美动听。下面的方法可以体会头腔和胸腔共鸣：念"咪、嘛、喵、衣"等不带鼻尾音的字，意念往上走到大概与眼睛呈45°前方一尺左右的点，打开鼻腔，使气往上冲击头腔诸窦穴，产生头腔共鸣，额头有轻微震颤之感，发出响亮的音色，体会高音共鸣；往下走，打开胸腔，胸腔有震颤之感，产生胸腔共鸣，发出深沉之音，体会低音共鸣。在改变音高时，声带也应随之自然拉紧或放松，喉头、下腭和颈部肌肉要尽量放松，使咽喉能自如地开放。有意识地用高、中、低调讲话，寻找三个音区的通路。如"好……"（低音），"好。"（中音），"好！"（高音）等。

我们还要注意，练声时，千万不要在早晨刚睡醒时就到室外去练习，那样会使声带受到损害，特别是室外与室内温差较大时，更不要张口就喊，冷空气进入口腔后，会刺激声带，使声带受损。

三、吐字归音

吐字归音本是传统说唱艺术的语音发声手段，有字正腔圆、清晰响亮的要求，练习吐字归音的目的是使发音有力量，传得远。吐字似乎离发声远了些，其实两者是息息相关的。只有发音准确无误、清晰圆润，吐字才能"字正腔圆"。所谓吐字归音，即指一个音节的发音在开始时要准确有力地喷吐而出，收音时要到位利索，用八个字来概括就是"咬紧字头，归全字尾"。

我们都知道，每个字都是由一个音节组成的，而一个音节又可以分成字头、字腹和字尾三部分。这三部分从语音结构来分，大体上说，字头就是我们说的声母和韵头（介音），字腹就是我们说的韵母，字尾相当于韵尾。吐字归音可以分为出字、立字和归音三个阶段。

（一）出字的要求：部位准确，弹发有力

吐字发声时一定要咬住字头。有这样一句话，"咬字千斤重，听者自然容"，说的就是这个意思。所以我们在发音时，一定要紧紧咬住字头，这时嘴唇一定要有力，把发音的力量放在字头上，利用字头带响字腹与字尾。咬字头时应准确、干脆、有力，吐字腹时应清晰、饱满、响亮，要避免出现字音含混模糊或吃字的现象。

1. 喷崩法

喷崩法就是在咬字时吸足气流，双唇紧闭，然后爆破除阻将字音吐送出来，发 b、p、m 等双唇音。

【训练】八百标兵奔北坡，北坡炮兵并排跑。炮兵怕把标兵碰，标兵怕碰炮兵炮。

2. 弹舌法

弹舌法就是利用舌头的弹力，将字音有力且富有弹性地弹吐出来，发 d、t、n、l 等舌尖中音。

【训练】调到敌岛打大盗，大盗太刁投短刀；推挡顶打短刀掉，踏盗得刀盗打倒。

3. 开喉法

开喉法是在吐字时，尽量使口腔后部打开，蓄足气流，吐送有力，发 g、k、h 等舌面后音。

【训练】哥挎瓜筐过宽沟，赶快过沟看怪狗，光看怪狗瓜筐扣，瓜滚筐空哥怪狗。

4. 震牙法

震牙法是在咬字时，尽量使舌面挺起，注意上下牙靠近，但不接触，将字音从舌面前部的纵中处挤擦而出，发 j、q、x 等舌面前音。

【训练】稀奇稀奇真稀奇，蟋蟀踩死大母鸡，气球碰坏大机器，蚯蚓身长七尺七。

5. 抵齿法

抵齿法就是在咬字时，尽量使上下门牙或槽牙抵住，同时注意舌尖力量的集中，将字音从舌尖挤擦而出，发 z、c、s 等舌尖前音或 zh、ch、sh、r 等舌尖后音。

【训练】天上有个日头，地下有块石头，嘴里有个舌头，手上有五个手指头。不管是天上的热日头、地下的硬石头、嘴里的软舌头、手上的手指头，还是热日头、硬石头、软舌头、手指头，反正都是练舌头。

除了辅音声母以外，还要注意零声母的出字。零声母 i、u、ü 开头的，要适当提高舌位，造成摩擦的半元音。例如：

友　要　亚　也　烟　样　愿　语　运　谊　月　伟　文　晚　忘　外　翁

开口呼的则加喉塞音，像咳嗽前的状态。例如：

挨　案　昂　熬　饿　俄　偶　鸥　尔　而　儿　阿　肮　鄂　哦　恩　袄

（二）立字的要求：拉开立起，响亮实在

字腹的发音一定要饱满充实，口形要正确。发出的声音应该是立着的，而不是横着的；应该是圆的，而不是扁的。如果字腹的发音处理得不好，就容易使发出的声音扁塌不圆润。这就要求发音时口腔要拉开，上腭要提起，韵腹要占较长的音值，这样字音才能显得饱满。例如：

纳　打　收　包　凉　康　射　派　毛　否　洞　堂　难　冷　高　凯　很

对于一部分韵腹，发音时还要特别注意：

1. 窄元音宽发

i、u、ü 本来较窄，当它们充当韵腹时，口腔开度可适当放大。例如：

据　己　阻　企　系　绪　除　去　素　怒　取　堵　趋　出　顾　库　图

2. 圆唇音不必太圆

u、ü 发音时唇角收拢即可，唇不可向前撮敛。例如：

助　醋　宿　序　区　书　读　土　路　古　拂　普　库　距　取　续　入

3. 省写元音音不省

iou、uei、uen 中间的字母与辅音声母相拼时省写了，读时应有一定的开口度。例如：

留　牛　论　最　崔　笋　村　尊　岁　悔　亏　归　就　求　修　准　润

（三）归音的要求：到位恰当，干净利索

字尾，主要是归音。归音一定要到家，要完整，也就是不要念"半截子"字，要把音发完整。当然字尾也要能收住，不能把音拖得过长。归音也叫归韵，归音到位是指发音时要收准韵尾，渐弱渐止，清晰圆满。以下三种情况要区别对待：

1. 元音韵尾趋向鲜明，口腔逐渐闭合（但不能完全闭合，到松 i 或松 u 即可）。凡 ɑi、ei、uɑi、ui 韵母的字归音时，应微展唇角，唇形扁平。例如：

匪　白　悔　磊　快　揣　在　赛　贼　翠　奶　凯　帅　瑞　给　随

凡 ɑo、iɑo、ou、iu 韵母的字归音时，应聚唇。例如：

愁　搂　眸　油　保　票　稿　口　乔　笑　闹　靠　找　究　求　绣　剖

2. 鼻韵尾则需要到位。凡是收前鼻音 –n 的音节，字尾收音时都要做一个明显的抵舌动作，即舌尖抵住上齿龈。例如：

烦 盘 钱 反 春 探 蓝 满 软 看 喊 甘 赞 窜 伞 川

凡是收后鼻音－ng 的音节，归音时，舌根都要顶软腭，气息要灌满鼻腔。例如：

童 让 旁 莽 康 黄 狼 洋 放 请 像 商 堂 爽 成 嗓

3. 开尾音节应保持字腹的口形，声不停形不变。例如：

国 佳 界 把 学 接 菊 垮 活 骂 略 跨 抓 擦 惹 儿

如果我们能按照以上的练习要求去做，那么吐字一定圆润响亮，声音也会变得悦耳动听。

【练习】

1. 呼吸训练

深吸一口气，然后数数，看能数多少。

2. 朗读练习

跑 20 米左右，然后朗读一段课文，尽量避免喘气声。

3. 按字正腔圆的要求读下列成语

兵强马壮	争先恐后	光明磊落	深谋远虑	硕果累累	釜底抽薪
有口皆碑	五彩缤纷	心明眼亮	海市蜃楼	优柔寡断	源远流长
山清水秀	以卵击石	侃侃而谈	忍辱负重	雪中送炭	万象更新
莫逆之交	触目惊心	晴天霹雳	通宵达旦	锦上添花	世态炎凉
气贯长虹	料事如神	弱肉强食	居安思危	同甘共苦	拔苗助长

4. 诗词练习

静夜思

李白

床前明月光，疑是地上霜。

举头望明月，低头思故乡。

长歌行

汉乐府

青青园中葵，朝露待日晞。

阳春布德泽，万物生光辉。

常恐秋节至，焜黄华叶衰（cuī）。

百川东到海，何时复西归？

少壮不努力，老大徒伤悲。

第三章　普通话语音训练

　　方言区的人要讲好普通话，一定要重视语音的学习和训练，特别是教师或从事窗口服务行业的人员。为了使沟通更加顺畅，准确无误地传达信息，避免因不必要的语音误会而导致的严重后果，我们都应努力学好普通话。社会生活中由于普通话不标准、方音浓重而造成的笑话不胜枚举。

　　网上盛传这样一则方言笑话：

　　有山东籍教师诵诗《卧春》：暗梅幽闻花，卧枝伤恨底，遥闻卧似水，易透达春绿，岸似绿，岸似透绿，岸似透黛绿。卧春，卧梅又闻花，卧枝绘中天。鱼吻卧石水，卧石答春绿。

　　因其乡音甚重，有生听记如下——《我蠢》：俺没有文化，我智商很低，要问我是谁，一头大蠢驴，俺是驴，俺是头驴，俺是头呆驴。我蠢，我没有文化，我只会种田。欲问我是谁，我是大蠢驴。

　　记罢，笑绝。

　　除了这则山东笑话，还有我们广东本地的：

　　一个外地司机在茂名向交警问路，茂名交警用广东普通话回答："你再向左开就五千（吴川），向右开就六千（陆川），向前开一阵就没路（梅碌），继续走就斩颈（湛江）！"司机大惊："我不敢走啦……"交警又说："你系呢度就有命（茂名）。"外地司机吓得差点儿尿裤子，他可怜巴巴地哀求道："老大，我掉头回去行不？"交警不慌不忙地回答："你返去照样死（就阳西）。"

　　这些笑话或许是有人恶搞，但在广东，像"大灰鸡、小恶狼"（实则"大飞机、小二郎"）、"黄鼠狼"（实则"王淑良"）、"买毒药"（实则"买卤肉"）之类的因语音欠准而造成的误解，时有所闻。当今社会，人们有这样一个共识，能说一口标准流利的普通话是具有文化素养的表现。所以，我们应该努力掌握普通话的语音，学会讲地道的普通话。

第一节　声母训练

一、普通话声母的分类及发音要领

普通话音节由声母、韵母和声调三个部分组成。它有 22 个声母，除了零声母外，其他 21 个声母都由辅音构成。声母就是汉语音节开头的辅音。辅音的特点是发音时气流在口腔中要分别受到各种阻碍，因此可以说，声母发音的过程也就是气流受阻和克服阻碍的过程。普通话有 21 个辅音声母，不同的声母是由不同的发音部位和发音方法决定的。根据其发音部位和发音方法的不同，可以将 21 个辅音声母分别归类。

（一）按发音部位分类

发音部位指发音时气流在口腔中受到阻碍的部位。通常由口腔中上下两个器官共同作用构成。上下两个部位接触或接近，就会形成阻碍。上位以上腭为主，是形成阻碍的被动或不动的部位；下位以舌头为主，是形成阻碍的主动即活动部位。根据主动器官的不同，可以将声母分为三大类，细分为七小类：

1. 唇音

以下唇为主动器官，被动器官可以分为两个部位。

双唇音——上下唇闭合构成阻碍。普通话有 b、p、m 三个双唇音。

齿唇音（也称作唇齿音）——上齿与下唇内侧靠拢构成阻碍。普通话只有一个齿唇音 f。

2. 舌尖音

以舌尖为主动器官，被动器官可以分为三个部位。

舌尖前音（也叫平舌音）——普通话的 z、c、s 是舌尖前音，发音时，舌头平伸，舌尖与上齿背构成阻碍，也有人是舌尖抵住或靠近下齿背，听起来音色没有差别，而且更省力。

舌尖中音——普通话的 d、t、n、l 是舌尖中音，发音时，舌尖正面抵住上齿龈（也叫上牙床）构成阻碍。

舌尖后音（也叫翘舌音）——普通话的 zh、ch、sh、r 是舌尖后音，发音时，舌头上举，舌尖与硬腭前部（上腭凸出来又凹下去的背面，r 音可以是舌尖背面）构成阻碍。

3. 舌面音

以舌面为主动器官，被动器官可以分为两个部位。

舌面前音——普通话的 j、q、x 是舌面前音，发音时，由舌面前部与硬腭前部构成阻碍。

舌面后音（又叫舌根音）——普通话的 g、k、h 是舌面后音，发音时，由舌面后部与软腭构成阻碍。

（二）按发音方法分类

发音方法包括阻碍气流和解除阻碍的方式、气流的强弱及声带是否颤动三个方面。任何一个声母的发音，都需要经过口腔中两个发音器官形成阻碍、保持阻碍和消除阻碍的过程。声母按发音时阻碍方式的不同，可分为五类：塞音、擦音、塞擦音、鼻音和边音。

1. 塞音

塞音顾名思义就是堵塞、闭塞的音。成阻时，两个发音部位紧紧闭合；持阻时，积蓄气流在闭合的部位之后；除阻时，气流冲破闭合部位，爆破成音，所以这类音又叫爆破音。普通话有 b、p、d、t、g、k 六个塞音。

2. 擦音

擦音就是挤擦出来的音。成阻时，两个发音部位靠拢，形成一条窄缝；持阻时，气流可以从窄缝中挤擦而出；除阻时，发音结束。普通话有 f、h、x、sh、r、s 六个擦音。

3. 塞擦音

塞擦音是先塞后擦的音，是前两种方法的结合体。成阻时，两个发音部位闭合；持阻时，气流冲出一条窄缝；除阻完毕，发音结束。普通话有 j、q、zh、ch、z、c 六个塞擦音。

4. 鼻音

鼻音的成阻方法与塞音相同，都是两个发音部位紧紧闭合，但同时封闭口腔通道；持阻时，软腭下垂，打开鼻腔通道，声带振动，气流到达口腔和鼻腔，气流在口腔受阻，从鼻腔穿透而出；除阻时，口腔阻碍解除。不同的鼻音是由于口腔中的阻碍部位不同而造成的。普通话有 m、n、－ng 三个鼻辅音，其中 m、n 是声母，而－ng 只做辅音韵尾。声母与鼻韵尾的不同在于声母要除阻，而鼻韵尾不除阻。

5. 边音

普通话只有一个边音 l。边音的成阻与塞音相同：持阻时，声带颤动，气流从舌头两边和脸颊内侧形成的空隙中通过；除阻时，发音结束。

声母按发音方法分类，还得考虑声带颤动和气流强弱的因素。发本音时，声带颤动的音叫浊音，声带不颤动的音叫清音。普通话中，只有 m、n、l、r、－ng 五个浊音，其中－ng 是鼻音韵尾，不是声母。其他 17 个辅音都是清音声母。

发音时，送出气流强的音叫"送气音"，送出气流弱的音叫"不送气音"。

只有塞音和塞擦音才分为送气音和不送气音。其中，b、d、g、j、zh、z 是不送气音，p、t、k、q、ch、c 是送气音。

　　普通话的 21 个辅音声母可以根据它们的发音部位和发音方法的不同，分成不同的组，归入不同的类别，分组学习（如下表所示）。来自不同方言区的人要注意普通话的声母和自身方言的声母可能会有所不同，要注意区分。

发音方法 / 发音部位	塞音		塞擦音		擦音		鼻音	边音
	清音		清音		清音	浊音	浊音	浊音
	不送气	送气	不送气	送气				
双唇音	b	p					m	
齿唇音					f			
舌尖中音	d	t					n	l
舌面后音	g	k			h		(ng)	
舌面前音			j	q	x			
舌尖后音			zh	ch	sh	r		
舌尖前音			z	c	s			

二、普通话声母分组训练

　　声母的发音需要经过成阻、持阻和除阻阶段。成阻阶段是指两个发音部位之间形成阻碍，持阻阶段是指在保持阻碍的同时积蓄气流，除阻阶段则是气流冲破阻碍发出声音（如下图所示）。

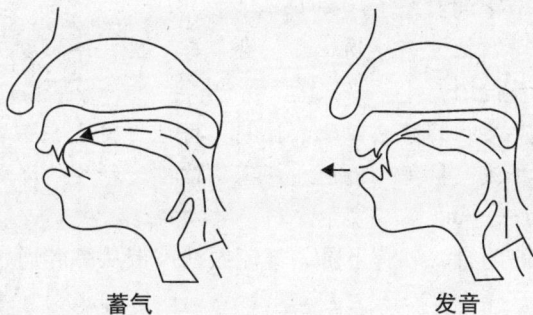

蓄气　　　　　　　　　　发音

　　普通话的每一个声母都可以根据它们的发音部位、送出气流强弱、声带是否震动和成阻除阻方式定一个名称。每一个声母只有相对应的一个名字，如 b 叫"双唇不送气清塞音"。根据这种方法发出来的音叫本音，本音不响亮，不方便教学。为了方便教学，在本音基础上加上元音拼出来的音叫呼读音，呼读音清晰响亮，便于听辨学习。

下面分组训练：

（一）双唇音

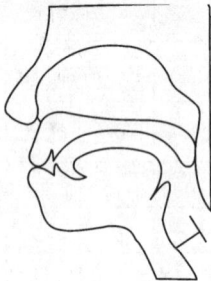

双唇音

1. 双唇不送气清塞音——b

b 发音时，双唇闭合，软腭上升，堵塞鼻腔通路，声带不颤动，较弱的气流冲破双唇的阻碍，迸裂而出，爆发成音。

听读下列单音节字词：

波 不 本 并 比 伴 被 把 倍 爸 摆 板 宾 帮 泵 冰

听读下列双音节词语：

辨别 卑鄙 半边 臂膀 摆布 奔波 背部 版本 不便 爸爸 宝贝
颁布 不必 宝宝 遍布 本部 报表 必备 北部 被捕 表白 保镖

2. 双唇送气清塞音——p

p 发音的状况与 b 相近，只是发 p 时有一股较强的气流冲开双唇。

听读下列单音节字词：

坡 品 牌 平 批 彭 篇 片 盘 普 票 评 皮 跑 配 碰

听读下列双音节词语：

偏旁 澎湃 乒乓 品牌 匹配 批判 拼盘 爬坡 婆婆 频频 琵琶
评聘 频谱 瓢泼 批评 偏僻 评判 铺排 拍片 泼皮 皮袍 跑偏

3. 双唇浊鼻音——m

m 发音时，双唇闭合，软腭下降，气流振动声带从鼻腔通过，发音完结，双唇放开。

听读下列单音节字词：

摸 门 面 母 马 美 忙 名 毛 米 秒 买 满 木 梦 民

听读下列双音节词语：

美妙　面貌　牧民　明媚　麦苗　命名　磨灭　密码　妈妈　秘密　买卖
木马　没命　麻木　默默　面目　眉目　美貌　弥漫　莫名　茂密　猫咪

（二）唇齿音

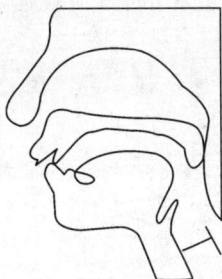

唇齿音

齿唇清擦音——f

f 发音时，下唇接近上齿，形成窄缝，气流从唇齿间摩擦出来，声带不颤动。

听读下列单音节字词：

佛　发　分　方　法　房　份　焚　飞　肤　范　锋　费　凡　否　饭

听读下列双音节词语：

肺腑　防范　非凡　分发　反复　发放　丰富　芬芳　奋发　仿佛　夫妇
佛法　方法　非法　纷纷　复发　吩咐　纷飞　付费　发福　犯法　繁复

（三）舌尖中音

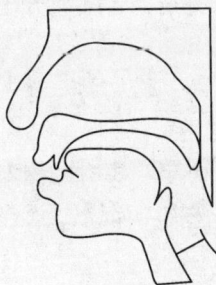

舌尖中音

1. 舌尖中不送气清塞音——d

d 发音时，舌尖抵住上齿龈，软腭上升，堵塞鼻腔通路，声带不颤动，较弱的气流冲破舌尖的阻碍，迸裂而出，爆发成声。

听读下列单音节字词：

得　大　地　对　定　多　动　但　店　党　调　点　东　道　等　断

听读下列双音节词语：

担当　带动　电灯　地点　等等　调动　达到　滴答　当地　到底　当代
道德　对待　得到　到达　大道　大地　调度　单独　大都　大度　夺得

2. 舌尖中送气清塞音——t

t 发音的状况与 d 相近，只是发 t 时气流较强。

听读下列单音节字词：

特　太　天　台　逃　听　同　谈　条　团　贴　题　土　铁　退　统

听读下列双音节词语：

体贴　探讨　同堂　团体　疼痛　抬头　淘汰　逃脱　挑剔　图腾　通透
天体　偷偷　太太　贴图　贪图　头痛　体态　谈吐　探头　秃头　忐忑

3. 舌尖中浊鼻音——n

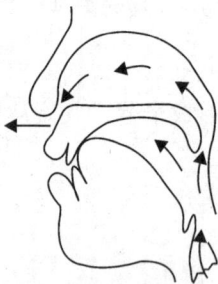

舌尖中浊鼻音

n 发音时，舌尖及舌边均上举，抵住上齿龈，软腭下降，打开鼻腔通路，气流振动声带，从鼻腔通过，发音完结，舌尖离开上齿龈。

听读下列单音节字词：

讷　你　年　能　内　弄　鸟　诺　拈　女　宁　南　囊　那　您　娘

听读下列双音节词语：

男女　泥泞　牛奶　年内　南宁　能耐　恼怒　牛年　扭捏　农奴　袅娜
拿捏　奶奶　难耐　奶牛　呢哝　袅袅　泥淖　女奴　内能　忸怩　呢喃

4. 舌尖中浊边音——l

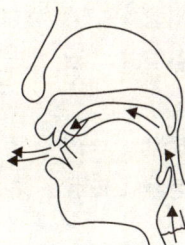

舌尖中浊边音

l发音时，舌尖前端上举，抵住上齿龈，舌面中部下凹，软腭上升，堵塞鼻腔通路，气流振动声带，从舌头两边与脸颊内侧的空隙中通过。

听读下列单音节字词：

来 理 六 类 零 拉 朗 蓝 龙 老 两 列 连 罗 绿 略

听读下列双音节词语：

理论 磊落 流利 玲珑 嘹亮 莅临 浏览 力量 流量 联络 老狼
利率 兰陵 褴褛 老路 勒令 历来 料理 拉力 流泪 屡屡 连累

（四）舌面后音

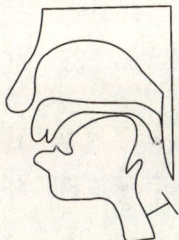

舌面后音

1. 舌面后不送气清塞音——g

g发音时，舌面后部抵住软腭，软腭后部上升，堵塞鼻腔通路，声带不颤动，较弱的气流冲破舌面后部的阻碍，爆发成声。

听读下列单音节字词：

歌 国 工 更 高 给 关 广 跟 感 改 狗 贵 骨 挂 乖

听读下列双音节词语：

巩固 改革 高贵 骨骼 广告 规格 公告 公共 尴尬 骨干 更改
观光 各个 哥哥 个股 古怪 挂钩 过关 高歌 干戈 高官 桂冠

2. 舌面后送气清塞音——k

k 发音的状况与 g 相近，只是气流较强。

听读下列单音节字词：

科 困 考 亏 寇 夸 看 恳 口 快 款 康 孔 苦 扩 匡

听读下列双音节词语：

开垦 开阔 刻苦 可靠 慷慨 口渴 宽阔 科考 困苦 旷课 坎坷

快看 苛刻 可口 开课 克扣 可控 看客 夸口 扣款 空壳 侃侃

3. 舌面后清擦音——h

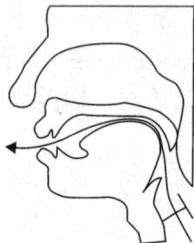

舌面后清擦音

h 发音时，舌面后部接近软腭，留出窄缝，软腭上升，堵塞鼻腔通路，声带不颤动，气流从窄缝中摩擦而出。

听读下列单音节字词：

喝 会 后 很 或 呼 花 话 害 坏 虹 黄 晃 换 恒 航

听读下列双音节词语：

辉煌 欢呼 黄河 很好 豪华 混合 绘画 呼唤 花卉 皇后 呵护

荷花 画画 还好 好话 火花 后悔 坏话 好坏 会话 汉化 和好

（五）舌面前音

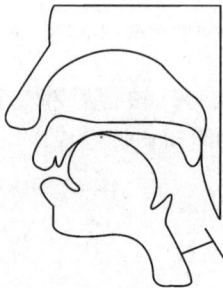

舌面前音

1．舌面前不送气清塞擦音——j

j 发音时，前舌面纵中部抵住硬腭前部，软腭上升堵塞鼻腔通路，声带不颤动，较弱的气流把阻碍冲开，形成一条窄缝，气流从窄缝中挤出，摩擦成声。

听读下列单音节字词：

机 经 就 家 进 叫 间 举 将 卷 街 君 静 九 掘 隽

听读下列双音节词语：

境界 将就 经济 进军 缴交 解决 将军 究竟 借鉴 积极 聚焦
简介 接近 季节 基金 姐姐 简洁 焦急 计较 间接 结局 尖叫

2．舌面前送气清塞擦音——q

q 发音的状况与 j 相近，只是气流较强。

听读下列单音节字词：

七 清 前 区 强 且 群 桥 权 勤 琼 雀 铅 敲 弃 娶

听读下列双音节词语：

秋千 亲切 恰巧 请求 全球 齐全 亲戚 倾情 弃权 牵强 崎岖
蹊跷 确切 欠缺 气球 前期 轻巧 情趣 窃取 乞求 妻妾 七窍

3．舌面前清擦音——x

x 发音时，前舌面纵中部接近硬腭前部，留出窄缝，软腭上升，堵塞鼻腔通路，声带不颤动，气流从窄缝中挤出，摩擦成声。

听读下列单音节字词：

西 学 下 现 些 小 新 像 璇 徐 轩 寻 型 玄 雄 性

听读下列双音节词语：

形象 虚心 喜讯 现象 学习 下陷 信息 星星 详细 选项 休闲
欣喜 消息 小学 小心 细小 嬉戏 讯息 新鲜 狭小 相信 信心

（六）舌尖后音

舌尖后音

1. 舌尖后不送气清塞擦音——zh

zh 发音时，舌身后缩，舌尖靠后的部分（舌叶）上举，紧贴硬腭前部，软腭上升，堵塞鼻腔通路，声带不颤动，较弱的气流冲开一条窄缝，接着气流从窄缝中挤出，摩擦成声。

听读下列单音节字词：

支 这 中 主 浊 周 疹 张 詹 找 状 抓 专 准 争 者

听读下列双音节词语：

庄重 主张 种植 真正 政治 战争 中指 制止 茁壮 扎针 住宅
招致 周庄 站长 斟酌 整治 驻扎 珍珠 专著 珍重 周正 长者

2. 舌尖后送气清塞擦音——ch

ch 发音的状况与 zh 相近，只是气流较强。

听读下列单音节字词：

吃 齿 出 成 唇 穿 厂 船 床 陈 车 潮 炒 钗 查 闯

听读下列双音节词语：

车床 超产 出差 驰骋 穿插 拆穿 铲除 充斥 长城 出处 车程
唇齿 超出 查处 撤出 抽搐 踌躇 拆除 乘车 长处 臭虫 惩处

3. 舌尖后清擦音——sh

sh 发音时，舌身后缩，舌尖靠后的部分（舌叶）上举，接近硬腭前部，留出窄缝，气流从窄缝间挤出，摩擦成声，声带不颤动。

听读下列单音节字词：

诗 上 手 双 说 稍 生 省 山 书 数 沈 栓 沙 顺 蛇

听读下列双音节词语：

闪烁 山水 双手 事实 少数 神圣 手术 赏识 受伤 设施 税收
诗社 实施 适时 收拾 硕士 世事 史诗 审视 时尚 史实 石狮

4. 舌尖后浊擦音——r

r 发音状况与 sh 相近，只是发音部位可以稍稍靠后，声带颤动。

听读下列单音节字词：

日 人 如 弱 软 仍 热 瑞 荣 然 冉 肉 润 绕 阮 壤

听读下列双音节词语：

容忍 柔软 仍然 如若 惹人 忍让 融入 软弱 荣辱 柔韧 荏苒
嚷嚷 人肉 扰人 溶入 忍辱 柔弱 孺人 溽热 冉冉 仁人 濡染

（七）舌尖前音

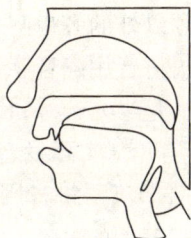

舌尖前音

1. 舌尖前不送气清塞擦音——z

z 发音时，舌尖平伸，抵住上齿背（或下齿背），软腭上升，堵塞鼻腔通路，声带不颤动，较弱的气流把阻碍冲开一条窄缝，并从窄缝中挤出，摩擦成声。

听读下列单音节字词：

资　在　宰　做　组　足　总　最　宗　紫　择　造　尊　赞　增　赠

听读下列双音节词语：

总则　自在　自尊　祖宗　栽赃　走卒　造作　在座　做作　最早　啧啧
坐姿　自责　孜孜　再造　脏字　贼子　走姿　枣子　崽子　造字　增资

2. 舌尖前送气清塞擦音——c

c 和 z 的发音区别不大，不同的地方在于 c 送出气流较强。

听读下列单音节字词：

疵　擦　才　从　侧　存　菜　错　曹　翠　参　寸　葱　餐　苍　窜

听读下列双音节词语：

粗糙　参差　苍翠　层次　猜测　草丛　残存　此次　从此　匆匆　璀璨
催促　猜错　残次　岑村　蚕蔟　仓促　彩瓷　摧残　匆促　葱翠　措辞

3. 舌尖前清擦音——s

s 发音时，舌尖接近上齿背（或下齿背），气流从窄缝中挤出，摩擦成声，声带不颤动。

听读下列单音节字词：

司　送　所　三　伞　随　岁　赛　色　孙　森　算　洒　桑　僧　速

听读下列双音节词语：

思索　松散　洒扫　色素　琐碎　搜索　撕碎　诉讼　缫丝　所思　三思
四散　四岁　瑟瑟　瑟缩　三色　飕飕　嫂嫂　笋丝　速死　速算　酥松

（八）零声母

零声母也是一种声母。语音实验证明，零声母往往也有特定的、具有某些辅音特性的起始方式。普通话零声母可以分为两类：一类是开口呼零声母，另一类是非开口呼零声母。

非开口呼零声母，即除开口呼以外的齐齿呼、合口呼及撮口呼三种零声母的起始方式：齐齿呼零声母音节汉语拼音用隔音字母 y 隔开，由于起始部分没有辅音声母，实际发音带有轻微摩擦，是半元音［j］，半元音仍属辅音类；合口呼零声母音节汉语拼音用隔音字母 w 隔开，实际发音带有轻微摩擦，是半元音［w］或齿唇通音［ʋ］；撮口呼零声母音节汉语拼音用隔音字母 y（yu）隔开，实际发音带有轻微摩擦，是半元音［ɥ］。

开口呼零声母汉语拼音字母不表示。不经过专门的语音训练，人们一般感觉不到以 a、o、e 开头的音节还有微弱的辅音（喉塞音［ʔ］或舌面后浊擦音［ɣ］）存在，因为这些音节开头的辅音成分没有辨义作用，我们可以忽略不计。

听读下列单音节字词：

阿　爱　安　哦　恶　摁　澳　一　月　原　要　也　运　我　文　外

听读下列双音节词语：

恩爱　儿女　偶尔　额外　压抑　语言　牙龈　威望　文物　忘我　医院
永远　挨饿　遨游　阿姨　讶异　哑语　衙役　瓦屋　王维　寓意　雨衣

三、声母辨正

明确了声母正确的发音部位和发音方法之后，我们还要善于分辨方言与普通话标准音之间的细微差别，以提高发音的标准度。广东方言中有许多发音部位接近但实际并不相同的声母，如 h，普通话中属舌面后音，在广东方言中却是喉音。诸如此类的情况还有许多，下文将进行详尽解析，学习时要注意分辨。

（一）分辨 f 和 h

闽、客、粤方言都不能清楚分辨声母 f 和 h，存在 f 和 h 混读的现象，特别是闽方言，其中没有 f，只有一个类似于普通话 hu 的吹火音，即双唇清擦音，因此常常出现把 f 发成 hu 的情况。广东三大方言的 h 音是一个喉门擦音，部位比普通话中的舌面后音偏后，在学习时应首先注意普通话与方言中 f 和 h 的发音区别，然后要清楚声母 f 和 h 相对应的字词。

发声母 f 时注意上唇不要参与发音，舌根不要抬高，除音节 fu、fo 外，双唇不要拢圆，发音时，下唇内缘主动向上齿靠拢，口形会比较雅观；发 h 时则既要避免齿唇部位的接触，又要防止舌面后部的畅通无阻，注意舌面后部接近软腭。可以对镜进行直观训练，以矫正口形，在发音准确的基础上利用声符进行类推记忆。

这里介绍几种辨别记忆的方法：

1. 利用形声字声符类推

从两组韵母相同的汉字中，分别记住简单的常用字，作为形声字类推的依据。如用"非"带"菲、啡、绯、扉、霏、诽、匪、斐、蜚、翡、痱"等，用"胡"带"湖、葫、煳、瑚、糊、蝴"等。

2. 利用普通话声韵配合规律类推

（1）f 绝不跟 ɑi 韵相拼，客家方言中念"fɑi"音的字，都应念成"huɑi"音，如"怀、踝、槐、淮、徊、坏"等。

（2）声母 f 和单韵母 o 相拼的字，只有一个"佛"字，方言中念"fo"音的其他字，都应念成"huo"音，如"豁、活、和（和泥）、火、伙、夥、豁（豁亮）、祸、霍、获、惑、货"等。

3. 读准下列单音节字词

h—f

会—废　痕—坟　呼—肤　很—粉　化—发　回—肥　换—范　航—房

f—h

发—花　分—婚　份—混　腹—护　放—晃　否—吼　焚—魂　冯—恒

【提高练习】

1. 对比辨音练习

舅父—救护　　公费—工会　　附注—互助　　仿佛—恍惚
防虫—蝗虫　　斧头—虎头　　飞机—灰鸡　　非凡—辉煌
奋战—混战　　复员—互援　　方地—荒地　　防止—黄纸

2. 读准下列双音节词

发话　发慌　反悔　繁华　丰厚　复合　混纺　后方　化肥　洪峰　画符
花粉　饭盒　符合　花费　划分　后悔　合法　发挥　毫发　焕发　护法

3. 练读下面的绕口令

（1）丰丰和芳芳：丰丰和芳芳，上街买混纺。红混纺，粉混纺，黄混纺，灰混纺。红花混纺做裙子，粉花混纺做衣裳。红、粉、灰、黄花样多，五颜六色好混纺。

（2）风吹灰飞：风吹灰飞，灰飞花上花堆灰。风吹花灰灰飞去，灰在风里飞又飞。

附：f、h 声符类推字表

f、h 声符类推字表

	f	h
a	①发（~现）②伐、阀、筏、罚、乏③法④发（自~）	①哈
ai		①咳、嗨②还③海④害
an	①帆、翻、番②烦、繁、樊、凡、矾③反、返④饭、贩、泛、范、犯	①憨、酣②寒、含、函、涵③喊、罕④汗、旱、捍、焊、憾
ang	①方、芳②防、妨、房、肪③仿、访、纺④放	②行、航
ao		②豪、毫、壕③好（~心）④耗、号、好（~奇）、浩
e		①呵、喝②核、禾、和、合、河、何、盒、荷④贺、鹤、赫、褐
ei	①非、菲、啡、扉、飞②肥③斐、翡、诽、匪④沸、费、废、痱、肺	①嘿、黑
en	①分（~数）、芬、吩、纷②坟、焚③粉④分（处~）、份、忿、粪、奋、愤	②痕③狠、很④恨
eng	①丰、封、风、枫、疯、峰、烽、锋、蜂②缝（~补）③讽④缝（~隙）、奉、凤	②横（纵~）、衡④横（蛮~）
ong		①哄（~动）、烘、轰②红、虹、鸿、洪、宏③哄（~骗）④哄（起~）
ou	③否	②喉③吼④厚、候、后
u	①夫、肤、麸、敷、孵②芙、扶、符、弗、拂、佛（仿~）、伏、苻、袱、孚、俘、浮、幅、福、辐、蝠、服③抚、斧、釜、府、俯、腑、腐、甫、辅④父、付、附、傅、缚、复、腹、馥、覆、副、富、赋、负、妇、咐	①呼、忽、惚②胡、湖、葫、糊、蝴、弧、狐、壶③虎、唬④户、沪、护、戽
ua		①花、哗（~啦啦）②划、滑、华（~人）、哗（~然）、铧④化、华（~山）、话、画、划
uan		①欢②还、环、寰③缓④患、幻、涣、换、唤、焕、痪

（续上表）

	f	h
uang		①荒、慌②皇、凰、惶、徨、蝗、黄、璜、簧③谎、晃（~眼）、恍、幌④晃（~动）
uai		②槐、徊、怀、淮④坏
ui		①灰、恢、诙、挥、辉、徽②回、茴、蛔③毁、悔④会、绘、烩、诲、晦、惠、蕙、汇、贿、讳、慧、荟
un		①昏、阍、婚、荤②浑、混（~蛋）、馄、魂④混（~合）
uo		①豁②活③火、伙④获、祸、或、惑、货、霍

注：表中序号为声调，下同。

（二）分辨翘舌音 zh、ch、sh、r 和平舌音 z、c、s

由于发声母 zh、ch、sh、r 的时候，舌尖上翘，所以这类音又叫翘舌音；发声母 z、c、s 的时候，舌尖平伸，所以这类音又叫平舌音。

1. 分辨翘舌音

翘舌音主要存在的问题有：发音部位靠前或靠后；伴有拢唇；伴有哨音。

纠正发音部位靠前或靠后，关键在于找准硬腭前部这个位置。硬腭前部位于上腭前端，牙龈后面凹凸不平处，用舌尖触碰上腭，我们可以找到一圈鼓出来又凹下去的部位。发翘舌音时，舌尖应该对准这一圈的背面，发音时还应注意舌尖稍稍后缩，舌头前部上举，舌头中间下凹，气流从中挤擦而出，特别注意发整体认读音节时，舌尖两侧不能离开上腭，才不至于发成有 e 的音。如果舌尖过于后卷，或者接触上腭的面积过大，听起来部位靠后，可以参考前面的指导方法加以纠正。

发音时伴有拢唇是因为舌头肌肉过于紧张，所以才伴有拢唇的动作。这时要注意使舌尖轻巧地接触或接近硬腭前端，同时舌肌和唇部放松。这个问题可以通过对镜练习进行纠正。

发音时伴有哨音，主要是因为成阻时间过长，送出气流过冲引起噪音。只要注意控制气流，将"吐字"意识融进"吞字"的意识，发音轻巧，就能够克服哨音问题。

对于 r 声母，客家方言区的人和粤语方言区的人容易把它发成零声母，如把

"日子"说成"义子"等；潮汕人又容易将其与浊音〔z〕相混。所以在翘舌音中，发 r 声母的字时要格外注意，要将舌尖翘起对准硬腭前部，这样才能发准。

2. 分辨平舌音

平舌音主要存在的问题有：发音部位靠后；舌体前拥。

普通话的 z、c、s 是舌尖前音，舌尖与上齿背构成阻碍，也有人是舌尖抵住下齿背，听起来音色没有差别。纠正的关键也在于要找准部位，舌尖抵住或接近上齿背（或下齿背），控制舌面不要抬起，与上腭接触面积不可过大，避免发成团音（类似于翘舌的音）。

另外，要避免舌尖力量不足，不是有力地向前"一点"除阻后立即放松收回，而是"拥堵"在齿背。纠正的方法是，发音开始前舌尖稍向后缩，然后舌尖前伸，这样的舌尖动作会比较有力。还要注意，舌尖去点的位置应集中在下门齿背，这样才能克服舌体前拥的毛病。

在普通话里，平舌音、翘舌音的常用字约 900 个，平舌音约占 30%，翘舌音约占 70%。下面介绍几种辨识平舌音和翘舌音的方法。

（1）利用形声字声符类推。

分别记住常用的平舌音或翘舌音的简单字，这些字加上偏旁的其他字，大多数也念平舌音或翘舌音（极少数例外），这样可以带出一批平舌音或翘舌音的字，如用"子"带"孜、仔、籽"；"叟"带"嫂、溲、搜、嗖、馊、艘（'瘦'例外，念 shòu）"等。

（2）利用普通话声韵配合规律类推。

①平舌声母 z、c、s 绝不与韵母 ua、uai、uang 相拼，所以"抓、爪，拽，妆、装、庄、桩、撞、幢、僮、状、壮；揣、踹，窗、疮、床、闯、怆、创；刷、耍，衰、摔、甩、帅、蟀，霜、孀、双、爽"等字都念翘舌音。

②翘舌声母 sh 绝不与韵母 ong 相拼，所以"松、淞、忪、嵩、竦、悚、怂、耸、宋、讼、颂、送、诵"等字都念平舌音。

（3）记少不记多（记单边）。

从舌尖前音 z、c、s 和舌尖后音 zh、ch、sh 字数比例上看，舌尖后音约占两者总数的 70%，而舌尖前音只约占 30%。可以利用舌尖前音字少的特点，记忆少量的舌尖前音字，从而帮助分辨对比的舌尖后音字。方言里的某一类音，在普通话里分为两类音，这两类音经常出现一边字数较少一边字数较多的情况。如韵母 a、e、ou、en、eng、ang 与平舌声母 z、c、s 相拼的字很少，而与翘舌声母 zh、ch、sh 相拼的字较多。我们只记少的一边，其余的自然属于另一边。

有些舌尖前音的音节只包括极少数常用字。下面列出：

za：扎、杂、砸

zen：怎

zou：走、奏、揍

zuan：钻

ca：擦

ceng：层、曾、蹭

cou：凑

cuan：攒、窜、篡

sen：森

seng：僧

与以上舌尖前音音节对比的舌尖后音常用字、次常用字共 129 个。

（4）用 d、t 检示法测定翘舌音。

①闽语中声母是 d 或 t 的字，大都念翘舌音，如"澄、潮、秩、着、中、池、程、值、智"等。

②闽语中的韵母是 i 开头的字，普通话也读翘舌音，如"止、章、只、直、招、周、至、者"等。

在学习平舌声母和翘舌声母时，同样要知道哪些字发平舌音，哪些字发翘舌音，请参看平翘舌音辨音字表。

【提高练习】

1．zh、ch、sh 和 z、c、s 对比辨音练习

平舌音—翘舌音

杂—闸　擦—插　测—撤　辞—迟　在—寨　扫—少

自愿—志愿　鱼刺—鱼翅　私人—诗人　仿造—仿照

粗布—初步　姿势—知识　新村—新春　宗旨—中止

资助—支柱　自动—制动　物资—物质　糟了—招了

近似—近视　搜集—收集　增订—征订　从来—重来

翘舌音—平舌音

皱—奏　商—桑　声—僧　出—粗　春—村　串—窜

支援—资源　主力—阻力　木柴—木材　商业—桑叶

申述—申诉　摘花—栽花　午睡—五岁　八成—八层

树立—肃立　找到—早到　乱吵—乱草　山顶—三顶

2．读准舌尖后音 zh、ch、sh 和舌尖前音 z、c、s

zh—z　振作　正宗　赈灾　职责　沼泽　制作

z—zh　杂志　栽种　增长　资助　自制　自重

ch—c　差错　陈醋　成材　出操　除草　储藏
c—ch　财产　采茶　残喘　操场　磁场　促成
sh—s　上司　哨所　深思　生死　绳索　石笋
s—sh　散失　扫射　四声　宿舍　随时　所属

3. 读准 r 音

染—眼　让—样　绕—要　肉—又　然—炎　弱—卧
日—字　热—仄　忍—怎　如—足　扰—枣　人—怎
依然　如若　然而　日子　热爱　忍让　仍然　干扰

4. 练读下列绕口令

(1) 四和十：四是四，十是十，十四是十四，四十是四十，不要把十四说成四十，不要把四十说成十四。

(2) 三山四水：三山撑四水，四水绕三山，三山四水春常在，四水三山四时春。

附：平翘舌音辨音字表

zh—z 辨音字表

	zh	z
a	①扎（驻～）、渣②闸、铡、扎（挣～）、札（信～）、炸（油～）③眨④乍、炸（爆～）、榨、蚱、栅	①扎（包～）、匝②杂、砸
e	①遮②折、哲、辙③者④蔗、浙、这	②泽、择、责、则、咋④仄
u	①朱、珠、蛛、株、诸、猪②竹、烛、逐③主、煮、嘱④注、蛀、住、柱、驻、贮、祝、铸、筑、箸	①租②族、足、卒③组、诅、阻、祖
-i	①之、芝、支、枝、肢、知、蜘、汁、只（船～）、织、脂②直、植、殖、值、执、职③止、址、趾、旨、指、纸、只（～是）④至、室、致、志、治、质、帜、挚、掷、秩、置、滞、制、智、稚、痔	①兹、滋、孳、姿、咨、资、孜、龇、龇、辎③子、仔、籽、梓、滓、紫④字、自、恣、渍
ai	①摘、斋②宅③窄④寨、债	①灾、哉、栽③宰、载（记～）④再、在、载（～重）
ei	④这（～个）	②贼

（续上表）

	zh	z
ao	①昭、招、朝②着③找、爪（～牙）、沼④照、召、赵、兆、罩	①遭、糟②凿③早、枣、澡④造、皂、灶、躁、燥
ou	①州、洲、舟、周、粥②轴③帚、肘④宙、昼、咒、骤、皱	①邹③走④奏、揍
ua	①抓③爪（～子）	
uo	①桌、捉、拙②卓、着、酌、灼、浊、镯、啄、琢	①作（～坊）②昨③左④坐、座、作、柞、祚、做
ui	①追、锥④缀、赘、坠	③嘴④最、罪、醉
an	①沾、毡、粘③盏、展、斩④占、战、站、栈、绽、蘸	①簪②咱③攒④赞、暂
en	①贞、侦、祯、桢、真③疹、诊、枕、缜④振、震、阵、镇	③怎
ang	①张、章、樟、彰③长、掌、涨（～价）④丈、仗、杖、帐、涨（发～）、瘴、障	①赃、脏（肮～）④葬、藏、脏（内～）
eng	①正（～月）、征、争、睁、挣（～扎）③整、拯④正、政、症、证、郑、挣（～钱）	①曾、憎、增、缯④赠、甑
ong	①中、盅、忠、钟、衷、终③肿、种（～子）④中（打～）、种（～植）、仲、重、众	①宗、踪、棕、综、鬃③总④纵、粽
uan	①专、砖③转（～发）④传、转（～圈）、撰、篆、赚	①钻（～研）③纂④钻（～石）
un	③准	①尊、遵
uang	①庄、桩、装、妆④壮、状、撞	

ch—c 辨音字表

	ch	c
a	①叉（～车）、杈、插、差（～别）②叉（～住）、茶、搽、查、察③衩、叉（～着腿）④叉（劈～）、岔、诧、差（～劲）	①擦、嚓

（续上表）

	ch	c
e	①车③扯、尺（工～）④彻、撤、掣、坼	④册、策、厕、侧、测、恻
u	①出、初②除、厨、橱、锄、蹰、刍、雏③楚、础、杵、储、处（～分）④畜、触、矗、处（住～）	①粗④卒（～中）、猝、促、醋、簇
-i	①吃、痴、嗤②池、弛、驰、迟、持、匙③尺、齿、耻、侈、豉④斥、炽、翅、赤、叱	①疵、差（参～）②雌、辞、词、祠、瓷、慈、磁③此④次、伺、刺、赐
ai	①差、拆、钗②柴、豺	①猜②才、财、材、裁③采、彩、踩④菜、蔡
ao	①抄、钞、超②朝、潮、嘲、巢③吵、炒	①操、糙②曹、漕、嘈、槽③草
ou	①抽②仇、筹、畴、踌、绸、稠、酬、愁③瞅、丑④臭	④凑
uo	①踔、戳④绰（～号）、辍、啜	①搓、蹉、撮④措、错、挫、锉
uai	①搋（怀～）③揣（～测）④踹、揣（挣～）	
ui	①吹、炊②垂、锤、捶、槌	①崔、催、摧③璀④萃、悴、淬、翠、粹、瘁、脆
an	①搀、掺②蝉、禅、谗、潺、缠、蟾③铲、产、阐④忏、颤	①餐、参②蚕、残、惭③惨④灿
en	①琛、嗔②辰、晨、宸、沉、忱、陈、臣④趁、衬、称（相～）	①参（～差）②岑
ang	①昌、猖、娼、伥②常、嫦、尝、偿、场（～院）、肠、长③厂、场（～次）、敞、氅④倡、唱、畅、怅	①仓、苍、舱、沧②藏
eng	①称、撑②成、诚、城、盛（～水）、呈、程、承、乘、澄、惩③逞、骋④秤	②曾、层④蹭
ong	①充、冲（～动）、舂②重、虫、崇③宠④冲（～压）	①匆、葱、囱、聪②从、丛、淙
uan	①川、穿②船、传、椽③喘④串、钏	①蹿②攒④窜、篡
un	①春、椿②唇、纯、淳、醇③蠢	①村②存③忖④寸
uang	①窗、疮、创（～伤）②床③闯④创（～造）	

sh—s 辨音字表

	sh	s
a	①沙、纱、砂、痧、杀、杉（～木）③傻④煞、厦（大～）	①撒③洒、撒（～种）④卅、萨、飒
e	①奢、赊②舌、蛇③舍（～弃）④社、舍（宿～）、射、麝、设、摄、涉、赦	④瑟、嗇、涩、塞（～责）、穑（稼～）、色（～彩）
u	①书、梳、疏、蔬、舒、殊、叔、淑、输、抒、纾、枢②孰、塾、赎③暑、署、薯、曙、鼠、数、属、黍④树、竖、术、述、束、漱、恕、数	①苏、酥②俗④素、塑、诉、肃、粟、宿、速
-i	①尸、师、狮、失、施、诗、湿、虱②十、什、拾、石、时、识、实、食、蚀③史、使、驶、始、屎、矢④世、势、誓、逝、市、示、事、是、视、室、适、饰、士、氏、恃、式、试、拭、轼、弑	①司、私、思、斯、丝、鸶③死④四、肆、似、寺
ai	①筛③色（～子）④晒	①腮、鳃、塞（木～）④赛、塞（要～）
ao	①捎、稍、艄、烧②勺、芍、杓、韶③少（多～）④少（～年）、哨、绍、邵	①臊、骚、搔③嫂、扫（～除）④扫（～帚）、臊（害～）
ou	①收②熟③手、首、守④受、授、寿、售、兽、瘦	①溲、嗖、飕、搜、艘、馊③叟、擞④嗽
ua	①刷③耍	
uo	①说④硕、烁、朔	①缩、娑、蓑、梭、唆③所、锁、琐、索
uai	①衰③甩④帅、率、蟀	
ui	②谁③水④税、睡	①虽、尿②绥、遂（半身不～）、隋、随③髓④岁、碎、穗、隧、燧、遂
an	①山、舢、删、衫、杉（～树）、珊、姗、栅（～极）、跚③闪、陕④扇、善、膳、缮、擅、赡	①三、叁③伞、散（～文）④散（失～）
en	①申、伸、呻、身、深、参（人～）②神③沈、审、婶④慎、肾、甚、渗	①森

（续上表）

	sh	s
ang	①商、墒、伤③晌、垧、赏、上（～声）④上（～面）、尚	①桑、丧（～事）③嗓④丧（～失）
eng	①生、牲、笙、甥、升、声②绳③省④圣、胜、盛、剩、晟	①僧
ong		①松③悚④送、宋、颂、诵
uan	①拴、栓④涮	①酸④算、蒜
un	③吮④顺	①孙③笋、损
uang	①双、霜③爽	

（三）分辨舌面音 j、q、x 和舌尖音

舌面音存在的问题有：把属于团音的舌面音发成尖音；舌体团缩，发音不清楚。

尖音问题在广东方言中时有体现，如把"知道"读成"机道"，把"少数"读成"小数"等。广东人常常把 j、q、x 发成 z、c、s，把团音（即声母 j、q、x 跟 i、ü 或以 i、ü 起头的韵母相拼）发成尖音（即声母 z、c、s 跟 i、ü 或以 i、ü 起头的韵母相拼），如把"九"（jiǔ）读成"ziǔ"。其实普通话不分尖团，声母 z、c、s 不能与 i、ü 或以 i、ü 起头的韵母相拼，而 j、q、x 可以。产生这种错误的主要原因是舌面前音 j、q、x 是由舌面前部与硬腭形成阻碍而发声的，有些人在发音时，用舌尖成阻和除阻，发出的音带有"兹兹"的尖音，属于语音缺陷。正确发音时，注意力应集中在舌面前部，用力向上挺起，而舌尖放松自然下垂，就能够克服尖音。

另一个问题是舌体团缩，发音不清楚。舌面无力，缺乏挺起的力量，接触部位不是硬腭前部而在靠后的地方，同时舌体后缩，是团着的，这种状态舌面当然使不上劲，发音不清楚也就在所难免了。

【练习】

1. zh、ch、sh 和 j、q、x 对比辨音练习

j—zh

墨迹—墨汁　交际—交织　密集—密植　边际—编制　就业—昼夜

q—ch

浅明—阐明　砖墙—专长　前线—长线　强大—长达　千克—产科

x—sh

洗礼—失礼　详细—翔实　缺席—确实　获悉—获释　逍遥—烧窑

修饰—收拾　电线—电扇　艰辛—艰深　姓名—盛名　形象—行赏

2. 读准下列各词

缉私　集资　其次　袖子　下策　习字　戏词　资金　字迹　字据　自己

自觉　瓷器　刺激　思绪　私交　私情　私心　司机　丝线　四季　剪除

精致　趋势　消失　秩序　沉寂　深浅　审讯　少将　机器　急切　军区

3. 绕口令

（1）漆匠和锡匠：七巷一个漆匠，西巷一个锡匠。七巷漆匠偷了西巷锡匠的锡，西巷锡匠拿了七巷漆匠的漆。七巷漆匠气西巷锡匠偷了漆，西巷锡匠讥七巷漆匠拿了锡。请问漆匠和锡匠，谁拿谁的锡？谁偷谁的漆？

（2）编细席：一席地里编细席，编得细席细又密。编好细席戏细席，细席脏了洗细席。

（四）分辨 n 和 l

普通话中的 n 和 l 是对立的音位，分得很清楚，但是在很多方言区中 n 和 l 是不分的，对于那些 n、l 不分的方言区的人来说，学习这组音比较困难。

n 发音时气流振动声带，从鼻腔通过；l 发音时，气流从舌头两边通过。发 n 时，舌尖用力抵住上齿龈，似黏在那里才能堵住口腔通道发出"鼻音"，除阻时舌尖迅速落下；而发 l 时，舌尖的接触部位可以比 n 的位置向上、向后一点点，而且舌尖是"点"在那里，口腔开度比 n 略大，除阻时舌尖做从上向下用力弹动的动作。总之，发 n 时舌尖上抵的力量要强，发 l 时舌尖下弹的动作幅度和力度要大。

方言区的人要想分辨鼻音和边音，首先要学会 n 和 l 的正确发音，其次是分清普通话里哪些字的声母是 n，哪些字的声母是 l。下面介绍三种辨记鼻音和边音的方法。

1. 利用形声字声符类推

分别记住常用的声母是 n 或 l 的简单字，这些字加上偏旁的其他字，大多数也念 n 或 l（极少数例外）。这样，可以带出一批声母是 n 或 l 的字。如：用"内"带"讷、呐、纳、衲、钠"等字，用"良"带"狼、郎、廊、榔、朗、浪（'娘、酿'例外，声母是 n）"等字。

2. 利用普通话声韵配合规律类推

（1）n 不与韵母 ia 相拼，"俩"是边音。

（2）l 不与韵母 en 相拼，"嫩"是鼻音。

（3）n 不与韵母 ou 相拼，"搂、楼、篓、漏、瘘、露、陋"等字都念边音。

（4）n 不与韵母 un 相拼，因此"抡、仑、囵、沦、轮、伦、论"等字都念边音。

3. 记少不记多（记单边）

韵母 e、ü、ei、ong、eng、in 与鼻音 n 相拼的字极少，而与边音 l 相拼的字较多，所以我们只要记住字少的一边，其余的字就可以放心地念边音了。

附：n、l 声母声符类推字表

n 声母声符类推字表

代表字	类推字	代表字	类推字
那	nǎ 哪；nà 那；nuó 挪；nà 娜	捏	niē 捏；niè 涅
乃	nǎi 乃，奶	聂	niè 聂，蹑
奈	nài 奈；nà 捺	宁	níng 宁，拧（~干），咛，狞，柠；nǐng 拧（~螺丝）；nìng 宁（~可），泞，拧（脾气真~）
南	nán 南，喃，楠；nǎn 蝻	纽	niū 妞；niǔ 扭，纽，钮
脑	nǎo 恼，瑙，脑	农	nóng 农，浓，脓
内	nèi 内；nè 讷；nà 呐，衲，钠	奴	nú 奴，孥，驽；nǔ 努，弩；nù 怒
尼	ní 尼，泥，呢	诺	nuò 诺；nì 匿
倪	ní 倪，霓	懦	nuò 懦，糯
念	niǎn 捻；niàn 念	虐	nüè 虐，疟

l 声母声符类推字表

代表字	类推字	代表字	类推字
剌	lǎ 喇；là 剌，辣，瘌	梁	liáng 梁，粱
腊	là 腊，蜡；liè 猎	凉	liáng 凉；liàng 谅，晾；lüè 掠
赖	lài 赖，癞，籁；lǎn 懒	两	liǎng 两，俩（伎~）；liàng 辆；liǎ 俩
兰	lán 兰，拦，栏；làn 烂	列	liě 咧；liè 列，裂，烈；lì 例
蓝	lán 蓝，篮；làn 滥	林	lín 林，淋，琳，霖；lán 婪

（续上表）

代表字	类推字	代表字	类推字
览	lǎn 览，揽，缆，榄	鳞	lín 嶙，璘，磷，鳞，麟
劳	lāo 捞；láo 劳，痨；lào 涝	令	líng 伶，玲，铃，羚，聆，龄；lǐng 岭，领；lìng 令；lěng 冷；līn 拎；lín 邻；lián 怜
乐	lè 乐；lì 砾	菱	líng 凌，陵，菱；léng 棱
雷	léi 雷，擂，镭；lěi 蕾	留	liū 溜（~走）；liú 留，馏，榴，瘤；liù 遛，溜（大~）
垒	lěi 垒	流	liú 流，琉，硫
累	lèi 累；luó 骡，螺	柳	liǔ 柳；liáo 聊
里	lí 厘，狸；lǐ 里，理，鲤；liàng 量	龙	lóng 龙，咙，眬，胧，聋，笼；lǒng 陇，垄，拢
利	lí 梨，犁；lì 利，俐，痢	隆	lōng 隆（轰~）；lóng 隆（~起），窿，癃
离	lí 离，漓，璃，篱	娄	lóu 娄，喽，楼；lǒu 搂，篓；lǔ 缕，屡
立	lì 立，粒，笠；lā 拉，垃，啦	鲁	lǔ 鲁，橹
厉	lì 厉，励，砺	录	lù 录，禄，碌；lǜ 绿，氯
力	lì 力，荔；liè 劣；lèi 肋；lè 勒	鹿	lù 鹿，辘
历	lì 历，沥	路	lù 路，鹭，露，璐
连	lián 连，莲；liàn 链	戮	lù 戮；liáo 寥；liǎo 蓼；liào 廖
廉	lián 廉，濂，镰	仑	lūn 抡；lún 仑，伦，沦，囵，轮；lùn 论
脸	liǎn 敛，脸；liàn 殓	罗	luō 啰；luó 罗（~盘），逻，萝，锣，箩，啰（~唣）
炼	liàn 练，炼	洛	luò 洛，落，络，骆；lào 烙，酪；lüè 略
恋	liàn 恋；luán 孪，鸾，滦，銮，峦	吕	lǚ 吕，侣，铝，稆
良	liáng 良，粮；láng 郎，廊，狼，榔，螂；lǎng 朗；làng 浪	虑	lù 虑，滤

【练习】

1. n、l 对比辨音练习

无奈—无赖　水牛—水流　女客—旅客　脑子—老子　年夜—连夜

留念—留恋　浓重—隆重　南部—蓝布　烂泥—烂梨　大娘—大梁

2. 读准 n 和 l

哪里　纳凉　奶酪　脑力　内涝　能力　牛奶　来年　老农　冷暖　流脑

岭南　联络　流利　扭捏　能耐　呢喃　男女　履历　流露　老练　恼怒

3. 绕口令

(1) 刘兰柳和柳兰流：蓝衣布履刘兰柳，布履蓝衣柳兰流，兰柳拉犁来犁地，兰流播种来拉耧。

(2) 刘郎刘娘：刘郎恋刘娘，刘娘恋刘郎，刘郎年年恋刘娘，刘娘年年恋刘郎，郎恋娘来娘念郎，念娘恋娘念郎恋郎，念恋娘郎。

(3) 新脑筋，老脑筋：新脑筋，老脑筋，老脑筋可改变成新脑筋，新脑筋不学习就会变成老脑筋。

(4) 刘小柳和牛小妞：路东住着刘小柳，路南住着牛小妞。刘小柳拿着九个红皮球，牛小妞抱着六个大石榴。刘小柳把九个红皮球送给牛小妞，牛小妞把六个大石榴送给刘小柳。牛小妞脸儿乐得像红皮球，刘小柳笑得像开花的大石榴。

(五) 读准零声母字

普通话中一部分读零声母的字，如"以、爱、些、候"等在闽语的潮汕方言中读成了鼻化音，这些字只要在发音时避免气流从鼻腔透出，就能改为纯粹的口音。

合口呼的零声母字，有的方言读成了［v］（唇齿浊擦音）声母，如"万、闻、物、尾、问"等字在客家方言中读成［v］声母。这类问题只要在发音时注意把双唇拢圆，不让下唇和上齿接触，就可以改正了。

【练习】

1. 零声母辨音练习

爱心—耐心　大义—大逆　每晚—美满　纹路—门路　疑心—泥心

语序—女婿　文风—门风　余味—愚昧　万丈—幔帐　五味—妩媚

2. 读准零声母字词

阿姨　挨饿　昂扬　熬药　偶尔　扼要　压抑　沿用　演义　扬言

洋溢　谣言　优雅　友谊　外围　忘我　委婉　万恶　唯物　无畏

3．绕口令：二哥放鹅

安二哥家一群鹅，二哥放鹅爱唱歌。鹅有二哥不挨饿，没有二哥就挨饿，大鹅小鹅伸长脖，"嗷嗷""喔喔"找二哥。

（六）读准送气和不送气音

普通话的塞音即 b—p、d—t、g—k 和塞擦音即 zh—ch、z—c、j—q 声母都有送气和不送气之分。送气音和不送气音的区别在于送出气流的强弱不同，用一张纸做实验，送气音能够把纸张吹起来，不送气音则不行。广东方言的送气音和不送气音与普通话的这一组音并不是一一对应的关系，所以广东人在发这一组音时，习惯用方言的声母去代替普通话的声母，如客家人会把"一遍"读成"一片"，潮汕人会把"山坡"读成"山波"，广州人会把"肚子"读成"兔子"等。因此，在普通话学习中应该注意纠正，认真分辨。

【练习】

1．对比练习

兑换—退换 鼻子—皮子 调动—跳动 防爆—防炮 质子—赤子
精气—氢气 刻骨—刻苦 专管—专款 米缸—米糠 步子—铺子

2．读准词语

电台 咖啡 普遍 奔跑 陪伴 态度 排版 评判 坚强 征程 参赞
车辙 干枯 山坡 片面 概括 乒乓 孤苦 琵琶 契机 囚禁 处置

3．绕口令

（1）交交和巧巧：交交爱俏，巧巧爱跳。交交爱瞧巧巧跳，巧巧爱夸交交俏。

（2）半盆冰棒半盆瓶：半盆冰棒半盆瓶，冰棒碰盆盆碰瓶，盆碰冰棒盆不怕，冰棒碰瓶瓶必崩。

（3）吃葡萄不吐葡萄皮：吃葡萄不吐葡萄皮，不吃葡萄倒吐葡萄皮。

第二节 韵母训练

韵母是一个音节中声母后面的成分，主要由元音构成。韵母至少要有一个元音，也可以有几个元音，或元音之后再加辅音。由几个音素组成的韵母又可以细分为韵头（又称介音）、韵腹（主要元音）和韵尾。韵腹，又称主要元音，是一个韵母发音的关键，是韵母发音时口腔肌肉最紧张、发音最响亮的部分。韵头，又称介音，是韵腹前面起前导作用的部分，发音比较轻短，往往迅速带过，主要

由 i、u、ü 充当。韵尾，可以是元音也可以是辅音：一种叫鼻韵尾，有 - n、
- ng 两个；另一种叫口韵尾（也叫元音韵尾），有 o、i、u 三个。韵尾是韵腹后
面起收尾作用的部分，发音比较模糊，但鼻韵尾务求到位，元音韵尾要求趋向分
明即可。所有韵母中，除鼻韵母的韵尾是辅音外，其他的音都是非鼻化元音。非
鼻化元音的发音要点是软腭始终上升，堵住气流的鼻腔通道。如果软腭的位置不
上不下，气流同时从鼻腔和口腔中泄出，发出的元音就成了鼻化元音。在普通话
中，鼻化元音只有在儿化音节中才会出现。

普通话韵母共有 39 个，数目比声母多，系统也比较复杂。

一、普通话韵母的分类及发音要领

按韵母内部结构成分的不同，普通话韵母可以分为单韵母、复韵母和鼻
韵母。

由一个元音构成的韵母叫单韵母，有 a、o、e、ê、i、u、ü、- i〔ɿ〕、- i
〔ʅ〕、er 共 10 个；由两个元音或三个元音构成的韵母叫复韵母，有 ai、ei、ao、
ou、ia、ie、ua、uo、üe、iao、iou、uai、uei 共 13 个；由元音后面带上鼻辅音构
成的韵母叫鼻韵母，有 an、en、ang、eng、ian、in、iang、ing、uan、uen、
uang、ueng、ong、üan、ün、iong 共 16 个。单韵母发音的特点是舌位唇形在发
音过程中始终不变；复韵母发音的特点是元音的舌位及唇形在发音过程中会产生
滑动，元音位置不同，响度会发生变化，元音韵尾归音趋向分明即可；鼻韵母发
音的特点是舌位唇形在发音过程中会产生滑动，辅音韵尾必须归音到位，而且元
音和辅音是一个整体。

按开头元音的发音口形，普通话韵母还可分为开口呼、齐齿呼、合口呼和撮
口呼，简称"四呼"。"四呼"是读字的口法。"开口谓之开，其用力在喉。齐齿
谓之齐，其用力在齿。撮口谓之撮，其用力在唇。合口谓之合，其用力在满口。"
（《乐府传声》）这是汉语复韵母发音的特点之一，指明了韵母领先的一个音素的
口形特点。不是 i、u、ü 或不以 i、u、ü 开头的韵母，都叫开口呼，有 a、o、e、
ê、- i〔ɿ〕、- i〔ʅ〕、er、ai、ei、ao、ou、an、en、ang、eng 共 15 个；是 i 或
以 i 开头的韵母，就叫齐齿呼，有 i、ia、ie、iao、iou、ian、in、iang、ing 共 9
个；是 u 或以 u 开头的韵母，就叫合口呼，有 u、ua、uo、uai、uei、uan、uen、
uang、ueng、ong 共 10 个，ong 的开头元音虽然是 o，实际发音却是松 u，因此归
入合口呼；是 ü 或以 ü 开头的韵母，都叫撮口呼，有 ü、üe、üan、ün、iong 共 5
个，iong 的开头元音虽然是 i，实际发音却是 ü 的口形，因此归入撮口呼。

39 个韵母具体分类见下表：

普通话韵母总表

韵母类别		开口呼	齐齿呼	合口呼	撮口呼
单韵母		-i [ɿ] [ʅ]	i	u	ü
		a	ia	ua	
		o		uo	
		e			
		ê	ie		üe
		er			
复韵母		ai		uai	
		ei		uei	
		ao	iao		
		ou	iou		
鼻韵母		an	ian	uan	üan
		en	in	uen	ün
		ang	iang	uang	
		eng	ing	ueng	
				ong	iong

（一）单韵母

由一个元音构成的韵母叫单韵母，又叫单元音韵母。单元音韵母发音的特点是自始至终口形不变，舌位不移动。普通话中单元音韵母共 10 个：a、o、e、ê、i、u、ü、-i [ɿ]、-i [ʅ]、er。

根据单元音韵母发音的主动器官部位、状态的不同，可以分为舌面元音、舌尖元音和卷舌元音。舌面元音有 a、o、e、ê、i、u、ü 七个；舌尖元音有 -i [ɿ]、-i [ʅ] 两个；卷舌元音只有一个 er。

其中舌面单元音的发音是所有韵母的发音基础，由于每个元音舌位的前后、高低和唇形的圆展都有所不同，因此每个舌面单元音的音色都有区别。舌位的前、央、后，是指发音时舌头隆起部位的前后。舌位的高、半高、半低、低，是指发音时舌头隆起部位的最高点同上腭的距离。舌位的降低或抬高同口腔的开合有关，舌位越高开口度越小，舌位越低开口度越大。唇形的圆展是指唇形撮拢还是展开。舌面元音图可以把这种区别形象地表现出来。

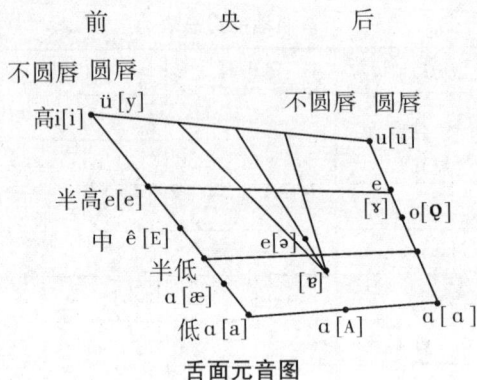

舌面元音图

1. 按舌位高低、前后及唇形圆展分类

（1）舌位高低。

舌位的高低一般分为七级，依次是：高、次高、半高、中、半低、次低、低。发高元音时舌位高，而开口度小，发音不响亮；发低元音时舌位低，而开口度大，发音响亮。在较为宽松的标音方式中，可把舌位高低分为四个档次：高、半高、半低、低。

①高元音。

舌位最高时发出的元音叫高元音。此时，口腔开度最小，舌面距离上腭最近。普通话里有 i［i］、u［u］、ü［y］三个高元音单韵母。

②半高元音。

舌位位于高与中之间发出的元音叫半高元音。此时，口腔稍微打开，舌面距离上腭较近。普通话里有 e［ɤ］一个半高元音单韵母。

③中元音。

舌位位于半低与半高之间发出的元音叫中元音。此时，口腔自然打开，开度稍大，舌面距离上腭稍远。普通话里有 ê［E］、o［ǫ］两个中元音单韵母。

④低元音。

舌位最低时发出的元音叫低元音。此时，口腔大开，开度最大，舌面距离上腭最远。普通话里有 ɑ［A］一个低元音单韵母。

（2）舌位前后。

按照舌位的前后，可以把元音分成三类：前元音、央元音和后元音。

①前元音。

前元音是发音时舌位靠前的元音。舌位靠前时，可以明显感觉到舌尖紧紧抵住了下齿背。普通话中有 i［i］、ü［y］、ê［E］三个前元音单韵母。

②央元音。

央元音是发音时舌头自然放平，由舌头中部起作用而发出的元音。舌位居中央时，可以感觉到舌尖碰到了下齿背，但不用力。普通话中有ɑ［A］一个央元音单韵母。

③后元音。

后元音是发音时舌位靠后的元音。舌位靠后时，舌体后缩，可以感觉到舌尖脱离了下齿背，触碰到了下齿龈。普通话中有u［u］、o［ǫ］、e［ɤ］三个后元音单韵母。

（3）唇形圆展。

按照唇形的圆展，可以把元音分成两类：圆唇音和不圆唇音。

①圆唇音。

圆唇音是发音时嘴唇拢圆的元音。普通话中有o［ǫ］、u［u］、ü［y］三个圆唇单韵母。

②不圆唇音。

不圆唇音是发音时嘴唇展开、不拢圆的元音。普通话中有ɑ［A］、ê［E］、e［ɤ］、i［i］四个不圆唇单韵母。

2. 单元音韵母的具体分类和发音情况

（1）舌面元音。

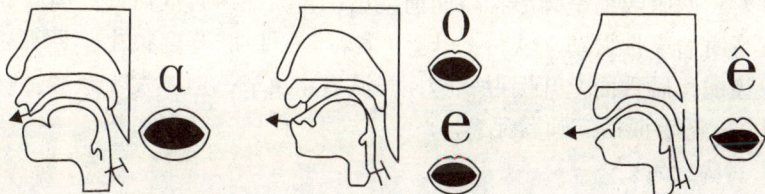

舌面元音是指发音时舌头的高点在舌面，舌面起主要作用的单元音韵母。

发ɑ时，口大开，舌尖微离下齿背，在口腔中处于一个不前不后的适中位置，舌面中部微微隆起，处于一个最低的位置，与硬腭后部相对，双唇不圆，发音时，声音振动，软腭上升。ɑ是舌面央低不圆唇元音。

发o时，上下唇自然拢圆，舌身后缩，舌面后部隆起，舌位中，介于ɑ和i之间，发音时声带振动，软腭上升。o是舌面后中圆唇元音。

发e时，口半闭，展唇，舌身后缩，舌面后部稍隆起与软腭相对，比o略高而偏前，发音时，声带振动，软腭上升。发音时舌位比中元音略高（注意：是略高，而不是介于中元音和高元音之间），这种元音就叫做半高元音。e是舌面后半高不圆唇元音。

发ê时，口自然打开，展唇，舌尖抵住下齿背，使舌面前部隆起与硬腭相对，发音时，声带振动，软腭上升。ê是舌面前中不圆唇元音。ê单独表音时只有一个语气词"欸"，一般出现在复韵母ie、üe中。在普通话里，ê很少单独使用，经常出现在i、ü的后面，在i、ü后面时，书写要省去符号"^"。

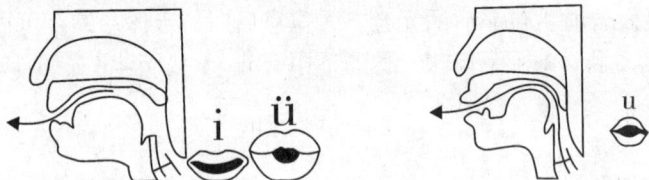

发i时，口微开，两唇呈扁平形，上下齿相对，舌尖抵住下齿背，使舌面前部高高隆起与硬腭前部相对，发音时，声带振动，软腭上升。i是舌面前高不圆唇元音。

发ü时，两唇略圆，略向前突出，舌尖接触下齿背，使舌面前部高高隆起与硬腭前部相对，发音时，声带振动，软腭上升。ü发音时，口腔开度很小，舌头前伸，抵住下齿背，前舌面上升接近硬腭，但气流通过时不发生摩擦。嘴唇撮圆成一小孔。发音情况和i基本相同，区别是发ü时嘴唇是圆的，发i时嘴唇是扁的。ü是舌面前高圆唇元音。

发u时，两唇收缩呈圆形，略向前突出，舌后缩，舌面后部高高隆起与软腭相对，发音时，声带振动，软腭上升。u发音时，口腔开度很小，舌头后缩，舌尖碰到下齿龈，后舌面上升接近软腭，气流通路狭窄，但不发生摩擦，嘴唇拢圆成一小孔。u是舌面后高圆唇元音。

（2）舌尖元音。

舌尖元音是指发音时舌尖位置起主要作用的单元音韵母。

-i［ɿ］发音时，口略开，展唇，舌尖与上齿背相对，保持适当距离。发音时，声带振动，软腭上升。舌尖前伸，靠近舌尖的舌体两侧抬起，对着上齿背形成狭窄的通道，气流通过不发生摩擦，嘴唇向两边展开。用普通话念"私"并延长，字音后面的部分便是 – i〔ɿ〕。这个韵母只跟 z、c、s 配合，不与任何其他声母相拼，也不能自成音节，如"资""此""思"的韵母。– i〔ɿ〕是舌尖前高不圆唇元音。

　　– i〔ʅ〕发音时，口略开，展唇，舌前端抬起与前硬腭相对。发音时，声带振动，软腭上升。舌尖上翘，靠近舌尖的舌体两侧抬起，对着硬腭形成狭窄的通道，气流通过不发生摩擦，嘴角向两边展开。用普通话念"师"并延长，字音后面的部分便是 – i〔ʅ〕。这个韵母只跟 zh、ch、sh、r 配合，不与其他声母相拼，也不能自成音节，如"知""吃""诗"的韵母。– i〔ʅ〕是舌尖后高不圆唇元音。

　　（3）卷舌元音。

er

　　卷舌元音是指发音时由舌面央元音 e〔ə〕再加上卷舌动作而发出的单元音韵母。

　　这是一个用双字母表示的单韵母，e 表示舌位和唇形，r 表示卷舌动作。在发 er 时，口自然打开，舌位不前不后、不高不低，处于最自然的状态，然后舌前中部上抬，舌尖向后卷，与硬腭前端相对，唇形不圆。发音时，声带振动，软腭上升。在发 e 的同时，舌尖向硬腭轻轻卷起，不是先发 e 然后卷舌，而是发 e 的同时舌尖卷起。er 中的 r 不代表音素，只是表示卷舌动作的符号。er 只能自成音节，不与任何声母相拼，如"儿""耳""二"字的韵母。er 是卷舌央中不圆唇元音。

　　（二）复韵母
　　复韵母由两个或三个元音构成，发音时舌位唇形都有变化，与单元音韵母不同。

　　1. 复韵母的发音特点
　　复韵母由两个或三个元音构成，但不是所含单元音的简单相加，字母只是表示元音舌位移动过程的起止；各元音的响度不等，有主有次，有的元音发音比较响亮、清晰，有的发得比较模糊，如 ɑi、ou；有的韵母可分韵头、韵腹和韵尾三部分，三者的轻重长短不一致。韵腹是音节中的主要元音。

　　10 个单韵母都可充当韵腹，它是韵母的主干，发音时清晰响亮。韵头只有

i、u、ü 三个，都是高元音，它们的发音轻短，只表示复韵母的起点。韵头是韵腹前面的元音，它常常介于声母和韵腹之间，所以叫介音，如 ie、iao 中的 i。韵腹后面的音素就是韵尾。韵尾只限于元音后头的 i、u、o，只表示复韵母滑动的方向，音值含混而不太固定。

2. 复韵母的分类

根据发音时响亮的元音的位置不同，可把复韵母分为前响复韵母、中响复韵母和后响复韵母。

（1）前响复韵母。

前响复韵母共有四个：ai、ei、ao、ou。它们的共同特点是前一个元音清晰响亮，后一个元音轻短模糊，音值不太固定，只表示舌位滑动的方向。

ai 发音时，先发 a，这里的 a 舌位前，念得长而响亮，然后舌位向 i 移动，不到 i 的高度。i 只表示舌位移动的方向，音短而模糊，如"白菜""海带""买卖"的韵母。

ei 发音时，先发 e，比单念 e 时舌位前一些，这里的 e 是个前半高元音，然后向 i 的方向滑动，如"配备""北美""黑煤"的韵母。

ao 发音时，先发 a，这里的 a 舌位靠后，是个后元音，发得响亮，接着向 o 的方向滑动，如"高潮""报道""吵闹"的韵母。

ou 发音时，先发 o，接着向 u 滑动，舌位不到 u 即停止发音，如"后楼""收购""漏斗"的韵母。

（2）后响复韵母。

后响复韵母共有五个：ia、ie、ua、uo、üe。它们的共同特点是前面的元音发得轻短，只表示舌位从那里开始移动，后面的元音发得清晰响亮。

ia 发音时，i 表示舌位起始的地方，发得轻短，很快滑向央元音 a，a 发得长而响亮，如"加价""假牙""押下"的韵母。

ie 发音时，先发 i，很快发 ê，前音轻短，后音响亮，如"结业""贴切""趔趄"的韵母。

ua 发音时，u 念得轻短，很快滑向 a，a 念得清晰响亮，如"花褂""挂花"的韵母。

uo 发音时，u 念得轻短，舌位很快降到 o，o 清晰响亮，如"过错""活捉""阔绰"的韵母。

üe 发音时，先发高元音 ü，ü 念得轻短，舌位很快降到 ê，ê 清晰响亮，如"绝学""雀跃""决绝"的韵母。

后响复韵母在自成音节时，韵头 i、u、ü 分别改写成 y、w、yu。

（3）中响复韵母。

中响复韵母共有四个：iao、iou、uai、uei。它们共同的发音特点是前一个元音轻短，中间的元音清晰响亮，后面的元音含混，音值不太固定，只表示舌位滑动的方向。

iao 发音时，先发 i，紧接着发 ao，三个元音结合成一个整体，如"巧妙""小鸟""教条"的韵母。

iou 发音时，先发 i，紧接着发 ou，紧密结合成一个复韵母，如"优秀""求救""牛油"的韵母。

uai 发音时，先发 u，紧接着发 ai，三个元音结合成一个整体，如"摔坏""怀揣""外快"的韵母。

uei 发音时，先发 u，紧接着发 ei，紧密结合成一个整体，如"退回""愧对""归队"的韵母。

中响复韵母在自成音节时，韵头 i、u 分别改写成 y、w。复韵母 iou、uei 前面加辅音声母时，要分别省写成 iu、ui，如 liu（留）、gui（归）等；零声母时，不能省写，用 y、w 开头，写成 you（油）、wei（威）等。

（三）鼻韵母

鼻韵母就是由鼻音 n 或 ng 做韵尾的韵母。它的发音特点是收尾时气流从鼻腔中透出，它的发音和复韵母一样，韵尾要与元音成为一个结合得很紧密的音。普通话中鼻韵母共有 16 个，分两种：一种是带舌尖鼻音 n 的（以 n 为韵尾的），叫前鼻韵母，有 an、ian、uan、üan、en、in、uen、ün 共 8 个；另一种是带舌根鼻音 ng 的，叫后鼻韵母，有 ang、iang、uang、eng、ing、ueng、ong、iong 共 8 个。

1. 前鼻韵母

an 发音时，先发前 a，然后舌尖向上齿龈移动，最后抵住上齿龈，发前鼻音 n，如"感叹""灿烂""栏杆"的韵母。

en 发音时，先发央 e，然后舌尖向上齿龈移动，抵住上齿龈，发鼻音 n，如"认真""根本""本分"的韵母。

in 发音时，先发 i，然后舌尖向上齿龈移动，抵住上齿龈，发鼻音 n，如"拼音""尽心""濒临"的韵母。

ün 发音时，先发 ü，然后舌尖向上齿龈移动，抵住上齿龈，气流从鼻腔通过，如"均匀""军训""逡巡"的韵母。

in、ün 自成音节时，写成 yin（音）、yun（晕）。

ian 发音时，先发 i，i 轻短，接着发 an，an 受 i 的影响，舌位偏高一些，i 与 an 结合得很紧密，如"偏见""先天""翩跹"的韵母。

uan 发音时，先发 u，紧接着发 an，u 与 an 结合成一个整体，如"贯穿"

"转弯""婉转"的韵母。

üan 发音时，先发 ü，紧接着发 an，an 受 ü 的影响，舌位偏高一些，ü 与 an 结合成一个整体，如"轩辕""全权""源泉"的韵母。

uen 发音时，先发 u，紧接着发 en，u 与 en 结合成一个整体，如"春笋""温存""昆仑"的韵母。uen 跟声母相拼时，省写作 un，如 lun（抡）、chun（春）。uen 自成音节时，仍按照拼写规则，写成 wen（温）。

2. 后鼻韵母

ang 发音时，先发后 a，舌头逐渐后缩，舌根抵住软腭，气流从鼻腔通过，如"厂房""沧桑""纲常"的韵母。

eng 发音时，先发 e，舌根向软腭移动，抵住软腭，气流从鼻腔通过，如"更正""生冷""鹏程"的韵母。

ing 发音时，先发 i，舌头后缩，舌根抵住软腭，发后鼻音 ng，如"定型""命令""精英"的韵母。ing 自成音节时，写成 ying（英）。

ong 发音时，先发 o，口形为松 u，舌根抬高抵住软腭，发后鼻音 ng，如"工农""红松""隆冬"的韵母。

iang 发音时，先发 i，接着发 ang，两者结合成一个整体，如"亮相""想象""湘江"的韵母。

iong 发音时，先发 i，接着发 ong，两者结合成一个整体，口形更接近 ü，如"熊熊""穷凶""汹涌"的韵母。

uang 发音时，先发 u，接着发 ang，由 u 和 ang 紧密结合而成，如"状况""双簧""狂妄"的韵母。

ueng 发音时，先发 u，接着发 eng，由 u 和 eng 紧密结合而成。ueng 自成音节，不拼声母，如"翁""瓮""蓊"。

iang、iong、uang、ueng 自成音节时，韵头 i、u 分别改写成 y、w。

二、普通话韵母分组训练

（一）舌面央低不圆唇元音——a［A］

1. 韵母 a、ia、ua 认读

韵母 a 发音时，口大开，舌尖微离下齿背，在口腔中处于一个不前不后的适中位置，舌面中部微微隆起，处于一个最低的位置，与硬腭后部相对，双唇不圆，声带振动，软腭上升，关闭鼻腔通路。韵母 ia 发音时，从轻短的前高元音 i 开始，很快滑向央元音 a，舌位由高变低，口腔逐渐张开，a 发得长而响亮。韵母 ua 发音时，从轻短的后高元音 u 开始，很快滑向央元音 a，舌位由高变低，唇形由圆逐步展开到不圆，口腔大开，a 发得长而响亮。

拼合关系：a 不与 j、q、x、r 相拼；ia 只与 j、q、x、l 和零声母相拼；ua 只与 zh、ch、sh、g、k、h 和零声母相拼。

听读下列单音节字词：

把　旮　麻　拿　法　打　他　拉　喀　哈　渣　察　纱　杂

擦　洒　芽　佳　洽　下　俩　娃　抓　刷　瓜　跨　华　爬

2. 方音纠正提示

闽语区人发音时要注意单韵母（央低元音）a [A]，舌头应触碰到下齿背，不要将其读作"前 a [a]"或"后 a [ɑ]"；另外 ua 容易与 uo 音相混，发音时注意把口腔打开，不要拢圆。客家人应注意不要丢失 u 的介音，粤语区的人要注意不要丢失 ia、ua 的介音。

注意读准下列词语：

大妈　哈达　压价　哑巴　打假　国画　说话　傻瓜　画夹　假话　花袜

火化　大家　加价　刷牙　抓瞎　挂花　娃娃　麻花　耍滑　刷画　挂画

（二）舌面后中圆唇元音——o [ɔ]

1. 韵母 o、uo 认读

发 o 时，上下唇自然拢圆，舌身后缩，舌尖置于下齿龈下面，舌面后部隆起，接近软腭，舌面前部中空。发音时，声带振动，软腭上升，堵住鼻腔通路。

韵母 uo 的发音由轻短圆唇的 u 开始，滑向清晰响亮的中元音 o，口腔逐渐打开，到露出上门牙接近半颗牙齿为止，圆唇度略减。单元音 o 一般只在语气词"哦""噢"和拟声词"喔"中出现。语音实验证明，与唇音声母（即 b、p、m、f）相拼的韵母皆有介音 u 的存在，只不过为了拼写的方便，省写了 u。

拼合关系：韵母 o 只与 b、p、m、f 相拼；uo 不与 b、p、m、f、j、q、x 相拼。

听读下列单音节字词：

哦　泊　坡　莫　佛　多　妥　诺　落　国

扩　活　做　撮　索　浊　戳　烁　弱　我

听读下列双音节词语：

菠萝　错落　哆嗦　国货　蹉跎　懦弱　过错　活捉　阔绰　佛陀　骆驼

剥落　博罗　破落　做错　堕落　躲过　所措　做作　活络　啰唆　多国

2. 方音纠正提示

说闽语的人，容易 uo、ua 不分，尤其是在潮汕方言中，如普通话中的"我"

在方言中就类似于"瓦";"瓜"和"锅"在潮汕话中没有区别,开口度介于两者之间。因此要注意这一组音开口度大小的问题。

注意读准下列词语:

挂着—过着　滑动—活动　抓住—捉住　刷画—说话　夸大—扩大

滑着—活着　瓜果—蝈蝈　话务—货物　轮滑—轮廓　火化—收获

(三)舌面后半高不圆唇元音——e〔ɤ〕

1. 韵母 e 认读

发 e 时,口半闭,展唇,舌身后缩,舌尖离开下齿背,置于下齿龈之下,舌面后部稍隆起与软腭相对,比 o 略高而偏前,口腔空间感比 o 稍窄。发音时,声带振动,软腭上升,堵住鼻腔通道。

拼合关系:韵母 e 不与 b、p、f、j、q、x 相拼。

听读下列单音节字词:

腭　么　德　特　讷　乐　歌　渴　喝　这　车　蛇　热　则　册　色

听读下列双音节词语:

特色　色泽　割舍　嗝瑟　合格　客车　折射　合辙　可乐　隔阂　这个

什么　哥哥　歌德　车辙　社科　可贺　折合　客舍　苛刻　各个　咋舌

2. 方音纠正提示

这个 e 音对于广东人而言,是个较难发准的韵母,不是舌位太前就是舌位太低,特别是与平舌音、翘舌音相拼时,往往口腔咬得太死,放不开,发成了舌尖元音。所以在开始练习这个音时,最好用舌根音或者舌尖中音来带动,比较容易掌握。发零声母音节时,要注意舌面与软腭的轻微摩擦。

注意读准下列词语:

菏泽　苛责　白鹅　凶恶　毒蛇　自责　设置　紫色　四则　车次　手册

色素　猜测　招惹　贬谪　斥责　施舍　试射　诗社　折射　涉世　奢侈

(四)舌面前中不圆唇元音——ê〔E〕

1. 韵母 ê、ie、üe 认读

发 ê 时,口自然打开,舌位中,展唇,舌尖抵住下齿背,使舌面前部隆起与硬腭相对;发音时,声带振动,软腭上升,堵住鼻腔通路。在普通话里,ê 很少单独使用,经常出现在 i、ü 的后面,在 i、ü 后面时,书写要省去符号"^"。ê 单独表音时只有一个语气词"欸",它一般出现在复韵母 ie、üe 中。韵母 ie 发音时,介音 i 轻短,舌位由 i 滑向 ê,口腔逐渐打开,韵腹 ê 清晰响亮。韵母 üe 发音时,嘴唇撮起拢圆,并逐步展开,舌位由高向低滑动,到 ê 为止,响亮清晰。这三个韵母发音时,对镜皆可看到前半个舌面。

拼合关系:韵母 ê 一般单用为叹词"欸",不与其他声母相拼;ie 不与 f、g、

k、h、zh、ch、sh、r、z、c、s相拼；üe只与n、l、j、q、x和零声母相拼。

听读下列单音节字词：

欸 也 月 别 撇 灭 爹 铁 列 皆 且 些 虐 略 决 崔 雪

听读下列双音节词语：

绝学 崔跃 解决 节约 约略 趔趄 确切 协约 谢谢 别介 略略
决绝 月缺 决裂 歇业 孑孓 缺页 乜斜 鞋业 血液 学业 雪夜

2. 方音纠正提示

发ê、ie、üe时，广东人容易出现大撒口的情况，即韵腹打得太开，舌位太低，以至看到整个舌面，所以在发这一类音时，口腔要稍稍收一收，但又不可太紧。客家方言区的人还要注意避免将üe的撮口音发成齐齿音。粤语方言区的人则要注意ie的介音i不可丢，特别是与舌面音相拼时。

注意读准下列词语：

恶劣 排列 扭捏 解决 诀别 姐姐 爷爷 学界 喋血 雪月 绝对
绝句 节约 借阅 解约 车裂 戏谑 学月 贴切 解穴 雪鞋 约略

（五）舌面前高不圆唇元音——i [i]

1. 韵母i认读

发音时，口微开，两唇呈扁平状，嘴角向两侧咧开，上下齿相对，舌尖抵住下齿背，使舌面前部高高隆起与硬腭前部相对，舌面逼近硬腭。发音时，声带振动，软腭上升，堵住鼻腔通路，气流只从口腔透出。

拼合关系：韵母i不与f、g、k、h、zh、ch、sh、r、z、c、s相拼。

听读下列单音节字词：

以 鼻 皮 米 地 题 替 腻 妮 理 力 即 忌 弃 起 喜 细

听读下列双音节词语：

迷离 比拟 霹雳 机器 及其 嬉戏 避匿 义气 地理 即席 契机
迷你 希冀 皮衣 地痞 体力 记忆 技艺 奇异 起义 气息 栖息

2. 方音纠正提示

说闽语的人要注意发韵母i时，避免发成鼻化音，即注意避免发音时气流从鼻腔和口腔同时透出，带有鼻化色彩。如何分辨发音是否带有鼻化色彩？用拇指和食指捏住鼻子，如果发音时感觉鼻腔产生了共鸣，即为鼻化。

注意读准下列词语：

阿姨 可以 下棋 椅子 意义 所以 已经 依靠 欺负 歧义 裨益
其中 日期 喜讯 伙计 脾气 第一 敌意 砥砺 地理 履历 给予

（六）舌面前高圆唇元音——ü [y]

1. 韵母ü认读

发音时，嘴唇撮圆成一小孔，口腔开度很小，舌头前伸，舌尖紧紧抵住下齿背，使舌面前部高高隆起与硬腭前部相对，前舌面上升接近硬腭，但气流通过时不发生摩擦，发音时，声带振动，软腭上升，堵住鼻腔通路。发音情况与 i 基本相同，区别是发 ü 时嘴唇是圆的，发 i 时嘴唇是扁的。

拼合关系：韵母 ü 只与 n、l、j、q、x 和零声母相拼。

听读下列单音节字词：

与　玉　迂　女　绿　驴　居　举　局　距　取　去　区　须　许　序　徐

听读下列双音节词语：

欲语　龃龉　屈曲　语句　须臾　絮语　雨区　区域　局域　伛偻　豫剧
聚居　玉宇　渔具　迂曲　玉女　雨具　句句　屈居　语序　屡屡　旅居

2. 方音纠正提示

在客家方言和闽方言中，因没有 ü 音，所以在发撮口音时，往往没有撮口收拢嘴唇，而错发成齐齿的 i 音。

注意读准下列词语：

名义—名誉　结集—结局　意义—寓意　绝迹—绝句　雨季—雨具
容易—荣誉　机器—激趣　栖息—屈膝　细节—续节　已译—羽翼

（七）舌面后高圆唇元音——u〔u〕

1. 韵母 u 认读

发音时，两唇收缩呈圆形，略向前突出，口腔开度小，舌面逼近硬腭，舌身后缩，舌尖离开下齿背，舌面后部高高隆起与软腭相对，气流通路狭窄，但不发生摩擦。发音时，声带振动，软腭上升，堵住鼻腔通路。

拼合关系：韵母 u 不与 j、q、x 相拼。

听读下列单音节字词：

五　不　普　木　读　吐　奴　露　骨　苦　护　主　出　述　如　足　粗　宿

听读下列双音节词语：

住宿　瞩目　怒目　铺路　陆路　读物　吐露　目录　独步　入住　互助
服务　瀑布　苦楚　碌碌　孤苦　枯骨　误服　无氟　护肤　虎符　叔叔

2. 方音纠正提示

广东人学习这个音不会有太大的困难，但注意舌头不要前伸，以免发成前音。发音时，舌身尽量靠后，舌尖不要碰到下齿背。粤语方言区的人还要注意不要错发成 ü 音。

注意读准下列词语：

珍珠　主人　储蓄　抒情　帮助　粗鲁　痛楚　普度　构图　坟墓　书目
诉苦　糊涂　戮力　出租　蜘蛛　出处　屠戮　孤度　幅度　突兀　宿主

（八）舌尖前高不圆唇元音——-i [ɿ]

1. 韵母 -i [ɿ] 认读

发音时，口略开，展唇，舌尖前伸，靠近舌尖的舌体两侧抬起，对着上齿背形成狭窄的通道，气流通过时不发生摩擦，嘴唇向两边展开。舌尖与上齿背相对，保持适当距离。发音时，声带振动，软腭上升，堵住鼻腔通路。韵母 -i [ɿ]不能自成音节，与舌尖前音的声母紧紧相随，z、c、s 拉长了读，就可以得到 -i [ɿ] 的读音。

拼合关系：韵母 -i [ɿ] 只与 z、c、s 相拼。

听读下列单音节字词：

自　子　姿　兹　梓　刺　词　此　疵　磁　赐　四　死　司　似　思　寺

听读下列双音节词语：

自私　此次　私自　四次　子嗣　刺死　嗣子　恣肆　孜孜　四字　字词
自此　紫菜　滋事　籽实　孜然　污渍　修辞　赏赐　瑕疵　雌雄　丝袜

2. 方音纠正提示

对于粤语方言区的人而言，这一组音学习起来比较困难，因为它必须结合声母一起学，而且这组音又常与舌面音相混。因此学 -i [ɿ] 的关键在于学好 zi、ci、si 的发音。

注意读准下列词语：

自己　仔鸡　瓷器　其次　细丝　机子　席子　七次　妻子　刺激　祭祀
字迹　子集　集资　继子　戏词　气死　戏子　喜字　磁极　祭司　旗子

（九）舌尖后高不圆唇元音——-i [ʅ]

1. 韵母 -i [ʅ] 认读

发音时，口略开，展唇，舌前端抬起与前硬腭相对，声带振动，软腭上升。舌尖上翘，靠近舌尖的舌体两侧抬起，对着硬腭形成狭窄的通道，气流通过时不发生摩擦，嘴角向两边展开。用普通话念"师"并延长，字音后面的部分便是 -i [ʅ]。这个韵母只与 zh、ch、sh、r 配合，不与其他声母相拼，也不能自成音节。

拼合关系：韵母 -i [ʅ] 只与 zh、ch、sh、r 相拼。

听读下列单音节字词：

知　至　止　职　持　斥　齿　吃　池　十　是　时　诗　使　日

听读下列双音节词语：

制止　值日　指使　指示　实施　知识　市尺　支持　食指　迟滞　只是
直至　致使　直视　适时　史实　日食　世事　石狮　事实　实时　史诗

2. 方音纠正提示

对于广东方言区的人而言，学习这一组音比较困难，因为它必须结合声母一起学，而且常与 e 音相混。所以在学习这一组音时，除注意声母准确的发音部位外，还应注意牙根咬紧，舌尖抵住硬腭前部，不可脱离硬腭。

注意读准下列词语：

制止—智者　指示—折射　逝世—涉世　试室—试射　纸质—指着

贬值—贬谪　公式—公社　石头—舌头　扫视—扫射　吉日—极热

（十）卷舌央中不圆唇元音——er［ər］

1. 韵母 er［ər］认读

发音时，口自然打开，舌位不前不后、不高不低，处于最自然状态，然后舌前中部上抬，舌尖向后卷，与硬腭前端相对，唇形不圆。发音时，声带振动，软腭上升堵住鼻腔通路。发 e 的同时舌尖向硬腭卷起，舌尖底部与硬腭相对。"er"中的 r 不代表音素，只是表示卷舌动作的符号。

拼合关系：er 只能自成音节，不与任何声母相拼。

听读下列单音节字词：

二　而　儿　尔　耳　饵　贰　迩　洱

听读下列双音节词语：

二十　而且　儿子　耳朵　诱饵　拾贰　遐迩　洱海　偶尔　率尔　因而

2. 方音纠正提示

广东人没有卷舌的习惯，发这个音比较困难。有时虽有卷舌色彩，但不到位、生硬，相当不自然。一方面，e 的开口度把握不当，有的太大，有的太小，实际上由于受声调的影响，贰（二）的开口度较大，几乎接近 ɑ 的开口度；另一方面，卷舌的度不够，有的舌头稍微后缩，就以为卷了，有的稍微上翘也以为是卷了，其实都不够，必须卷得可以看到舌筋才行，同时还要注意舌头不可卷得对着软腭，那就太靠后了。

注意读准下列词语：

儿女　儿童　鱼饵　聂耳　十二　苍耳　然而　尔后　偶尔　鸸鹋　涟漪

（十一）ɑi 组韵母练习

1. 韵母 ɑi、uɑi 认读

韵母 ɑi 发音时，ɑ［a］是比单元音 ɑ［A］更靠前的音。发前 ɑ 音时，口大开，展唇，舌头前伸，舌尖贴紧下齿背，舌面前部隆起，对准硬腭前部，振动声带，舌位逐渐由低位滑向次高位的 i［I］，但不收紧，趋向分明即可。ɑi 听起来前音清晰响亮，尾音轻短模糊。

韵母 uɑi 的发音，是 u 和 ɑi 的组合，即发音时，先拢唇，舌头后部隆起，舌身由后往前推，唇形由圆变展，再过渡到 ɑi 音。韵头 u［u］不太响亮，较短促。

拼合关系：韵母 ɑi 不与 f、j、q、x、r 相拼；uɑi 只与 g、k、h、zh、ch、sh

和零声母相拼。

听读下列单音节字词：

爱　白　派　买　带　台　乃　来　该　凯　害　窄

拆　晒　在　才　赛　外　乖　快　怀　搋　踹　帅

听读下列双音节词语：

开采　买卖　海带　爱戴　白菜　彩排　采摘　晒台　灾害　摔坏　怀揣

徘徊　海外　塞外　拍卖　带来　彩带　择菜　外快　带坏　外踝　排外

2. 方音纠正提示

广东人在发这一组音时难度不大，因为方言中都有，但要注意 ɑi 中的 ɑ 开口度要大些，软腭要挺起来，发音才能清晰响亮。客家人在发 uɑi 时要注意韵头 u 的存在，不要因为弱而丢失，也不要把 u 发成 v。

注意读准下列词语：

奇怪　坦率　拽掉　衰败　甩卖　草率　存在　摆开　败坏　可爱　在外

球拍　坏蛋　快来　摔打　鬼怪　白带　海派　概括　青睐　槐树　脚踝

（十二）ei 组韵母练习

1. 韵母 ei、uei 认读

韵母 ei 发音时，起始元音是前半高不圆唇元音 e [e]。实际发音时，展唇，口半闭，舌尖抵住下齿背，舌面前部隆起与硬腭前部相对，声带振动，舌位逐渐升高，滑向次高元音 i [I] 音，嘴角向两侧咧开，但不收紧。e 的实际发音，其舌位要比前半高元音 [e] 的舌位靠后往下，比央中元音的 e 的舌位稍后、稍高。在这一组音中，e [e] 是主要元音，清晰响亮，i [I] 音是尾音，轻短模糊。

韵母 uei 是 u 和 ei 的组合，先拢唇，u [u] 不太响亮，较短促，舌位由后往中，再往前推进，唇形逐渐展开。在这一组中，e 仍然是韵腹，要有一个动程，注意不要从 u 直接过渡到 i。

在音节中，韵母 uei 受声母和声调的影响，中间的元音常常弱化（注意只是弱化，并没有完全消失），有以下四种情况：

（1）在阴平和阳平的零声母音节里，韵母 uei 中间的元音音素弱化接近消失，如"微""维"。

（2）在声母为舌尖音 d、t、z、c、s、zh、ch、sh、r 的阴平和阳平的音节里，韵母 uei 中间的元音音素弱化接近消失，如"堆""推"。

（3）在舌尖音声母的上声或去声的音节里，韵母 uei 中间的元音音素只会弱化，但不会消失，如"最""腿"。

（4）在舌根音声母 g、k、h 的阴平或阳平音节里，韵母 uei 中间的元音音素也只会弱化而不会消失，如"归""葵"。这个韵母在与辅音声母相拼时，韵腹 e

常常被省略，直接写成 ui。

拼合关系：韵母 ei 不与 j、q、x、s、ch、r 相拼；韵母 uei 不与 b、p、m、f、n、l、j、q、x 相拼。

听读下列单音节字词：

杯 配 每 肥 得 忒 内 雷 给 剋 黑 尾

对 推 贵 回 亏 追 垂 水 瑞 最 翠 随

听读下列双音节词语：

肥美 北非 蓓蕾 配备 摧毁 水位 汇兑 归队 灰堆 回味 溃退

卑微 归位 美味 配煤 回馈 会费 愧对 回归 鬼祟 玫瑰 崔嵬

2. 方音纠正提示

广东方言中这一组音与普通话的发音有差异，要注意区分。特别要注意 uei 不要发成 ui，虽然这个音在与辅音声母相拼时省写了 e 音，也弱化了 e 音，但并没有完全消失，因此闽语人和客家人在发这一组音时，要注意稍稍保留 e 音。说闽语的潮汕人讲普通话时，常常用 ai 或者 ui 音来代替 ei，要注意控制好不大不小的开口度。

注意读准下列词语：

坠毁 累赘 分配 内部 墓碑 分贝 愧疚 归属 充沛 背面 媒人

垂柳 北魏 送给 配对 飞舞 绯闻 肋骨 气馁 黑夜 恶贼 妹妹

（十三）ao 组韵母练习

1. 韵母 ao、iao 认读

韵母 ao 发音时，起始元音 a 是后 a，是比单元音 a［A］靠后的后低不圆唇元音。发后 a 时，口大开，展唇，舌头后缩，舌尖对准下齿龈，舌面后部隆起与软腭相对，声带振动，舌位由低 a 向高 u 滑动，但舌位略比 u 低，唇由展开变拢圆。

韵母 iao 是 i 和 ao 的组合，由短促的前高元音 i 开始，舌位降至后低元音 a，然后再向后次高元音 u 方向滑升。发音过程中，舌位先降后升，由前到后，曲折幅度大，唇形从中间的 a 音逐渐圆唇。

拼合关系：韵母 ao 不与 f、j、q、x 相拼；韵母 iao 不与 f、zh、ch、sh、r、z、c、s、g、k、h 相拼。

听读下列单音节字词：

袄 报 跑 毛 到 逃 脑 老 高 靠 号 找 潮 稍

绕 早 曹 扫 要 标 票 秒 掉 条 鸟 料 较 翘

听读下列双音节词语：

高潮 早操 报告 吵闹 逃跑 高烧 小鸟 逍遥 巧妙 教条 吊桥

叫嚣 小猫 抛锚 冒号 牢靠 包抄 爆炒 高炮 娇小 疗效 骄傲

2. 方音纠正提示

在这一组音中，对于粤语方言区的人和潮汕人而言，ao 组比较容易掌握，iao 组则比较难。发这一组音时，要注意口腔的宽窄程度，口腔不可过分张大，亦不可太小，注意与 iou 音区分开来。总之，韵腹 a 要发得清晰响亮，唇形必须先打开再收拢，舌位、口形的变化都要明显。

注意读准下列词语：

姥姥 糟糕 烧烤 招标 缥缈 苗条 手表 悄悄 镣铐 美妙 妖娆
跳高 爆料 孝道 瓜瓢 吊销 蹊跷 报到 票友 祷告 曹操 骚扰

（十四）ou 组韵母练习

1. 韵母 ou、iou 认读

发 ou 时，起始元音比单元音 o 的舌位略高、略前，接近于央元音 [ə]，唇形略圆。发音时，从略带圆唇的央（略后）元音 [ə] 开始，舌位向 u 方向滑动；收尾时，舌位更高、唇形更圆，这个动程非常短。

韵母 iou 是 i 和 ou 的组合，由前高元音 i 开始，口微开，唇扁平，舌位逐渐降至略带圆唇的央（略后）元音 [ə]，再滑向后次高圆唇元音 u，起点元音 i 短促，收尾元音 u 亦轻短模糊，但中间动程较大，舌位先降后升，由前到后，曲折幅度大，唇形由扁平到略圆再到全圆。这个韵母在阴平或阳平音节中，中间元音弱化，甚至接近消失，所以拼写音节时，韵腹 o 常常被省略。

拼合关系：韵母 ou 不与 b、j、q、x 相拼；韵母 iou 只与 m、d、n、l、j、q、x 和零声母相拼。

听读下列单音节字词：

偶 剖 某 否 豆 偷 楼 够 口 后 周
丑 受 肉 有 缪 丢 牛 六 就 秋 秀

听读下列双音节词语：

收购 口头 丑陋 兜售 喉头 漏斗 优秀 牛油 绣球 悠久 求救
久留 筹谋 佝偻 酒友 收受 豆蔻 悠悠 流油 妞妞 九牛 有救

2. 方音纠正提示

对于 ou 组音，在闽方言和粤语中容易与 ao 相混，发该音时注意开口度不可太大；iou 组音则易与 iao 组音相混。另外，客家人和说闽语的潮汕人还要注意不要完全省略了韵腹 o 的动程，应注意要有一定的舌位降升过程。

注意读准下列词语：

呕—袄 沤—傲 欧—凹 右—要 有—咬 游—摇 优—腰
交流 娇羞 料酒 校友 要求 丢掉 牛角 油条 交友 焦油 教友

修桥　流放　陡峭　投靠　票友　酒窖　搂抱　保守　犹豫　揪掉　药酒

（十五）an 组韵母练习

1. 韵母 an、uan 认读

发 an 时，起始元音 a［a］比单元音 a［A］还要靠前，是前低不圆唇元音。舌尖抵住下齿背，舌面前部隆起，舌位降至最低，软腭上升，关闭鼻腔通路。发"前 a"之后，软腭下降，打开鼻腔通路，同时舌位上升，舌尖抵住上齿龈，使在口腔受阻的气流从鼻腔透出，口形开合度由大渐小，舌位动程大。

韵母 uan 由韵头 u 加韵母 an 组合而成。发 uan 音时，舌位动程更大，从圆唇的后高元音 u 开始，口形迅速由圆变展，口腔开合度大，由小变大再缩小，舌位逐渐升高，舌头隆起部位由后变前，舌尖由触碰下齿龈上升至抵住上齿龈，形成鼻音 –n。发鼻音时都不可过分强调鼻音韵尾 –n，以免韵尾延长。

拼合关系：韵母 an 不与 j、q、x 相拼；uan 不与 b、p、m、f、j、q、x 相拼。

听读下列单音节字词：

半　盘　满　翻　但　弹　难　揽　敢　看　含　展　产　山　然　伞
岸　晚　短　团　暖　乱　关　款　换　转　船　栓　软　钻　窜　算

听读下列双音节词语：

参展　反感　烂漫　橄榄　谈判　坦然　赞叹　换算　贯穿　婉转　酸软
转换　黯然　斑斓　寒战　翻版　参赞　感叹　专款　万贯　传唤　软饭

2. 方音纠正提示

对于闽语区的人而言，前鼻音无疑是最难掌握的，往往受方言音的影响，舌面中后部常常不自觉地抬起，抵住硬腭中部，发成类似于后鼻音的音。还有一种情况是发成合口音 –m，在归音阶段，不是舌尖与上齿龈闭合，而是变成了双唇的闭合，这种情况在客家方言区和粤语区也普遍存在。所以在发音过程中，一定要把注意力放在舌面前部，即便是 uan，也要注意发完 u 后，舌体再迅速前移；发韵腹 a 时，确保舌面不碰上腭，归音时，控制好舌尖与上齿龈闭合的前鼻音的点，上下唇不要黏合在一起。

注意读准下列词语：

断然　展览　专断　转弯　款款　寒蝉　勘探　辗转　反叛　返转　安然
探看　翻案　宽缓　惯犯　判完　钻探　管饭　胆战　难堪　惨案　男篮

（十六）ian 组韵母练习

1. 韵母 ian、üan 认读

发 ian 时，唇扁平，从前高元音 i 开始，舌位滑向前低元音 a［a］，但只降至次低元音［æ］的位置就开始上升。发音时，舌尖抵住下齿背，舌面不与上腭接触；归音时，舌尖抵住上齿龈，使在口腔受阻的气流从鼻腔透出。读这个韵母时要注意避免韵腹［æ］开口度偏大，即把韵腹［æ］实际读成前低不圆唇元音［a］。

韵母 üan 的发音与 ian 音基本相同，只是唇形由撮敛到展开，口腔由小到大再到小，舌位要降至次低元音［æ］略后的位置，此时韵腹的开口度比 ian 音的稍大；归音时，注意舌尖一定要抵住上齿龈形成鼻音。读韵母 üan 时也要注意避免韵腹［æ］开口度偏大，即把韵腹［æ］实际读成央低不圆唇元音［A］。发鼻音时不可过分强调鼻音韵尾－n，以免韵尾延长。

拼合关系：韵母 ian 只与 b、p、m、d、t、n、l、j、q、x 和零声母相拼；üan 只与 j、q、x 和零声母相拼。

听读下列单音节字词：

演　边　片　棉　点　天　年　脸　尖　铅　显　原　倦　犬　轩

听读下列双音节词语：

艰险　前天　简便　田间　连篇　前线　缱绻　渊源　轩辕　全权　圆圈

边沿　翩跹　免检　年检　绵延　腼腆　源泉　泉眼　险远　全选　捐献

2. 方音纠正提示

对于这一组音，粤语方言区的人和客家方言区的人应注意不要把韵母 üan 发成 ian，韵腹开口度不可太小，应以发音时能看到过半的舌面为宜。闽语区的人则要注意发音过程中控制好舌面中后部，不要抬起触碰到上腭，以免发成中后鼻音，另外口腔要打开，韵腹的开口度要稍大，但也不宜过大，以免发成某些北方的土音。

注意读准下列词语：

便签　电线　连绵　沿线　偏见　颜渊　眼缘　浅显　前面　权限　浅见

年限　全县　棉田　怨言　原件　远见　显现　棉线　片面　前沿　演员

（十七）en 组韵母练习

1. 韵母 en、uen、in、ün 认读

韵母 en 发音时，起始元音 e 是央中元音［ə］，舌位不高不低、不前不后，舌尖接触下齿背，舌面隆起部位受韵尾影响偏前。从央元音 e［ə］开始，舌面升高，舌尖抵住上齿龈，当两者将要接触时，软腭下降，打开鼻腔通路，紧接着舌尖与上齿龈闭合，使气流从鼻腔透出，口腔由开到闭，舌位移动小。

韵母 uen 的发音，可以看成是由短促的后高圆唇元音 u 滑向 en 构成，唇形由圆唇在向折点元音的滑动过程中逐渐展开。受声母和声调的影响，中间的元音（韵腹）常常弱化，其变化条件与 uei 相同。

韵母 in 的发音动程最为短暂，由前高元音 i 开始，舌尖从抵住下齿背开始移

至即将靠近上齿龈之时，软腭下降，打开鼻腔通路，紧接着舌尖与上齿龈闭合，使气流从鼻腔中透出。发音过程中，开口度始终很小，几乎没有变化。在发上声音节时，还可以感知到在 i 与 −n 之间还存在舌位向 e [ə] 滑动的迹象。

韵母 ün 的发音基本与 in 相同，唯一不同的地方在于唇形变化不同，ün 唇形从 ü 开始逐步展开，而 in 自始至终都是展唇的。发鼻音时不可过分强调鼻音韵尾 −n，以免韵尾延长。

拼合关系：韵母 en 不与 d、t、l、j、q、x 相拼；韵母 uen 不与 b、p、m、f、n、j、q、x 相拼；韵母 in 只与 b、p、m、n、l、j、q、x 相拼；韵母 ün 只与 j、q、x 和零声母相拼。

听读下列单音节字词：

摁 本 喷 门 分 跟 肯 狠 真 陈 沈 认 怎
岑 森 文 顿 屯 论 滚 困 魂 准 唇 顺 润
音 宾 品 民 您 林 近 秦 新 韵 均 群 寻

听读下列双音节词语：

愤懑 根本 振奋 昆仑 温存 论文 辛勤 拼音 信心 均匀 逡巡
军训 本分 沉闷 门诊 混沌 馄饨 困顿 金银 琴音 新近 芸芸

2. 方音纠正提示

这一组音都是前鼻音，发音时都要注意归音到位，发完元音后，舌尖都要迅速抬起，使舌尖抵住上齿龈，使气流从鼻腔透出。客家人和粤语方言区的人要注意发好韵母 ün，不要把撮口音发成齐齿音；闽语区的人和客家人要发好韵母 uen，韵腹虽然被弱化，但要有一定的滑动过程；闽语区的人和粤语方言区的人还要注意发好韵母 in，因为这组音动程短，开口度小，所以要确保发元音 i 时舌面中后部没有碰到上腭，归音时，舌尖前移上升，抵住上齿背，双唇不要闭拢。

注意读准下列词语：

认真 深沉 人身 温顺 谆谆 近邻 亲近 濒临 悃悃 本身 引进
伦敦 愤恨 人伦 审慎 沉沦 温文 亲信 音频 缤纷 君临 寻衅

（十八）ang 组韵母练习

1. 韵母 ang、iang、uang 认读

韵母 ang 的起始元音是后低不圆唇元音 a [ɑ]。发音时，口最开，舌尖离开下齿背，舌体后缩，舌面隆起部位与软腭相对，软腭上升，关闭鼻腔通路，发完 a 后，软腭下降，舌面后部迅速抬起，抵住软腭，使在口腔受阻的气流从鼻腔通过，而且一有鼻音出现便结束发音。开口度由大变小，但仍有两指叠放的宽度，舌位动程较大。

韵母 iang 与 uang 的发音，是在 ang 前加上过渡音 i 或 u 构成，但唇形起始

状态不同，iang 由唇扁平到展开，uang 由唇拢圆至拐点元音逐渐展唇，iang 舌位移动是由前到后，uang 舌位移动是由高到低。发鼻音时不可过分强调鼻音韵尾－ng，以免韵尾延长。

拼合关系：韵母 ang 不与 j、q、x 相拼；iang 只与 n、l、j、q、x 和零声母相拼；uang 只与 g、k、h、zh、ch、sh 和零声母相拼。

听读下列单音节字词：

昂　帮　旁　忙　访　当　唐　囊　浪　港　糠　航　张　厂　上　让
脏　仓　嗓　央　娘　两　降　强　想　往　光　狂　谎　壮　床　双

听读下列双音节词语：

帮忙　商场　苍茫　当场　两样　响亮　洋相　向阳　狂妄　网状　状况
装潢　慌忙　双簧　烫伤　湘江　想象　奖项　创伤　矿藏　浪荡　光芒

2. 方音纠正提示

这一组相对于前鼻音而言，比较容易发准，但仍然要注意韵腹和后鼻韵尾应尽量靠后。发 a 时，口腔要打开，舌体后缩，软腭要抬起，舌尖不要碰到上齿龈，后鼻韵尾鼻音一出现就要收音。客家方言区人还应注意韵母 uang 中介音 u 不要丢失。

注意读准下列词语：

钢厂　盲肠　糖厂　放荡　皇粮　汪洋　矿上　粮饷　踉跄　莽撞　厂商
荒唐　荡漾　强项　亮相　厂房　长相　粮仓　亮光　床上　皇上　钢梁

（十九）eng 组韵母练习

1. 韵母 eng、ueng、ing 认读

韵母 eng 的起始元音是后半高不圆唇元音 e〔ɤ〕。发音时，口半闭，展唇，舌尖离开下齿背，舌体后缩，舌面后部隆起，比单发元音 e〔ɤ〕的舌位略低，软腭上升，关闭鼻腔通路。发 e 后，软腭下降，打开鼻腔通路，同时，舌面后部与软腭闭合，使受阻的气流从鼻腔透出，eng 的口腔开度以一小指头蛋儿宽为宜。

韵母 ueng 和 ing 可以看成是 u 和 i 跟 eng 的组合，但 ueng 要注意唇形的变化，由起始的圆唇向拐点元音滑动时逐渐展唇；韵母 ing 中的 e 音相当弱，i 音较强，动程短暂，体现为舌体由前往后移动的趋势，舌面不动，软腭在发元音过程中要抬高，使从 i 到－ng 的动程明显，前口腔宽度以火柴棒宽为宜。发鼻音时不可过分强调鼻音韵尾－ng，以免韵尾延长。

拼合关系：韵母 eng 不与 j、q、x 相拼；韵母 ueng 自成音节，不与其他声母相拼；韵母 ing 不与 f、g、k、h、zh、ch、sh、r、z、c、s 相拼。

听读下列单音节字词：

泵 彭 猛 风 等 腾 能 冷 耕 坑 恒 证 成 省 仍 赠 层
僧 翁 瓮 蓊 薅 英 饼 评 名 定 听 宁 令 经 请 性 影

听读下列双音节词语：

生成 更正 风声 经营 姓名 情景 评定 水瓮 薅菜 蓊郁 老翁
增生 登峰 吭声 情形 警情 行星 命名 病名 征程 柠檬 丰登

2. 方音纠正提示

这一组音较之 ang 组韵母，广东人学习的困难较大，因为广东的方言中都没有与之相对应的韵母，开口度要么偏大，要么偏小；舌位要么偏前，要么偏高。闽语区的人在发 eng、ueng 音时，一种是口腔打得不够开，把后鼻音发成前鼻音，另一种是变成圆唇，发成 ong 音；发 ing 时，软腭没有抬起，动程不明显。客家方言区的人发 ing 的难度最大，注意舌面前部不要与上腭接触，发音过程中，舌体后缩，舌面后部隆起抵住软腭。粤语方言区的人发 eng 和 ing 时，容易出现舌位偏低、开口度偏大的情况。

注意读准下列词语：

陈旧—成就 申明—声明 绅士—声势 人参—人生 诊治—整治
老温—老翁 亲生—轻生 金质—精致 亲近—清净 金银—经营

（二十）ong **组韵母练习**

1. 韵母 ong、iong 认读

这一组韵母的起始元音都不是开头的韵母。ong 的起始元音是比后高圆唇元音 u 舌位略低的后次高圆唇元音 [U]。舌尖离开下齿背，舌体后缩，舌面后部隆起，软腭上升，关闭鼻腔通路。从 [U] 开始，舌面后部贴向软腭，当两者将要接触时，软腭下降，打开鼻腔通路，使气流只从鼻腔中透出。

韵母 iong 的起始元音带上了圆唇的色彩，近似于 ü，所以这个韵母发音的动程可以看成是由前高圆唇元音 ü [y] 向后向下滑动到后次高圆唇元音 [U] 的位置，然后舌位升高，接续后鼻音 - ng。

拼合关系：韵母 ong 不与 b、p、m、f、j、q、x、sh 相拼；韵母 iong 只与 j、q、x 和零声母相拼。

听读下列单音节字词：

东 统 弄 龙 工 孔 虹 中 宠 融 用 炯 琼 兄

听读下列双音节词语：

东宫 轰动 恐龙 通融 空洞 穷凶 炯炯 熊熊 汹涌 公共 冲动
重瞳 松动 中共 统统 动工 隆重 从中 窘迫 胸前 英雄 琼瑶

2. 方音纠正提示

实际上，ong 中的"o"是一个比 u 口形稍开，但又比 o 口形稍闭的元音，也可以说是介于 u 与 o 之间的音，即口形较松的"松 u"。因此念 ong、iong 时，口形应尽量收拢、收圆。念 ong 、iong 时容易出现口形偏松偏大的缺陷，这是闽语区的人容易出现的问题；客家人的问题是开口度太小，动程不够，直接读成 ung；粤语区人的问题是丢失介音 i，即把 iong 读成 ong。

注意读准下列词语：

从容　充公　隆重　浓重　孔融　用功　佣工　胸中　永远　迥然　穷人
洞口　通知　童年　作弄　化脓　隆冬　供应　恭送　宗旨　宠物　拥有

三、普通话韵母辨正练习

广东人在学习普通话韵母的过程中，由于一部分韵母在方言中完全没有，或者稍微有区别，这一类音就成为广东人学习普通话的难点音。要掌握这些难点音，就必须注意掌握普通话的正确发音部位和要领。只有严格区分方言与普通话的细微差别，并坚持不懈地训练，才能学会标准的普通话。

（一）分辨 e 音

广东三大方言都没有 e 韵母，在粤方言中，普通话中读为 e 的音常常读为 o、ê 等音；客家方言则常常读为 ou、ê、a 等音；闽方言常常读为 o、ê、ia 等音。所以，广东人学习这个音比较吃力。在学习这一个音时要注意它与另外几个音的区别。

1. e—o 辨正

在这些方言中，e 误读为 o 最常见。本来这两个音还是比较容易区分的，e 扁唇，o 圆唇，可以直观地分辨出来。即便如此，标准的 e 音还是不容易发准。学习这个音，要注意抓住"舌头后缩，唇形较扁"的特点，e 和 o 的发音位置比较接近，但 e 音舌位更高一点，距离软腭更近一些，舌面偏后部隆起对准软腭构成阻碍，注意口腔保持一定的开度，唇形不圆，嘴角向两边微展。多对照 e 和 o 的口形进行听辨训练，e 音还是可以掌握的。对于 e 和 o 的区别，可以利用声韵拼合规律以及形声字偏旁类推。

普通话的韵母 o 只与 b、p、m、f 拼合，韵母 e 正好相反，不能与这四个声母拼合（"什么"的"么"字除外），所以大家记住，一般情况下，b、p、m、f 后面的韵母是 o 而不是 e。还可以利用"可"类推出"柯、珂、轲、疴、坷、苛、呵、河、何、荷、嗬"的韵母为"e"；利用"课"类推出"课、颗、窠、髁、稞、棵、锞"的韵母都为"e"，"果、裹、裸、巢、踝"等例外。

另外，以字母 e 为代表的几个音素，它们会随着声母或音变的不同，舌位有细微的差别，如 e 与辅音声母相拼时，舌面与上腭不摩擦；但作为零声母时，舌面后部与软腭有轻微摩擦；作为轻声时，e 的舌位偏向于央中，作为一般音节时，则偏高偏后。这些细微差别要注意仔细分辨。

【练习】

1. 对比练习

e—o

鹅—哦　么—摸　恶—噢　飞蛾—飞哦　什么—神魔

2. 读准下列各词

脖子　老婆　蘑菇　鸟窝　伯父　恶心　凶恶　哥哥　天鹅　河水　毒蛇

记者　叵测　波折　恶魔　刻薄　河坡　河伯　戈多　口渴　佛陀　汽车

3. 绕口令

(1) 鹅和河：哥哥弟弟坡前坐，坡上卧着一只鹅，坡下流着一条河，哥哥说宽宽的河，弟弟说肥肥的鹅。

(2) 鹅过河：河里两只鹅，黑鹅和白鹅，一同去过河。白鹅去拾草，黑鹅来搭窝。冬天北风起，草窝真暖和，住在草窝里，"哦哦"唱着歌。

(3) 鸽子和果子：哥哥养鸽子，鸽子会唱歌。哥哥去上课，鸽子在做窝。做窝在树上，树上结满果。果子能解渴，可是不太多。

2. e——-i [ʅ]、-i [ʅ] 辨正

在 e 与平舌音或翘舌音相拼时，要注意与声母的整体认读音节相区分。广东人发这两组音时，往往会出现 zi—ze、zhi—zhe 不分的情况。要掌握这两组音韵母的不同，关键在于弄清楚它们的发音要领。e 是舌面元音，发音时，口腔半闭，舌头后缩，舌面后部隆起升至半高程度，上下槽牙打开，舌面与上腭保持一定距离。-i 是舌尖音，发音时，舌尖与齿背（前）或者硬腭（后）形成狭窄通路，舌尖两侧紧扣上腭，发前音时，上下门齿紧扣；发后音时，上下槽牙紧扣，口腔保持紧窄，这两组音就能发准确。

【练习】

1. 对比练习

e——-i

仄—字　策—次　色—四　涩—私　者—止　折—值

这—志　车—吃　扯—耻　舌—时　舍—使　赊—诗

平仄—平渍　三册—三次　五色—五四　责己—自己　策士—刺士

蜇人—知人　车水—吃水　奢望—失望　天热—天日　撤职—尺子

– i—e

紫—择　此—测　思—瑟　之—遮　指—者　赤—撤

齿—扯　吃—车　是—社　十—舌　矢—舍　日—热

刺马—策马　刺激—侧击　自己—择吉　自卑—责备

治理—这里　拉尺—拉扯　石头—舌头　注释—注射

2. 读准下列各词

挫折　茶匙　堵塞　驰骋　咋舌　选择　尺寸　责任　豆豉　稼穑　职责

折射　使者　适时　保持　水池　至于　值日　子女　仔细　此时　慈爱

3. 绕口令：涩柿子与石狮子

山前有四十四棵死涩柿子树，山后有四十四只石狮子。山前的四十四棵死涩柿子树，涩死了山后的四十四只石狮子，山后的四十四只石狮子，咬死了山前的四十四棵死涩柿子树。不知是山前的四十四棵死涩柿子树涩死了山后的四十四只石狮子，还是山后的四十四只石狮子咬死了山前的四十四棵死涩柿子树。

3. e—er辨正

有部分闽语区的人把握不了e的标准读法，常常出现舌头无法平伸而有些卷曲的情况，听起来，e不像e，倒像er了；而绝大多数人是发er时，出现舌头该卷不卷，变为平伸的状态。前一种情况多数出现在e与翘舌音相拼的时候，后一种情况则出现在零声母音节的时候，发音人要注意区分。掌握舌头平伸和卷起的动作要领：e与翘舌音相拼时，舌头要放下、放得彻底，舌尖紧贴下腭，不可悬在半空；卷舌音er不与任何辅音声母相拼，发音时，口腔半开，舌头中前部向上向后卷起，但不可堵住后部。常用的卷舌音有"而、二、洱、迩、饵、耳、尔、贰"等。

【练习】

1. 对比练习

e—er

恶—二　鹅—而　额—儿　恶—耳　恶狼—二郎　白鹅—拜尔　上腭—十二

er—e

而—俄　饵—蛾　贰—饿　尔—恶　儿郎—恶狼　诱饵—饥饿　遐迩—下腭

2. 绕口令：白家伯伯

北边坡上白家有个伯伯，家里养着一百八十八只白鹅，门口种着一百八十八棵白果，树上住着一百八十八只八哥。八哥在白果树上吃白果，白鹅气得直叫："我饿！我饿！"

（二）分辨 ü 音

客家话和闽方言中没有 ü 这个韵母，因此很多人发撮口呼韵母时，总是 i、ü 不分。其实要发好这个音并不难，它的舌位与 i 音是一样的，只需把双唇往中间聚拢撮圆就行了。

对于说闽语的潮汕人而言，潮汕话中念 u 或者 e 的字在普通话中都念 ü，如"宇、羽、裕、逾、娱、需、具、聚、句"和"与、余、予、誉、吕、驴、居、许、鱼"等。另外还有入声韵 êg、iog 的一些字，也读为撮口呼，如"局、菊、玉、狱、钰、曲"等。

客家人则需要利用撮口呼类推字表加以记忆，借助声符记住一批字。

【练习】

1. 对比练习

ü—i

与—以	于—夷	育—议	迂—依	女—你	绿—力	菊—及	区—七
需—西	觉—结	涓—间	峻—近	确—妄	全—前	裙—勤	学—鞋
生育—生意	聚会—忌讳	取名—起名	荣誉—容易	雨具—雨季			
于是—仪式	名誉—名义	遇见—意见	舆论—议论	美育—美意			

i—ü

宜—鱼	易—玉	乙—羽	一—淤	即—局	期—岖	系—叙	泥—女
黎—驴	节—掘	尖—鹃	今—君	亲—逡	浅—犬	怯—却	信—迅
姓李—姓吕	结集—结局	意义—寓意	绝迹—绝句	饥民—居民			

ie—üe

耶—日	业—越	切—却	蝎—靴	聂—虐	列—掠	叶—月	鞋—学
节—决	借—倔	茄—瘸	妾—雀	捏—疟	裂—略	些—薛	谢—血
切实—确实	大写—大雪	鞋业—学业	解鞋—解穴	偷窃—偷雀			

ian—üan

眼—远	尖—鹃	浅—犬	烟—冤	见—倦	千—圈	先—宣	言—元
眼见—远见	尖刻—镌刻	艰险—捐献	前线—权限	颜料—原料			
燕子—院子	盐分—缘分	沿用—援用	建议—倦意	当前—当权			

in—ün

音—晕	今—君	勤—裙	信—迅	引—允	近—俊	亲—逡	心—熏
通信—通讯	印书—运输	金银—均匀	金子—君子	禁止—郡址			
真金—真菌	平津—平均	餐巾—参军	攻心—功勋	新琴—新裙			

2．读准下列各词

继续 纪律 谜语 体育 例句 履历 语气 距离 曲艺 具体 比喻
与其 寄语 一律 预计 羽翼 抑郁 奇遇 聚集 急剧 鱼汛 拒绝
眩晕 奇遇 卷曲 军心 进军 寻衅 音讯 云锦 音韵 曲径 捐钱

3．绕口令

（1）村里新开一条渠：村里新开一条渠，弯弯曲曲上山去，河水雨水渠里流，满山庄稼一片绿。

（2）大鱼和小鱼：大渠养大鱼不养小鱼，小渠养小鱼不养大鱼。一天天下雨，大渠水流进小渠，小渠水流进大渠。大渠里有了小鱼不见大鱼，小渠里有了大鱼不见小鱼。

（3）于瑜欲渔：于瑜欲渔，遇余于寓。语余："余欲渔于渝淤，与余渔渝钦？"余语于瑜："余欲玉，俞禹欲玉，余欲遇俞于俞寓。"余与于瑜遇俞于俞寓，逾俞隅，欲玉与俞，遇雨，雨逾俞宇。余语于俞："余欲渔于渝淤，遇雨俞宇，欲渔钦？玉钦？"于瑜与余御雨于俞寓，俞玉与余禹，雨愈，余与于瑜踽踽逾逾俞宇，渔于渝淤。

附：撮口呼类推字表

撮口呼类推字表

ü	
于—芋、宇、吁、盂、迂、纡、竽，xu 圩，盱	且—狙、疽、苴、咀、沮、菹、雎，qu 蛆
俞—愉、逾、愈、渝、喻、瑜、榆、谕、揄、觎（"偷、输"除外）	具—具、俱、惧、飓、惧
禹—禹，qu 龋	句—拘、驹、跔，qu 朐、竘
鱼—鱼、渔	巨—矩、距、拒、炬、钜、讵、苣、柜、柜
与—与、屿、欤	居—居、剧、据、锯、踞、椐、琚、裾、倨
谷—欲、裕、浴、峪	局—局、锔、焗
禺—寓、遇、愚、隅、喁（"偶、藕、耦"除外）	掬—掬、鞠、菊，qu 麴
吕—吕、铝、侣、间、梠、稆，ju 莒	区—驱、躯、岖，yu 伛、妪
娄—屡、缕、褛、偻	取—取、娶、趣
虑—虑、滤	虚—虚、嘘、墟
录—绿、氯	畜—畜、蓄
üan	
元—元、远、园、芫、鼋、沅	卷—卷、倦、圈、锩，quan 圈、拳、券、绻、鬈
苑—鸳、苑、怨、箢、智	娟—捐、娟、鹃、涓、狷、蜎、冐、绢
爰—爰、媛、援、瑗，xuan 谖	隽—隽、镌
员—员、圆	玄—玄、炫、眩、铉、泫
原—原、源、塬、螈、愿	宣—宣、渲、萱、喧、煊、暄、楦、碹、揎
袁—袁、猿、辕	旋—旋、璇、漩、镟
缘—缘、橼、掾	
üe	
月—月、钥、刖	厥—厥、蕨、撅、蹶、噘、獗、镢，que 阙
兑—兑、悦、阅、说	倔—倔、掘、崛
越—越、钺、樾	矍—矍、攫
虐—虐、疟，xue 谑	雀—雀、榷
决—决、抉、诀、觖，que 缺、炔	

（续上表）

ün	
云—云、芸、耘、纭、沄、运、酝	俊—骏、峻、俊、浚、狻，qun 逡
愠—蕴、愠、韫、氲	君—君、捃、郡，qun 群、裙
匀—匀、筠、昀、韵，jun 均、钧、筼	旬—旬、询、荀、洵、恂、峋、郇、殉、徇，xuan 绚
殒—陨、殒、郧，xun 勋、埙	讯—讯、迅、汛
恽—恽、郓	寻—寻、浔、荨、鲟
训—训、驯	熏—熏、薰、醺、曛、獯

（三）分辨 u 音

分辨 u 音要注意两种情况：一种是 u 和 ou 混淆，另一种是丢失介音 u。粤方言区的人常把普通话 d、t、n、l、z、c、s、b、p、m 十个声母后的 u 韵念成 ou 韵，如把"首都"的"都"念成 dōu，把"毒草"的"毒"念成"dóu"；而客家方言区的人刚好相反，把"都（dōu）是"读成"（dū）是"。

客家方言区的人和粤语方言区的人还常常会丢失介音 u，把普通话里 d、t、n、l、z、c、s 七个声母与韵母 uan、uei、uen 相拼的音直接念成与韵母 an、ei、en 相拼的字，如把"端正"念成"单正"，把"长短"念成"长胆"，把"兑（duì）付"念成"dèi 付"，把"敦（dūn）促"念成"dēn 促"等；而说闽语的潮汕人则会用 o 来代替 uo，如把"菠萝（luó）"读成"菠 ló"，把"过（guò）去"读成"gò 去"等。

对于丢失介音 u 这种问题，可以根据普通话声韵配合规律和记少不记多的原则加以区分记忆，如 z、c、s 只与 ui 相拼，不与 ei 相拼，只有"贼"例外；d、t 常与 ui 相拼，与 ei 相拼的只有"得"和"忒"字；n、l 只与 ei 相拼，不与 ui 相拼，d、t、n、l 不与 en 相拼，"扽、扽、嫩、恁"例外；z、c、s 常与 un 相拼，与 en 相拼的只有"怎、潧、岑、涔、参、森"等。

【练习】

1. 对比练习

u—ou

督—兜　涂—头　路—漏　谷—狗　虎—吼　度—逗　吐—透　鲁—搂
窟—抠　注—咒　出—抽　入—肉　组—走　促—凑　苏—搜　租—邹
都督—都是　涂画—头花　走路—走漏　稻谷—盗狗　骷髅—佝偻
窟窿—抠弄　祝语—咒语　出去—抽去　阻路—走路　苏州—搜救

uan—an

短—胆　团—弹　峦—兰　钻—赞　酸—三　转—战　船—禅　栓—山

断粮—胆量　团里—弹力　山峦—山岚　钻具—暂寄　酸涩—三思

大款—大砍　灌篮—橄榄　欢愉—汉语　暖流—难留　专门—粘门

uen—en

顿—扽　尊—怎　孙—森　准—怎　唇—涔　吮—审　润—任　滚—跟

一顿—一扽　尊仰—怎样　孙燕—森严　一捆—一本　浑浊—很浊

准时—真实　醇厚—沉厚　吮吸—沈溪　闰月—认月　纯洁—陈杰

uei—ei

对—泪　鬼—给　亏—剋　辉—黑　最—贼　翠—瓵　坠—这（口）

谁（书）—谁（口）　兑水—泪水　最好—贼好　回归—汇给　吃亏—挨剋

2. 读准下列各词

苏州　管辖　出租　祖国　短促　粗鲁　欢畅　催泪　呕吐　走狗

错过　山坡　泼辣　哆嗦　队长　村庄　卓越　说服　软弱　退路

3. 绕口令

（1）打醋买布：一位爷爷他姓顾，上街打醋又买布。买了布，打了醋，回头看见鹰抓兔。放下布，搁下醋，上前去追鹰和兔，飞了鹰，跑了兔。打翻醋，醋湿布。

（2）小猪扛锄头：小猪扛锄头，吭哧吭哧走。小鸟唱枝头，小猪扭头瞅，锄头撞石头，石头砸猪头。小猪怨锄头，锄头怨猪头。

（四）分辨 ai—ei、uai—uei

在闽方言中，人们常把 ei 念成 ai 或者 ui。念成 ai 音的，通常是与 b、p、m 相拼的字；念成 ui 的，通常是 f 声母字，且把 f 错念为 h，还有 l 声母字也常错念为 ui。ei 这个韵母发音并不难，先念前 e 再过渡到 i 就行了。关键在于掌握开口度和舌位的前后，开口度太大就可能发成 ai，舌位太后就可能发成 ui，所以发音时要注意开口度应稍闭，舌头要前伸，抵到下齿背，这样才能发好 ei。

利用声韵拼合规律，可以进一步掌握 ei 韵母的正确读音。普通话的 ui 韵母不与唇音声母和 n、l 拼，所以凡是与 b、p、m、f 或 n、l 相拼的，便是 ei 韵母，与其他声母相拼的也只有"得、给、黑、贼"这几个字。

【练习】

1. 对比练习

ei—ai

梅—霉 背—败 陪—排 美—买 杯—掰 馁—奶 给—改 刿—开

北面—百面 媒人—埋人 魅力—卖力 美国—卖国 梅花—埋花

老给—劳改 内人—耐人 刿人—开人 打雷—打来 贼子—宅子

uai—uei

怪—贵 快—亏 槐—回 拽—坠 揣—吹 帅—睡 乖—归 脍—桂

奇怪—奇贵 快拜—溃败 拽着—坠子 怪人—贵人 石块—石龟

脚踝—交回 坏人—回人 帅哥—水阁 槐树—灰鼠 拐弯—鬼湾

2. 读准下列各词

白费 败北 代培 败类 悲哀 黑白 擂台 内海 内债 北海 佩戴

累赘 美味 脉搏 卑微 百倍 醉鬼 追随 摔碎 怪罪 鬼怪 淮北

3. 绕口令

（1）妹子和被子：妹子盖被子，被子盖妹子。妹子要盖被子，被子盖住妹子。妹子盖被子是被子盖妹子，被子盖妹子是妹子盖被子。

（2）粪和灰：老队长召开生产会，号召全队来积肥。要想粮成山，必先肥成堆。小飞挑来村南那堆粪，小辉挑来村北那堆灰，村北那堆灰要掺上村南那堆粪，村南那堆粪要拌上村北那堆灰。小飞和小辉，谁也不怕累，先把灰混粪，再把粪混灰，混成灰粪肥。

（3）黑黑和灰灰：黑黑和灰灰，两人去推水。黑黑推水，灰灰帮黑黑，灰灰推水，黑黑帮灰灰。

（五）分辨 ao—ou、iao—iou

受方言影响，粤语区的人常常会把 ao 发成 ou，又把 ou 发成 ao，闽方言中 ou 韵多读为 ao 韵，客家话中极少 ou 韵，因此读这组音时要注意分辨。另外，宽窄（即发音舌位移动幅度的大小，并伴随口形的开合）复韵母 iao 和 iou 也常常相混，尤其在说闽语的潮州人和澄海人中，这种语音错误现象较明显。因此，读这两组音时，要掌握好开口的幅度及舌位的动程，注意强调 iao 韵腹的开口度，一定要拉得开，立得起。

【练习】

1. 对比练习

ao—ou

袄—耦　高—沟　靠—扣　号—候　朝—周　巢—愁　艄—兽　绕—肉

松糕—松钩　毫毛—猴毛　劳动—漏洞　臊味—馊味　牢房—楼房

北岛—北斗　滔天—偷天　老道—楼道　羊毛—阳谋　抛开—剖开

ou—ao

兜—刀　投—桃　口—考　猴—毫　购—告　周—召　丑—炒　受—邵

豆子—稻子　投奔—逃奔　口试—考试　后脚—号角　污垢—诬告

打狗—打稿　斗笠—道理　凑数—草书　肉球—绕球　搂抱—老鸨

iao—iou

要—又　交—纠　桥—求　小—朽　鸟—纽　妙—谬　腰—优　较—就

脚气—酒气　料理—流利　撂下—留下　大窖—大舅　叫嚣—娇羞

拱桥—供求　要求—忧愁　疗效—留校　皇庙—荒谬　小气—秀气

iou—iao

流—辽　酒—角　囚—乔　羞—消　缪—庙　友—咬　究—娇　秋—敲

牛油—扭腰　小妞—小鸟　遛狗—料够　十六—石料　绣花—笑话

谬论—妙论　友人—咬人　烟酒—眼角　修理—效力　丘陵—敲铃

2. 读准下列各词

保守　酬劳　刀口　逗号　稿酬　毛豆　柔道　矛头　手套　交流　丢掉

娇羞　柳条　料酒　牛角　袖标　校友　要求　油条　谋求　酒窖　休掉

3. 绕口令：倒吊鸟

梁上两对倒吊鸟，泥里两对鸟倒吊。可怜梁上的两对倒吊鸟，惦着泥里的两对鸟倒吊，可怜泥里的两对鸟倒吊，也惦着梁上的两对倒吊鸟。

4. 朗读古诗

春晓

孟浩然

春眠不觉晓，处处闻啼鸟。

夜来风雨声，花落知多少。

（六）分辨 ua—uo

闽语区的人中存在开口度宽窄问题的还有 ua、uo 韵母。说闽语的潮汕人习惯性地以方言中的发音代替普通话的发音。由于在潮汕方言中，ua、uo 组韵母与普通话不是一一对应的关系，因此，常常出现混读的情况，开口度该大的没大，该小的没小，如"我"读为"瓦"、"画"读为"货"。对于这一组音，首先应把握 ua、uo 开口的度。ua 口腔积极敞开；uo 的开口度偏小，动程短，圆唇度从最圆到略圆，开口度从紧窄到较为宽松，即稍微露出上门牙。在潮汕方言中，有 ua 这个韵母，没有 uo 韵母，所以 ua 较容易体会和掌握，而 uo 中主要韵腹 o 不好掌握，其实这个韵腹的舌位比 u 稍前了一点，但依然碰不到下齿背，快到下齿背和下齿龈交界的地方就停了，开口度则比 u 大了一半。掌握了两个韵母的主要区别后，再利用形声字声符类推法加以记忆就简单多了。

【练习】

1. 对比练习

ua—uo

蛙—涡　寡—果　滑—活　夸—括　抓—捉　刷—说　挖—窝　瓦—我
水洼—水涡　寡妇—果腹　滑动—活动　抓住—捉住　刷画—说话
救娃—酒窝　瓦盆—窝棚　瓜分—果粉　跨越—阔叶　爪子—镯子

2. 读准下列各词

花朵　帛画　话说　国画　划拨　火花　华佗　规划　活跃　卓越　着想
着重　拓荒　瓦刀　窝火　娃娃　西瓜　洗过　化解　活结　鹰爪　如若

3. 绕口令

（1）小鸭下水洼：小鸭下水洼，水洼有水花，水花陪小鸭抓小虾，小虾躲着小鸭抓。

（2）王婆卖瓜：王婆卖瓜又卖花，一边卖来一边夸，又夸花，又夸瓜，夸瓜大，大夸花，瓜大花好，笑哈哈。

（3）树上一个窝：树上一个窝，树下一口锅，窝掉下来打着锅，窝锅都摔破，锅要窝赔锅，窝要锅赔窝，闹了半天，不知该锅赔窝，还是窝赔锅。

附：uo—ua 形声字类推字表

uo—ua 形声字类推字表

代表字	类推字	代表字	类推字
uo			
朵	duǒ 哚，躲，垜；duò 剁，踱，垛	卓	zhuō 桌，倬，焯；zhuó 卓；chuò 绰，婥
陀	tuó 陀，驼，坨，沱，砣，佗，鸵，跎；duò 舵	涿	zhuō 涿；zhuó 啄，诼，琢，椓

（续上表）

代表字	类推字	代表字	类推字
诺	nuò 诺，喏，锘；nì 匿；ruò 偌，箬，若	搓	cuō 搓，磋，蹉；cuó 嵯
懦	nuò 懦，糯	痤	cuó 痤，矬；cuò 锉，剉，挫
洛	luò 洛，落，络，骆，珞；lào 烙，酪；lüè 略	措	cuò 措，错，厝
罗	luō 啰；luó 逻，萝，锣，箩	啜	chuò 啜，辍，惙
呙	guō 埚，呙，锅；huò 祸；luó 脶；wō 窝，涡，莴，蜗；guǎ 剐；wā 娲	莎	suō 莎，娑，挲，桫
国	guō 蝈；guó 帼，掴，腘，润	梭	suō 梭，唆，睃，羧
果	guō 猓；guǒ 餜，裹，菓，粿，蜾；luǒ 裸，倮	唢	suǒ 锁，琐，唢
作	zuō 作；zuó 昨，笮，莋，秨；zuò 祚，酢，胙，作，莋，柞，阼	朔	shuò 朔，搠，蒴，槊
		喔	wō 喔；wò 握，齷，渥，幄
ua			
化	huā 花，砉；huá 华，哗，铧；huà 化，华，骅，桦；huò 货	瓜	guā 呱，瓜，胍；wā 穵，呱
滑	huá 滑，猾	刮	guā 刮，鸹，栝，括
夸	kuā 夸；kuǎ 垮；kuà 挎，胯，跨	卦	guà 卦，挂，褂
哇	wā 哇，蛙，洼；wá 娃		

（七）分辨 ie—üe

这组音对于广东人而言，主要要注意三个方面：一是介音 i 不可丢；二是介音 ü 别错读为 i；三是韵腹 ê 不要大撇口（指下巴过度松弛、大幅度活动状态）。粤语完全没有带韵头 i 的字音，碰上普通话中带 i 韵头的音节，易受方言的影响，或丢失韵头，或改变声母和韵母；闽方言和客家方言中没有 ü 介音，碰上普通话中的这一类韵母，往往会把它们错读为 i 介音；而说话爱带港台腔的人则会出现大撇口的情况。所以在练习这一类音时，首先应辨清它们的韵头，可以借助一些常用字和形声字声符类推法进行记忆；其次是把握好韵腹 ê 的开口度，下巴微收，避免大幅度活动，以保证口腔这个共鸣腔形状的稳定性。

【练习】

1. 对比练习

ie—üe

节—掘　切—确　鞋—学　聂—疟　劣—略　且—雪　斜—穴　啮—虐

大写—大雪　切实—确实　茄子—瘸子　退鞋—退学　纸屑—止血

捏脊—疟疾　疖子—橛子　胆怯—掸雀　斜位—学位　猎人—掠人

列表—略表　猎取—掠取　日夜—日月　竹叶—逐月　午夜—五岳

2. 读准下列各词

学业　学界　劫掠　绝学　月夜　灭绝　喋血　节约　越界　学姐　剽窃

血泊　押解　要挟　谒见　巢穴　嫁接　拮据　猥亵　戏谑　乜斜　家业

3. 绕口令

（1）颠倒歌：真绝，真绝，真叫绝，皓月当空下大雪，麻雀游泳不飞跃，鹊巢鸠占鹊喜悦。

（2）聂小姐到西斜街：聂小姐到西斜街，刚上台阶鞋口儿裂。左一撇，右一撇，蹑手蹑脚去借鞋。培训班要结业，考试答辩在今夜。借了鞋，过了街，赶到考场把题解。解、解、解，写、写、写，答辩通过就结业。

（八）分辨前鼻音和后鼻音

在普通话中，前后鼻音区分得非常清楚，但在广东方言中，则出现混淆的情况：闽方言中多没有前鼻韵母，所以说普通话时，常以中后鼻韵母来代替；客家话中没有 eng、ing 韵母，所以发这一类音时就错用了前鼻音；粤语方言区的人有时会把一部分前鼻音 -n 错发成双唇音 -m，在广东方言中的 -m 韵母，在普通话中都读为前鼻韵尾。还有许多人在发前鼻音 -n 和后鼻音 -ng 的时候往往前鼻音不前，后鼻音不后，发前鼻音的时候口腔开得太大，气流往上腭上顶，使得气流过早地进入鼻腔，把 -n 前面的元音发成了带鼻音的元音（即口鼻音）；而发后鼻音的时候又打不开口腔，舌身不往后拉，顶住口腔前部发音，使得后鼻音发音不到位。

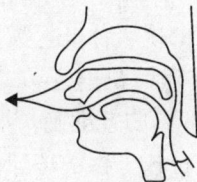
口鼻音

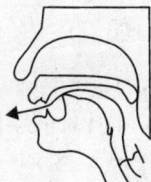
口音

鼻音

发好前鼻音和后鼻音的关键是要掌握好发音的要领。前鼻音和后鼻音的发音区别主要有两点：一是阻碍部位不同，二是开口度大小不同。发前鼻音的时候，－n 前面的元音一般发音部位都靠前，如在 an、en、in 的发音中，a、e 的发音都靠前，a 发为前 a，e 发为央 e，i 本来就是舌面前元音，发音就在前面，在发元音的过程中，舌尖逐步上抬与上齿龈形成阻碍，使气流转而从鼻腔透出，形成前鼻音。前鼻音发音时口腔不能开得太大，以免气流在后口腔受阻。后鼻音如ang、eng、ing 的发音，元音发音靠后，a 发为后 a，e 也是发音靠后的元音，发a、e 后，舌面后部同时往上抬，使舌面后部与软腭形成阻碍，气流从鼻腔通过，发出后鼻音。发 ing 时，发 i 的同时舌体往后退，才能使舌面后部与软腭形成阻碍，产生鼻腔共鸣。

前鼻音的音节比后鼻音的音节多，本着记少不记多的原则，主要记后鼻音的音节：一是记声韵配合规律，二是记声旁代表字，三是归类识记，如"丁"（ding），相应的"叮、盯、钉、厅、顶"都是后鼻音。以此类推，相关的偏旁都可以按照这个方法。凡是带有下列声旁的汉字，一般都读后鼻音，这些汉字声旁是："曾邦康王定平章，冥皇令登亢奉冈，青名生刑良仓旁，黄孟羊呈正成方，廷匡昌尚更光芒。"理解和掌握这些发音要领，认真比照复习，就能将上述两类词语区分开。

1. 分辨 an—ang

在普通话里，前后鼻韵母大多是成对的。闽方言区的学生很多后鼻韵母发音偏前，或前后鼻韵母相混，训练时应针对方言实际辨音记字。下面介绍几种正音方法：

（1）对镜训练法。

对镜找准前后鼻韵尾不同的成阻部位，如发前鼻韵尾－n 时，舌尖上抵成阻，镜中可以看见舌头底部（舌身随舌尖前伸）；发后鼻韵尾－ng 时，舌根上抵成阻，镜中可见舌面（舌身随舌根后缩）。

（2）后字引衬正音法。

－n 用在前鼻韵母字的后面，加一个用 d、t、n、l 做声母的音节，两字连读；因发音部位相同（舌尖中音），后字可引衬前字的前鼻韵母归音准确。如：

温暖　心得　看哪　分流　村头　连年　淡蓝　橄榄　粉嫩　叛乱

－ng 用在后鼻韵母字的后面，加一个用 g、k、h 做声母的音节，两字连读；因发音部位相同（舌根音），后字可引衬前字的后鼻韵母归音准确。如：

唱歌　疯狂　灯火　狼狗　掌管　敞开　爽口　彷徨　捧个场　送过信

以上两种方法只适用于揣摩前后鼻韵母发音位置的阶段，之后应通过对比训练和声符类推法进行强化记忆，有的还可以根据声韵拼合规律进行记忆，如 uan

能与舌尖中音 d、t、n、l、z、s、c、r 相拼，uang 却不能。

【练习】

1．对比练习

an—ang

岸—盎　半—棒　盘—旁　满—莽　但—档　难—囊　揽—朗　敢—港

看—抗　含—航　战—帐　禅—常　山—商　染—嚷　惨—舱　三—桑

扳手—帮手　女篮—女郎　反问—访问　担心—当心　水干—水缸

战防—账房　闪光—赏光　冉冉—嚷嚷　涂染—土壤　粘贴—张贴

ian—iang

眼—养　尖—江　浅—抢　先—相　年—娘　脸—两　见—将　千—枪

眼伤—养伤　真贱—真犟　浅显—抢险　先生—相声　老年—老娘

廉价—两架　老千—老枪　简历—奖励　剑客—讲课　先前—向前

uan—uang

完—王　转—壮　船—床　栓—双　弯—汪　川—窗　闩—霜　还—黄

完全—王权　转动—撞洞　船上—床上　闩门—双门　观光—光光

完善—网上　赚钱—撞墙　前川—前窗　栓子—双子　交还—焦黄

2．读准下列各词

担当　班长　繁忙　反抗　擅长　商贩　当然　傍晚　账单　方案　演讲

坚强　绵羊　岩浆　镶嵌　香甜　想念　两面　量变　宽广　观望　万状

3．绕口令

（1）宽扁担和短扁担：宽扁担，短扁担，宽短扁担担焦炭，短扁担担炭沉甸甸，宽扁担担炭肩不酸。

（2）小扁担：小扁担，三尺三，扁担不离肩，扁担挑担担，一边一座山。

（3）扁担和板凳：扁担长，板凳宽，扁担要绑在板凳上，板凳偏不让扁担绑在板凳上。

（4）小山羊和大灰狼：东边来了一只小山羊，西边来了一只大灰狼，一起走到小桥上，小山羊不让大灰狼，大灰狼不让小山羊，小山羊叫大灰狼让小山羊，大灰狼叫小山羊让大灰狼，羊不让狼，狼不让羊，扑通一起掉到河中央。

附：an、ang 形声字类推字表

an、ang 形声字类推字表

声母	an	ang
零声母	①安、桉、氨、鞍、庵、鹌、谙③俺、铵④岸、按、案、胺、暗、黯	①肮②昂④盎
b	①扳、颁、班、斑、般、搬③阪、坂、板、版、钣、舨④办、半、伴、拌、绊、扮、瓣	①邦、帮、梆、浜③绑、榜、膀（肩~）④蚌、棒、傍、谤、磅、镑
p	①番（~禺）、潘、攀②爿、胖、盘、磐、蟠、蹒④判、叛、畔、拚、盼、襻	①乓、滂②庞、旁、膀、磅、螃、膀（~胱）③耪④胖
m	②埋、蛮、谩、馒、鳗、瞒③满、螨④曼、谩、蔓（~延）、幔、慢、漫	②邙、芒、忙、盲、氓、茫、硭③莽、蟒
f	①帆、番（~茄）、蕃、幡、藩、翻②凡、矾、钒、烦、蕃（~息）、樊、繁③反、返④犯、范、饭、贩、泛、梵	①方、坊、芳②防、坊、妨、肪、房、鲂③仿、访、纺、舫④放
d	①丹、担、单、郸、殚、眈、耽③胆、疸、掸④石（万~）、旦、但、担、诞、淡、惮、弹（子~）、蛋、氮、澹	①当（~然）、铛、裆③挡（~住）、党、谠④当（上~）、挡（搁~）、档、凼、砀、荡、宕
t	①坍、贪、摊、滩、瘫②坛、昙、谈、郯、痰、弹（~琴）、覃、谭、潭、檀③忐、坦、钽、袒、毯④叹、炭、碳、探	①汤、铴、镗②唐、塘、搪、溏、瑭、糖、堂、樘、膛、螳、棠③倘、惝、淌、躺、傥④烫、趟
n	①囡②男、南、喃、楠、难（困~）③腩、蝻④难（灾~）	①囊（~揣）、囔（~括）②囊、馕③攮
l	②兰、拦、栏、岚、婪、阑、澜、谰、蓝、褴、篮③览、揽、缆、榄、懒④烂、滥	①啷②郎、廊、榔、螂、狼、琅、锒③朗④浪

（续上表）

声母	an	ang
g	①干（～净）、杆、肝、竿、甘、泔、柑、尴③杆、秆、赶、擀、敢、橄、感④干（～活）、赣	①冈、刚、钢（～铁）、扛、肛、缸、罡③岗、港④杠、戆、岗、钢（～刀布）
k	①刊、看（～管）、堪③坎、砍、侃、槛④看（～见）、阚、瞰	①康、慷、糠②扛④亢、伉、抗、炕、钪
h	①犴、酣、憨②邗、汗（可～）、邯、含、晗、函、涵、韩、寒③罕、喊④汉、汗（～水）、旱、捍、悍、焊、颔、翰、瀚、撼、憾	①夯②行、吭、杭、航④巷（～道）
zh	①占（～卜）、沾、毡、粘、旃、詹、谵、瞻③斩、崭、盏、展、搌、辗④占（～有）、战、站、栈、绽、湛、颤、蘸	①张、章、彰、獐、漳、樟、蟑③长（～大）、涨、掌④丈、仗、杖、账、帐、涨、障、瘴
ch	①掺、搀②单（～于）、婵、禅、蝉、谗、馋、孱、潺、缠、廛、澶、蟾③产、铲、谄、阐④忏、颤	①昌、菖、猖、娼、鲳②长（周～）、苌、肠、尝、偿、徜、常、嫦③厂、场、昶、惝、敞④怅、畅、倡、唱
sh	①山、舢、芟、杉、钐、衫、删、姗、珊、栅、跚、苫、扇、煽、膻③闪、陕④汕、疝、苫、钐、单（～县）、掸、禅、扇、骟、善、缮、膳、擅、赡、蟮	①伤、殇、商、墒③上（～声）、垧、晌、赏④上（～去）、尚、绱
r	②蚺、然、燃③冉、苒、染	①嚷（～嚷）②瓤③壤、攘、嚷（叫～）④让
z	①糌、簪②咱③攒④暂、錾、赞、瓒	①赃、脏（～话）、臧③驵④脏（内～）、奘、葬、藏
c	①参、骖、餐②残、蚕、惭③惨④灿、孱、璨	①仓、苍、沧、舱②藏
s	①三、叁③伞、散、馓、糁④散	①丧、桑③磉、嗓④丧

注：表中序号为声调。

2. 分辨 en—eng

在所有的前鼻音和后鼻音中，en、eng 错读的情况比较突出，首先我们可以利用形声字声符进行类推，如：以"分 fēn"带"pén 盆、fēn 芬、吩、纷、氛，fén 汾、棼，fěn 粉，fèn 份、忿"；以"正 zhèng"带"zhēng 怔、征、症，zhěng 整，zhèng 证、政，chéng 惩"等。

还可以利用普通话声韵配合规律类推：如普通话中，声母 d、t 绝不与韵母 en 相拼，所以方言中念 den、ten 音的字（"扽"除外），都应改念 eng 韵。

还可以利用记少不记多（记单边）的方法减轻记忆负担：如普通话里，声母 z 与韵母 en 相拼的字，有一个"怎 zěn"字，还有一个"潛 zèn"字，其余的"曾 zēng、憎 zēng、增 zēng、甑 zèng（甑子）、赠 zèng"等字都是 eng 韵。

最主要的还是记住，发音时，en 舌体往前，归音时，舌尖抵住上齿龈；发音时，eng 舌体后缩，归音时，舌面后部顶软腭。

【练习】

1. 对比练习

en—eng

奔—崩　盆—朋　门—盟　分—风　嫩—能　跟—更　很—哼　震—正
陈旧—成就　真气—蒸气　上身—上升　人参—人生　针眼—睁眼
同门—同盟　瓜分—刮风　粉刺—讽刺　花盆—花棚　狠心—恒心

eng—en

横—痕　争—真　成—陈　仍—人　层—岑　僧—森　声—身　泵—笨
整段—诊断　成风—晨风　出生—出身　正中—震中　生成—深沉
疯子—分子　生根—深耕　省市—审视　棚子—盆子　盟主—焖煮

uen—ueng

温—翁　稳—蓊　问—瓮
余温—渔翁　稳稳—蓊蓊　提问—提瓮　新闻—新瓮　牛瘟—牛翁

2. 读准下列各词

真诚　本能　奔腾　神圣　人生　成本　承认　风尘　证人　登门　蓊郁
温和　水瓮　文明　昆仑　风筝　鲲鹏　丰登　城镇　胜任　坑人　三更

3. 绕口令

（1）盆和棚：老彭拿着个盆，路过老陈的棚。盆碰棚，棚碰盆，棚倒盆碎棚压盆。老陈要赔老彭的盆，老彭不要老陈来赔盆。老陈陪老彭去补盆，老彭帮老陈来修棚。

（2）姓陈和姓程：姓陈不能说成姓程，姓程不能说成姓陈。禾呈是程，耳东是陈。如果陈程不分，就会认错人。

附：en、eng 形声字类推字表

en、eng **形声字类推字表**

声母	en	eng
零声母	①恩④摁	
b	①奔③本④笨	①崩②甭③绷（～脸）④迸、蹦、泵
p	①喷②盆④喷	①烹②朋、棚、硼、鹏、彭、澎、膨③捧④碰
m	①闷（～热）②门、们④闷（～气）	①蒙（～骗）②盟、萌、蒙（～蔽）、檬、朦③猛、蜢、锰④梦、孟
f	①分、芬、纷、吩②坟、焚、汾③粉④奋、份、粪、忿、愤	①风、枫、疯、蜂、峰、丰、封②逢、缝（～合）、冯③讽④奉、凤、缝（～隙）
d		①登、灯③等④邓、凳、瞪
t		②疼、腾、誊、滕、藤
n	④嫩	②能
l		②棱③冷④愣
g	①根、跟②哏③艮④亘	①耕、羹、更（～新）③耿、梗④更（～加）
k	③肯、啃、垦、恳④裉	①坑
h	②痕③很、狠④恨	①亨、哼②横（纵～）、衡、恒④横（蛮～）
zh	①真、贞、针、侦、珍、胗、斟③诊、疹、枕④振、震、镇、阵	①争、筝、睁、征、正（～月）、挣、蒸③整、拯④正（真～）、政、证、症、郑、挣
ch	①嗔、抻②晨、辰、沉、忱、陈、臣、尘③碜④衬、趁、称	①称、撑②成、城、诚、承、呈、程、惩、澄、橙、乘、盛③逞、骋④秤
sh	①申、伸、呻、绅、身、深②神③沈、审、婶④甚、慎、肾、渗	①生、牲、笙、甥、升、声②绳③省④圣、胜、盛、剩、晟
r	②人、仁、壬③忍④任、认、刃、纫、韧	①扔②仍
z	③怎	①曾（～孙）、增、憎④赠、锃
c	①参②岑	②曾（～经）、层④蹭
s	①森	①僧

3. 分辨 in—ing

对于这一组音，因为开口度小，动程短，所以练习起来难度较大，因此首先应弄清楚这两个韵母的发音要领：发 in 音时，舌尖抵住下齿背，舌面抬起接近硬腭，唇扁，发出 i 音；接着舌尖由下齿背升到上齿龈，气流改从鼻腔而出，发出－n 音。发 ing 音时，舌面接近硬腭，唇形扁，发出 i 音，接着舌头后缩，舌面后部抬起抵住软腭，气流改从鼻腔而出，发出－ng 音。闽语区的人和粤语区的人要注意发好韵母 in，因为这组音动程短，开口度小，所以要确保发元音 i 时舌面中后部不碰上腭；归音时，舌尖前移上升，抵住上齿背，双唇不要闭拢。客家人发韵母 ing 时，注意 i 音较强，体现为舌体由前往后移动的趋势，舌面后部顶软腭，软腭在发元音过程中要抬高，使从 i 到－ng 的动程明显并归音到位。

然后，再利用形声字偏旁进行类推，如以"林 lín"带"琳、淋、霖"，以"宁 níng"带"柠、狞、咛、拧 nǐng、泞 nìng"等；还可以利用普通话声韵配合规律类推：如普通话里，声母 d、t 绝不与韵母 in 相拼，所以方言中念 din、tin 音的字，都应改念 ing 韵；还可以利用记少不记多（记单边）的方法减轻记忆负担：nin 只有"您"，ning 却有很多。

【练习】

1. 对比练习

in—ing

音—应　宾—兵　贫—平　民—明　您—凝　林—零　进—静　亲—清
心境—行径　亲生—轻生　金质—精致　红心—红星　人民—人名
信服—幸福　频繁—平凡　亲近—清净　金银—经营　印象—映象

ing—in

英—阴　景—紧　青—亲　性—信　冰—宾　名—民　零—邻　宁—您
平行—凭心　婴儿—因而　零时—临时　静止—禁止　谈情—弹琴
平平—频频　惊天—今天　竞赛—禁赛　明星—民心　杏子—芯子

2. 读准下列各词

心情　品行　心灵　民兵　金星　灵敏　清音　情境　刑警　精进　铃音
精英　濒临　近邻　拼命　钦敬　新兴　尽情　平心　京津　临近　省亲

3. 绕口令

（1）洞庭湖上一根藤：洞庭湖上一根藤，青青藤条挂金铃，风吹藤动金铃响，风停藤静铃不鸣。

（2）晶晶和欣欣：晶晶和欣欣，一起看星星。天上星星亮晶晶，晶晶欣欣数星星。

（3）风儿停停：风儿停停，风儿行行，风儿吹着铃铃，铃铃响响停停，宝宝看看听听。

（4）人寻铃声去找铃：人寻铃声去找铃，铃声紧跟人不停，到底是人寻铃，还是铃寻人。

附：in、ing 形声字类推字表

in、ing 形声字类推字表

声母	in	ing
零声母	①因、姻、殷、音、阴②银、龈、垠、吟、寅、淫③引、蚓、隐、瘾、饮、尹④印、荫	①英、应（~该）、鹰、婴、樱、缨、鹦②营、莹、萤、盈、迎、赢③影④映、硬、应（响~）
b	①宾、滨、缤、彬④殡、鬓	①兵、冰③丙、柄、秉、饼、禀④病、并
p	①拼②贫、频③品④聘	①乒②平、苹、萍、屏、瓶、凭
m	②民③敏、皿、闽、悯、泯	②名、茗、铭、明、鸣、冥④命
d		①丁、叮、钉、仃③顶、鼎④定、锭、订
t		①听、厅、汀②亭、停、廷、庭、蜓③挺、艇
n	②您	②宁（~静）、狞、拧、凝③拧④宁（~可）、佞
l	②林、琳、淋、磷、邻、鳞、麟③凛、廪、檩④吝、赁、蔺	②灵、伶、蛉、玲、零、铃、龄、菱、陵、凌、绫③岭、领④另、令
j	①今、斤、巾、金、津、襟、筋③紧、锦、仅、谨、馑④尽、劲、缙、觐、烬、近、晋、禁、浸	①京、惊、鲸、茎、经、菁、精、晴、晶、荆、兢、粳③景、颈、井、警④敬、镜、竟、净、静、境、竞、径、劲
q	①亲、侵、钦②勤、琴、芹、秦、禽、擒③寝④沁	①氢、轻、倾、青、清、蜻、卿②情、晴、擎③顷、请④庆、亲
x	①新、薪、辛、锌、欣、心、馨④信、衅	①星、腥、猩、兴（~奋）②形、刑、型、邢、行③省、醒④幸、姓、性、杏、兴（高~）

4. 分辨 ün— iong

这组音在普通话中是前后鼻音的对应关系。广东人在练习 ün 时，要注意嘴角的撮敛，加强唇部的收缩力；发 iong 时，也要注意松 ü 的口形，口腔内部不可太紧，要有一个从前到后、从高到低的动程。

【练习】

1. 对比练习

ün—iong

晕—庸　君—炯　裙—穷　熏—胸　允—永　运—用　寻—熊　俊—迥

勋章—胸章　运煤—用煤　薰衣—胸衣　军医—迥异　逡巡—群雄

2. 读准下列各词

咨询　运气　用气　穷凶　军训　日晕　眩晕　驯服　汹涌　熊熊　窘迫

俊逸　迥异　胸臆　臃肿　琼浆　群英　晕倒　穹庐　询问　兄长　炯炯

3. 爱记歌词：霸王别姬

我站在猎猎风中，恨不能荡尽绵绵心痛。望苍天，四方云动，剑在手，问天下谁是英雄？人世间有百媚千红，我独爱你那一种。伤心处别时路有谁不同，多少年恩爱匆匆葬送。我心中，你最重，悲欢共，生死同。你用柔情刻骨，换我豪情天纵。我心中，你最重，我的泪，向天冲。来世也当称雄，归去斜阳正浓。

5. 分辨 – m—– n

在广东方言中，有一部分以 – m（音节的最后一个音素是闭口音，双唇闭拢，入声字除外）韵尾收口的字，普通话中以 – n 为韵尾。所以，凡方言中非入声字的闭口音读为普通话时，都应改读为前鼻音，练读时注意改正。

【练习】

1. 读准下列各词

甘甜　贪婪　谈判　感叹　暗淡　渐渐　林荫　尖端　阴险　心音　检点

深沉　金身　咸阳　门帘　南方　刊物　站长　舰长　蓝图　凄惨　删除

2. 绕口令：山岩和山泉

山岩出山泉，山泉源山岩，山泉抱山岩，山岩依山泉，山泉冲山岩。

【韵母综合练习】

1. 单字练习

篡　纂　馁　蘖　谏　谬　婿　蔫　皴　泡　侩　嫡　扰　殡　簇　铿

栗　挠　湍　结　频　濒　瞟　捻　挪　扼　筛　噬　浊　熟　卷　镍

矢　釉　雯　瞥　甫　框　呲　逮　坏　胚　陨　揩　擎　莨　潺　撅

绢　粘　撞　瘩　耸　拟　冢　缀　痴　绕　霰　膀　禀　凛　泖　藐

拈 摈 潜 桐 咕 涨 恕 戳 贰 癖 绽 捞 鄙 栈 髓 苔
察 擦 舵 癣 糙 陋 庇 漱 蕊 与 钩 钓 褒 桦 慨 洽
晦 瘤 涮 血

2．双音节词语练习

毛裤　颜色　缝纫　楼道　游戏　独唱　名胜　合唱　排队　指标　雨衣
小说　海军　体操　港湾　酒精　许多　首先　垦荒　史诗　水箱　口型
朗读　古文　考察　改革　旅行　雪人　女鞋　改选　举手　指导　讲演
本领　首长　总理　古典　土地　柳树　打破　稿件　纽扣　典范　广大
巩固　砍树　诡辩　挑战　懂事　手杖　悔过　连襟　年薪　艰险　仔细

3．绕口令

（1）王七买席：清早起来雨淅淅，王七上街去买席，骑着毛驴跑得急，捎带卖蛋又贩梨，一跑跑到小桥西，毛驴一下失了蹄，打了蛋，撒了梨，跑了驴，急得王七眼泪滴，又哭鸡蛋又骂驴。

（2）严远眼和袁眼圆：山前有个严远眼，山后有个袁眼圆，俩人爬上山头来比眼。不知是严远眼的眼比袁眼圆的眼看得远，还是袁眼圆的眼比严远眼的眼圆。

（3）有个面铺面冲南：有个面铺面冲南，挂面蓝布棉门帘。摘掉蓝布棉门帘，看看面铺面冲南。挂上蓝布棉门帘，面铺还是面冲南。

4．练读古诗

赠阙下裴舍人

钱起

二月黄鹂飞上林，春城紫禁晓阴阴。长乐钟声花外尽，龙池柳色雨中深。
阳和不散穷途恨，霄汉长怀捧日心。献赋十年犹未遇，羞将白发对华簪。

晚次鄂州

卢纶

云开远见汉阳城，犹是孤帆一日程。估客昼眠知浪静，舟人夜语觉潮生。
三湘愁鬓逢秋色，万里归心对月明。旧业已随征战尽，更堪江上鼓鼙声。

无题四首其一

李商隐

来是空言去绝踪，月斜楼上五更钟。梦为远别啼难唤，书被催成墨未浓。
蜡照半笼金翡翠，麝熏微度绣芙蓉。刘郎已恨蓬山远，更隔蓬山一万重。

无题

李商隐

相见时难别亦难，东风无力百花残。春蚕到死丝方尽，蜡炬成灰泪始干。
晓镜但愁云鬓改，夜吟应觉月光寒。蓬山此去无多路，青鸟殷勤为探看。

利洲南渡

温庭筠

澹然空水对斜晖，曲岛苍茫接翠微。波上马嘶看棹去，柳边人歇待船归。
数丛沙草群鸥散，万顷江田一鹭飞。谁解乘舟寻范蠡，五湖烟水独忘机。

江州重别薛六柳八二员外

刘长卿

生涯岂料承优诏，世事空知学醉歌。江上月明胡雁过，淮南木落楚山多。
寄身且喜沧洲近，顾影无如白发何。今日龙钟人共老，愧君犹遣慎风波。

第三节　声调训练

声调又叫字调。作为区别词义的音素，声调主要出现在汉藏语系及非洲的语言中（有一种观点认为，瑞典语也有声调），数量从两个（普米语）到九个（粤语）以上不等。事实上，任何语音都不可能没有声调的变化，只不过在非声调语言中，声调的不同不会影响词的意义。汉语是具有声调的语言，声调的高低升降就是音高的变化。汉语中的抑扬顿挫之美得益于声调的高低升降变化。

一、声调的性质

声调是指汉语中音节的高低升降变化，它能起到区别意义的作用。声调以音高作为主要特征，音长是次要的伴随性特征。声调可以从调类和调值两个方面进行分析。

（一）调类

调类是指声调的种类，将音高变化相同的字归在一起，就形成调类。汉语普通话有四个调类，即阴平、阳平、上声和去声；汉语方言中最多的有十个调类，如广西的玉林方言，除"平上去入"平分阴阳外，还分上阴入和下阴入和上阳入、下阳入。在广东三大方言中，粤语有九个调类，闽语有八个调类，客家话有六个调类。但在普通话和方言中，调类相同的字读音并不相同，调值才是声调的实际读法。

（二）调值

调值指声调的实际读法，是音节高低升降曲直的变化形式。调值属于音高的变化，调值的不同不取决于绝对音高，而取决于相对音高。音高是人类听觉的一种感觉，它与声波的频率有直接关系，频率高则音高就高，频率低则音高就低。一般而言，大的、粗的、厚的、长的、松的物体，振动慢，音高低；小的、细的、薄的、短的、紧的物体，振动快，音高高。

我们发音靠声带，儿童和女性的声带比较短小、比较薄，所以发音比较高；而成年男性的声带比较长、比较厚，所以发音比较低。绝对音高由发音时的频率所决定，一般而言，女性和小孩发音时的频率要高于成年男子，就是指绝对音高。人们可以通过调节自己声带的松紧来改变音高，使男性发出近似女性的声音，传统戏剧中的男性能唱旦角就是这个道理。相对音高由发音时的音高变化幅度及其形式所决定，同是发阳平音，女性的绝对音高要高于男性，但男女发音时变化的幅度与升降的形式是相同的，所以属于同一个声调。同一个人，高兴时发的音要比忧郁时的音高高些，这也具有相对性。

（三）标调法

传统的音韵学为汉字标调，采用的是在一个汉字的四个角上标注半圈的方式，其方法为：左下角为平声，左上角为上声，右上角为去声，右下角为入声。而区分阴阳则采用在半圈下加短横的方式，阴平、阴上等不加，而阳平、阳上等则要加一短横。

也有采用数字标调类的方法，即在汉字或注音右上角加"1、2、3、4"等数字，表示其属于第几个调类。例如，chong^2、mei^{3}分别表示第二声和第三声。

最常见的标记声调的方法是五度标调法（见下图）。标调值的方法由赵元任首创。1930年，他发表了 *A System of "Tone – letters"*（《一套标调的字母》），创制了一套五度制的声调符号，为记录和描写各种声调提供了实用、简便的方法。我国古代韵书对汉语声调的描写仅限于分类，也就是平、上、去、入的说法。赵元任在早期使用的声调线和标声符号的基础上，通过与刘复所做的大量实验，明确提出五度标尺，开创了用数字标调的新方法，这在标调历史上是一个里程碑。他将音高分成五度，分别为高5、半高4、中3、半低2、低1，如去声的调值为51，表示其读法为从高到低的下降调。我国著名实验语音学家吴宗济称"这套调符是个革命性的发明"。

五度标调法记录了发音的起点和终点的音高，如普通话阴平的调值是55，就表示其起点和终点的音高都是5；如果中间有转折，还要记录其转折点的音高，普通话上声的调值是214，就分别记录了起点、转折点和终点的音高。所以，标示调值的55、35、214、51要念成"五五、三五、二一四、五一"，不能

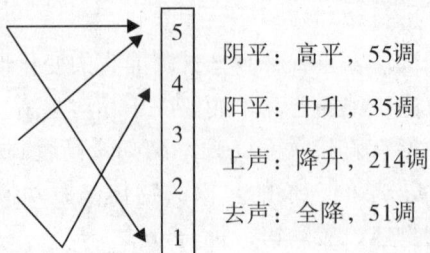

五度标调法——普通话声调

阴平：高平，55调

阳平：中升，35调

上声：降升，214调

去声：全降，51调

读成"五十五、三十五、二百一十四、五十一"。把发音的起点和终点连成线，就显示出发音变化的幅度与升降形式，如去声的调值为51，表示其是下降调，读法是从最高到最低。我们平时用的标调符号ˉ ˊ ˇ ˋ，就是音高变化的幅度与升降形式的简略图示。发好声调的关键在于掌握调值变化，只有打开声音，拉开音域，才能体现声音抑扬顿挫的音韵美。

二、普通话声调的分类

声调是音节的高低升降形式，它主要由音高决定。音乐中的音阶也由音高决定，因此，声调可以用音阶来模拟，学习声调也可以借助自己的音乐感。但要注意，声调的音高是相对的，不是绝对的；声调的升降变化是滑动的，不像从一个音阶到另一个音阶那样跳跃式地移动。

普通话按调类分有四个声调：

1. 阴平

念高平，用五度标记法来表示，就是从5到5，写作55。声带绷到最紧，始终无明显变化，保持音高。例如：

青春光辉　春天花开　公司通知　新屋出租　清新春风　空中穿梭

练习音节：

bā bī bū lā lī lū

2. 阳平

念高升（或说中升），起音比阴平稍低，然后升到高。用五度标记法表示，就是从3升到5，写作35。声带从不松不紧开始，逐步绷紧，直到最紧，声音从不低不高到最高。例如：

连年和平　农民犁田　圆形循环　人民勤劳　和平原则　同时重叠

练习音节：

bá bí bú lá lí lú

3．上声

念降升，起音半低，先降后升，用五度标记法表示，是从 2 降到 1 再升到 4，写作 214（也有写作 2114 的）。声带从略微有些紧张开始，立刻松弛下来，稍稍延长，然后迅速绷紧，但没有绷到最紧。例如：

彼此理解　理想美满　永远友好　管理很好　首长你好　演讲指导

练习音节：

bǎ　bǐ　bǔ　lǎ　lǐ　lǔ

4．去声

念高降（或称全降），起音高，接着往下滑，用五度标记法表示，是从 5 降到 1，写作 51。声带从紧开始到完全松弛为止，声音从高到低，音长是最短的。例如：

下次注意　世界教育　报告胜利　创造利润　扩大会议　致电祝贺

练习音节：

bà　bì　bù　là　lì　lù

三、声调辨正

（一）闽客粤三方言与普通话声调的区别

声调辨正，就是要弄清方言和普通话在声调上的差异，明确两者之间的对应关系，以便有效地纠正方音。下表主要是闽客粤三方言与普通话在声调上的对照。

古调类 例字 地名方言 调类 调值		平声		上声		去声		入声				声调数
		天	平	古	老	近	放	大	急	铁	六	学	
普通话	北京	阴平 55	阳平 35	上声 214		去声 51		入声分别归阴阳上去				4
潮汕话（闽）	潮州	阴平 33	阳平 55	阴上 53	阳上 35	阳去 213	阴去 11	阳去 213	阴入 2		阳入 5		8
客家话（客）	梅州	阴平 44	阳平 11	上声 31		去声 42		阴入 21		阳入 4		6
广州话（粤）	广州	阴平 55 53	阳平 21 11	阴上 35	阳上 13	阴去 33	阳去 22	上阴入 55	下阴入 33	阳入 22		9

由上表可以看出，广东三大方言与普通话声调的实际读法有很大的区别。它们有的调类相同，调值不同，如三大方言的阴平调和阳平调；有的调值相同而调类不同，如潮州话的阳平调调值相当于普通话的阴平调调值，潮州话的阳上调调值相当于普通话的阳平调调值；方言调类都多于普通话调类，普通话的调类只有四个，粤语的最多有九个，潮汕话有八个，客家话有六个；入声保留或归并的情况各不相同。

（二）入派四声的规律

在普通话里，古入声字已经分别归入阴、阳、上、去四声里面。虽然有的方言的入声已经消失，但分布情况与普通话并不完全一致。要记住古入声字在普通话里的读法，须掌握古今调类的对应规律。

古今声调的演变除了与声调有关外，还与声母的清浊有关，也可以说古汉语中的平、上、去、入四声演变到普通话的四声，是以古声母的清浊为条件的。其演变的规律可概括为：

1. 平分阴阳

平声中的古清声母字今为阴平，如"刚""开"；平声中的古浊声母字今为阳平，如"陈""娘"。

2. 浊上变去

古上声中的全浊声母字今为去声，如"近""稻"；古上声中的清声母字和次浊声母字今仍为上声，如"古""丑"和"老"。

3. 入派三声

古入声字中的清声母字今散归到阴平、阳平、上声、去声里，如"惜""革""铁""客"；古入声字中的全浊声母字归并到阳平，如"局""学"；古入声中的次浊声母字今为去声，如"木""绿"。

由于平声现又分为阴平和阳平，所以按普通话声调的实际情况来看，"入派三声"现在实际上是"入派四声"。

古今调类的对应规律较为复杂，但有一条特别简明易记。这就是：方言中声母是 m、n、ng、l、r 的入声字，以及属于零声母的入声字，在普通话里一般都读去声。例如：

M（mò）末、沫、茉、漠、墨、没、寞，（mì）密、蜜、秘，（mù）木、沐、目、苜、幕、牧、睦，（mài）麦、脉，（miè）灭、蔑

N（nà）纳、钠、捺、呐，（nì）逆、溺、匿，（niè）聂、镊、镍、孽，（nuò）诺，（nüè）虐、疟

L（lè）乐，（lì）力、历、立、粒、笠、栗、砾、沥，（lù）鹿、辘、录、碌、陆、戮，（lù）律、率、绿，（lèi）肋，（lào）烙、酪，（liè）列、烈、裂、

猎、劣，（liù）六，（luò）洛、落、络、骆，（lüè）略、掠

R（rè）热，（rì）日，（ròu）肉，（rù）入、褥，（ruò）弱、若

零声母字，例如：

（yì）亦、邑、役、疫、益、逸、翼、忆、亿、抑、轶，（wù）物、勿，（yù）育、域、浴、欲、吁、玉、狱，（yà）轧，（yè）页、业、叶、谒，（è）扼、鄂、恶、鳄、遏（"扼"等五字，有的地区声母是 ng）

属上述声母的入声字中，只有少数不读去声。例如：

M（mā）抹，（mó）膜，（mǒ）抹

N（niē）捏

L（lēi）勒，（luō）捋

R（rǔ）辱

零声母字如：

（yī）一，（yǐ）乙，（wū）屋，（yā）鸭、压、押，（yē）噎，（wā）挖，（yuē）约，（é）额

据粗略统计，600 个左右的常用入声字，在普通话中读去声的约占 40%，读阳平的约占 31%，读阴平的约占 21%，读上声的约占 8%。

此外，绝大多数入声字主要分布在以下 12 个无韵尾的韵母中：ɑ、o、e、i、u、ü、-i [ʅ]、-i [ʅ]、iɑ、ie、uo、üe，含鼻韵母的音节里没有入声字。

（三）广东人学习普通话容易出现的声调偏误

在闽客粤三方言与普通话声调的对照表中，我们可以看出普通话的声调和方言有很大的不同：调类数量不一，如粤语有九个调类，梅州客家话一般有六个调类，潮汕方言有八个调类；调型也不同，粤语有平、升、降三种调型，梅州客家话只有平、降两种调型，潮汕方言则与普通话一样有平、升、曲、降四种调型；调值的差异更大，细论起来，广东三大方言没有一个声调的调值跟普通话完全一致。这就使广东人学习普通话的难度增加了，这也是方音存在的最根本原因。要读准普通话的声调，主要应在调型与调值上下功夫。

1. 发准阴平调的困难及克服方法

普通话的阴平调值是 55，是个高平调；而梅州方言阴平调值是 44；潮州方言的是 33；广州方言的阴平调值虽然是 55，但不稳定，出现在词语前的第一个音节时往往读成高降调，如"米筛"的"筛"读 55，"筛米"的"筛"却读成 53。所以，广东人学习普通话的阴平调的困难是不够高或不够平。

阴平调有为其他三个声调定高低的作用，如果阴平调值掌握不好，会影响其他声调的发音。有些人阴平读得过低或过高，从而造成去声降不下来、阳平高不上去的毛病。

练习阴平，可先用单韵母读出高、中、低三种不同的平调，体会发高音时声带拉紧、发低音时声带放松的不同感觉。这种练习不但可以比较出阴平的高平调值，而且可以训练控制声带松紧的技能，为掌握好复杂的升、降、曲三种声调打下基础。

克服的方法有：

（1）方音比较法。

如果对自己的阴平调把握不准，可以请内行帮自己鉴定一下阴平的调值，并反复听普通话阴平字的音高，再与方言的相比较，得出正确清晰的声音形象。

（2）超高音法。

可以发超高音，突破 55 的高度，再回归到高平调来，这种方法对梅州客家人比较有效。

（3）同调值迁移法。

广州人和潮州人可以借鉴方言当中相同调值的字音来体会高平调的感觉，不过要注意变调的问题，尽可能以双音节词语的后一个音节为准，如潮州话"小时"的"时"、广州话"上街"的"街"等。

（4）情绪调整法。

另外，还可以通过调整情绪，获得高音的感觉。每个人高兴和悲伤时，语调都不一样，声调也会有所不同，所以我们可以想象并酝酿高兴的心情，叫一声"妈"，同时体会声带绷紧的状态。

（5）手势暗示法。

也可以通过手势做心理暗示，这种方法就是举起手，在自己头顶比画高平调的调型，口中发出任一阴平的音节，并体会高音震颤的感觉。通常情况下，高音听起来较清脆悦耳。

听读下列阴平调字词：

先 呼 工 阿 诗 微 帮 春 拈 拉 经 妈 高 飞 亏 班
分工 交通 东风 参观 村庄 功勋 冲锋 刊登 资金 秋装 清新
私心 车间 中央 军官 星期 吸烟 招生 交叉 先天 星光 粘贴

2．发准阳平调的困难及克服方法

普通话的阳平调值是 35，是个高升调。这一调型调值，粤潮方言里都有，粤语阴上（如古）、潮语阳上（如老、近）都是 35 调，移用过来就行。而客家方言阳平调值是 11，由于没有升调，读普通话的阳平调往往出现失误。广东人学习普通话的阳平调的困难是：发得低而平，上扬不够有力，不到应有的高度，或有些拖腔，中间打了一点儿弯。

克服的方法有：

（1）连读辨调法。

可以先体会"和平"这个词两个音节不同的调值，由于前一个音节发生了变调，实际调值只有34，这是广东人容易出现的问题。通过反复辨听两个音节不同的调值，以确立35的高度，读出正确的调值。

（2）同调值迁移法。

在广州和潮州方言中，都存在35调值的字音，我们可以通过先发方言字音，确立准确调值的声音形象，体会声带由松变紧和腹部内收的感觉，听觉和知觉同时作用，发准阳平调并不难。

（3）手势暗示法。

对于"中间打了一点儿弯"的问题，可以通过直上的手势暗示来加以改正。读准普通话阳平调的关键在于找准起点直接上升到最高音。客家话连读变调里也存在类似的调子，如"开门"中的"开"。

听读下列阳平调字词：

前 昂 足 人 房 白 阳 详 黄 平 时 门 墙 蓝 及 焚 残
和平 时常 船头 棉田 红旗 黎明 农民 联盟 言行 绵延 南巡
寒流 黄河 陶瓷 麻绳 原则 停留 怀疑 循环 球鞋 来回 残存

3. 发准上声调的困难及克服方法

普通话的上声调值是214，是个曲折调，发音时声带由较松放到最松，再很快地拉紧。特点是低降高升，与潮汕话的阴去（如"放"）相似。声音由较低平降到最低，再快速升高。在广东三大方言中与之相对应的都不是曲折调，客家方言的调值是31；潮州方言是53，是降调；广州方言的是35和13，是升调。粤方言和客家方言里没有曲调调型，读曲调就有些困难，加之在朗读和谈话中，上声的基本调值出现的机会很少，经常出现的是变化之后的调值，所以要读准上声的调值是难上加难。但是，基本调值是变化的基础，掌握了基本调值才能掌握它的变化，所以首先应读准上声的本调。广东人发上声容易出现的问题主要有：受变调影响，只读成半上21，也就是只降不升，这种问题在客家人身上常见；粤语则相反，起音太高了，降不下来，低平部分1压不下去，给人的感觉是拐弯不够大；或者半高音部分4拉不上去；或者缺乏滑动，把上声发成两个音，如"好"，有的人发成"好奥"等。

克服的方法有：

（1）分段练习法。

先请内行帮忙鉴定一下，自己的上声究竟存在哪一种问题，以明确自己需要克服的重点，反复听辨标准上声的发音，建立起明晰的声音形象，再不断地进行模仿练习，如此一定可以发准上声。对于低平部分1压不下去的，可以先体会上声音节在非上声音节前的状态，并练习把声音压下去，一直压到不能再压为止，并尽量把低音部分拖长，深刻感受低音的感觉，再体验上声拐弯时声带由松到紧的状态，就能读出较准确的上声了。要把降升结合起来，注意降、升之间不要断开，以免听上去像两个字，升的时候还要注意收住，不要拉得太长。

（2）常用字诱导法。

还可以用"好""你"这些常用字作为诱导，反复练习，进而推而广之，其他上声字就容易掌握了。

（3）方音迁移法。

对于潮汕人而言，可以练习方言中调值为213的字音，尾音再拉高拉紧一点儿，就能发好普通话上声的字音了。

听读下列上声调字词：

马　脑　朗　闯　小　考　品　把　死　咋　堵　晚　软　给　紧　厂

改选　举手　指导　讲演　本领　首长　总理　保险　勇敢　友好　浅显

枸杞　海狗　反省　减少　古典　洗澡　辗转　表姐　主讲　广场　简短

4. 发准去声调的困难及克服方法

相对于其他三个声调而言，去声比较容易读准，多数人读去声时不会感到困难，但容易出现这样的情况：少数人会降得比较短促，不够充分，或者读得较急促短暂，从而变成入声了。

克服的方法有：

（1）阴平带去法。

可用阴平带去声的方法来练习，即先发一个阴平，使声带拉紧，再在阴平的高度上尽量把声带放松，就能读出全降调的去声。多读阴平和去声相连的词语，有助于读好去声。

（2）方音比较法。

对于潮汕人而言，可试着比较方言中53调值的字音，如"死"和普通话51调值的"细"降音的长短幅度，就可以解决去声发得过于短促不够充分的问题。广东三大方言里都完整地保留了入声调类，入声调一般都有塞音韵尾，这种入声调子很短促，不能延长，有明显的堵塞感，需要改读成舒声。

听读下列去声调字词：

定　那　目　外　这　热　弄　份　太　二　诺　困　并　却　像　派　盼

遍地　扩大　论调　贺信　示范　议案　照相　盼望　调换　办事　电报

致谢　互助　自治　竞赛　预告　汉字　陆地　浪费　奋斗　热烈　细致

（3）异调引衬训练法。

在对四声有所了解的情况下，我们还可以用异调引衬训练法，针对不同的调域错误，选择相应的双音节词语，进行"前引"的异调辅助练习，但前提是前一个声调的调值必须是准确的，只有这样才能通过这种方法进行训练。

前引法，就是用前字声调的音高引导后字声调的音高，矫正后字的调域偏误。

如"以阳引阴"（解决阴平调值偏低的问题）：

淮阴　崇高　行星　红花　农村　镰刀　船舱　棉衣　房间　航天　蚕丝
槐花　茶杯　图钉　圆规　同乡　前方　骑兵　长江　国歌　原因　长征

还可以"以去引上"（解决上声降升调开头的低降读成高降的偏误问题）：

入伍　跳舞　制止　特写　字母　汉语　历史　地理　电影　大写　放手
占领　戏曲　报纸　玉米　面粉　稻草　木桶　办法　队长　蜡染　诉苦

运用这种方法要注意消极影响，如潮汕人的阴平调多数只有33，放在去声音节后的阴平调应特别注意不要被去声拉下去。例如：

卫星　电灯　日光　陆军　月刊　特征　步枪　列车　兽医　辣椒　怪胎
汗衫　耐心　药方　信箱　细胞　类推　菜汤　杏花　大家　气功　治安

【声调综合训练】

1. 读单音节字词

匹　宾　破　级　副　扔　碎　暂　卤　臭　牵　壑　澜　茁　改　糟　肾
加　味　否　货　肉　连　蠢　罐　值　驯　卵　握　钢　厄　鹃　贷　洲
唤　声　觅　尚　熊　画　催　灭　荒　酱　蹦　桩　粤　始　腥　禁　焚
母　编　票　叠　逆　者　霞　所　踏　渔　年　饼　但　蚯　跳　斟　秦
炭　撒　快　酿　隔　窘　瞧　漕　紫　宽　讹　轧　雪　冤　踩　戎　女
停　拷　雷　挨　种　丞　刿　浓　朵　霉　炒　情　图　场　那　汶　典

2. 读双音节词语

阴+阴：

清新　空间　春风　缤纷　乒乓　中锋　艰辛　新鲜　关心　搬家
猫咪　翩跹　干杯　担心　攀登　弯钩　揪心　参加　餐厅　刊登

阴+阳：

工人　光芒　忽然　音节　中国　包含　英雄　宣传　批评　观摩
钻研　心得　通俗　车床　天堂　开学　身长　腰围　单元　编辑

阴+上：

真理　思考　推理　参考　工厂　浇水　开启　音响　家属　机警

针灸　欣赏　烧火　风景　兵种　亲手　钢笔　中午　包裹　颠倒

阴+去：

经验　工具　机械　工作　脱粒　翻地　吃饭　出镜　京剧　观众
音乐　鸡蛋　书架　光线　开会　冬至　心脏　操练　侵略　车辆

阳+阴：

阳光　台阶　难堪　寒冬　残缺　房间　栏杆　牛妞　焚烧　白斑
球衣　袭击　旗杆　蝉衣　集资　冯军　南瓜　蛮荒　玩家　杭州

阳+阳：

仁人　韩寒　顽皮　识别　男篮　纹银　传达　难题　习题　前行
拔河　及格　其实　皮球　求学　平时　船头　长河　常年　航行

阳+上：

锄草　邮筒　糖果　苹果　牛奶　棉袄　狭窄　营养　谜语　团长
南北　毛笔　渔网　全体　长久　文选　平坦　回响　杂草　凉水

阳+去：

革命　文化　学术　文件　实验　原料　劳动　食物　牛肉　毛裤
颜色　缝纫　楼道　游戏　独唱　名胜　合唱　排队　急躁　乘客

上+阴：

火车　老师　北方　指标　雨衣　小说　海军　体操　港湾　水箱
酒精　许多　首先　脚跟　警钟　卷烟　火星　马鞍　垦荒　史诗

上+阳：

口型　朗读　古文　考察　改革　旅行　祖国　果园　岭南　铁锤
鲤鱼　雪人　女鞋　讲台　冷藏　党员　坦白　导游　打球　鸟笼

上+上：

广场　美好　反悔　橄榄　海藻　允许　早起　诋毁　赶紧　整改
总统　浅显　雨点　党委　领导　理想　醒酒　井水　短小　口渴

上+去：

土地　柳树　打破　稿件　纽扣　典范　广大　巩固　妥善　努力
感谢　统治　款待　讨论　砍树　诡辩　挑战　懂事　手杖　悔过

去+阴：

卫星　电灯　日光　陆军　月刊　特征　步枪　列车　兽医　辣椒
药方　信箱　细胞　类推　菜汤　杏花　大家　气功　治安　印刷

去+阳：

汽油　辟谣　麦苗　贵阳　药丸　皱纹　种植　会谈　晋南　近年
命名　事实　政权　季节　大楼　地图　菜园　教材　课堂　共同

去+上：

| 入伍 | 跳舞 | 制止 | 特写 | 字母 | 汉语 | 字典 | 历史 | 地理 | 电影 |

| 戏曲 | 报纸 | 玉米 | 面粉 | 稻草 | 木桶 | 大脑 | 办法 | 队长 | 蜡染 |

去+去：

| 放弃 | 救命 | 咒骂 | 怨恨 | 动漫 | 世界 | 末日 | 气质 | 斥骂 | 愤怒 |

| 利益 | 抗旱 | 赞叹 | 秘密 | 灿烂 | 上当 | 告慰 | 意义 | 记忆 | 四季 |

3. 读三音节词语

| 副标题 | 畅听卡 | 时代感 | 记忆库 | 安全门 | 老花眼 | 北方人 | 同一律 |

| 保监会 | 清教徒 | 洗发水 | 过把瘾 | 死心眼 | 省人大 | 霹雳舞 | 传达室 |

| 幸福鸟 | 暗紫色 | 婆罗门 | 提高班 | 快递费 | 二手房 | 橄榄树 | 五斗橱 |

四、变调

普通话的四个声调是音节单读时的声调，因此也称为"字调"。在自然语流中，每个音节都不是一个孤立的单位，音节和音节连续读出，声调相互影响或多或少要发生变化，不能保持原来的调值，这种现象叫变调。变调是一种自然音变现象，对语言的表达没有影响。

变调现象包括上声的变调、"一"和"不"的变调以及叠字形容词的变调。

（一）上声的变调

上声在阴平、阳平、上声和去声前都会产生变调，读完全上声原调的机会很少，只有在单念、重音或处在词语和句子的末尾时才有可能读原调。上声与上声相连，或上声与别的声调相连时，都要读变调。

变调规律如下：

1. 念半上

上声在阴平、阳平、去声、轻声等非上声音节前面念半上，调值由 214 变成 21 或 211，也就是只降不升，由于上声的起音低，所以近似低平调。例如：

| 海涛 | 短波 | 好听 | 永生 | 每周 | 首先 | 古今 | 始终 |

| 主席 | 走读 | 品格 | 偶然 | 阐明 | 暖流 | 耳膜 | 语词 |

| 闪电 | 牡蛎 | 老外 | 股份 | 尾翼 | 表现 | 砍价 | 想象 |

| 嘴巴 | 老婆 | 幌子 | 马虎 | 奶奶 | 紫的 | 本事 | 女婿 |

2. 念阳平

上声与上声相连，前面的上声变成升调，近似于阳平。调值由 214 变成 35。例如：

| 美好 | 厂长 | 领导 | 褴褛 | 友好 | 指导 | 理想 | 海港 | 舞曲 | 演讲 | 小米 |

| 稿纸 | 岛屿 | 口齿 | 枸杞 | 脊髓 | 撇嘴 | 笔挺 | 使者 | 导演 | 莞尔 | 打扫 |

3. 三个上声连在一起，按语音停顿情况来变

（1）双单格式：前两个上声变得像阳平。例如：

管理组　勇敢者　选举法　枸杞酒　跑马场　总统府　导火索　演讲者
洗脸水　果品厂　保险锁　体检表　打靶场　草稿纸　蒙古语　虎骨酒

（2）单双格式：第一个音节变为半上，第二个音节变得像阳平。例如：

好领导　纸老虎　小两口　苦水井　党小组　体改委　老首长　李导演

4. 多个上声连在一起，也按语音停顿情况变

停顿前的上声仍为半上，其余上声变得近阳平。例如：

岂有/此理

种马场/养有/五百匹/好/母马

请你/给我/买/五把/纸/雨伞

（二）"一"和"不"的变调

"一"和"不"是汉语中最常见的两个汉字，组词造句功能强大。普通话还有"一""七""八""不"的变调，由于普通话中"七"和"八"已经趋于不变调，所以学习普通话只要求掌握"一"和"不"的变调。"一"的单字调是阴平声55，"不"的单字调是去声51，在单念或处在词句末尾的时候不变调。

1. "一"的变调与不变调情况

（1）"一"变调。

A. 在去声音节前调值变为35。例如：

一刻　一半天　一败涂地　一棍子打死
一课　一辈子　一臂之力　一物降一物
一粒　一次性　一步登天　吃一堑长一智
一律　一系列　一蹴而就　一蟹不如一蟹
一面　一站式　一发千钧　一片冰心在玉壶
一片　一溜烟　一见如故　一个萝卜一个坑
一气　一刹那　一脉相传　一个巴掌拍不响
一切　一霎时　一箭双雕　一叶落而知天下秋
一下　一个劲　一炮打响　不经一事不长一智
一向　一阵风　一日三秋　一日不见，如隔三秋

B. 在非去声音节前调值变为51。例如：

阴平前：

一瞥　一般法　一般见识　一搭两用
一通　一锅粥　一清二白　一心二用
一边　一根筋　一拍即合　一分为二

一声	一风吹	一衣带水	一丝不苟
一丝	一刀切	一息尚存	一厢情愿
一生	一边倒	一朝一夕	一竿子到底
一身	一窝蜂	一针见血	有一搭没一搭
一张	一清早	一帆风顺	一失足成千古恨
一只	一丁点	一呼百应	一波未平，一波又起
一艘	一天半	一刀两断	一竿子打翻一船人

阳平前：

一营	一场空	一鸣惊人	一锤定音
一沓	一席话	一隅三反	一毛不拔
一级	一团糟	一筹莫展	一鼻孔出气
一茬	一言堂	一成不变	一锤子买卖
一栏	一条心	一尘不染	一言以蔽之
一墙	一船人	一模一样	一环扣一环
一团	一勺烩	一无是处	此一时彼一时
一条	一盘棋	一盘散沙	一朝天子一朝臣
一齐	一年生	一团漆黑	一人得道，鸡犬升天
一时	一臣子	一言九鼎	一言既出，驷马难追

上声前：

一碗	一伙人	一举成名	一表非凡
一首	一准信	一往情深	一网打尽
一里	一水壶	一马当先	一手遮天
一览	一点雨	一枕黄粱	一纸空文
一晃	一览表	一了百了	一鼓作气
一本	一体化	一语破的	一反常态
一早	一揽子	一本万利	一笔勾销
一起	一口气	一板一眼	一表人才
一体	一尺布	一孔之见	一碗水端平
一手	一匹马	一举两得	一码是一码

（2）"一"不变调。

A. "一"作为序数表示"第一"时不变调。

如"一楼"的"一"不变调，表示"第一楼"或"第一层楼"，而变调表示"全楼"。不变调的还有：一年级、高一（1）班、一级棒、一流产品、一审判决、一线记者、一一道来、一营战士、一品锅、一品红、一把手、一百一、一而再再而三、一二得二、一五一十、1月1日、二○○一年、同一律、说一不二、从一而终、一是一二是二、一不怕苦二不怕死、一不做二不休、一差二错、一来二去……

B.“一”处在一个词的词尾时不变调。

如上面说到的“专一、同一、统一、整齐划一”，即便在这个词的后面出现了其他声调的字，“一”的读音也不变，如“统一思想、统一认识”，“一”并不因后面出现了“思”就变读为去声，也不因后面出现了“认”就变读为阳平，这是因为“一”是“统一”的词尾，与后面字词的关系是松散的。典型的例子还有一个：“十一斤”的“一”是“十一”的词尾，不能变调。如果认为“一”字后面有个阴平的“斤”，就盲目变调，会让人误听为“十亿斤”。

这样的情况再举例如下，体会即便“一”后面有其他字也不变调的情况：

五一（黄金周）　六一（节）　七一（党的生日）　八一（军旗）

逐一（检查）　单一（花色）万一（有什么事）　第一（个）

星期一　　　　九九归一　　合二而一　　　　始终如一

不一而足　　　以一当十　　二一添作五　　　一五一十

C. 数字里的“一”的读法。

在“百、千、万、亿、兆”前，“一”字要变调，如“一百、一千、一万、一亿、一兆”。又如，尽管“一车、一年、一种、一个”的“一”要变调，但在“十一车、二十一年、三十一种、四十一个”里，“一”是数字词尾，所以也无须变调。

2.“不”的变调

（1）在去声前变为阳平。例如：

不必　不客气　不近人情　无所不至

不顾　不在乎　不动声色　执迷不悟

不要　不至于　不胫而走　苗而不秀

不对　不尽然　不亢不卑　无所不用其极

不过　不见得　不见经传　不费吹灰之力

不够　不过意　不自量力　三寸不烂之舌

不断　不二价　不治之症　不见棺材不落泪

不啻　不冻港　不正之风　醉翁之意不在酒

不测　不动产　不咎既往　不到黄河心不死

不变　不带音　不落窠臼　取之不尽，用之不竭

（2）在非去声前也念去声。例如：

阴平前：

不关	不摸鱼	不知所云	秘而不宣
不赀	不高兴	不知所措	恬不知耻
不拘	不偏心	不偏不倚	玩世不恭
不甘	不分开	不枝不蔓	宁死不屈
不光	不关心	不刊之论	名不虚传
不端	不批准	不拘小节	食不甘味
不粗	不失为	不拘一格	却之不恭
不分	不规则	不经之谈	忍俊不禁
不偏	不甘心	不甘寂寞	神不知鬼不觉
不批	不经意	不差累黍	不经一事不长一智

阳平前：

不妨	不诚实	不平则鸣	不眠之夜
不和	不容易	不谋而合	不着边际
不乏	不及格	不劳而获	不择手段
不独	不足道	不郎不秀	不情之请
不眠	不人道	不白之冤	不求甚解
不留	不名誉	不绝如缕	不容置喙
不闲	不得已	不即不离	美中不足
不然	不得劲	不寒而栗	片甲不存
不才	不得了	不服水土	欲速则不达
不及	不成文	不成体统	万变不离其宗

上声前：

不免	不满意	不可向迩	牢不可破
不止	不敏感	不可一世	蛮不讲理
不逞	不可能	不可理喻	魂不守舍
不忍	不允许	不可思议	势不两立
不管	不反对	不了了之	无可无不可
不满	不倒翁	不可救药	不可逆反应
不许	不等式	不解之缘	不可同日而语
不久	不吐气	不假思索	吃不了兜着走
不法	不忍心	不打自招	不管三七二十一
不等	不敢当	不耻下问	冒天下之大不韪

3．其他情况

"一"和"不"夹在动词或形容词之间时，读为"次轻音"。

听读下列词语，注意"一"和"不"的分量：

看一看	考一考	靠一靠	瞧一瞧	等一等	摸一摸	试一下	瞧一眼
啃一口	扭一扭	练一练	试一试	说一声	说一说	求一下	看一下
瞅一眼	去一下	来一下	咬一口	扶一下	留一下	动一动	走一走
累不累	要不要	对不起	要不得	了不得	轮不到	冷不丁	了不起
好不好	架不住	四不像	想不到	犯不上	莫不是	说不过	说不上
拗不过	指不定	要不是	冷不防	来不得	来不及	两不找	看不起
靠不住	犯不着	舍不得	猛不丁	免不了	免不得	磨不开	忙不迭
使不得	瞧不起	数不着	说不来	少不了	少不得	蔫不唧	怨不得
玩不转	要不然	保不齐	吃不开	吃不消	冬不拉	差不多	差不离

（三）叠字形容词的变调

1．AA 式的变调

叠字形容词 AA 式第二个音节是非阴平时，声调可以变为高平调 55（当然也可不变），但 AA 式带上"儿"尾，读作儿化韵时，后一音节必须按规律变为阴平。例如：

好好儿（的）　　早早儿（的）　　小小儿（的）　　满满儿（的）

暖暖儿（的）　　快快儿（的）　　甜甜儿（的）　　慢慢儿（的）

2．ABB 式的变调

当后面两个叠字音节的声调是非阴平调时，调值可以变为高平调 55。

（1）BB 可变为阴平，也可不变。例如：

白茫茫	白晃晃	碧油油	沉甸甸	孤零零	汗淋淋	黑洞洞	黑黝黝
火辣辣	空洞洞	懒洋洋	亮堂堂	蓝莹莹	绿莹莹	绿茸茸	绿油油
乱蓬蓬	乱腾腾	慢腾腾	明晃晃	清凌凌	热辣辣	热腾腾	软绵绵
湿淋淋	湿漉漉	直瞪瞪	毛茸茸	气昂昂	黑油油		

（2）BB 不必变为阴平而读原调。例如：

白皑皑	赤裸裸	赤条条	恶狠狠	黄灿灿	灰沉沉	金灿灿	空荡荡
空落落	乐陶陶	暖融融	暖洋洋	乌沉沉	雾沉沉	雾茫茫	雾蒙蒙
喜洋洋	笑吟吟	阴沉沉	直挺挺	红艳艳	笑盈盈	亮闪闪	光灿灿

（3）BB 必须变为阴平。例如：

病恹恹	黑乎乎	红通通	黄澄澄	紧绷绷	亮铮铮	乱哄哄	闹哄哄
闹嚷嚷	暖和和	气冲冲	文绉绉	香喷喷	兴冲冲	羞答答	黏糊糊

（4）BB 本来就是阴平。例如：

矮墩墩	白花花	颤巍巍	臭乎乎	臭烘烘	喘吁吁	脆生生	滴溜溜
顶呱呱	干巴巴	光溜溜	汗津津	黑乎乎	黑压压	黑幽幽	黑魆魆
红扑扑	红通通	厚墩墩	虎彪彪	虎生生	滑溜溜	灰溜溜	活生生
急巴巴	急匆匆	假惺惺	尖溜溜	娇滴滴	紧巴巴	辣丝丝	辣乎乎
辣酥酥	蓝晶晶	乐呵呵	乐滋滋	冷冰冰	冷清清	冷森森	冷丝丝
冷飕飕	凉丝丝	凉飕飕	亮光光	亮晶晶	乱纷纷	皱巴巴	醉醺醺
乱糟糟	慢吞吞	慢悠悠	美滋滋	密匝匝	蔫乎乎	暖乎乎	气哼哼
气呼呼	气咻咻	气吁吁	气汹汹	怯生生	轻飘飘	轻悠悠	热乎乎
傻呵呵	傻乎乎	甜津津	甜丝丝	稀溜溜	喜滋滋	笑哈哈	笑呵呵
笑嘻嘻	凶巴巴	雄赳赳	虚飘飘	眼巴巴	眼睁睁	阴森森	硬邦邦
油乎乎	直勾勾	直撅撅	直通通	胖乎乎	肉墩墩	顶呱呱	黑压压

3. AABB 式的变调

（1）BB 一般情况下读本调，有时也可变读为阴平，同时第二个 A 读作轻声。这些词在双音节情况下通常读为轻声。例如：

半半拉拉	大大咧咧	大大落落	疯疯癫癫	疙疙瘩瘩	勾勾搭搭
鼓鼓囊囊	客客气气	花花搭搭	叽叽嘎嘎	叽叽喳喳	结结巴巴
急急巴巴	口口声声	哭哭啼啼	拉拉扯扯	哩哩啦啦	哩哩啰啰
坑坑洼洼	迷迷糊糊	马马虎虎	模模糊糊	慌慌张张	漂漂亮亮
老老实实	清清楚楚	慢慢腾腾	慢慢吞吞	慢慢悠悠	忙忙叨叨
密密麻麻	密密丛丛	密密层层	密密匝匝	黏黏糊糊	松松垮垮
稳稳当当	稀稀拉拉	稀稀落落	严严实实	快快乐乐	哭哭咧咧
规规矩矩	窝窝囊囊	絮絮叨叨	热热闹闹	明明白白	

（2）也有 AABB 不能变调的情况。例如：

轰轰烈烈	花花绿绿	稀稀疏疏	大大小小	老老少少	蓊蓊郁郁
纷纷扬扬	形形色色	和和美美	沸沸扬扬	风风火火	浩浩荡荡
干干净净	恭恭敬敬	浑浑噩噩	简简单单	林林总总	平平淡淡
期期艾艾	勤勤恳恳	堂堂正正	偷偷摸摸	甜甜美美	妥妥帖帖
歪歪扭扭	唯唯诺诺	熙熙攘攘	星星点点	隐隐约约	影影绰绰
郁郁葱葱	郁郁苍苍	孜孜矻矻	来来往往	里里外外	前前后后

【声调综合训练】

1. 按普通话四声的调值念下面的音节

一姨乙艺　辉回毁惠　风冯讽奉　飞肥匪费　通同桶痛　迂于雨遇

2. 按阴阳上去的顺序念语句

中华有志　坚持改进　山穷水尽　千锤百炼　光明磊落　花红柳绿

3. 按去上阳阴的顺序念语句（上声按变调念半上）

破釜沉舟　调虎离山　弄巧成拙　信以为真　妙手回春　异口同声

4. 不依调序音节练习

锦绣山河　春色满园　风和日丽　狂风暴雨　绿草如茵　风驰电掣
异曲同工　喜形于色　驷马难追　悲欢离合　相煎何急　生机勃勃
三思而行　空中楼阁　忧心如焚　翻江倒海　贪赃枉法　衣冠楚楚
金戈铁马　千疮百孔　莺飞草长　披星戴月　标新立异　天花乱坠
安居乐业　风声鹤唳　惊涛骇浪　提纲挈领　惩前毖后　淋漓尽致
潜移默化　循循善诱　五彩缤纷　美酒飘香　沸反盈天　酸甜苦辣

5. 词组练习

题材—体裁　剥削—博学　天才—甜菜　鲜鱼—咸鱼　姓名—性命
实用—使用—适用　医务—遗物—义务　园子—院子—原子
异议—意义—疑义　大意—答疑—达意　五一—无疑—武艺
竹椅—主义—注意　珠子—竹子—主子—柱子

6. 上声的变调练习

(1) 念半上：

北方　纺织　广大　简要　马上　小刘　请求　美人　导游　暖流

(2) 念阳平：

美好　小姐　只有　奖品　考古　手表　勇敢　演讲　水草　扭转

(3) 上声变调句子练习：

我想你总可以打草稿了吧！

我找洗染小组马组长。

请给老李五碗米粉。

我只有请养马场场长李永水给你讲了。

吕表姐手里有两把铁锁。

7. 叠字形容词的变调练习

白蒙蒙　孤零零　乐呵呵　怒冲冲　羞答答　乱哄哄　明晃晃　香喷喷
白茫茫　黑乎乎　黑黝黝　红彤彤　懒洋洋　亮堂堂　绿油油　慢腾腾
红艳艳　空荡荡　金灿灿　赤裸裸　赤条条　亮闪闪　恶狠狠　喜洋洋

8. 声调容易读错的词语

凹陷 āoxiàn　　冰雹 bīngbáo　　阐明 chǎnmíng　　请假 qǐngjià　　撇开 piēkāi
兴奋 xīngfèn　　济济 jǐjǐ　　棉袄 mián'ǎo　　焐手 wùshǒu　　痉挛 jìngluán

芭蕾 bālěi　　惩罚 chéngfá　　荫蔽 yīnbì　　风帆 fēngfān　　梵文 fànwén

牌坊 páifāng　　饱嗝 bǎogé　　联谊 liányì　　俘虏 fúlǔ　　嫉妒 jídù

蝙蝠 biānfú　　滂沱 pāngtuó　　估计 gūjì　　瞥见 piējiàn　　根茎 gēnjīng

讹传 échuán　　鬓发 bìnfà　　蹿过 cuānguò　　马匹 mǎpǐ　　氛围 fēnwéi

应届 yīngjiè　　针砭 zhēnbiān　　玫瑰 méigui　　酩酊 mǐngdǐng　　对于 duìyú

诨名 hùnmíng　　卓越 zhuóyuè　　山冈 shāngāng　　稀罕 xīhan　　翘首 qiáoshǒu

内疚 nèijiù　　脊梁 jǐliang　　痨病 láobìng　　手绢 shǒujuàn　　泥泞 nínìng

狩猎 shòuliè　　期末 qīmò　　龅牙 bāoyá　　洪涝 hónglào　　车辆 chēliàng

剽窃 piāoqiè　　追究 zhuījiū　　魁梧 kuíwú　　祛除 qūchú　　搭讪 dāshàn

手腕 shǒuwàn　　癖好 pǐhào　　针灸 zhēnjiǔ　　吾辈 wúbèi　　窈窕 yǎotiǎo

浙江 zhèjiāng　　憎恨 zēnghèn　　仍然 réngrán　　脂肪 zhīfáng　　期刊 qīkān

剔除 tīchú　　笨拙 bènzhuō　　教诲 jiàohuì　　骨髓 gǔsuǐ　　档案 dàng'àn

刍议 chúyì　　倚靠 yǐkào　　慷慨 kāngkǎi　　驻扎 zhùzhā　　洞穴 dòngxué

9. 绕口令

（1）施氏嗜狮：石室诗士施氏，嗜狮，誓食十狮。施氏时时适市视狮。十时，适十狮适市。是时，适施氏适市。氏视是十狮，恃矢势，使是十狮逝世。氏拾是十狮尸，适石室。石室湿，氏使侍拭石室。石室拭，氏始试食是十狮。食时，始识是十狮，实十石狮尸。试释是事。

（2）李丽和黎里：李丽买了一斤梨，黎里买了一斤栗，李丽要用梨换栗，黎里要用栗换梨，不知是李丽的梨换了黎里的栗，还是黎里的栗换了李丽的梨。

（3）四调歌：妈妈骑马，马慢妈妈骂马；妞妞哄牛，牛拧妞妞拧牛；姥姥喝酪，酪落（lào）姥姥捞酪；舅舅架鸠，鸠飞舅舅揪鸠；书童研墨，墨抹书童一脸墨；梅香添煤，煤爆梅香两眉黑。

（4）小石与小史：小石与小史，两人来争执。小石说"正直"应该读"政治"，小史说"整治"应该读"整枝"。两人争得面红耳赤，谁也没读准"正直""整治""政治"和"整枝"。

附：多音字词

读音不同，意义不同

阿　ā　阿姨　阿訇　阿门　阿昌族

　　ē　阿胶　阿谀　阿弥陀佛

挨　āi　挨个儿　挨近　挨次

　　ái　挨打　挨饿

艾　ài　艾滋病　艾绒　方兴未艾

　　yì　自怨自艾

拗　ào　拗口　拗口令

　　niù　执拗　脾气很拗

柏　bǎi　柏树　柏油　松柏

　　bó　柏林（地名）

膀　bǎng　翅膀　肩膀

　　pāng　膀肿

páng　膀胱

磅　bàng　磅秤　过磅
　　páng　磅礴

堡　bǎo　堡垒　碉堡
　　bǔ　堡子
　　pù　十里堡

辟　bì　复辟
　　pì　辟谣　开辟

屏　bǐng　屏除　屏弃　屏气
　　píng　屏风　屏幕　银屏

伯　bó　伯父　伯母　老伯
　　bǎi　大伯子（夫兄）　叔伯（轻声）

簸　bǒ　颠簸
　　bò　簸箕

卜　bǔ　占卜　卜卦　未卜先知　姓卜
　　bo　萝卜

差　chā　差错　差异　一念之差
　　chà　差劲　差不多　很差
　　chāi　出差　差事　差使
　　cī　参差

颤　chàn　颤动　发颤　颤抖　颤悠
　　zhàn　颤栗　打颤

场　chǎng　场合　市场　场所　一场球
　　cháng　场院　打场

车　chē　汽车　车床
　　jū　车马炮（象棋）

匙　chí　汤匙　茶匙
　　shi　钥匙

冲　chōng　冲破　冲锋
　　chòng　冲床　有冲劲儿　气味很冲

创　chuàng　创造　创举
　　chuāng　创伤　重创敌人

绰　chuò　绰号　阔绰　绰绰有余
　　chuō　绰起棍子

伺　cì　伺候
　　sì　伺机　窥伺

攒　cuán　攒聚　人头攒动
　　zǎn　积攒　攒钱

撮　cuō　一撮盐　一撮儿匪徒
　　zuǒ　一撮儿毛

答　dá　回答　答谢　报答
　　dā　答应　答理　羞答答

打　dǎ　打鼓　打官司
　　dá　苏打　一打（12个）

大　dà　大小　大夫（古官名）
　　　　大王（汽车大王）
　　dài　大夫（医生）
　　　　大王（国王；强盗首领）

当　dāng　当地　相当　应当　当官
　　　　当年（指过去）
　　dàng　上当　适当　典当
　　　　当年（同一年）

倒　dǎo　颠倒　倒戈　卧倒
　　dào　倒立　反倒　倒数

的　de　我的　大的
　　dí　的确
　　dì　目的　无的放矢

都　dōu　都是　全都
　　dū　都市　首都　都督

度　dù　温度　大度
　　duó　揣度　忖度

发　fā　发生　发财　出发
　　fà　理发　怒发冲冠

坊　fāng　牌坊　坊巷
　　fáng　油坊　染坊　磨坊

佛　fó　佛教
　　fú　仿佛

服　fú　礼服　服毒　服药
　　fù　一服药（用于中药）

干　gān　干支　干戈　晒干　干着急　干系
　　gàn　干部　干事　精明强干

给　gěi　发给　献给　给以
　　jǐ　给予　给养　供给　自给自足

更　gēng　更正　三更　自力更生
　　gèng　更加　更好

供　gōng　供给　提供　供销

	gòng	口供　上供　供词　供职
骨	gǔ	骨头　骨干　骨肉
	gū	骨碌　骨朵
莞	guǎn	东莞
	wǎn	莞尔一笑
龟	guī	龟甲　乌龟　龟缩
	jūn	龟裂
	qiū	龟兹（国名）
哈	hā	哈哈大笑　哈欠　哈腰
	hǎ	哈达　哈巴狗　姓哈
喝	hē	喝茶　吃喝
	hè	呼喝　喝令　大喝一声
和	hé	温和　和平　和尚　我和你
	hè	唱和　应和　附和
	huó	和面　和泥
	huò	和药　和稀泥
	hú	和了　和牌
横	héng	纵横　横肉
	hèng	蛮横　横祸　专横
会	huì	开会　会师　不会
	kuài	会计　财会
混	hùn	混淆　混合　混饭吃
	hún	混蛋　犯混
豁	huō	豁口　豁出去
	huò	豁亮　豁免　豁然开朗
几	jī	茶几　几乎　窗明几净
	jǐ	几个　几何　几多
济	jì	救济　同舟共济
	jǐ	济济一堂　姓济　济南
间	jiān	中间　房间　车间
	jiàn	间隔　间谍　间或　间歇
监	jiān	监牢　监视　监督
	jiàn	太监　国子监
将	jiāng	将军　将来　即将
	jiàng	将领　武将　麻将
角	jiǎo	三角　角落　独角戏
	jué	角色　主角　口角
脚	jiǎo	手脚　脚注　根脚

	jué	脚色　脚儿
结	jié	结交　结婚　结果　结冰　结合　结局
	jiē	结巴　结实　开花结果
解	jiě	解放　解救
	jiè	押解　解送
	xiè	解数
尽	jǐn	尽管　尽快　尽量　尽先　尽早
	jìn	尽力　尽情　尽量　尽然　尽数　尽责　尽忠
菌	jūn	细菌　药菌
	jùn	蕈菌　菌子
卡	kǎ	卡片　卡车　卡通
	qiǎ	关卡　卡子　发卡
看	kàn	看望　查看　看病
	kān	看管　看护　看守
擂	léi	擂鼓　自吹自擂
	lèi	擂台　打擂
累	lěi	积累　累计　连累
	lèi	受累　劳累
	léi	累赘　果实累累
量	liáng	测量　丈量
	liàng	胆量　能量　量力而为
淋	lín	淋浴　淋漓　淋巴
	lìn	过淋　淋病
绿	lǜ	绿色　绿茶　绿豆
	lù	绿林　鸭绿江
脉	mài	命脉　脉搏　山脉
	mò	脉脉含情
眯	mī	眯缝　眯了一会儿
	mí	眯了眼
靡	mí	奢靡
	mǐ	萎靡　风靡　披靡　靡靡之音
模	mó	模范　规模　模仿　模型
	mú	模子　模样
难	nán	难看　难免　艰难
		难兄难弟（难得的朋友，带贬义）
	nàn	发难　灾难　难民

难兄难弟（共患难的人）

弄	nòng	玩弄	愚弄	
	lòng	弄堂	里弄	梅花三弄
娜	nuó	婀娜	袅娜	
	nà	娜娜（人名）		
胖	pàng	肥胖	胖子	
	pán	心广体胖		
喷	pēn	喷气	香喷喷	
	pèn	喷香		
片	piàn	唱片	影片	肉片 片刻
	piān	唱片儿	相片儿	
撇	piě	撇捺	撇嘴	
	piē	撇开	撇油	
迫	pò	迫近	急迫	压迫 迫降
	pǎi	迫击炮		
仆	pú	仆人	公仆	风尘仆仆
	pū	前仆后继		
奇	qí	奇怪	奇迹	传奇
	jī	奇数	奇零	
茄	qié	茄子	番茄	
	jiā	雪茄		
悄	qiāo	静悄悄	悄悄地	
	qiǎo	悄然	悄声	
亲	qīn	母亲	亲人	亲手
	qìng	亲家	亲家母	
散	sǎn	散漫	松散	散文 散打 散曲
		零散		
	sàn	分散	解散	散会 失散 散步
		烟消云散		
煞	shā	煞车	煞尾	
	shà	煞白	凶煞	煞有介事
舍	shě	舍弃	取舍	
	shè	宿舍	舍下	舍亲
什	shén	什么		
	shí	什物	家什	什锦
省	shěng	外省	省事	节省
	xǐng	反省	省亲	不省人事
属	shǔ	属性	亲属	

	zhǔ	属望	属意	相知相属
说	shuō	说明	说客	说书 说服
	shuì	游说		
似	sì	相似	类似	似乎 归心似箭
	shì	似的		
宿	sù	宿舍	宿愿	宿命
	xiǔ	住一宿	谈了半宿	
	xiù	星宿		
遂	suì	遂意	未遂	诸事顺遂
	suí	半身不遂		
沓	tà	重沓	纷至沓来	
	dá	一沓纸		
提	tí	提高	提倡	前提
	dī	提防	提溜	
帖	tiē	妥帖	服帖	
	tiě	请帖	字帖儿	
	tiè	碑帖	字帖	
圩	wéi	圩子	圩院	
	xū	圩场	赶圩	
吓	xià	吓人	惊吓	
	hè	恐吓	恫吓	威吓
纤	xiān	纤细	纤维	化纤
	qiàn	拉纤	纤夫	
相	xiāng	相亲	互相	相扑
	xiàng	相声	相貌	相机行事
巷	xiàng	巷战	巷口	
	hàng	巷道（矿业专用语）		
校	xiào	学校	上校	
	jiào	校对	校正	校稿
吁	xū	长吁短叹		
	yù	呼吁		
	yū	吁（拟声词）		
轧	yà	轧棉花	倾轧	轧道机
	zhá	轧钢	冷轧	
要	yāo	要求	要挟	
	yào	要好	要害	机要
殷	yīn	殷切	殷勤	殷富
	yān	殷红		

应　yīng　应该　应届　应许
　　yìng　应用　应征　应验

佣　yōng　雇佣　佣工　女佣
　　yòng　佣金

晕　yūn　晕倒　头晕（昏沉感觉）
　　　　　晕头转向
　　yùn　晕车　月晕　血晕
　　　　　头晕（旋转感觉）

载　zǎi　记载　千载难逢
　　zài　装载　载歌载舞

涨　zhǎng　涨潮　高涨
　　zhàng　头昏脑涨　涨红了脸

着　zháo　着急　着忙　着火　着迷　打不着
　　　　　睡不着
　　zhuó　附着　着陆　着落　着手　着力
　　　　　着重　着想

　　zhāo　着数　着点儿盐
　　zhe　听着　这么着

中　zhōng　当中　中央　中等　人中　中看
　　　　　中断
　　zhòng　中肯　中毒　中暑　中奖　中选
　　　　　中意　看中

轴　zhóu　车轴　轴承
　　zhòu　压轴

转　zhuǎn　（移动方位的活动）转变
　　　　　　向左转　转达
　　zhuàn　（圆周回旋的运动）转盘　转椅
　　　　　　转圈子

作　zuò　工作　创作
　　　　　作料（口语多读为 zuóliao）
　　zuō　作坊

词性不同，读音不同

把　bǎ（动词、介词、量词）把持　把关
　　　把东西送来　一把米
　　bà（名词）话把儿　刀把儿

藏　cáng（动作义）收藏　埋藏　矿藏
　　　捉迷藏
　　zàng（名物义）宝藏　大藏经　西藏

长　cháng（性状义）冗长　长度　长短
　　zhǎng（动作义、名物义）长进　成长
　　　厂长

臭　chòu（性状义）臭气
　　xiù（名物义）乳臭　铜臭

处　chǔ（动作义）处理　相处　处女
　　chù（名物义）处所　处长　办事处

畜　chù（名物义）牲畜　家畜
　　xù（动作义）畜养　畜产

传　chuán（动作义）相传　传诵　传说
　　　传奇　传令
　　zhuàn（名物义）传记　自传　传略

担　dān（动作义）担当　担水　担任
　　dàn（名物义）担子　重担

弹　tán（动作义）弹射　弹性　弹力
　　dàn（名物义）弹弓　弹药　枪弹

恶　è（性状义、名物义）丑恶　凶恶　罪恶
　　wù（动作义）厌恶　憎恶　可恶　好恶
　　ě（动作义）恶心

分　fēn（动作义、部分名物义）分析　分类
　　　分泌　分支
　　fèn（部分名物义）本分　成分　水分
　　　分外　分量

缝　féng（动作义）缝纫　缝补
　　fèng（名物义）门缝

冠　guān（名物义）皇冠　桂冠　冠心病
　　guàn（动作义）冠军　夺冠　冠名

号　hào（名物义）号角　号召　号码　符号
　　háo（动作义）呼号　哀号　号叫

好　hǎo（性状义）好坏　好看　好懂

hào（动作义）爱好　好动　好逸恶劳

夹　jiā（动作义）夹攻　夹着书包　夹杂
　　夹竹桃　夹克

　　jiá（性状义）夹袄　夹被　夹壁墙

劲　jìng（性状义）劲旅　强劲　刚劲
　　疾风知劲草

　　jìn（名物义）干劲　劲头　有劲　鼓劲

卷　juǎn（动作义、性状义）卷帘　卷烟
　　卷尺　龙卷风

　　juàn（名物义）书卷　文卷　试卷　上卷

笼　lóng（名物义）鸟笼　牢笼　笼头

　　lǒng（动作义）笼罩　笼络

溜　liū（动作义、性状义）溜冰　溜须拍马
　　溜圆　溜光

　　liù（名物义）檐溜　随大溜　一溜儿

磨　mó（动作义）磨刀　磨灭　磨炼

　　mò（名物义）推磨　磨盘　石磨

泥　ní（名物义）泥土　黄泥　泥淖　水泥

　　nì（动作义）拘泥　泥古不化

宁　níng（性状义）宁静　安宁　心神不宁

　　nìng（动作义、虚词）宁可　宁肯　宁愿
　　宁死不屈　毋宁

泊　pō（名物义）湖泊　血泊　梁山泊

　　bó（动作义、性状义）停泊　泊岸　漂泊
　　淡泊

铺　pū（动作义）铺路　铺轨　铺陈　铺张

　　pù（名物义）饭铺　卧铺　铺板　铺子

强　qiáng（性状义）强大　强攻　逞强
　　强硬

　　qiǎng（动作义）强迫　强逼　勉强
　　牵强　强人所难　强词夺理

　　jiàng（性状义）倔强

切　qiē（动作义）切菜　切片　切面　切磋

　　qiè（性状义等）心切　亲切　切实
　　切题　一切　反切

曲　qū（性状义、部分名物义）曲线　曲径
　　酒曲　大曲

qǔ（名物义）歌曲　曲调　异曲同工

丧　sāng（名物义、性状义）丧服　丧葬
　　奔丧　治丧　吊丧

　　sàng（动作义）丧失　丧胆　丧气
　　丧心病狂

扇　shān（动作义）扇风　扇炉子

　　shàn（名物义）扇子　电扇　蒲扇
　　一扇门

数　shù（名物义）数目　岁数　多数　单数

　　shǔ（动作义）数九　数落　数一数二
　　数数

　　shuò（性状义）数见不鲜

瓦　wǎ（名物义）瓦片　瓦匠　瓦盆

　　wà（动作义）瓦刀　瓦屋顶

为　wéi（动作义）人为　为非作歹　为难
　　成为　为人所不知

　　wèi（虚词）为了　因为　为什么
　　为人作嫁

兴　xīng（动作义、性状义）兴起　复兴
　　兴旺　兴奋　兴师动众

　　xìng（名物义）兴趣　兴致　兴味　高兴
　　雅兴　兴高采烈

咽　yān（名物义）咽喉　咽炎　咽头

　　yàn（动作义）吞咽　咽下

　　yè（动作义、语素）哽咽　呜咽　悲咽

与　yǔ（动作义、虚词）赠与　相与　与人为善
　　与其　父与子

　　yù（动作义）参与　与会

乐　yuè（名物义）音乐　乐器　姓乐

　　lè（动作义、性状义）快乐　乐观
　　乐于助人

种　zhǒng（名物义）种类　种族
　　播种（播下种子）

　　zhòng（动作义）种田　播种（种的方式）

钻　zuān（动作义）钻研　钻探　钻空子

　　zuàn（名物义）钻石　金刚钻　钻床
　　钻头

语体不同，读音不同

剥　bō（文）剥削　剥夺
　　bāo（白）剥皮　剥花生

薄　bó（文）薄弱　单薄　日薄西山　薄烟
　　　薄情
　　báo（白）薄板　薄饼　待他不薄　薄脆

澄　chéng（文）澄清　澄澈
　　dèng（白）澄泥浆　澄沙

逮　dài（文）逮捕
　　dǎi（白）逮特务　逮蚊子

核　hé（文）核心　核桃　核实　核算
　　　原子核
　　hú（白）枣核儿　煤核儿

颈　jǐng（文）颈项　颈椎
　　gěng（白）脖颈儿

嚼　jué（文）咀嚼
　　jiáo（白）嚼碎　嚼舌头

勒　lè（文）勒令　勒索　悬崖勒马
　　lēi（白）勒紧行李

露　lù（文）露骨　暴露
　　lòu（白）露富　露脸　露马脚

落　luò（文）降落　落魄　落花生
　　lào（白）落色　落枕　落架
　　là（白）丢三落四　落在后面

蔓　màn（文）蔓延　蔓草　蔓生植物
　　wàn（白）爬蔓　垂蔓　瓜蔓儿

翘　qiáo（文）翘首　连翘
　　qiào（白）翘尾巴　翘辫子

壳　qiào（文）甲壳　地壳　躯壳　金蝉脱壳
　　ké（白）蛋壳儿　脑壳儿　子弹壳儿

雀　què（文）麻雀　孔雀　雀斑
　　qiǎo（白）家雀儿
　　qiāo（白）雀子（雀斑）

色　sè（文）色彩　景色　面色
　　shǎi（白）掉色儿　套色　色子

塞　sè（文）堵塞　闭塞　塞责　搪塞
　　sài（文）要塞　边塞　塞外　塞翁失马
　　sāi（白）活塞　瓶塞　把洞塞住

杉　shān（文）杉树　水杉
　　shā（白）杉木　杉篙

葚　shèn（文）桑葚
　　rèn（白）桑葚儿

熟　shú（文）成熟　熟练　熟悉　熟视无睹
　　shóu（白）饭熟了　我跟他很熟

削　xuē（文）剥削　削弱
　　xiāo（白）削皮　刀削面

血　xuè（文）心血　血压　血汗　血战
　　　血泊　流血牺牲
　　xiě（白）流了点儿血　吐了一口血
　　　鸡血　血淋淋

第四节　语流音变

　　对于广东人而言，要学会标准流利的普通话，仅练准单双音节的声韵调还不够，还必须懂得在连续的语流中进行熟练的语音变化，也就是要掌握普通话中的语流音变规律，才能说得地道和自然。因为在连续的语流中，音节之间、音素之间、声调之间会相互影响，产生语音变化，这就是音变，也称语流音变。我们会有这样的生活体验：人们在说话时，并不是孤立地发出一个个音节（字），而是把音节组成一连串自然的"语流"。由于相邻音节的相互影响或表情达意的需要，有些音节的读音要发生一定的变化，这就是语流音变。普通话的语流音变现象包括轻声、儿化、变调以及语气词"啊"的变音四个方面。语流音变在语言中是普遍存在的现象，只是说话人平时不大觉察。即便在广东方言中，也存在语音变化，但主要体现在声调方面，普通话的音变类型相对比较复杂，主要有以下音变类型和音变现象。

一、音变类型

普通话的音变类型从语音学角度说，主要有同化、异化、弱化、脱落、增音等几个方面。

1. 同化

某个语音成分受相邻不同语音成分的影响，因而变得与之相同或部分相同，就是同化（同化又分为顺同化和逆同化两种）。如北京人常把"版面"［pan²¹⁴ mian⁵¹］读成［pam²¹⁴ mian⁵¹］。

2. 异化

相同或相近的语音成分，由于相互影响而变得不相同或不相近，就是异化。如普通话的两个上声相连时，前一个上声214要变成阳平35，"冷水""选举"等就属于这种情况。

3. 弱化

某种较强的语音成分，由于轻读或受邻音的影响，变成较弱的语音成分，就是弱化。如普通话中的轻声，很多就是典型的声调弱化，如"看一看"中的"一"、"我的书"中的"的"等。另外，轻声音节中的元音都会发生变化，常见的表现是 e ［ɤ］向［ə］靠拢，如果原来是复韵母，就会变成单韵母，如"哥哥""馒头"会分别读作［kɤ⁵⁵gə］、［man³⁵t'o］。所谓强弱，是就发音的阻力而言的。辅音的发音阻力，是清辅音强于浊辅音，塞音、塞擦音强于擦音、鼻音、边音；元音的发音阻力，是前后元音强于央元音，低元音强于高元音，复元音强于单元音，长元音强于短元音。如汉语"好吧"［xau²¹⁴pa］常常弱读为［xau²¹⁴bə］，其中清辅音［p］弱化为浊辅音［b］、低元音弱化为央元音。

4. 脱落

语流中由于快读或轻读，或求发音方便等，致使某些语音成分消失，就是脱落。脱落往往是语音弱化的进一步发展。如汉语"我们"［uo²¹⁴mən］常读成［uo²¹⁴m］，"豆腐"读作［tou⁵¹f］，"小孩儿"读作［ɕiau²¹⁴xar³⁵］。

5. 增音

为了发音方便等，语流中增加某种原本没有的语音成分，就是增音。如汉语的语气词"啊"〔a〕，一般随着前面音节的不同而读成"哪、呀、哇、啊"。

以上这些就是普通话语流中音节间、音素间及声调间相互影响产生语音成分变化的种种结果，它们在轻声、儿化、连读变调以及"啊"这些音变现象中表现各有不同。关于连读变调部分（包括上声的变调、"一"和"不"的变调、叠字形容词的变调）已经在本章第三节"声调训练"中进行了阐述，下面着重分析训练其他三种音变现象。

二、轻声

（一）轻声的性质

普通话音节都有一个固定的声调，可是某些音节在词和句子中失去了它原有的声调，读成一种轻短模糊的调子，甚至声母、韵母也发生了变化，这就是轻声。轻声是一种特殊的变调现象，它失去了原有声调的调值，重新构成自身特有的音高形式，听感上显得轻、短、模糊，音色也较为含混。

轻声的性质主要取决于音长和音高，但是由于轻声音节处在重读音节的后头，音长明显短于非轻声音节，音长一缩短，原来的调值也就不能保持，变为轻声特有的音高形式。

轻声实际有两种：一种是有本调的，只是在这个地方读成轻声，如"头"，在单独使用和"鱼头"、"头脑"这些词里，要读原来的声调阳平，可是在"木头""舌头""馒头"这些词里就失去了阳平的声调，读得很短很弱，变成了一个轻声音节；另一种是无所谓本调，永远要读轻声的，如在"你用我的钢笔吗"这个句子中，作为结构助词的"的"和作为语气词的"吗"两个词在任何场合都要读轻声。

1. 轻声音节的调值形式

轻声作为一种音变现象，只能在词语或者句子中体现出来。轻声音节的实际调值取决于它前面音节的调值，一般遵循前高后低、前低后高的变化原则。轻声音节的调值有两种形式：

（1）短促的降调。

当前音节的声调是阴平、阳平或去声时，轻声音节的调值是短促的降调。不过，阳平之后的轻声降调起点较高，阴平之后的次之，去声之后的最低。用五度标调法来表示轻声的调值，就是：去声调型趋降，其后的轻声调值最低，为1；阴平音节后的轻声音节调值半低，为2；阳平音节后的轻声音节调值则不高不低，为3。

55＋轻声〔2〕：先生　跟头　妈妈　玻璃　庄稼

34＋轻声〔3〕：门道　石头　婆婆　粮食　头发

53＋轻声［1］：地方　木头　弟弟　意思　漂亮

听读下列音节：

欺负　亲戚　清楚　消息　心思　收拾　招呼　花骨朵　小家伙

眉毛　明白　名字　门路　模糊　朋友　脾气　不由得　老爷子

唾沫　位子　热闹　任务　认识　木匠　部分　不在乎　小意思

（2）短促的半高平调。

当前音节的声调是上声，而后面音节为非上声时，轻声音节的调值是短促的半高平调（上声调型趋升，所以其后的轻声调值高，为34）。

上声＋轻声［34］：点心　里头　我的　老实　喇叭

如果轻声词由两个上声构成，那么它的变调情况就有两种，一种仍如上所变。

211＋轻声［34］：斧子　领子　桦子　马虎　姐姐　奶奶

（带后缀"子"和名词重叠式多如上变读）

另一种则需先根据上上相连变阳平的原则，前音节的声调变为阳平声，其后的轻声音节调值则变为短促的3。

34＋轻声［3］：瞅瞅　醒醒　省省　打点　把手　打手　法子　捣鼓　鼓捣

（动词重叠式如上变读）

听读下列音节：

想想　打打　蘑菇　嗓子　晌午　晚上　把式　小子　苜蓿

赶赶　走走　委屈　尾巴　口袋　福气　烂糊　想头　起子

好眼睛　小姐们　软骨头　写写我　拿主意　鼠尾巴　想想你　手指甲

2. 轻读对音色的影响

轻声音节的音量很弱，音色会受到一定的影响。如果声母是不送气的清塞音 b、d、g，或是清塞擦音 j、zh、z，往往会变成浊音，如"哥哥"的后一个"哥"，声母会变成浊塞音［g］；"耳朵"的"朵"，声母会变成浊塞音［d］；"柿子"的"子"，声母会变成［dz］。如果读得特别轻，也可能失去声母，如"五个"可能说成［u］［ə］。清音声母因轻声而变读浊音，非常微小，不仔细辨听将无法分辨。

轻声对韵母元音的音色影响较为明显，往往使一些韵母中较高、较低的元音向央元音靠拢，如"棉花"的"花"单念是［xuA］，轻声是［xuə］；"尖子"的"子"单念是［tsɿ］，轻声是［dzɤ］。有的轻声音节的韵母已近于不发音，只剩下声母，如"咱们俩"中的"们"只剩［m］，"意思""豆腐""东西"这些轻声音节的韵母也都只剩下声母。这些都说明轻声与音强、音长、音高和音色都有关系。

（二）轻声词的分类

轻声词有两种：一种是某些双音节词里的后一个音节要读成轻声；另一种是某些词在语句里必须读成轻声。从性质上说，轻声词也有两种：语法轻声词、习惯性轻声词。

1. 语法轻声词

有较强规律性的轻声词，叫语法轻声词。语法轻声词有以下几类：

（1）语气词"啊、呀、吗、呢、啦、吧、哇"等。例如：

走吧　好哇　行吗　看哪　他呢　你呀　来啦

（2）助词"的、地、得、着、了、过"等。例如：

我的　说得好　认真地写　唱着　走了　来过

（3）名词的后缀"子、头、们、么"等。例如：

镜子　椅子　木头　石头　同志们　它们　什么　怎么

（4）用在名词、代词后的方位词"里、上、下、面、边"等要轻读。例如：

天上　屋里　地下　前边　里面　上边

（5）用在动词后面表示趋向或用在形容词后面表示变化的趋向动词"来、去、起来、出去、下去"等要轻读。例如：

回去　进来　站起来　走出去　坐下去

（6）动词重叠或一些叠音名词的后一个音节要轻读。例如：

听听　看看　走走　爸爸　婶婶　星星　蛐蛐

（7）量词"个"也要轻读。例如：

这个　那个

（8）数词"一"夹在重叠动词之间，否定词"不"夹在动词或形容词之间，或在可能补语结构中，常常轻读。例如：

走一走　看一看　说一说　唱不唱　大不大　讲不清　拉不开　对不起

（9）代词充当宾语时，也常常轻读。例如：

找你　扶我　抓它　告他

2. 习惯性轻声词

没有什么规律，只是习惯上要求读为轻声的词。例如：

巴结　裁缝　苍蝇　粮食　石榴　比方　别扭　收成　福气　告示
胳膊　见识　讲究　咳嗽　明白　脑袋　头发　心思　动静　磨叽

这些是口语中常用的轻声词，要求后一个音节读轻声，这没有什么规律，只是习惯上的要求，书面语中也可以不读轻声。有许多轻声词则属习惯轻声，没有区别词义和词性的作用。

听读下列轻声词：

报酬	拨弄	称呼	抽屉	出息	窗户	伺候	凑合	答应	打扮	打量
打听	大意	耽误	倒腾	灯笼	底下	地道	地方	点心	东边	懂得
队伍	对付	恶心	耳朵	风筝	甘蔗	高粱	告诉	胳臂	工夫	骨头
故事	寡妇	棺材	规矩	和尚	合同	后头	糊涂	伙计	机灵	脊梁
嫁妆	教训	街坊	结实	觉得	客气	指望	点拨	眼缝	磨蹭	腻烦
镊子	扭捏	烧饼	舒坦	数落	属相	俗气	素净	榫子	抬举	外甥
鞋匠	薪水	玄乎	雅致	胭脂	釉子	杂碎	造化	栅栏	褯子	做作

（三）轻声的作用

轻声音节区别词义的作用很微弱，能区别词义的只有 0.4% 左右，但它关系到普通话说得是否地道纯正，也是普通话水平测试考核的内容，所以我们还是应该主动掌握。普通话中有少量的轻声词读不读轻声，除了具有区别词义的作用外，还具有区别词义、区分词性、区别结构的作用。

1. 区别词义

对于在普通话中，读不读轻声意义就不同的轻声词，我们应该注意分辨，掌握它的意义和读法。例如：

孙子（古代的军事家）——孙子（儿子的儿子）

东西（两个不同的方向）——东西（物件）

合计（总计、总共）——合计（盘算、考虑）

兄弟（哥哥和弟弟）——兄弟（弟弟）

此外还有文字不一样，但从听感上就能辨别出字形和词义不同的一些词。例如：

鸭头——丫头	文字——蚊子	狼头——榔头
虾子——瞎子	龙头——笼头	孢子——包子
莲子——帘子	蛇头——舌头	电子——垫子

2. 区分词性

小部分轻声词通过轻声区别词性。例如：

地道（名词）——地道（形容词）

自然（名词）——自然（形容词）

私房（名词）——私房（属性词）

花费（动词）——花费（名词）

实在（副词）——实在（形容词）

买卖（动词）——买卖（名词）

有时非轻声与轻声的对立，不但区别了词义而且区别了词性。例如：

大意（主要的意思，名词）——大意（疏忽，形容词）

利害（利和弊，名词）——利害（程度深或可怕，形容词）

言语（所说的话，名词）——言语（开口、招呼，动词）

运气（武术、气功的一种练功方法，词组）——运气（幸运，名词）

3. 区别结构

有些多音节词语，读不读轻声，构成的语法关系就不同。例如：

打死（重）人——"打"与"死人"构成动宾关系

打死（轻）人——"打死"与"人"构成动宾关系

想起来（重）——"想"与"起来"构成动宾关系

想起来（轻）——"想"与"起来"构成动补关系

以下的这些词读不读轻声，词义或词性有区别，练读时请注意区分：

笑话　对头　多少　便宜　地下　人家　反正　故事　编辑

大爷　不是　本事　差使　大方　过去　冷战　女人　琢磨

千斤　丧气　丈夫　自在　照应　温和　下水　造化　精神

（四）轻声辨正指导

广东人在学习轻声时容易犯的毛病是：把该念轻声的词语读成原来的调值，这样有时会影响意思的表达，有时即使不会，也显得生硬不自然；或把轻声一律读成较短的阴平调，实际上轻声没有固定的音高，它随着前面音节声调的不同而不同；或是把该读原调的音节读得偏轻了，特别是句末的词语。

【辨正训练】

1. 含"子"而不读轻声的词语

孢子　弟子　电了　分子　精子　离子　粒子　莲子　量子　因子　原子

质子　中子　夫子　瓜子　核子　棋子　王子　孝子　游子　天子　童子

2. 含"头"而不读轻声的词语

街头　镜头　口头　眉头　山头　心头　钟头　案头　额头　关头　领头

埋头　矛头　探头　剃头　窝头　迎头　源头　墙头　桥头　磕头　碰头

轻声是一种音变现象，不是四声之外独立的调类，不是第五个声调。这首先是因为轻声音节总可以找到它的"本调"。例如，"吗"在"吗啡"中读本调，"们"在"图们江"中读本调。既然有本调，轻声自然就是一种"变化了的调"。其次是因为轻声没有固定的调值，它的音高随前一个音节的调尾趋势而变。没有固定的调值，自然不可能是独立的调类。再次是因为轻声所表现的物理性质与声调有所不同。声调的物理性质主要是音高变化，而轻声则主要是取决于音长，由于轻声音节处在重读音节的后头，音长明显短于非轻声音节，音长一缩短，原来的调值也就不能保持，因而变为轻声特有的音高形式。

【轻声练习】

注意读准文中的轻声词：

"谁能把花生的好处说出来？"

姐姐说："花生的味美。"

哥哥说："花生可以榨油。"

我说："花生的价钱便宜，谁都可以买来吃，都喜欢吃，这就是它的好处。"

父亲说："花生的好处很多，有一样最可贵，它的果实埋在地里，不像桃子、石榴、苹果那样，把鲜红嫩绿的果实高高地挂在枝头上，使人一见就生爱慕之心。你们看它矮矮地长在地上，等到成熟了，也不能立刻分辨出来它有没有果实，必须挖出来才知道。"（作品 26 号《落花生》）

附：必读轻声词语

必读轻声词语

【A】

矮子　爱人　鞍子　案子　爱面子　暗地里

【B】

八哥　巴结　扒拉　把手　靶子　爸爸　坝子　白净　摆设　稗子　扳手　扳子
梆子　帮手　膀子　棒槌　棒子　包袱　包涵　包子　電子　刨子　报酬　杯子
辈分　本事　本子　蹦跶　鼻子　比方　比量　秕子　算子　鞭子　扁担　辫子
便当　憋闷　别扭　拨拉　玻璃　伯伯　脖子　跛子　簸箕　补丁　部分　不是
步子　巴不得　不由得　不在乎

【C】

裁缝　财主　苍蝇　槽子　叉子　茬子　岔子　权子　差事　柴火　掺和　颤悠
长处　厂子　车子　称呼　虫子　抽搭　抽屉　绸子　出落　出息　锄头　畜生
椽子　窗户　窗子　伺候　刺猬　凑合　村子　△错处①　差不多

【D】

耷拉　答理　答应　搭理　打扮　打点　打发　打量　打听　大方　大爷　呆子
大夫　耽搁　耽误　胆子　担子　叨唠　刀子　倒腾　稻子　道士　灯笼　凳子
提防　笛子　嘀咕　底下　地道　地方　弟弟　弟兄　掂掇　点拨　点心　点子
碟子　钉子　东边　东西　懂得　动静　动弹　兜肚　斗篷　豆腐　嘟噜　嘟囔
犊子　肚子　缎子　队伍　对付　对子　多么　多少　垛子　打招呼　对不起

① 加△号的词语在《现代汉语词典》第七版中改为次轻音。

【E】

蛾子　恶心　儿子　耳朵

【F】

法子　方子　房子　妃子　风筝　疯子　风头　奉承　缝子　福分　福气　斧子
富余　犯不着

【G】

盖子　竿子　干巴　甘蔗　干事　缸子　高粱　膏药　稿子　镐头　告示　告诉
疙瘩　胳膊　哥哥　鸽子　个子　跟头　根子　工夫　功夫　公家　勾搭　钩子
估摸　姑姑　姑娘　谷子　骨头　故事　寡妇　官司　棺材　管子　罐头　逛荡
归置　规矩　闺女　鬼子　柜子　棍子　狗腿子　怪不得

【H】

哈欠　蛤蟆　还是　孩子　害处　含糊　寒碜　行当　行家　好处　耗子　合同
和气　和尚　核桃　盒子　猴子　后边　后头　厚道　厚实　狐狸　胡琴　糊涂
胡子　葫芦　护士　花哨　坏处　晃荡　晃悠　馄饨　活泛　活计　火候　火烧
伙计　好样儿的　恨不得

【J】

叽咕　饥荒　机灵　脊梁　记得　记号　记性　家伙　架势　架子　嫁妆　尖子
煎饼　见识　将就　讲究　交情　娇嫩　搅和　饺子　轿子　教训　叫唤　结巴
结实　街坊　接着　疖子　节气　姐夫　姐姐　芥末　戒指　精神　镜子　舅舅
舅母　橘子　句子　觉得

【K】

考究　磕打　咳嗽　客气　口袋　窟窿　苦处　裤子　快当　快活　筷子　宽敞
宽绰　筐子　框子　亏得　困难　阔气　看不起　看得起　看样子

【L】

拉扯　喇叭　喇嘛　来路　来头　篮子　懒得　烂糊　姥姥　姥爷　老婆　老实
老爷　累赘　冷清　篱笆　里边　里头　里子　力气　厉害　利落　利索　例子
莲蓬　链子　凉快　粮食　铃铛　菱角　领子　笼子　聋子　篓子　炉子　路上
轮子　萝卜　骡子　骆驼　落得　来不及　老人家　老太太　两口子　了不起

【M】

妈妈　麻烦　麻利　马虎　码头　买卖　卖弄　麦子　馒头　忙乎　忙活　帽子
玫瑰　眉毛　妹妹　门路　门面　眯缝　迷糊　密实　棉花　免得　苗条　名气
名堂　名字　明白　模糊　磨蹭　蘑菇　眸子　模子　牡丹　木匠　木头　免不得

【N】

哪个　那个　那么　奶奶　南边　难为　男人　脑袋　脑子　闹哄　闹腾　能耐
你们　腻烦　腻味　年成　年月　黏糊　碾子　捻子　念叨　念头　娘家　镊子
扭搭　扭捏　奴才　暖和　挪动　△女人　女婿　疟疾　闹笑话

131

【P】

耙子　拍打　拍子　牌楼　牌子　盘缠　盘算　盘子　盼头　胖子　袍子　狍子
炮仗　朋友　坯子　皮匠　皮实　疲沓　脾气　痞子　屁股　△篇幅　便宜　漂亮
苤蓝　姘头　瓶子　婆家　婆婆　筢箩　铺子　碰钉子

【Q】

欺负　漆匠　妻子　旗子　气性　卡子　签子　前边　前头　钳子　△俏皮　茄子
亲戚　勤快　清楚　情形　亲家　曲子　圈子　裙子

【R】

嚷嚷　瓢子　热乎　热和　热火　热闹　人家　人们　认得　认识　任务　日子
褥子　软和　△忍不住

【S】

嗓子　嫂嫂　嫂子　扫帚　沙子　傻子　筛子　色子　山药　扇子　商量　晌午
上边　上司　上头　烧饼　烧卖　芍药　勺子　哨子　少爷　舌头　舍得　身份
身量　身子　神甫　什么　婶婶　婶子　生分　生意　牲口　绳子　省得　尸首
师父　师傅　师爷　狮子　石匠　石榴　石头　时辰　时候　拾掇　使得　使唤
事情　似的　柿子　式子　收成　收拾　寿数　梳子　书记　叔伯　叔叔　舒服
舒坦　疏忽　熟识　属相　数落　黍子　刷子　捧打　爽快　顺当　说合　说和
△私房　思量　斯文　松快　俗气　素净　随和　岁数　孙子　榫头　舍得　说不定

【T】

他们　她们　它们　踏实　抬举　态度　太太　摊子　坛子　毯子　特务　梯子
踢腾　嚏喷　添补　甜头　挑剔　条子　笤帚　铁匠　亭子　停当　头发　头里
头子　兔子　吐沫　妥当　唾沫

【W】

娃娃　瓦匠　袜子　外边　外甥　外头　丸子　晚上　王八　王爷　△忘性　尾巴
委屈　为了　温和　蚊子　稳当　窝囊　窝棚　我们　屋子　为什么

【X】

西边　稀罕　席子　喜欢　虾米　下巴　下边　吓唬　先生　显得　乡下　箱子
响动　想头　相公　相声　消息　小气　晓得　笑话　楔子　蝎子　歇息　鞋匠
谢谢　心思　薪水　星星　猩猩　腥气　行李　性子　兄弟　休息　袖子　秀才
秀气　絮烦　玄乎　旋子　靴子　△学生　学问　小伙子

【Y】

丫头　鸭子　牙碜　牙口　衙门　哑巴　雅致　胭脂　烟筒　严实　阎王　眼睛
砚台　燕子　央告　秧歌　养活　痒痒　样子　吆喝　妖精　舀子　要么　要是
钥匙　窑子　鹞子　椰子　爷爷　衣服　衣裳　姨夫　椅子　义气　益处　意思
影子　应酬　硬朗　用处　用人　油水　右边　柚子　芋头　冤家　冤枉　院子
约莫　月亮　月饼　月子　云彩　匀溜　匀实　运气　要不得　一辈子　有的是

【Z】

杂碎　崽子　再不　在乎　簪子　咱们　凿子　早晨　早上　造化　怎么　扎实

咋呼 诈唬 栅栏 寨子 毡子 獐子 张罗 丈夫 帐篷 帐子 招呼 招牌
找补 找头 罩子 照应 折腾 这个 这么 真是 榛子 针脚 枕头 疹子
正经 芝麻 栀子 知识 直溜 侄子 指甲 指头 种子 珠子 竹子 主意
主子 柱子 爪子 转悠 庄稼 壮实 状元 桌子 字号 祖宗 嘴巴 作坊
琢磨 做作 怎么样 怎么着 丈母娘 这程子 这么着

三、儿化

（一）儿化和儿化韵

er 在普通话里是一个比较特殊的韵母，它不与声母相拼，也不能与其他音素组合成复合韵母，只能自成音节。er 自成的音节很少，常见的有"耳、而、儿、饵、尔、二、贰、迩"等。er 除自成音节之外，语素"儿"还常充当词缀，跟在别的音节后面，如"花儿""鸟儿"等，连读时就和前一个音节融合，失去了独立性，只保持了它的卷舌色彩。"er"这个卷舌音附加在它前面音节的韵母上，使那个韵母带有了卷舌色彩，这种现象就叫"儿化"。因儿化发生音变的韵母就叫"儿化韵"。

儿化韵一般用两个汉字来表示。用汉语字母拼写儿化音节，只需在原来的音节后加"r"。

（二）儿化的作用

儿化在表达词语的语法意义和修辞色彩上都起着积极的作用。

1. 区别词性

普通话中有少量的词儿化后会改变词性，这类词主要是动词，还有少量的量词。例如：

盖（动词）——盖儿（名词）　　　卷（动词）——卷儿（名词）

画（动词）——画儿（名词）　　　圈（动词）——圈儿（名词）

个（量词）——个儿（名词）　　　块（量词）——块儿（名词）

2. 区别词义

普通话中还有少量的名词儿化后改变了词义。例如：

信（信件）——信儿（消息）

谱（曲谱）——谱儿（派头、排场）

末（最后）——末儿（细碎的或呈粉状的东西）

星（星星）——星儿（细碎的或细小的东西）

3. 表示喜爱、温婉的感情色彩

小孩儿　小曲儿　来玩儿　大婶儿　慢慢儿走

4. 表示"细、小、轻、薄"等的性状

小鱼儿　门缝儿　一会儿　办事儿　刀片儿　一点儿

（三）儿化韵的音变规律

儿化韵的音变规律主要看前一音节的末尾音素是否方便卷舌。凡舌位在后的、低的方便卷舌，就直接在其后卷舌，即直接加－r。凡舌位高的、前的不便于卷舌，加 er，或去掉复韵母、鼻韵母的前舌位韵尾，尾音脱落后再卷舌，后鼻韵母主要元音还要鼻化（舌位高低前后可参看第 54 页舌面元音图）。具体情况如下：

（1）韵母为 a、o、e、ê、u 结尾的音节，儿化后主要元音基本不变，后面直接加上表示卷舌动作的 r。例如：

号码儿 hàomǎr	山坡儿 shānpōr	饭盒儿 fànhér	水珠儿 shuǐzhūr
一下儿 yīxiàr	鲜花儿 xiānhuār	手稿儿 shǒugǎor	封口儿 fēngkǒur
小月儿 xiǎoyuèr	知了儿 zhīliǎor	小牛儿 xiǎoniúr	小说儿 xiǎoshuōr

（2）韵母 i、ü 儿化后在原韵母之后加上 er，i、ü 仍保留。例如：

小米儿 xiǎomǐr→xiǎomiěr　　　　　有趣儿 yǒuqùr→yǒuquèr

（3）韵母 －i〔ɿ〕、－i〔ʅ〕儿化后失去原韵母，加 er。例如：

戏词儿 xìcír→xìcér　　　　　　　　果汁儿 guǒzhīr→guǒzhēr

（4）以 i 或 n 为韵尾的韵母，儿化后丢掉韵尾，主要元音后面加 r 或 er。例如：

一块儿 yīkuàir→yīkuàr　　　　　　扎堆儿 zhāduīr→zhāduēr

饭馆儿 fànguǎnr→fànguǎr　　　　　冰棍儿 bīnggùnr→bīngguèr

（5）以 ng 为韵尾的韵母，儿化后丢掉韵尾 ng，主要元音鼻化，同时在鼻化元音后加上 r。例如：

瓜瓤儿 guārángr→guārãr[①]　　　　板凳儿 bǎndèngr→bǎndẽr

经过儿化后，部分原本读音不同的音节，就可能成为读音相同的音。例如：

真儿 zhēnr→zhēr　　　　　　　　　汁儿 zhīr →zhēr

罐儿 guànr→guàr　　　　　　　　　褂儿 guàr→guàr

上述儿化音变规律变成口诀就是：

舌位低的、后的直接卷，高的、前的要加 er，尾音脱落再卷舌，后鼻韵腹须鼻化。

下面的句子基本囊括了上述各种儿化音变规律，记住了这一句就等于记住了儿化的音变规律：

Dàhuǒr yíkuàir dào huāyuánr bāngmángr jiǎn shùzhīr wèi xiǎojīr

大伙儿一块儿到花园儿帮忙儿捡树枝儿喂小鸡儿。

---

① "～"为鼻化符号。

注意有时在文章中根据节律的需要，"儿"要成独立音节。例如：

（1）鸟儿将巢安在繁花绿叶当中……（朱自清《春》）

（2）同人一样，花儿也是有灵性的，更有品位之高低。（张抗抗《牡丹的拒绝》）

（3）我崇敬这只小小的、英勇的鸟儿……（屠格涅夫《麻雀》）

（四）儿化词训练要领

儿化词在练习时，首先应该按照儿化音变规律变读；其次对于直接卷舌的儿化韵，读时应保持字头的唇形不变，该圆则圆，该撮则撮，该开则开，该扁则扁；最后还要注意卷舌动作要迅速、到位、自然。

广东人在学习儿化时，最容易犯的两个毛病是：把儿化音节拆开来，把它当两个音节读；或者是虽然没拆开，但"化"得不好，读起来显得生硬，不自然。所以一定要明确其发音要领，把"儿"自然地"化"在前一个音节中。

【儿化词练习】

1. 练读下列音节

一下儿	味儿	纽扣儿	围嘴儿	白面儿	爷儿俩	年三十儿
一点儿	球儿	线轴儿	墨水儿	白班儿	透亮儿	馅儿饼
一会儿	字儿	白醭儿	八哥儿	包干儿	抽空儿	使劲儿
一块儿	画儿	外号儿	雪人儿	小孩儿	枣庄儿	针鼻儿
一圈儿	这儿	皮球儿	没门儿	心眼儿	娘儿俩	败家子儿
一溜儿	鸟儿	肚兜儿	份儿饭	摆摊儿	没事儿	好样儿的
一顺儿	那儿	口哨儿	那会儿	烟卷儿	鼻梁儿	玩意儿
一丁点儿	哪儿	老头儿	这会儿	愣神儿	火星儿	皮筋儿

2. 读准下列音节，注意分辨下列音节的读音与没有儿化的区别

梨核儿 líhúr	脖颈儿 bógěngr	桑葚儿 sāngshènr	中间儿 zhōngjiànr
本色儿 běnshǎir	落色儿 làoshǎir	褪色儿 tuìshǎir	压轴儿 yāzhòur
照片儿 zhàopiānr	瓜蔓儿 guāwànr	猪肚儿 zhūdǔr	兔儿爷 tùryé
片儿汤 piànrtāng	家雀儿 jiāqiǎor	马尾儿 mǎyǐr	馅儿饼 xiànrbǐng

3. 读准下列音节，注意韵腹开口度的大小

翼儿 yèr→y［ə］r　　　叶儿 yèr→y［E］r　　　燕儿 yànr→y［æ］r

亚儿 yàr→y［A］r　　　样儿 yàngr →y［ã］r（鼻化）

4. 绕口令

（1）绕口令儿：进了门儿，倒杯水儿，喝了两口儿运运气儿，顺手拿起小唱本儿，唱了一曲儿又一曲儿，练完嗓子我练嘴皮儿，绕口令儿，练字音儿，还

有单弦儿牌子曲儿，小快板儿、大鼓词儿，又说又唱我真带劲儿。

（2）小姑娘儿：小姑娘儿，红脸蛋儿，红头绳儿，扎小辫儿，小手儿端着个小饭碗儿。小饭碗儿真好玩儿，红花绿叶儿镶金边儿，中间还有个小红点儿。

附：儿化词语表

说明：

1. 本表参照《普通话水平测试用普通话词语表》及《现代汉语词典》编制，加 ＊ 的是以上二者未收但根据测试需要而酌增的条目。

2. 本表仅供普通话水平测试第二项——读多音节词语（100 个音节）测试使用。本表的儿化音节，在书面上一律加"儿"，但并不表明所列词语在任何语用场合都必须儿化。

3. 本表共收词 189 条，按儿化韵母的汉语拼音顺序排列。

4. 本表列出原形韵母和所对应的儿化韵，用"＞"表示条目中儿化音节的注音，只在基本形式后面加 r，如"一会儿 yīhuìr"，不标语音上的实际变化。

a＞ar	刀把儿 dāobàr	号码儿 hàomǎr
	戏法儿 xìfǎr	在哪儿 zàinǎr
	找碴儿 zhǎochár	打杂儿 dǎzár
	板擦儿 bǎncār	
ai＞ar	名牌儿 míngpáir	鞋带儿 xiédàir
	壶盖儿 húgàir	小孩儿 xiǎoháir
	加塞儿 jiāsāir	
an＞ar	快板儿 kuàibǎnr	老伴儿 lǎobànr
	蒜瓣儿 suànbànr	脸盘儿 liǎnpánr
	脸蛋儿 liǎndànr	收摊儿 shōutānr
	栅栏儿 zhàlanr	包干儿 bāogānr
	笔杆儿 bǐgǎnr	门槛儿 ménkǎnr
ang＞ar（鼻化）	药方儿 yàofāngr	赶趟儿 gǎntàngr
	香肠儿 xiāngchángr	瓜瓤儿·guārángr

ia＞iar	掉价儿 diàojiàr	一下儿 yīxiàr
	豆芽儿 dòuyár	
ian＞iar	小辫儿 xiǎobiànr	照片儿 zhàopiānr
	扇面儿 shànmiànr	差点儿 chàdiǎnr
	一点儿 yīdiǎnr	雨点儿 yǔdiǎnr
	聊天儿 liáotiānr	拉链儿 lāliànr
	冒尖儿 màojiānr	坎肩儿 kǎnjiānr
	牙签儿 yáqiānr	露馅儿 lòuxiànr
	心眼儿 xīnyǎnr	
iang＞iar（鼻化）	鼻梁儿 bíliángr	透亮儿 tòuliàngr
	花样儿 huāyàngr	
ua＞uar	脑瓜儿 nǎoguār	大褂儿 dàguàr
	麻花儿 máhuār	笑话儿 xiàohuar
	牙刷儿 yáshuār	
uai＞uar	一块儿 yīkuàir	
uan＞uar	茶馆儿 cháguǎnr	饭馆儿 fànguǎnr
	火罐儿 huǒguànr	落款儿 luòkuǎnr
	打转儿 dǎzhuànr	拐弯儿 guǎiwānr
	好玩儿 hǎowánr	大腕儿 dàwànr
uang＞uar（鼻化）	蛋黄儿 dànhuángr	打晃儿 dǎhuàngr
	天窗儿 tiānchuāngr	
üan＞üar	烟卷儿 yānjuǎnr	手绢儿 shǒujuànr

出圈儿 chūquānr　　　　　　包圆儿 bāoyuánr

人缘儿 rényuánr　　　　　　绕远儿 ràoyuǎnr

杂院儿 záyuànr

ei > er　　　　　刀背儿 dāobèir　　　　　　摸黑儿 mōhēir

en > er　　　　　老本儿 lǎoběnr　　　　　　花盆儿 huāpénr

嗓门儿 sǎngménr　　　　　　把门儿 bǎménr

哥们儿 gēmenr　　　　　　　纳闷儿 nàmènr

后跟儿 hòugēnr　　　　　　　高跟儿鞋 gāogēnrxié

别针儿 biézhēnr　　　　　　　一阵儿 yīzhènr

走神儿 zǒushénr　　　　　　　大婶儿 dàshěnr

小人儿书 xiǎorénrshū　　　　杏仁儿 xìngrénr

刀刃儿 dāorènr

eng > er（鼻化）　钢镚儿 gāngbèngr　　　　　夹缝儿 jiāfèngr

脖颈儿 bógěngr　　　　　　　提成儿 tíchéngr

ie > ier　　　　　半截儿 bànjiér　　　　　　　小鞋儿 xiǎoxiér

üe > üer　　　　　旦角儿 dànjuér　　　　　　　主角儿 zhǔjuér

uei > uer　　　　跑腿儿 pǎotuǐr　　　　　　　一会儿 yīhuìr

耳垂儿 ěrchuír　　　　　　　墨水儿 mòshuǐr

围嘴儿 wéizuǐr　　　　　　　走味儿 zǒuwèir

uen > uer　　　　打盹儿 dǎdǔnr　　　　　　　胖墩儿 pàngdūnr

砂轮儿 shālúnr　　　　　　　冰棍儿 bīnggùnr

	没准儿 méizhǔnr	开春儿 kāichūnr
ueng > uer（鼻化）	＊小瓮儿 xiǎowèngr	

-i（ɿ）> er	瓜子儿 guāzǐr	石子儿 shízǐr
	没词儿 méicír	挑刺儿 tiāocìr
-i（ʅ）> er	墨汁儿 mòzhīr	锯齿儿 jùchǐr
	记事儿 jìshìr	

i > iː er	针鼻儿 zhēnbír	垫底儿 diàndǐr
	肚脐儿 dùqír	玩意儿 wányìr
in > iː er	有劲儿 yǒujìnr	送信儿 sòngxìnr
	脚印儿 jiǎoyìnr	

ing > iː er（鼻化）	花瓶儿 huāpíngr	打鸣儿 dǎmíngr
	图钉儿 túdīngr	门铃儿 ménlíngr
	眼镜儿 yǎnjìngr	蛋清儿 dànqīngr
	火星儿 huǒxīngr	人影儿 rényǐngr

ü > üː er	毛驴儿 máolúr	小曲儿 xiǎoqǔr
	痰盂儿 tányúr	
ün > üː er	合群儿 héqúnr	

e > er	模特儿 mótèr	逗乐儿 dòulèr
	唱歌儿 chànggēr	挨个儿 āigèr
	打嗝儿 dǎgér	饭盒儿 fànhér
	在这儿 zàizhèr	

u > ur	碎步儿 suìbùr	没谱儿 méipǔr
	儿媳妇儿 érxífur	梨核儿 líhúr
	泪珠儿 lèizhūr	有数儿 yǒushùr

ong > or（鼻化）	果冻儿 guǒdòngr	门洞儿 méndòngr
	胡同儿 hútòngr	抽空儿 chōukòngr
	酒盅儿 jiǔzhōngr	小葱儿 xiǎocōngr
iong > ior(鼻化)	＊小熊儿 xiǎoxióngr	

ao > aor	红包儿 hóngbāor	灯泡儿 dēngpàor
	半道儿 bàndàor	手套儿 shǒutàor
	跳高儿 tiàogāor	叫好儿 jiàohǎor
	口罩儿 kǒuzhàor	绝招儿 juézhāor
	口哨儿 kǒushàor	蜜枣儿 mìzǎor

iao > iaor	鱼漂儿 yúpiāor	火苗儿 huǒmiáor
	跑调儿 pǎodiàor	面条儿 miàntiáor
	豆角儿 dòujiǎor	开窍儿 kāiqiàor

| ou > our | 衣兜儿 yīdōur | 老头儿 lǎotóur |

	年头儿 niántóur	小偷儿 xiǎotōur
	门口儿 ménkǒur	纽扣儿 niǔkòur
	线轴儿 xiànzhóur	小丑儿 xiǎochǒur
	加油儿 jiāyóur	
iou > iour	顶牛儿 dǐngniúr	抓阄儿 zhuājiūr
	棉球儿 miánqiúr	
uo > uor	火锅儿 huǒguōr	做活儿 zuòhuór
	大伙儿 dàhuǒr	邮戳儿 yóuchuōr
	小说儿 xiǎoshuōr	被窝儿 bèiwōr
o > or	耳膜儿 ěrmór	粉末儿 fěnmòr

四、语气词"啊"的音变

（一）语气词"啊"和叹词"啊"的区别

这里的"啊"是指附着在句子末尾的语气助词，它与放在句首的叹词"啊"不同。叹词"啊"只放在句首，单念，根据内在语和感情色彩变化有四种不同调值的读法，是独立于句外的一种句子成分，也叫"独立语"，不与任何语素发生音变关系。语气词"啊"放在句末，表示某种语气，经常附着于前一个音节的后面，与前一个音节连读，受其末尾音素的合音影响，常常发生音变现象，需要变读。这两个"啊"词类不同，情况不同，要注意区分。上文已经提过，语气词"啊"属于音变中的一种增音现象（包括同化增音和异化增音）。在不同的语音环境中，语气词"啊"的读音有不同的变化形式。另外，"啊"的不同读音，可用相应的汉字来表示。

（二）语气词"啊"的音变规律

语气词"啊"的音变规律受其前一个音节末尾音素的影响，有下列几种变化形式：

（1）前面音节的末尾音素是 ɑ、o、e、ê、i、ü 的，读作"呀"（yɑ）。例如：

快去找他啊（tāya）！ 你去说啊（shuōya）！

今天好热啊（rèya）！ 你可要拿定主意啊（yiya）！

我来买些鱼啊（yúya）！ 赶紧向他道谢啊（xièya）！

（2）前面音节的末尾音素是 u（包括 ao、iao）的，读作"哇"（wa）。例如：

你在哪里住啊（zhùwa）？ 他人挺好啊（hǎowa）！

口气可真不小啊（xiǎowa）！

（3）前面音节的末尾音素是 n 的，读作"哪"（na）。例如：

早晨的空气多清新啊（xīnna）！ 多好的人啊（rénna）！

你猜得真准啊（zhǔnna）！

（4）前面音节的末尾音素是 ng 的，读作"啊"（nga）。例如：

这幅图真漂亮啊（liangnga）！ 注意听啊（tīngnga）！

最近太忙啊（mángnga）！

（5）前面音节的末尾音素是 –i [ɿ] 的，读作"啊"（[z] a）；前面音节的末尾音素是 –i [ʅ] 或者 –r、er 的，读作"啊"（ra）。例如：

今天来回几次啊（cì[z] a）！ 多美的花儿啊（huārra）！

你怎么撕了一地纸啊（zhǐra）！ 你今年六十二啊（èrra）！

(三) 语气词"啊"的音变口诀

为了方便记忆，上述规律编成"啊"的音变口诀是：

鼻韵尾后变 na、nga，舌尖韵后变 ra、[z] a，跟在 u 后变成 wa，其他韵后都变 ya。

掌握"啊"的变读规律，并不需要一一硬记，只要将前一个音节顺势连读"a"（像念声母与韵母拼音一样，中间不要停顿），自然就会念出"a"的变音来。

用汉语拼音拼写音节时，"啊"仍写作 a，不必写出音变情况。

【语气词"啊"练习】

1. 练读下列句子，注意"啊"的正确变读

（1）它便敞开美丽的歌喉，唱啊唱，嘤嘤有韵，宛如春水淙淙。……是啊，我们有自己的祖国，小鸟也有它的归宿，人和动物都是一样啊，哪儿也不如故乡好！（作品 22 号）

（2）推开门一看，嗬！好大的雪啊！（作品 5 号）

（3）这又怪又丑的石头，原来是天上的啊！（作品 3 号）

（4）但这是怎样一个妄想啊。……这才这般的鲜润啊。（作品 25 号）

（5）狗该是多么庞大的怪物啊！……是啊，请不要见笑。（作品 27 号）

（6）应该奖励你啊！……我砸的不是坏人，而是班里的同学啊……（作品 39 号）

（7）再从家乡放到祖国最需要的地方去啊！（作品 9 号）

（8）然而，火光啊……毕竟……毕竟就在前头！（作品 16 号）

（9）心底轻声呼喊：家乡的桥啊，我梦中的桥！（作品 18 号）

（10）这都是千金难买的幸福啊。（作品 40 号）

2. 练习对话

A：请问到图书馆怎么走啊？

B：嗨，原来是你啊，我也想去图书馆，一块儿走吧。

A：好的，哟！那儿怎么那么多人啊？

B：买书的呗！什么诗歌啊，小说啊，报告文学啊，全有！

A：那么多啊，那咱们也去看看啊！

B：行啊，快跑啊！

【音变综合练习】

1. 读准带"一、不"的双音节词语

一一　一半　一定　一般　一起　一生　一路　一天　一体　一行
不好　不顾　不够　不屈　不能　不及　不想　不日　不拘　不适

2. 读准上声的变调

懒散　手指　母语　小组　旅馆　广场　水果　蒙古　勉强
选举法　打靶场　手写体　党小组　冷处理　小两口　纸老虎

3. 读准带轻声字的双音节词语

刀子　车子　孙子　丫头　后头　胳膊　抽屉　姑娘　师傅　苍蝇　哆嗦
他们　朋友　时候　皇上　记得　心思　知识　扎实　软和　那边　在乎
老婆　模糊　月亮　饥荒　似的　亲家　簸箕　近乎　闺女　厉害　本事

4. 读准带儿化韵的双音节词语

本色儿　好好儿　拈阄儿　拔尖儿　冰棍儿　老头儿　豆角儿　蝈蝈儿
一块儿　照片儿　玩儿命　起名儿　中间儿　小曲儿　片儿汤　一会儿

5. 读儿歌《鸡鸭猫狗》，注意语气词"啊"的变音

鸡啊，鸭啊，猫啊，狗啊，一块儿水里游啊！牛啊，羊啊，马啊，骡啊，一块儿进鸡窝啊！

狮啊，虫啊，虎啊，豹啊，一块儿街上跑啊！兔啊，鹿啊，鼠啊，孩子啊，一块儿上窗台啊！

第五节　词、语、句的轻重格式

在有声语言中，由于词义、词性的不同，或出于感情表达的需要，一个词的几个音节在言语表达中会产生轻重差异，或者是说一个音节在词语结构中并不总是读得一样重，而是有轻重区别，从而形成了词语的轻重音格式。轻重音格式在普通话语流中非常重要，如果读错了，要么听感上不顺耳，要么词语的意思表达不准确，甚至导致产生歧义。广东方言区的人在使用普通话进行朗读或说话时，最容易出现也最难克服的方言语调就是轻重格式与普通话不一致，这些在词、语、句上均有明显的表露。下面我们从词、语、句三方面来谈谈如何克服轻重格式的失误。

一、双音词的轻重格式

把握双音词的轻重格式与词的构造方式有很密切的关系。据统计，读中重格的双音词各种结构方式所占比例从大到小依次为：动宾式 > 主谓式 > 前缀 + 词根 > 偏正式 > 并列式 > 补充式 > 单纯词 > 词根 + 后缀。读重轻格或重中格的排序则完全相反。

（一）动宾式

最不应该的是轻重格式失误，即把应读中重格的动宾式双音词误读为重轻格或重中格。在朗读短文时，我们常能听到应试者把短文中的下列双音词读成重中格甚至重轻格：

吃饭　吃惊　赛跑　认真　从前　安心　请客　放假　同学　对面　上网
关心　开头　注意　毕业　唱歌　出差　进步　上当　上课　下雨　种地

可读为重轻格的动宾式双音词极少，常见的只有"恶心、点心、埋怨、抱怨"等少数几个。

（二）主谓式

主谓式双音词的情况与动宾式基本相同，可读为重轻格的极少，轻声词里只有"事情、月亮"两个。

（三）前缀 + 词根

前缀 + 词根构成的双音词如"可爱、可怕、可观、以前、以后、相反、相似、老师、老乡、阿姨"等，大多数读中重格，只有"老实、老婆"等少数几个读重轻格。

（四）偏正式

偏正结构的双音词70%以上读中重格，只有不到30%的词读重中格或重轻格。可读为重中格的组合形式有（每条均可类推）：

一月　二月　今年　明年　春季　秋季　白色　黑色
但是　都是　工业　农业　动物　植物　东方　西方
缺点　优点　内科　外科　应用　利用　幻想　理想

应读为重轻格的组合形式有（可类推，但有限制）：

上边　下边　前面　后面　这里　那里　这个　那个　木匠　铁匠　底下
乡下　早上　晚上　船上

（五）并列式

并列结构的双音词读中重格或重中格的居多，占80%以上；读重轻格的不到20%，且多是口语里常用的词。其中，名词有：

东西　兄弟　衣裳　衣服　利害　是非　窗户　狐狸　动静　蘑菇　朋友
早晨　姑娘　地方　媳妇　名字　时候　亲戚　部分　会计　师傅　困难
粮食　钥匙　徒弟　关系

动词有：

忘记　报复　摇晃　咳嗽　佩服　答应　照顾　休息　认识　教训
比方　喜欢　报告　告诉　欺负　明白　稀罕　吓唬　收拾　溜达

形容词有：

暖和　聪明　妥当　清楚　舒服　活泼　漂亮　热闹　马虎　热乎

（六）补充式

补充结构的双音词，读中重格的后一语素一般是表结果的动词或形容词性语素。例如：

组成　变成　感动　打倒　学会　发现　改进　扩大　约定　折断　推翻

读重中格的后一语素表动作的趋向等，例如：

打开　张开　受到　等到　提出　指出

读重轻格是"来、去"两语素构成的双音词。例如：

出来　过来　回来　进来　上来　下来　起来　出去　回去　上去　下去

（七）单纯词

单纯词多读重轻格，尤其是汉语传统的联绵词，它们所属的词类以名词为主。例如：

猩猩　狒狒　蝈蝈　蚂蚱　荸荠　萝卜　喇叭　骆驼　玻璃　石榴　行李

动词或名词的重叠式合成词一般也读成轻声。例如：

看看　听听　醒醒　摸摸　点点　星星　爸爸　妈妈　爷爷　舅舅　叔叔

读中重格的有：

刚刚　偏偏　常常　稍稍　渐渐　悄悄　蜻蜓　蝙蝠　蟋蟀　服务　瓦斯　马达

重叠式副词一定读为中重格。

（八）词根+后缀

词根+后缀构成的双音词，多数读重轻格，少部分读中重格或重中格。读重轻格的，常见后缀有"子、头、气、得、么、们、着、法、生、的、巴、处、夫、士、家、匠"等。例如：

儿子　后头　脾气　懒得　什么　人们　看着　用法

好生　我的　磕巴　好处　丈夫　勇士　娘家　铁匠

读中重格的，常见后缀有"员、师、化、尔"等。例如：

演员　学员　教员　工程师　医师　军师　丑化

绿化　美化　恶化　机械化　偶尔　率尔　莞尔

二、多音节词语的轻重格式

（一）三音节词语的轻重格式

三音节词语的轻重格式有中中重、中轻重、中重中、中重轻、重中中、重轻轻等。

1. 中中重格

三音节词语以中中重格最为普遍，所占比重最大，朗读中常遇到的中外人物姓名就属于这种格式。例如：

华盛顿　翁香玉　罗伯格　凯希尔　孙悟空　毛泽东　郭沫若　周恩来

广东人习惯把三字姓名的第二个字重读，这是不符合普通话轻重格式的，应予以格外注意。

2. 中轻重格

中轻重格的词语结构上很有特点，较好判断。例如：

差不多　了不起　用得着　怎么样　豆腐乳　阎王殿

3. 中重中格

中重中格的词语很少，但都很常用。例如：

不得不　不能不　第一次　第二名　第三周

4. 中重轻格

中重轻格三字词语的构成也很有特点，一般是后两字本身是个轻声词。例如：

碰钉子　钻空子　咬耳朵　打埋伏　胡萝卜　小家伙　大孩子

手指头　老太太　不记得　为什么　打招呼　闹笑话　不在乎

5. 重中中格

重中中格的三字词语是形容词的生动形式 ABB 式（BB 变调为阴平调），重音在词根上，后面产生变调的叠音后缀读音稍轻些。例如：

沉甸甸　绿油油　软绵绵　黑黝黝　懒洋洋　轻飘飘　美滋滋　淅沥沥

6. 重轻轻格

重轻轻格的常见词语有：

舍不得　巴不得　看起来　豁出去　怎么着　什么的

（二）四字词的轻重格式

1. 中次轻中重格

四字词语中绝大多数可读为中次轻中重格，对称性结构的尤其如此。例如：

轻描淡写　花红柳绿　提纲挈领　风和日丽　五谷丰登　风调雨顺

狼吞虎咽　虎头蛇尾　横七竖八　瞻前顾后　刻舟求剑　囫囵吞枣

2. 中次轻重最轻格

四字词中只有少量的读为中次轻重最轻格。例如：

父亲母亲　糟蹋粮食　爱惜庄稼　刺激眼睛　聪明小子　晓得分寸

3. 重轻中中格

形容词的生动形式如 AABB 式、A 里 BC 式和 A 里 AB 式一般读为重轻中中格。例如：

老老实实　大大方方　规规矩矩　叽里咕噜　稀里哗啦　糊里糊涂

三、轻重格式的区分

从上面词语的轻重音格式，我们了解到普通话中把音节读法上的轻重差异大致分为重、中、次轻和最轻四个级别。词分为单音节词、双音节词、三音节词和四音节词。单音节词绝大多数重读，只有少数助词、语气词读为最轻音（即轻声）。我们需要重点把握好双音节、三音节和四音节词的轻重音格式的读法。只有多听、多记、多辨别、多练习，才能逐步形成符合普通话要求的轻重音格式的语感。

轻声是普通话语流中的润滑剂，可轻读词语（即轻音）的轻化处理是普通话水平较高的表现。测试题中复音节词、朗读、说话几项对这两种词语都有指令性规定，并成为高级水平测试中最主要、最严格的语感自然度的评价标准，这一点对于想在普通话考试中得到一级乙等以上成绩的考生尤为重要，因此要把握好四者的轻重程度。

（一）重读

轻重格式中的重读，与朗读重音不同，不需要特别强调，对于中重格而言，后一个重读的只需比前一个读中音的稍微用力就可以了，如果是处在测试中的第二项的话，那么还要求后一个音节的声调比较饱满到位。例如：

天津	北京	广播	电视	人民	鼓劲	配乐	田野	流水	花草
学员	美观	专家	教师	丑化	从而	清澈	雷锋	决斗	真正
吃饭	吃惊	赛跑	认真	从前	安心	请客	放假	同学	对面
关心	开头	注意	毕业	唱歌	出差	进步	上当	上课	下雨

（二）中读

轻重格式中的中读，一般无须强调、无须用力，自然地读出即可，如下列重中格式词语的朗读：

一月	二月	今年	明年	春季	秋季	白色	黑色	不是	但是
都是	工业	农业	动物	植物	东方	西方	缺点	优点	内科
外科	应用	利用	幻想	理想	打开	张开	受到	等到	提出

（三）轻读

在四种程度中，次轻和轻声是比较难以把握的。国家语委宋欣桥认为轻音实际上是次轻音，轻音的原字调仍保留（很多学者表述为"依稀可见"），只是读得轻一些但还没有形成轻声的调值，轻声是失去了原字调值的轻读音节。徐世荣也认为从听感上可以判断次轻音不太短弱，调值还略略保持，次轻音也影响声调，却不像最轻音那么严重，短、弱的程度也不及最轻音。

学术界也普遍肯定"轻音"（或称"轻读"）与"轻声"是两个不同的语音学概念。"轻音"是一般轻读，间或重读，有时也可以读原调的字词，如"聪明（cōng·míng）"、"道理（dào·lǐ）"一般读作"重·次轻"格，读作"中·重"格也可以（但在朗读与说话中必须轻读），因此这样的词也称为"两可轻读词"。"轻声"又叫"必读轻声词"，是"四声的一种特殊音变，即在一定的条件下读得又轻又短的调子"，如"困难（kùn·nan）"、"奤拉（dā·la）"只能读作"重·最轻"格。

在作品朗读中，读次轻音的词语通常在拼音中用实心圆点加以标志，与轻声的区别在于后一个音节有无标注声调。

下列词语读为重次轻格式：

侄女	孙女	庄家	酌量	暗里	熬磨	门面	拌和	参谋	工人	气氛
力量	现象	建筑	艺术	床上	家里	出去	回来	没有	觉得	薪水
多少	外面	知道	父亲	因为	早晨	太阳	已经	母亲	看见	愿意

以下词语读为重最轻格式，请注意与重次轻音的比较：

| 丈夫 | 老婆 | 人们 | 东西 | 钥匙 | 萝卜 | 丫头 | 月亮 | 滑溜 | 牌楼 |
| 蘑菇 | 耳朵 | 傻子 | 甘蔗 | 提防 | 姑娘 | 风筝 | 温和 | 功夫 | 作坊 |

【多音节词语轻重音格式练习】

1. 三音节词语的轻重音格式

(1) 中中重格：

解放军　文学院　哲学系　邮电局　办公室　红领巾　播音员　白兰地
俱乐部　捉迷藏　日光灯　共产党　控制器　马兰花　展览馆　西红柿

(2) 中重中格：

不得不　不能不　第一次　第二名　第三周　第五年　第六回　第七趟

(3) 重中中格：

沉甸甸　绿油油　软绵绵　灰溜溜　亮锃锃　文绉绉　血淋淋　黑乎乎

(4) 中重轻格：

老头子　大姑娘　巧媳妇　花骨朵　胡萝卜　老伙计　打牙祭　大闺女
红玫瑰　不在乎　钻空子　咬耳朵　打埋伏　小家伙　闹笑话　不记得

(5) 重轻轻格：

舍不得　看起来　豁出去　怎么着　什么的　朋友们　姑娘家　喝下去

2. 四音节词语的轻重音格式

(1) 中次轻中重格式：

广播电台　高等学校　拖拖拉拉　驷马难追　江山多娇　百炼成钢

(2) 重轻中中格式：

老老实实　大大方方　规规矩矩　叽里咕噜　慌里慌张　热热闹闹

(3) 中次轻重最轻格式：

半大小子　拜把兄弟　外甥媳妇　闺女女婿　如意算盘　大老爷们

3. 朗读训练（注意读准文中的轻重音）

父亲坐下来还在生气。后来，他平静下来了。心想他可能对孩子太凶了——或许孩子真的很想买什么东西，再说他平时很少要过钱。

父亲走进孩子的房间："你睡了吗？""爸，还没有，我还醒着。"孩子回答。

"我刚才可能对你太凶了，"父亲说，"我不应该发那么大的火儿——这是你要的十美金。""爸，谢谢您。"孩子高兴地从枕头下拿出一些被弄皱的钞票，慢慢地数着。

"为什么你已经有钱了还要？"父亲不解地问。

"因为原来不够，但现在凑够了。"孩子回答："爸，我现在有二十美金了，我可以向您买一个小时的时间吗？明天请早一点儿回家——我想和您一起吃晚餐。"（作品7号）

附：普通话"重·次轻"格式的词语

普通话"重·次轻"格式的词语

宋欣桥

本表所列的词语，一般的词典没有标注轻声，但人们在普通话的口语中常将它们大多数读作"后轻"格式，实际是"重·次轻"的格式。

这是我们测试中语音评定的一个难点。在读"双音节词语"的时候，应试者读作"中·重"的格式，我们要判定为正确，因为词典上没有标注为轻声。若应试者读作"重·次轻"的格式，也不能算错，也要判定为正确，因为在纯正的普通话口语中大多数是这样读的。

不过，当应试者在朗读和说话中把这些词语读作"中·重"的格式时，我们就会感觉到生硬或语感差。当应试者的普通话水平达到二级甲等以上的成绩后，为了进一步提高普通话的水平，把普通话说得纯正自然，就要注意这部分词语的读音了。

我们根据《普通话水平测试大纲》普通话常用词语表的"表一"辑录了以下"重·次轻"格式的词语，供测试员和应试者参考。

【A】

阿门	爱护	爱惜	安顿	安排	安生	安慰	安置	鹌鹑	暗下	傲气

【B】

巴望	把柄	把握	霸气	白菜	白露	白天	摆弄	拜望	斑鸠	搬弄	办法
扮相	拌和	帮助	绑腿	宝宝	宝贝	包庇	包头	褒贬	报务	报复	报应
抱怨	倍数	贝勒	本钱	鼻涕	荸荠	比喻	便利	标致	表示	憋屈	别人
别是	别致	病人	播弄	博士	布置						

【C】

才气	材料	财神	参与	残疾	操持	岔口	差役	产物	产业	长度	敞快
敞亮	车钱	成分	成绩	成全	诚实	承应	乘务	程度	程序	尺度	充裕
仇人	臭虫	出项	处分	处置	春天	绰号	次数	次序	刺激	聪明	错误
粗鲁	撮弄										

【D】

搭讪	答复	当铺	打开	打磨	待遇	担待	倒换	倒是	道行	道理	得罪
敌人	嫡系	底细	地步	地势	地位	点缀	惦记	东面	冬瓜	冬天	董事
动物	动作	斗笠	督促	读物	度量	肚量					

【E】

额头	耳性	恩人

【F】

发物	翻译	翻腾	反映	反正	饭量	犯人	方便	方式	防备	费用	分析
吩咐	分量	风气	风水	凤凰	缝隙	夫人	敷衍	服侍	扶手	伏天	服务
福利	斧头	府上	父亲	富实	富裕						

【G】

干粮	干净	干系	干预	泔水	敢是	感激	干部	告示	跟前	根据	工程

工钱　工人　功劳　公平　恭维　佝偻　勾当　购置　估量　估计　固执　挂记
关系　观望　管家　光滑　规整

【H】

憨厚　憨实　寒战　行业　行家　呵欠　和睦　荷包　胡同　虎气　花项　荒唐
恍惚　会务　贿赂　晦气　喉咙　后面　活动　火气　货物　豁亮

【J】

机会　机器　吉他　纪律　技术　季度　忌讳　祭祀　家具　家务　家业　价目
价钱　奸细　见得　建筑　缰绳　将军　讲究　讲求　匠人　将士　交代　交际
交涉　娇气　较量　教育　接济　节日　节目　解释　界限　界线　今天　进度
进士　近视　经济　精灵　韭菜　救济　局势　剧目　觉悟　爵士　军人　军事

【K】

开山　开销　刊物　看见　看上　看望　考量　犒劳　客人　控制　口风　口音
苦头　会计　魁梧

【L】

拉拢　老虎　老鸹　老气　老相　礼数　里面　理事　力度　力量　利益　利用
联络　联系　连累　烈士　猎物　邻居　吝惜　灵气　零碎　零头　伶俐　伦巴

【M】

埋伏　埋怨　没有　面积　名分　命令　摸索　摩托　模样　目的

【N】

男士　男子　南瓜　南面　能手　泥鳅　念物　女儿　女气　女士　女子

【O】

偶尔

【P】

牌坊　排场　佩服　碰见　琵琶　喷嚏　批评　劈柴　偏僻　篇幅　篇目　飘洒
撇开　泼辣　破费　破绽　魄力　菩萨　葡萄

【Q】

蹊跷　起来　气度　气氛　气候　气量　气质　器物　器重　恰当　迁就　牵涉
牵制　前面　前天　枪手　敲打　亲事　轻便　轻快　轻巧　清净　情绪　请示
穷人　秋季　秋千　去处　趣味　权利　权力　劝慰

【R】

人物　荣誉　容易　若是

【S】

杀气　伤势　商议　赏钱　上来　烧纸　设计　设置　射手　深度　神气　神仙
甚至　生计　生日　生物　生育　声势　声音　省份　圣人　尸首　诗人　时务
实惠　食物　使得　势力　士气　势头　世道　事故　事务　适应　嗜好　手巾
手气　手势　手艺　熟悉　树木　数目　耍弄　税务　说法　硕士　顺序　私下
素质　速度　算是　算盘　孙女

151

【T】

太监	太阳	探戈	堂上	提拔	体谅	体面	体会	替换	天气	天上	添置
条理	调和	调理	调剂	调唆	调停	调戏	听见	通融	统计	痛处	痛快
头目	透亮	徒弟	土气	腿脚	退伍						

【W】

威风	围裙	维护	卫士	位置	味道	文凭	文书	文艺	莴苣	倭瓜	武士
物质	误会										

【X】

西瓜	西面	习气	席位	喜鹊	戏弄	系数	细致	下去	下午	嫌弃	显得
显示	羡慕	乡里	乡亲	香椿	想法	项目	销路	小姐	小心	晓得	孝敬
孝顺	效率	效益	效应	新鲜	心计	信任	信用	信誉	刑具	刑事	形式
形势	兴致	性质	休克	修行	序数						

【Y】

烟囱	延误	盐分	掩饰	洋气	样式	腰身	妖怪	摇晃	药材	药物	要不
业务	医务	仪器	仪式	贻误	遗弃	已经	义气	义务	艺术	意见	意气
意识	因为	印台	印象	樱桃	鹦哥	影壁	应承	应付	勇士	犹豫	油性
右面	幼稚	于是	遇见	鸳鸯	院士	愿望	愿意	月份	月季	乐器	匀称
匀整	运动										

【Z】

杂货	杂种	糟蹋	责任	渣滓	债务	战士	账目	障碍	招待	照应	折磨
这里	这样	珍惜	阵势	政治	证人	知道	值得	侄女	职务	植物	制度
质量	秩序	智慧	智力	主人	嘱咐	住处	装饰	装置	壮士	重量	重视
资格	姿势	滋味	字据	组织	左面	作物	作用	座位			

第四章　普通话词汇和语法训练

汉语普通话与各方言之间的差别，总的来说语音方面表现最突出，因此，在进行普通话教学和训练的过程中，首先应抓住方言区语音上的难点；其次是词汇，这一部分要比语音上的差别小一些。相对前两者而言，普通话与方言在语法上的差别要小得多，不过，绝不能因此而忽视语法上的差别。事实上，语法上的差别虽然小，但某些突出的现象还得格外留心。例如，广东人学说普通话很容易就会说出"你走先""我有看""你讲少两句"一类的句子来。这些句子都不合乎普通话语法规范，直接影响表达效果。如果在话题测试中出现一次方言词汇或语法错误将被扣一分，这会大大影响考生的普通话水平等级。

这里说的方言和普通话的差异，实际上主要是指在测试中表现出来的地方普通话（指方言向普通话过渡的一种"中介状态"）和标准普通话之间的差别。下面，按照广东不同方言区将方言与普通话在词汇和句法上的区别一一作比较。

第一节　潮汕方言与普通话在词汇和句法上的对照

由于潮汕地处广东东南隅，相对较为闭塞，作为闽语分支的潮汕方言在语音和词汇方面受共同语影响较小，是研究古汉语语音词汇的活化石，其词汇的构成具有明显的古汉语和地域特征。它的构成与普通话不甚相同，说话时要注意区分；另外在语法方面，有些方言句法句式与普通话也有不同之处，表达时要注意避免套用方言的句法形式，学会用地道的普通话口语句式表达。

一、潮汕方言与普通话在词汇上的对照

潮汕方言的词汇，大部分与普通话相同，尤其是基本词汇、现代生活词汇乃至科技词汇，都与民族共同语——普通话相同（语音不同），但作为一种地方语言，潮汕词汇亦有其特别之处。

（一）词汇上的区别

（1）潮汕方言的单音词在普通话中多为双音节词。例如：

箸（筷子）　　索（绳子）　　园（菜园）　　雅（漂亮）　　糜（糜烂）

目（眼睛）　　猴（猴子）　　虎（老虎）　　蔗（甘蔗）　　鸟（小鸟）

竹（竹子）　　稻（水稻）

（2）许多双音节词与普通话的词序相反。例如：

风台（台风）　　牛母（母牛）　　猪哥（公猪）　　饭盒（盒饭）

猫娘（母猫）　　鸡翁（公鸡）　　人客（客人）　　鞋拖（拖鞋）

闹热（热闹）

（3）表称谓的词语构词方式与普通话不同，潮汕方言多以"阿"开头，普通话多重叠。例如：

阿公（爷爷）　　阿嫲（奶奶）　　阿兄（哥哥）　　阿姑（姑姑）

阿孙（孙子）　　阿叔（叔叔）　　阿婶（婶婶）　　阿伯（伯伯）

阿爸（爸爸）　　阿妈（妈妈）

（4）潮汕方言单音名词重叠可以变成形容词，普通话名词重叠仍然是名词。例如：

猴猴（瘦）　　　　柴柴（笨）　　外外（生分）　　雾雾（朦胧）

条条（从容不迫）　猪猪（胖）　　水水（美）　　　鬼鬼（狡猾）

白白（干净）　　　土土（土里土气）

（5）潮汕方言某些词语的构成，较普通话直观形象。例如：

轻铁（铝）　　　　电火（电灯）　　咸涩（吝啬）　　饼药（肥皂）

自来火（打火机）　臭丸（樟脑丸）　涂炭（炭）　　　电毛（烫发）

目涩（困了）　　　注屎（批评）　　鞋底鱼（比目鱼）猪头肥（痄腮）

（6）潮汕方言外来词多用"番"表示，普通话没有这种用法。例如：

番薯（红薯）　　番瓜（南瓜）　　番豆（豌豆）　　番葱（洋葱）

番茄（西红柿）　番梨（菠萝）　　番客（华侨）　　番批（侨物）

番爿（南洋）　　番鬼（洋人）

（7）潮汕方言的"囝、头"作为词缀有一定的附加义，而普通话中"子""头"的词缀意义基本被虚化。例如：

树囝（小树）　　　雨囝（小雨）　　床囝（小桌子）

碗囝（小碗）　　　门囝（小门）　　派囝（不务正业的浪荡子）

戆囝（傻孩子）　　好囝（守本分的人）暗头（傍晚）

力头（力气）　　　奴囝头（孩子王）大贼头（贼中之王）

早头（早上）　　　日头（太阳）　　一气头（一口气）

猴头（领头者，又指猴子的头部）

（二）词类用法上的区别

1. 人称代词

潮汕方言的人称代词用"我、汝、伊"表示。单数变复数不是加"们"，而是有自己独特的表示形式：第一、第二人称单数变复数还是一个单音节词，第三人称复数为双音节词。例如：

俺（咱们）　　阮（我们）　　恁（你们）　　伊人（他们）

潮汕方言表示人称代词的所有格，一般是在所有者的后面加一个相当于普通话的"的"的词"个"，例如：

我个书。（我的书。）

阮个厝。（我们的房子。）

2. 形容词

与普通话一样，潮汕方言单音形容词重叠后也表示程度增强。在具体的词语上，潮汕方言形容词的 AA 式重叠比普通话更普遍。

表示形容词程度减弱的，往往是在形容词后加一个后缀，然后再重叠，构成 ABAB 式。例如：

黄—黄哩黄哩（黄澄澄）　　　　乌—乌孜乌孜（黑乎乎）

甜—甜呢甜呢（甜滋滋）　　　　苦—苦脉苦脉（苦苦的）

咸—咸森咸森（咸咸的）　　　　酸—酸啾酸啾（酸酸的）

有的是使之成为形象化的形容词。例如：

圆—圆溜圆溜（圆溜溜）　　　　矮—矮墩矮墩（矮墩墩）

普通话的形容词采用 ABB 式的比较普遍，如"圆溜溜""胖乎乎"等；AB-AB 式一般是动词重叠式，如"商量商量的""讨论讨论"等。

3. 副词

潮汕方言的副词与普通话的有较大区别，潮汕方言通常有自己独特的词汇和表达方式。

（1）表示"必然"和"或然"的副词。

潮汕方言表示"必然"和"或然"有自己的副词，这些副词的构成与普通话相差甚远。

①"定着"近似于普通话的"必定""一定"之意。例如：

汝定着去。（你一定去。）

我无定着返来。（我不一定回来。）

②"硬虎"也是"一定""必然"之意。例如：

我硬虎爱去。（我一定要去。）

障生做硬虎错。（这样做一定错。）

（2）表示否定的副词。

①"唔"相当于普通话的"不"。例如：

我唔去。（我不去。）

我唔食。（我不吃。）

伊唔来。（他不来。）

②"无"相当于普通话的"没有"。例如：

我无看见。（我没有看见。）

我无去开会。（我没有去开会。）

③"未"相当于普通话的"没有"。例如：

我还未洗面。（我还没洗脸。）

我还做未直。（我还没有干完。）

④"袂"是不会的合音，相当于普通话的"不会"。例如：

我袂呾普通话。（我不会说普通话。）

我袂作诗。（我不会作诗。）

（3）表示范围的副词。

潮汕方言中"正"和"定"常配合使用，是一组特殊的范围副词，相当于普通话中的"只""才"，而不是表时间的副词。例如：

我正食一碗定。（我才吃了一碗。）

我正去一次定。（我才去过一次。）

（4）"多""少"的用法。

潮汕方言中，"多""少"作为修饰语时，常放在动词的后面，这与普通话常放在动词前面不同。例如：

穿多件衫。（多穿一件衣服。）

食少碗饭。（少吃一碗饭。）

4．数量词

（1）"一"的省略。

潮汕方言的数量词以"一"开头，"一"往往可以省略不写，这与普通话的不能省略有很大的区别。例如：

百元（一百元）

角半（一角五分）

千五三二（一千五百三十二）

（2）数和量的省略。

度量衡单位组合成"一＋量＋数＋量"的结构时，可以省去第一个数词和第二个量词。例如：

　　丈三（一丈三尺）

　　斤一（一斤一两）

　　尺二（一尺二寸）

　　但潮汕方言的这种省略是有条件的，就是两个量词要从大到小成等级排列，不然就不能这样省略。普通话中只有个别熟语可以省略，如"丈二金刚——摸不着头脑"。

　　（3）量词的差异。

　　①量词与普通话不同。

棚：一棚戏（一台戏）　　蕊：一蕊花（一朵花）　　窟：一窟水（一洼水）

员：一员涂（一团泥）　　主：一主人（一个人）　　橱：一橱车厢（一节车厢）

丛：一丛树（一棵树）　　爿：一爿门（一扇门）　　腰：一腰裙（一条裙子）

葩：一葩花（一朵花）　　寅：一寅楼（一层楼）　　球：一球葡萄（一串葡萄）

　　②词形相同，组合能力不同。

　　潮汕方言中量词较多地采用普通话量词的书写形式，即词形相同，但与名词的组合能力不尽相同。这里面有交叉情况，既有部分方言量词与名词的组合能力强于普通话量词的情况，如"只、支、撮"等；又有部分方言量词与名词的组合能力弱于普通话量词的情况，如"块、粒、条"等。

　　③词形相同，意义不同。

　　潮汕方言的一些量词虽与普通话同形，意义却不相同。这有两种情况：一是同一个量词在潮汕方言中为集合量词，在普通话中为个体量词；二是在潮汕方言中为个体量词，在普通话中为集合量词。例如，"把"，潮汕方言为集合量词，"一把铲"就是指有若干把铲子；"丛"，潮汕方言为个体量词，"一丛草"即"一棵草"的意思。

　　（三）短语构成的差异

　　在短语构成方面，潮汕方言与普通话也有差别。

　　1. 以名词为中心的短语的区别

　　潮汕方言以名词为中心的短语，有两种特殊形式：

　　一为"量词＋名词"结构。潮汕方言中量词不一定要与数词或指示词组合，可以直接与名词组合，但普通话绝对不能省略其中的指示代词。例如：

　　只猪肥绝。（这头猪肥极了。）

　　杯酒食落去。（这杯酒喝下去。）

　　二为"指示词＋量词＋名词"结构，而不用普通话的"指示词＋名词"结构。例如：

只个人个乜人？（这人是谁？）

许条桥还建未好。（那桥还没建好。）

2. 表示事物性状大小程度的短语的区别

潮汕方言表示事物性状大小程度的短语常用三种形式：

一为"程度副词＋形容词＋量词"。这种短语，潮汕方言用得很普遍，入句时常做谓语。例如：

只只鸡上大只。（这只鸡最大。）

只丛树上细丛。（这棵树最小。）

构成这类短语的形容词，常见的有"大""细"等几个，一般形容词不能这样用，而普通话没有这种用法。

二为"形容词重叠＋量词"。在潮汕方言里，量词可与重叠形容词（只限于"大""细"等几个）结合，相当于普通话"很大（小）"，含有往大（小）里夸张的意味。重叠后的形容词不再受副词"很"修饰，前面也不再加数词。例如：

只羊大大只。（那只羊很大。）

伊买个衫细细个。（他买的上衣很小。）

普通话也没有这种用法。

三为"形容词＋量词＋（死或绝）"。潮汕方言表示事物大小时，为了强调程度，常用这一格式，相当于普通话"好大啊"，含有惊叹成分，有夸张的意味。例如：

丛白菜大丛死！（那棵白菜大得很！）

伊买支刀细支死。（他买的刀很小。）

3. 约数表示法的区别

普通话一般用"大概、约、近、多、左右"等表示约数，潮汕方言用"外、成"等。

（1）"数＋（外）＋量"。这一格式中的数词应是"十、百、千、万、亿"等的倍数。例如：

只堆西瓜五百外斤。（这堆西瓜五百多斤。）

百外斤伊担唔浮。（一百多斤他挑不起来。）

（2）"数＋量＋（外）"。例如：

伊买了三斤外米。（他买了三斤多的米。）

许只鸡四斤外了。（那只鸡四斤多了。）

（3）"（成）＋数＋量"。例如：

米还有成十斤。（米还有近十斤。）

只块到市内有成两铺路。（这里到市区近十千米。）

4. 动补结构用法的区别

潮汕方言的动补结构有点特殊，动词的补语由重叠的单音形容词构成，普通话则没有这种表示法。例如：

我将件衫熨直直。（我把这件衣服熨得笔挺。）

伊对锅饭食了了。（他把一锅饭全吃光了。）

这种动补短语多半是一种"使成式"，补语重叠后含有"全部地""彻底地"的意思。

二、潮汕方言与普通话在句法上的对照

1. 比较句的区别

普通话中的比较句通常采用"A＋比＋B＋C"的句式（A表示甲事物，B表示乙事物，C表示比较结果）。而潮汕方言比较两种事物，有自己的表现形式。

（1）表示非平级比较的，用"A＋形容词＋过＋B"。

潮汕方言不采用普通话的"A比B大（小）"的格式，而是用"A＋形容词＋过＋B"的格式。这与普通话的语序相去甚远。普通话用来作比的东西位于形容词之前，潮汕方言用来作比的东西放在形容词之后。例如：

牛大过猪。（牛比猪大。）

铅重过铝。（铅比铝重。）

伊读书力过我。（他读书比我努力。）

伊人个感情好过底个。（他们的感情比什么都好。）

种菜输过种柑。（种菜比不上种橘子。）

像"投降输过死"这样的句子，普通话就应该说成"投降不如死"。这种句子，潮汕话还可省略"过"字。例如：

无脸输死。（脸上没光不如死。）

（2）表示平级比较的，用"A＋（合）＋B＋平（乎）＋C"或"A＋（合）＋B＋无输赢"。

第一种是"A＋（合）＋B＋平（乎）＋C"。

A表示比较项目，B表示被比较项目，C表示比较结果。"合"［kaʔ2］相当于普通话的介词"跟""与"。"平平"［pêpê］是一样之意，表示没有高低长短之分，直接显示比较句中的平比性质。而普通话中通常用"一样"表示。例如：

伊合我平平大。（他和我一样大。）

伊谢个字合我平加。（他认识的字和我一样多。）

阿妹合阿弟平平五十斤。（妹妹和弟弟一样五十斤重。）

潮汕方言表示比的词语有不少。除"平平"之外，还有"平加""平减"

"平样"之类。从上面例子我们可以看出，表示比较结果的"C"，可以是形容词，也可以是名词和数量词，甚至可以是词组。

第二种格式是"A＋（合）＋B＋无输赢"。

但这一句式通常只用于具有竞技性质的比赛，普通话用"不相上下"取代"无输赢"。例如：

行象棋伊合我无输赢。（下象棋他和我不相上下。）

上次阮合伊人拍乒乓无输赢。（上次我们与他们打乒乓球不相上下。）

2. "有无句"的区别

潮汕方言里的"有""无"是两个常用而比较特殊的语法成分，它们既能与名词直接组合，又能与动词直接组合。为了叙述方便，我们把含"有""无"的句子统称为"有无句"。普通话中"有"是一个动词，只能与名词直接组合，不能与动词直接组合（少数固定格式例外）；"没有"是一个既能充当动词又能充当副词的词，与名词和动词都能直接组合。它们的用法与潮汕方言不同。

（1）"有""无"的组合情况。

潮汕方言里的"有""无"除可直接与名词或名词性词组组合外，还可直接与动词、动宾结构及动补结构组合。

一是"有（无）＋动词"。例如：

有买　有卖　有听　有讲　有收　无买　无卖　无听　无讲　无收

二是"动词＋有（无）"。例如：

买有　卖有　听有　讲有　收有　买无　卖无　听无　讲无　收无

这两种格式，组合关系不同，意义也不尽相同。如上面所说的"有买"是"已经买了"或"曾经买了"，表示行为动作的存在，重点强调过去已经完成或曾经发生过的动态。"买有"是"买到了"，重点强调行为动作的结果，动态的意思则是次要的。"有"跟动词的这两种关系，在普通话里一般是没有的，因为普通话的"有"一般不能跟动词结合（少数固定格式例外）。

三是"有（无）＋名词"或"有（无）＋数量词"。

潮汕方言和普通话都有这两种结构，但潮汕方言可把这一结构放在动词谓语后做补语，普通话一般做谓语。例如：

我去就有钱，你去就无钱。（我去就拿得到钱，你去就拿不到钱。）

我买有二三本，你买无半本。（我买到两三本，你买不到半本。）

普通话中这种格式属于一般的动词谓语句。例如：

我有钱。（我有钱。）

我无两本。（我没有两本。）

（2）"有""无"构成的疑问形式及其他。

"有""无"在一个句子里连用，表达一种疑问的情况，这是潮汕方言的用法。在这种句子里，"无"一般读轻声，且总是放在句子的末尾。一种格式是问句为"有 + 动词 + 无"，答句为"有 + 动词"或"无 + 动词"。普通话通常是问句用"动词 + 了 + 没有"表示，答句用"动词 + 了"或"没 + 动词"表示。例如：

问：有去无？（去了没有？）

答：有去（或无去）。（去了或没去。）

问：有听无？（听见了没有？）

答：有听（或无听）。（听见了或没听见。）

第二种格式是问句为"动词 + 有 + 无"，答句为"动词 + 有"或"动词 + 无"。普通话问句用"动词 + 了 + 没（没有）"表示，答句用"动词 + 到了"或"没 + 动词 + 到"表示。例如：

问：买有无？（买到了没有？）

答：买有（或买无）。（买到了或没买到。）

问：听有无？（听到了没有？）

答：听有（或听无）。（听到了或没听到。）

有时在"有"与"无"之间可以插入"阿"，构成"有 + 动词 + 阿 + 无"的格式表选择问句，这时的"无"不能念轻声。例如：

你有去阿无？（你有没有去？）

你有洗浴阿无？（你有没有洗澡？）

你有读书阿无？（你有没有读书？）

这种句式的回答方式与上述相同。

3. 被动句、处置句的区别

被动句和处置句，普通话和潮汕方言的区别不大，主要是表"被动"或"处置"的词不同。

（1）潮汕方言表被动时不用普通话的"被"，而是用"分"或"乞"。这两个词用在主动句里是动词，用在被动句里是被动词。例如：

伊分我一斤茶。（他送给我一斤茶。）

伊乞我一件衫。（他送给我一件衣服。）

伊分人掠去。（他被人家抓去。）

伊乞人拍。（他被人家打。）

（2）潮汕方言表示处置意义，不用"把字句"。

一是把普通话的"把"字换成"对"字或"将"字，语序与普通话相同。

例如:

伊将个碗扣破去。(他把一个碗打破了。)

将牛牵出来。(把牛拉出来。)

伊对条题做错去。(他把一道题做错了。)

二是把宾语提到最前面,后面用"合伊"来表示处置,语序为"宾语+合伊+动词+补语",普通话中的语序则为"把+宾语+动词+补语"。这种句式以命令为主,主动者一般隐去。例如:

衫裤合伊收起来。(把衣服收起来。)

饭合伊食落去。(把饭吃下去。)

有时"将"或"对"和"合伊"三个词并用在一个句子里,作用仍与一般的处置句一样。例如:

伊将个碗合伊扣破去。(他把一个碗打破了。)

三是不用"对""将",而直接把宾语提前。普通话则不能省略"把"字。例如:

你合衫控来。(你把衣服拿来。)

你合窗关紧。(你把窗关紧。)

4. "去+宾语"句的区别

"去"是表示趋向的动词,在普通话里可单独做谓语或谓语中心,但更多的是用在别的动词、形容词后面表示趋向,做趋向补语,构成"到哪里去"一类的句子。这类句子在潮汕方言中都用"动词+宾语"的形式来表示,构成"去哪里"一类的句子。例如:

我去广州。(我到广州去。)

有时,潮汕方言还用"来去"代替"去",这种情况只有在第一人称做主语时才成立。例如:

我爱来去上课。(我要去上课。)

第二、第三人称做主语时,"来去"代替"去",只出现在问句中。例如:

你爱来去厦门诶?(你要去厦门吗?)

伊爱来去看电影?(他要去看电影吗?)

"来去"含有"将要"的意思,表示一种意向,表示现在正开始行动。"我爱来去上课",意思是"我要去上课"。

5. 疑问句的区别

潮汕方言表疑问,有两种情况。

一种是在句末加语气词。例如:

你爱去么?(你要去吧?)

这与普通话的表现形式是一样的，只是所用的语气词不同而已。

另一种情况是选择问句，用"肯定＋动词＋阿＋否定"的方式来表示，连接肯定和否定的"阿"是"还是"的意思。例如：

你爱去阿勿？（你要去还是不要去？）

你爱去阿无？（你要不要去？）

只撮物件乞我好阿么？（这些东西给我好不好？）

有时可以省略。例如：

只条歌你会袂唱？（这首歌你会不会唱？）

另外，还有一种情况，就是在动词前加一个"咔"来表示。例如：

伊咔知你来北京？（他知不知道你来北京？）

你咔有找时间合伊呾？（你有没有找时间跟他谈？）

6. 变式句的区别

通常情况下，潮汕方言的句子成分是定位的，这与普通话没有什么出入，即主语在前，谓语在后，定语、状语在中心语之前，宾语、补语在动词之后。如果不按照这种常式排列，就可能使句子混乱。但是潮汕方言也有一些移位现象，我们称之为"变式句"。

（1）状语"定"放在句末。例如：

我食一碗定。（我只吃了一碗而已。）

伊考70分定。（他只考了70分而已。）

"定"相当于普通话的"而已"。

（2）宾语前提。例如：

你酒唔食是么？（你不喝酒，是吗？）

你电影无爱看是么？（你不想看电影，是吗？）

普通话中的宾语一般不前置，除非用于强调。

7. 否定句的区别

潮汕方言的否定句，在语序上与普通话大同小异，只是在具体用词上显得有点特殊。例如：

我唔去。（我不去。）

我无去。（我没去。）

你勿去。（你不要去。）

你免去。（你不用去。）

伊袂唱歌。（他不会唱歌。）

第二节　客家方言与普通话在词汇和句法上的对照

客家方言词汇与普通话词汇相同的地方很多，但作为一种别具特色的方言，无论是在词汇还是语法方面，它都具有自己的特色。

一、客家方言与普通话在词汇上的对照

（一）词汇上的区别

（1）客家话单音词比普通话多。例如：

被（被子）　皮（皮肤）　晓（知道）　地（坟墓）　禾（稻子）

衫（衣服）　雹（冰雹）　崠（山顶）　坳（山窝）　屋（房子）

（2）许多双音词与普通话的词序相反。例如：

人客（客人）　饭盒（盒饭）　闹热（热闹）　鸡公（生鸡）

鱼干（干鱼）　尘灰（灰尘）　重轻（轻重）　紧要（要紧）

（3）保存了较多的古汉语词汇。有些古语词，普通话口语已不用了，只在一些书面语中出现，但在客家话中是常用词。例如：

走（跑）　面（脸）　乌（黑色）　禾（稻子）　索（绳子）

行（走）　食（吃）　朝（早上）　昼（白天）　颈（脖子）

（4）同义动词比普通话丰富。

买：方言除了用"买"表示购买的意思之外，还根据购买对象的不同而采用其他说法。例如：

称盐（买盐）　籴米（买米）　舀油（买油）

剪布（买布）　点药（买药）　斫猪肉（买肉）

收：方言除了用"收"表示收获农作物之外，不同的作物又有不同的说法。例如：

摘木梓（收茶子）　捡豆子（收豆子）　扒花生（收花生）

扳萝卜（收萝卜）　割油菜（收油菜）

（5）词缀比普通话丰富。客家话的词缀比普通话的丰富，普通话中的词缀如"阿""老""小""子""头"等，客家话用得更多更广；客家话还有一些普通话没有的词缀，如"牯""婆""嫲""佬""打"等。

"阿"：在对亲属长辈或年长者的称呼上或称呼别人时用得比较普遍，普通话除"阿姨"外，一般用"小"，不用"阿"。例如：

阿公（祖父）　阿婆（祖母）　阿爸（父亲）　阿东（小东）

阿美（小美）　阿叔（叔父）　阿哥（哥哥）　阿姐（姐姐）

"老"：除了用姓氏前表示尊称外，还可以用在平辈或者晚辈前面。例如：

老叔（叔叔）　　老弟（弟弟）　　　老妹（妹妹）　　老公（丈夫）

老婆（妻子）　　老表（表兄弟）　　老庚（同年）　　老华（同郡望）

"头"：多用在无生物的名词或时间词后面，也用于动物和人。例如：

石头　灶头　上昼（上午）　　懒骨头（懒人）

墙头　镬头　下昼（下午）　　叫花头（乞丐）

砖头　肩头　夜晡头（晚上）　猪牯头（公猪）

"公""牯""婆""嫲"本是实词，多用于表示动物的性别，偶尔用于人；前两个表雄性，后两个表雌性。"公"用于家禽类，"牯"主要用于四脚动物；"婆""嫲"则用于一切动物。例如：

鸡公　鸡婆（嫲）　　鹅公　鹅婆（嫲）　　牛牯　牛嫲（婆）

鸭公　鸭婆（嫲）　　猪牯　猪嫲（婆）　　狗牯　狗嫲（婆）

"佬"：指某些从事特殊职业的人。例如：

打铁佬（铁匠）　打石佬（石匠）　　剃头佬（理发师）　撑船佬（船夫）

在亲人称谓后面加上"公""婆"，表示"祖父"级。例如：

叔公（老叔）　舅公（老舅）　　叔婆（祖婶）　　太姨婆（祖姨娘）

中缀"打"，多位于两个相同的数目或量词之间，构成"A 打 A"，表示数量大。例如：

千打千　万打万　斤打斤　吨打吨　丈打丈　亩打亩　阵打阵　年打年

还有另一种"A 打 AB"的结构，如"老打老实、笔打笔直"，它们都有表示深化、强化的意义。

（二）词类用法上的区别

1. 人称代词的区别

普通话中人称代词"我、你、他"只有单数、复数之别，没有"格"之分。客家话中除此之外，还有"数"和"格"的语法特征。例如，单数"我"，在口语里说"偓"；单数"你"，口语里说"唔"；单数"他"，口语说"佢"。如果人称代词要变为复数的话，在梅县口语里称"我们"为"偓等"或"偓等人"，称"你们"为"唔等"或"唔等人"，称"他们"为"佢等"或"佢等人"。在"格"的区别上，"偓"［ŋai］为主格，如用作人称代词和物主代词（领格）即与英语"所有格"相当时，则"偓"［ŋai］当读为［ŋa］，"你"［ŋi］当读为［ŋie］或［ŋia］，"他"当读为［kie］或［kia］；称物时读为［ŋake］、［ŋieke］、［kieke］，其中的"个"［ke］相当于普通话领有者"的"字，后面可省去中心词，如"我的钢笔"［ŋai ke koŋ pit］，常常省去"钢笔"，在对话中多说为［ŋaike］或［ŋake］。

2. 近指和远指的区别

客家方言在远指和近指代词的区分上，仅仅靠声调，与声韵无关，如远指"那里"，则说［ke^{51}e］，近指"这里"说成［ke^{21}e］，可见与普通话远指和近指代词不同。

3. 量词"一"的省略

客家话量词短语中的"一"常常省略，普通话一般不省略。例如：

洗下面。（洗一下脸。）

看下人。（看一下人。）

4. 时刻的特殊表示法

在客家方言中，"一个字"表示"5 分钟"，"个字"还常常省略。这种表达方式在广东其他方言即潮汕方言和粤语中都通用。例如：

同只个行到许个着三个字。（从这里走到那里要 15 分钟。）

电影五点搭九开始。（电影五点四十五分开始。）

二、客家方言与普通话在句法上的对照

与普通话相比，客家话在句法上有显著特点。

（一）副词的用法差异

普通话中，副词常常处在动词的前面，而客家话中副词常放在动词后面，表达时请注意区别。

（1）"紧""等"等表时态的词放在动词后面，普通话则放在动词前面。例如：

食紧饭。（正在吃饭。）

食等饭。（正在吃饭。）

（2）表程度的副词"多""少"总放在动词后面，普通话则放在动词前面。例如：

食多滴。（多吃一点。）

话少两句。（少说两句。）

着多件衫。（多穿一件衣服。）

着少滴衫。（少穿一点衣服。）

当昼有人客，煮多两样菜。（中午有客人，多做两道菜。）

讲少两句，唔会死人。（少说两句，不会死人。）

（3）"添"相当于普通话的"再"，用在句末，普通话则放在动词前。例如：

等下添。（再等一会儿。）

食一碗饭添。（再吃一碗饭。）

打一场球添。（再打一场球。）

看一场电影添。（再看一场电影。）

坐下添。（再坐一会儿。）

食杯茶添。（再喝一杯茶。）

（4）"倒"相当于普通话"得到"的"到"，用在句末，还可以表示"着"。例如：

看得里场球赛倒。（看得到这场球赛。）

买得恁多东西倒。（买得到这么多东西。）

俚捉倒一条鱼子。（我抓到一条鱼。）

佢打倒一只雕子。（他打中一只鸟。）

（二）特殊句式的对照

1. 比较句的不同

形容词的比较句句式，普通话是"甲＋比＋乙＋形容词"，客家话则是"甲＋形容词＋过＋乙"。在客家话的比较句中，常常要加一个"过"字。例如：

今晡日比秋晡日过暖。（今天比昨天暖和。）

佢的衫裤比俚的过靓。（她的衣服比我的漂亮。）

客家话的熟语也展示了这个特点，例如：

一分钱大过铜锣：形容为人过于客啬。

胡椒细细辣过姜：比喻年龄小，本领大。细，小。

人情薄过纸：人情比纸薄。

人情紧过债：做人情比还债还要紧。

衰过贴地：倒霉透了。

2. 双宾语句的区别

在双宾语句中，普通话的一般语序是"动词＋人＋物"，客家话刚好相反，是"动词＋物＋人"。例如：

借本书分佢。（借给他一本书。）

分百块钱俚。（给我一百元钱。）

3. "被"字句的不同

客家话的"被"字句，一般用"分"表示。例如：

[ke⁵¹] 兜鱼分猫公食诶。（那些鱼被猫吃了。）

唔等下会分佢骂死。（你待会儿会被他骂死。）

4. 处置句的区别

普通话表示处置关系时用"把"或"将"；客家话不用"把"，而用"将"或"将把"连用。例如：

俚将你的书借分同学诶。（我把你的书借给同学了。）

佢将把里件事话佢知。(他把这件事告诉了他。)

5. "来去"句的用法

普通话中没有"来去"的句子，客家话中"来去"仅表示普通话中的"到……去"的意思，"来"没有实际意义，且一般用于第一人称的句子中。例如：

佢爱来去广州。(我要到广州去。)

佢来去读书。(我要上课去。)

第三节　粤方言与普通话在词汇和句法上的对照

粤方言是汉语七大方言中语言现象较为复杂、保留古音特点和古词语较多、内部分歧较小的一种方言。无论是音、义，还是语法结构方面，粤方言与普通话的差异都比较大。

一、粤方言与普通话在词汇上的对照

粤方言词的构成较大程度地继承了古汉语的特点，与普通话相比较而言，存在单音节词多、构词词素不同、词素前后位置不同等差异。

(一) 单音节词较普通话多

蟹（螃蟹）	纽（纽扣）	眼（眼睛）	蚁（蚂蚁）	尘（灰尘）
相（相片）	窗（窗户）	眉（眉毛）	眯（理睬）	应（答应）
咳（咳嗽）	吓（吓唬）	椅（椅子）	鞋（鞋子）	钉（钉子）
扇（扇子）	辫（辫子）	鸭（鸭子）		

(二) 使用不同于普通话的构词词素

1. 词素完全不相同的

台（桌子）	颈（脖子）	屋（房子）	番枧（肥皂）	火水（煤油）
嬲（生气）	噉（这样）	哀（恳求）	旧底（从前）	晏昼（中午）
雌（粗糙）	煲（锅）			

2. 主要词素不同的

雨楼（雨衣）	心口（胸口）	粟米（玉米）	飞发（理发）
搏命（拼命）	瞓觉（睡觉）	短火（短枪）	枧粉（洗衣粉）
笔盖（笔帽）	打喊路（打呵欠）		

3. 词素半同半不同的

应承（答应）	拣择（挑拣）	奸赖（赖皮）	淳善（淳厚）
记挂（挂念）	坑渠（沟渠）	狼忙（匆忙）	匀巡（均匀）

4. 主要词素相同，而小有差异的

间尺（尺子）	思疑（怀疑）	打交（打架）	傻耕耕（傻愣愣）

乱龙（乱套） 晚黑（晚上） 直毕甩（笔直） 烟灰盅（烟灰缸）

花哩碌（花里胡哨）

（三）词素的前后位置不同

在粤语中存在着一部分词素的前后位置与普通话相反的词。例如：

欢喜（喜欢） 紧要（要紧） 齐整（整齐） 挤拥（拥挤）

宵夜（夜宵） 经已（已经） 为因（因为） 闹热（热闹）

并列式复合词中词素的前后位置与普通话相反，这在闽客方言中都有，在古汉语乃至近现代白话文著作中也存在。

二、粤方言与普通话在句法上的对照

（一）时态副词的位置与普通话不同

粤语常用特有的副词来表示各种时态，且位置与普通话相反。普通话中的副词放在动词之前，粤语中的副词则放在动词之后。

"紧"加在动词之后，表示动作正在进行；动作之后加"开"，除了表示动作正在进行之外，还表示动作曾经进行过，今后还要继续进行下去，相当于普通话中的"正在"或"正……着"。例如：

大家讨论紧呢件事。（大家正在讨论这件事。）

佢睇紧一张报纸。（他正在看一张报纸。）

呢张凳喺我坐开嘅。（这张凳子是我坐的。）

我睇开一本小说。（我正在看一本小说。）

"过"加在动词之后表示动作的经历，这与普通话相同，但在合成趋向动词之后，粤语要把"过"插在趋向动词的两个字中间。例如：

琴日有冇人入过嚟？（昨天有没有人进来过？）

今日我出过去。（今天我出去过。）

"住"加在动词后面，可以表示动作的持续，只用于否定语句里。例如：

你唔好行住。（你先别走。）

咪放手住。（先别放手。）

（二）情貌副词的位置不同

粤语经常将一些词语附加于述语之前或之后，以陈述动作行为发生的情况和状态。这些词语有的相当于副词，有的像后缀（有人称之为词尾）。这些副词常常放在述语的末尾，与普通话中的副词用做状语放在述语之前不同。

（1）"过头""得滞"表示情况过甚，超过常规的范围，相当于普通话的"太"或"过"。例如：

你蠢过头。（你太蠢了。）

呢种柑酸过头，唔好食。（这种橘子太酸了，不好吃。）

佢精得滞。（他精明过头。）

急得滞，唔记得带飞。（太急了，忘了带票。）

（2）"晒"表示东西用完、事情完毕，所称的范围都包括在内，相当于普通话的"全部"或"完全"；"晒"还可以放在举止或习惯用语的末尾以表示强调，说明该词的郑重意味，相当于普通话的"太"。例如：

台上面嘅书唔见晒。（桌子上的书全部不见了。）

唔该晒。（太麻烦你了。）

老豆俾我嘅钱仲未用晒。（爸爸给我的钱还没有用完。）

多谢晒。（太感谢了！）

呢本书你睇晒未啊？（这本书你看完了没有？）

多得晒你啊。（真的多亏你了。）

（3）粤语用"埋"表示范围的扩充，表示由此及彼，相当于普通话的"连……也……"。例如：

食埋呢个苹果喇。（连这个苹果也吃了吧。）

叫埋佢去。（把他也叫去。）

你做埋我呢份喇。（你把我这一份也做了吧。）

睇埋呢份表喇。（把这份表也看了吧。）

（4）粤语常将"添"放在句末，表示数量的增加和范围的扩大，相当于"再"的意思，但"再"必须放置在动词前。粤语的这种表达方式与客家话相同。例如：

饮多杯茶添。（再喝一杯茶。）

我再等佢一阵子添。（我再等他一会儿。）

写多张添就够喇。（再写一张就够了。）

食多碗饭添喇。（再吃一碗饭吧。）

（三）**特殊句式的对照**

粤语还有一些特殊句子的格式与普通话不同，主要表现在比较句、处置句、存在句、双宾句、被动句等几种句式上。

1. **比较句的不同**

粤语的比较句，常在两项中间先用形容词表示比较结果然后加"过"，这种句式与客家话相同，而普通话常用"A＋比＋B＋形容词"。例如：

佢高过你。（他比你高。）

我大过你。（我比你大。）

句子中如果需要出现数量补语，则置于句末。例如：

佢细佬嘅成绩好佢好多。（他弟弟的成绩比他好很多。）

2．处置句的不同

粤语的处置句用介词"将"引进处置的对象，它大体上相当于普通话的"把"，这种用法与客家话相同。例如：

将呢啲旧书卖咗佢。（把这些旧书卖了。）

这样的句子在口语中可以说成：

卖咗呢啲旧书佢。（把这些旧书卖了。）

普通话中没有这种把表示被处置的对象的词语置于动词之后再用一个代词"佢"来复指它的形式。

3．存在句的不同

粤语中常用"有……过"或"有"表示曾经做过某种事情，相当于普通话的"动词+了（过）"。普通话一般在表示存在或拥有什么东西的情况下才用"有"，粤语则可以用"有"来带谓词性的宾语，这种用法在潮汕话和客家话都有。例如：

我今日有去睇过佢。（我今天去看过他。）

佢有交作业。（他交了作业。）

粤语中表示拥有某种生活条件或存在某种客观事物的可能性，常用"有+得+动词的结构"，普通话则用"有+动词+的"的结构。例如：

有得食，有得住。（有吃的，有住的。）

它的否定形式则用"冇得"。

呢件事冇得倾。（这件事没得商量。）

4．双宾句的区别

粤语表示给予的双宾句，与普通话的一般语序"动词+人+物"相反，通常采用以下形式：

我俾咗一本书佢。（我给了他一本书。）

粤语的指物宾语如果带有较长的修饰语时，也可以在指人的宾语前加"过"。例如：

我俾咗好多好睇嘅书过佢。（我给了他很多好看的书。）

5．被动句的区别

粤语表示被动的句式与普通话大体相同，只是粤语用"俾"引出施动者，而普通话用"被"。例如：

呢个苹果俾老鼠咬过。（这个苹果被老鼠咬过。）

普通话"被"后面可以省略施动者，但粤语不能省略，如果没有必要点明施动者或不知道施动者，可以在"俾"后加"人"表示。例如：

佢俾人打咗一餐。（他被打了一顿。）

【词汇语法练习】

将下列方言句子改成普通话。

1. 你洗干净那些衣服吧。　　　　2. 爸爸总是高兴地帮我背背袋。

3. 我家的房子很小间。　　　　　4. 我坐在窗门旁边。

5. 当时，我的心中有一股阴影。　6. 家里只有一架黑白电视机。

7. 柳老师叫我把门关关牢。　　　8. 他们俩齐齐现身新闻界。

9. 我分分钟想念您。　　　　　　10. 这里问题多多。

11. 我就这样子度过了童年。　　　12. 我支鼻红红。

13. 我个鼻公酸酸。　　　　　　　14. 细哥子生得正靓。

15. 支笔是谁的？　　　　　　　　16. 他今年二一岁。

17. 这大米有千三公斤。　　　　　18. 距离考试还有月把天/月把日。

19. 我们写作业用了点半钟。　　　20. 我们写作业用了一个半钟。

21. 他要二三个月才能回来。　　　22. 我家住在第二层。

23. 拿一本书俾我。　　　　　　　24. 我来去吃饭。

25. 我共你讲。　　　　　　　　　26. 我有收着你个信。

27. 张画雅绝。　　　　　　　　　28. 中午帮我打个饭盒。

29. 明天咱俩踩单车去。　　　　　30. 你等一下我先。

31. 你还是讲少两句吧。　　　　　32. 告诉一个好消息给你听。

33. 你有没有坐过双层巴士？　　　34. 天气太热了，洗下手吧。

35. 现在是九点三个字。　　　　　36. 我高过你。

附：普通话和闽客粤方言常用词语对照表

普通话和闽客粤方言常用词语对照表

普通话	潮州话	梅县话	广州话	普通话	潮州话	梅县话	广州话
太阳	日头公	日头	热头	晚上	夜挂	暗晡夜	晚黑
月亮	月娘	月光	月光	端午	五月节	五月节	五月节
星星	星	星子	星	中秋	八月半	八月半	中秋节
银河	天河	河溪	天河	铝	轻铁	轻铁	锑
雾	雾	蒙沙	雾	石头	石部	石头	石
冰	冰	冰	冰	土	涂	泥	泥
闪电	闪电	火蛇	闪电	灰尘	涂粉	尘灰	烟尘
雷	雷公	雷公	雷	垃圾	杜粪	垃圾	垃圾
虹	虹	天弓	虹	末儿	碎	末	碎
天气	天时	天色	天时	气味	味	味道	味

（续上表）

普通话	潮州话	梅县话	广州话	普通话	潮州话	梅县话	广州话
阴天	乌阴	乌阴天	阴天	牲畜	种牲	头牲	畜生
晴天	晴日	好天	好天	猴子	猴	猴哥	马骝
池塘	池	塘	塘	蝙蝠	蝠鼠	帛婆	蜜婆
现在	此在	今下	而家	公牛	牛牯	牛牯	牛公
从前	旧时	早先	旧时	母牛	牛母	牛嫲	牛乸
刚才	同早	头先	头先	小牛	牛囝	细牛子	牛仔
去年	旧年	旧年	旧年	公马	马牯	马牯	马公
今天	今日	今晡日	今日	母马	马母	马嫲	马乸
明天	满日	天光日	听日	老鹰	老鹰婆	鹞婆	麻鹰
昨天	昨日	秋晡日	寻日	大雁	海鹅	雁鹅	雁
白天	日挂	日晨头	日头	喜鹊	客鸟	鸦鹊子	喜鹊
夜里	夜挂	夜晡头	晚黑	麻雀	麻雀	禾雀子	麻雀
早晨	眠起早	朝晨	朝早	鸽子	粉鸟	月鸽子	白鸽
上午	上挂	上昼	上昼	八哥	鹩哥	乌鹩哥	鹩哥
中午	日昼	当昼	晏昼	公鸡	鸡翁	生鸡	鸡公
下午	下挂	下昼	下昼	螃蟹	蟹	老蟹	蟹
傍晚	夜昏	临暗	挨晚	萤火虫	火夜姑	火炎虫	萤火虫
蚊子	蠓	蚊子	蚊	苍蝇	胡蝇	乌蝇	乌蝇
蛋	卵	卵	蛋	台阶	路头格	楼梯	步级
高粱	高粱	芦粟	高粱	角落	角头	角落头	角落头
玉米	薏米仁	包粟	粟米	厕所	东司	屎窖	厕所
花生	地豆	番豆	花生	家具	家私	家私	家私
南瓜	番瓜	黄瓜	金瓜	书桌	书床	书桌	书台
黄瓜	吊瓜	青瓜	青瓜	抽屉	柜格	拖格	柜桶
萝卜	菜头	萝卜	萝卜	筷子	箸	箸只	筷子
茄子	茄	吊菜	矮瓜	汽油	电油	电油	电油
水果	青果	青果、生果	生果	煤油	火油	洋油	火水
荸荠	钱葱	马荠	马蹄	钥匙	锁匙	锁匙	锁匙
藕	莲厚	莲根	莲藕	伞	雨遮	遮子	遮
板栗	厚栗	栗子	风栗	电灯	电火	电火	电灯

173

（续上表）

普通话	潮州话	梅县话	广州话	普通话	潮州话	梅县话	广州话
香蕉	弓蕉	弓蕉	香蕉	脸盆	面盆	面盆	面盆
早饭	眠起	朝	早餐	肥皂	饼药	番枧	枧
午饭	日昼	昼	晏昼饭	手巾	面布	面帕	面巾
晚饭	夜昏	夜	晚饭	铁锹	铲	铁铲	铁铲
米汤	饭暗	饭汤	饭汤	扁担	批担	担竿	担挑
猪血	猪血	猪红	猪红	水泥	红毛灰	红毛灰	红毛泥
鸡蛋	鸡卵	鸡卵	鸡春	钱	钱	钱	银（纸）
开水	滚水	滚水	滚水	自行车	脚车	脚车	单车
香烟	薰团	烟仔	烟仔	学校	学堂	学堂	学校
冰激凌	雪糕	雪糕	雪糕	本子	簿	簿子	簿
冰棍儿	雪条	雪枝	雪条	故事	古	古	古仔
衣服	衫裤	衫裤	衫	球	球	球	波
拖鞋	鞋拖	鞋拖	拖鞋	秋千	登秋	千秋	千秋
围巾	额盘	颈巾	颈巾	风筝	风琴	纸鹞子	纸鹞
家	内	屋下	屋企	头	头壳	头那	头（壳）
房子	厝	屋子	屋	头发	头毛	头那毛	头发
前额	额门神	额角	额头	脸	面	面	面
眼睛	目	目珠	眼	祖父	阿公	阿公	阿爷
眼珠	目仁	眼珠仁	眼核	祖母	阿嬷	阿婆	阿嬷
眉毛	目眉	目眉毛	眼眉	父亲	阿父	阿爸	老豆
鼻子	鼻	鼻公	鼻哥	母亲	娘	阿姆	阿妈、老母
舌头	舌	舌	脷	婶母	阿婶	叔姆	阿婶
牙齿	齿	牙齿	牙	外祖父	外公	外阿公	外公
胡子	须	胡须、须姑	胡须	外祖母	外妈	外阿婆	外婆
脖子	颔	颈根	颈	舅母	阿妗	舅姆	妗母
胸脯	心肝头	胸脯	心口	公公	大官	家官	家公
屁股	尻仓	屎不	屎忽	婆婆	大家	家娘	家婆
胳膊	手	手臂	手	哥哥	阿兄	阿哥	大佬
左手	倒手	左手	左手	弟弟	阿弟	老弟	细佬

（续上表）

普通话	潮州话	梅县话	广州话	普通话	潮州话	梅县话	广州话
右手	正手	右手	右手	姐姐	阿姐	阿姊	家姐
手掌	手底	手巴掌	手板	姐夫	阿郎	姊丈	姐夫
大拇指	指头公	手指公	手指公	妹妹	阿妹	老妹	妹妹
小拇指	尾指囝	手指尾	手指尾	妹夫	妹婿	老妹婿	妹夫
腿	脚（腿）	脚臂	脚（骨）	夫妻	翁姐	公婆	公婆
膝盖	脚头盢	膝头	膝头（哥）	妯娌	大小姆	子嫂	娜母
眼泪	目汁	目汁	眼泪	邻居	厝边	邻舍	邻舍
男人	丈夫	男人	男人	客人	人客	人客	人客
女人	姿娘	妇人家	女人	前面	头前	前背	前便
老头儿	老人	老阿公	伯爷公	后面	后畔	后背	后便
老太婆	老妈人	老阿婆	伯爷婆	里边	底畔	底背	里便
小伙子	后生囝	后生哥	后生仔	外边	外畔	外背	外便
姑娘	姿娘囝	妹子人	后生女	上面	顶畔	上背	上便
小孩儿	奴囝	细人子	细佬哥	下面	下畔	下背	下便
乞丐	乞食	叫花头	乞儿	东西	物件	东西	嘢
小偷	鼠贼囝	贼牯	鼠摸	天亮	天光	天光	天光
打雷	拍雷	雷公响	行雷	喝茶	食茶	食茶	饮茶
下雾	落雾	起蒙沙	落雾	吸烟	食薰	食烟	食烟
化雪	雪融	融雪	雪融	洗脸	洗面	洗面	洗面
淋雨	沃雨	落雨	淋雨	洗澡	洗浴	冲凉	冲凉
看	睇	看、睐	睇	理发	剃头	剃头	飞发
闻	鼻	鼻	闻	挑选	择、拣	挑、择	拣、挑
吃	食	食	食	说话	咀话	讲话	讲说话
喝	食、淋	食	饮	闲谈	闲话	闲淡	倾偈
捏	捻	捏	捻	吵架	相骂	相骂	吵交
提	挽、掼	车	掼	打架	相拍	相打	打交
抬	扛	扛	抬	求饶	叫唔敢	讨饶	叫唔敢
挑	担	担	担	吹牛	车大炮	车大炮	吹水
扛	擎	背	托	拍马	扶卵泡	捧大脚	托大脚

（续上表）

普通话	潮州话	梅县话	广州话	普通话	潮州话	梅县话	广州话
推	拢	搡	推	发誓	咒誓	咒鬼	发誓
拔	猛	挷	拔	干活	做功课	做细	做工
搂	揽	摘	揽	种地	种田	耕田	耕田
捅	搪	捅、督	捅、督	开车	驶车	驶车	揸车
撕	厉、扯	扯	扯	划船	扒船	扒船	扒艇
折	拗	拗	拗	买油	倒油	倒油	买油
拧	扭	扭	扭	买药	拆药	捡药	执药
走	行	行	行	上课	上堂	上堂	上课
站	企	企	企	下课	落堂	下堂	落课
蹲	咕	蹲	猫	照相	耗相	映相	映相
靠	倚	靠	挨、凭	下棋	行棋	捉棋子	捉棋
挤	挤	尖	迫	睡觉	咦	睡目	瞓
吃饭	食饭	食饭	食饭	打哈欠	喝戏	开欠	打喊路
吃午饭	食日昼	食昼	食晏昼饭	喜欢	欢喜	中意	欢喜
吃晚饭	食夜昏	食夜	食晚饭	怕	惊、畏	畏、惊	怕、惊
喝酒	食酒	食酒	饮酒	知道	知	知得	知
懂	识、晓	识得	晓、识	我的	我个	偃个	我嘅
猜	约、猜	估	估	他的	伊个	佢个	佢嘅
忘记	唔记得	添忘	唔记得	我们的	阮个	偃登人个	我哋嘅
不要	勿	唔爱	唔要	你们的	恁个	你登人个	你哋嘅
是	是	系	系	他们的	伊人个	佢登人个	佢哋嘅
小	细	细	细	别的	别样	别个	第啲/样
窄	狭	狭	窄	这么	障	唵	咁
陡	崎	岖	斜	这样	障生样	唵样	咁
黑	乌	乌	黑	谁	底人	瞒人	边个
稀	渭	仙	稀	哪些	底撮	哪兜	边啲
干净	清气	净	干净	哪会儿	底时	哪下	几时
热闹	闹热	闹热	热闹	怎么	做生	酿般	点
模糊	濛	濛	濛	为什么	做呢	做乜个	点解
浑	浊	浑	浑	多少	若爻	几多	几
要紧	切要	紧要	紧要	一点儿	一滴团	一滴	一啲
暖和	烧	暖	暖	一个人	一个人	一只人	一个人

（续上表）

普通话	潮州话	梅县话	广州话	普通话	潮州话	梅县话	广州话
漂亮	雅	好看	好睇	一头牛	一只牛	一条牛	一只牛
强壮	健	健、壮	壮	一匹马	一只马	一条马	一只马
内行	在行	光行	在行	一条鱼	一尾鱼	一条鱼	一条鱼
直爽	爽快	爽直	爽直	一棵树	一丛树	一条树	一颇树
可爱	好惜	得人惜	得意	一朵花	一蕊花	一朵花	一朵花
害羞	小礼	怕羞	怕羞	一串葡萄	一球葡萄	一串葡萄	一揪菩提子
我	我	偃	我	一瓶酒	一樽酒	一瓮酒	一樽酒
他	伊	佢	佢	一口水	一嘴水	一口水	一啖水
我们	阮	偃登人	我哋	一套衣服	一副衫裤	一身衫裤	一脱衫裤
你们	恁	你登人	你哋	一副手套	一双手套	一双手套	一对手套
他们	伊人	佢登人	佢哋	一条被子	一领被	一番被	一张被
大家	大家	齐家	大家	一顶蚊帐	一领蚊帐	一顶蚊帐	一堂蚊帐
自己	家己	自家	自己	最	上顶	最、第一	最、至
一把刀	一支刀	一张刀	一把刀	稍微	须须	略为	稍为
一座房子	一间厝	一栋屋	一间屋	都	拢	都	都
一扇门	一爿门	一皮门	一道门	一起	做一堆	一下	一齐
一座桥	一条桥	一座桥	一道桥	一共	拢总	捞等	一共
一辆车	一只车	一架车	一架车	仍然	依原	还系	重系
一笔生意	一帮生理	一笔生理	一单生意	特地	专门	特事	特登
遍（一遍）	遍	过	次	幸亏	好得	好彩	好彩
回（一回）	遍	摆	匀	一定	硬虎	定着	梗
趟（一趟）	遍	转	趟	恰巧	堵堵	啱好	碰啱
元（一元）	箍	块	文	不	唔、无	唔	唔
刚	正	正	正话	在	响	在	系
一向	一枝留	一直	一路	从	同、对	打、从	由
常常	长时	贴常	时时	如果	若是	系活	如果、若果
赶快	猛猛	抗快	快脆	马上	随时	即刻	登时
别	孬、勿	莫	咪	很	过	好	好
不用	免用	唔使	唔使	更	愈	又过	更、重
把（介词）	将、对	将	将	被（介词）	分	分	俾

第五章　命题说话

第一节　命题说话的基本要求

　　普通话水平测试中的说话部分，以单项说话为主，应试者在没有文字凭借的情况下，按照所给题目自然流畅地用普通话独白不少于 3 分钟，这主要考查应试者说普通话的能力和所能达到的规范程度。与朗读相比，说话可以更有效地考查应试者在自然状态下运用普通话语音、词汇、语法的能力。因为朗读是有文字凭借的说话，应试者并不主动参与词语和句式的选择，因而，说话最能全面体现应试者普通话的真实水平。

　　说话不仅是对应试者语言水平的考查，同时，也是对应试者心理素质的考验。说话是在没有文字凭借的情况下，把思维的内部语言转化为自然、准确、流畅的外部语言，这需要应试者有良好的心理素质和语言组织表达能力。说话的基本要求是：

一、话语自然

　　说话就是口语表达，但口语表达并不等于口语本身。我们说话，要使用语言材料，但是说话的效果并不是这些语言材料的总和。口头说的话应该是十分生动的，它与说话的环境、说话人的感情、说话的目的和动机都有很大的关系。

　　要做到自然，就要根据日常口语的语音、语调来说话，不要带着朗读或背诵的腔调。这并不是很高的要求，但实际做起来却是相当困难的。需要强调指出的是，说话时不要把说话材料写成书面材料，因为写出来的东西往往会失去口语表达的特点，而具有书面语的特征。

　　语速适当，是话语自然的重要表现。正常语速大约为每分钟 240 个音节，如果根据内容、情景、语气的要求偶尔有十来个音节稍快、稍慢也应视为正常。语速与语言流畅程度呈正比，一般而言，语速越快，语言越流畅。但是，语速过快容易导致发音时口腔打不开、复元音的韵母动程不够和归音不准；语速过慢，容易导致语流凝滞、话语不够连贯。有人为了不在声、韵、调上出错，说话的时候一个字、一个字地往外挤，听起来非常生硬。因而，应该努力避免过快或过慢的语速。

二、用词得体

口语词和书面语词的界限不易分清。一般而言，口语词指日常说话用得多的词，书面语词指书面用得多的词。口语词与书面语词相比，有各自的特点，应避免频繁地运用四字词和书面性强的语词。必须避免方言的影响，摈弃方言词汇，说话时要特别注意克服方言语气。但由于普通话词汇标准是开放的，它不断地从方言中吸收富有表现力的词汇来丰富、完善自己的词汇系统，所以普通话水平测试允许应试者使用较为常用的新词语和方言词语。

三、用语流畅

现代汉语的口语和书面语基本是一致的，使用的句式大体也是相同的，但是，从句式使用的经常性来看，口语和书面语仍然存在着差别，口语的特点是：①句式比较松散，短句多；②较少使用或干脆不用关联词语；③经常使用非主谓句；④较多地使用追加和插说的方法，句间关联不紧密；⑤停顿和语气词多。所以，说话时应多运用口语句式。

四、中心明确

随着近几年来计算机辅助测试的普及，"命题说话"部分的要求越来越严格。它要求应试者围绕话题进行说话，不得硬套、嫁接命题或转换话题，不得套用、改编他人的文稿。因此，应试者说话时应该尽快切题并围绕话题展开说话，不能离题，过渡、衔接要自然，而且所说内容必须是自己亲身经历或独一无二的体会，避免使用网上现成的参考材料，否则将被视为内容雷同而扣分。另外，在进行说话时，还应避免车轱辘话或与话题无关的话，否则将被视为内容雷同或无效话语而重扣。

第二节　命题说话的心理调节及思路提示

普通话学习训练的最终目的，不是要学会读准单个字词的音以及掌握语流音变的规律，而是要能够使用普通话自由地进行口语表达。在教学和测试中我们常听到这样的反映：用惯了方言，乍一改用普通话说话，思维受影响，话说不成个儿。这不难理解，用惯方言说话的人改用普通话表达时，需要花相当大的精力注意发音的准确性，还要搜寻和选择与方言表达相对应的普通话词汇和句式，往往一时找不到或找不好，这就必然不能集中注意于说话的思路和内容，因而造成说话断断续续。

说话不仅是对应试者语言水平的考查，也是对应试者心理素质的考验。应试者在命题说话中出现"离题"或无话可说的情况，主要原因有两个：一是考前准备不足，没有就考试题目进行认真模拟，对自己3分钟到底能说多少话心中无数，结果原先准备的讲不到3分钟，只好东扯西拉或者发呆发愣，头脑一片空白。克服这种心理状态的唯一办法就是平时多下点儿功夫，时刻关注自己的普通话水平，利用一切机会学习普通话。具备了充足的实力，自信就有了，紧张心理自然就消除了。二是审题不当，没有切题。"命题说话"的审题和"命题作文"的审题有异曲同工之处。不同的是，命题作文的审题要求更严格，写作内容几乎不允许有偏差；而命题说话的审题要求较宽松，只要大体上能围着题目转就可以了。

一、培养习惯，讲究技巧，克服紧张心理

要使自己的说话自然流畅，一般可以从培养习惯、讲究技巧、克服紧张情绪等几方面进行训练。

（一）养成用普通话进行思考和表达的习惯

语言是思维的外壳，是思维的外在表现形式。这种表现形式是由长期使用的习惯形成的。我们习惯了用方言来思考，也就习惯了用方言来表达，一旦要进入另外一个习惯系统，难免会出现不适应的情况。所以，我们的"说话"在进入普通话领域时，常常出现结结巴巴、语无伦次甚至说不下去的现象。但是，习惯是可以改变的，只要我们的方法得当并持之以恒，就一定能够养成用普通话进行思考和表达的习惯。

1. 常听普通话播音

学习语言，听力是相当重要的。人类识别语音的能力是与发音能力密切联系在一起的。儿童先要听懂了话，才能学会说话，这时识别语音的能力形成早于发音的能力。一旦掌握了发音能力，就会对识别语言的能力产生影响，对自己能发的音易于识别，对自己不能发的音就不容易分辨。不同方言区的人不易进行言语交流，原因就是如此。我们可以通过听规范的普通话播音来训练自己听普通话的能力，从中体会同样一个意思用普通话该怎样表达。常听普通话播音就能常接触普通话信息，常接触普通话信息就有了说好普通话的基础。

2. 常进行普通话说话练习

随着我国改革开放的不断深入，民众之间的交往越来越频繁，口语交际显得越来越重要。进行口语交际只解决"听"的障碍还不行，最根本的还是要解决

"说"的问题。要想会说普通话，必须勇于实践，要放得下架子，丢得开面子，不在乎别人的讥笑，不怕难为情，更不能自以为是，认为自己说的话就是普通话。要利用一切机会进行普通话练习，久而久之就会习惯用普通话去思考和表达了。

根据多年来的"推普"经验，以下两种方式对提高普通话的说话能力、养成普通话的思维习惯十分有效：

（1）模仿。

模仿是最好的老师。现代电子科技的迅猛发展为我们的模仿提供了便利的物质条件，MP3、iPad、智能手机等随处可见。我们可以利用现成的普通话光盘和网上音频资料进行模仿练习，把自己的模仿音频录制下来，与原音频比较。通过比较，找出差距，从而掌握普通话的标准说法，纠正偏误之处。

（2）造境。

这里所说的造境，指的是营造说普通话的环境。学习语言，语境的重要性是不言而喻的，国家搞"推普"宣传周就是在制造说普通话的氛围和环境，让人人从意识深处认识到说普通话的重要性。学校是"推普"的前沿阵地，为学生营造说普通话的环境，其具有不可推卸的责任。造境的渠道可谓多种多样：在校舍环境布置上，可利用墙壁等张贴"推普"宣传画、宣传标语、办宣传板报等；班级设"推普"员、"推普"角，开展"推普"月或普通话日等活动；在课堂上要求师生必须说普通话，在语文课堂上还可以利用复述、讲故事、说笑话、演课本剧、课前说话练习、课堂讨论、辩论等诸多方式进行普通话说话练习；课余时间可进行形式多样的普通话竞赛活动，如演讲、朗诵、辩论赛等。通过这样一种大环境的影响，改变学生个体讲方言的习惯。当然，就个体而言，要努力为自己营造说普通话的环境，常跟普通话说得好的同学接触。要把说普通话变成一种自觉自愿的行动。唯有如此，用普通话进行思考和表达的习惯才能最终养成。

（二）讲究应试技巧，提高说话质量

有了说普通话的习惯，测试时注意讲究些技巧，有助于说话质量的提高。

1. 题目归类

"普通话水平测试用话题"共有30个说话题目，可以从表达方式的角度归为三大类，即叙述、议论和说明；也可以以自我为中心，归为个人、学校、家庭、家乡及社会生活五大类。在每一类挑一两个题目进行练习，其他题目据此稍作变通，就可以在很短的时间内熟悉所有的说话题目，避免无话可说的尴尬境地。需要说明的是，有些说话题目兼有叙述、说明和议论的成分，说话者可根据自己的特长，采用自己喜欢的表达方式进行说话。

2. 列举提纲

测试说话，不是进行口才评估，完全没有必要将30个题目写成30篇文章，然后背着说。况且，评分标准规定说话时有类似背稿子现象的，其说话自然流畅程度为二档。一般而言，应试者可以在抽到题目后列举说话提纲。这个提纲就是你说话的源泉，可使你的说话有条理、有层次且有内容。提纲的拟定要讲究，列出的纲目应是自己熟悉的内容，力争与自己的亲身经历相衔接，但列举出的必须是提纲，是三两个词或短语，而不是写好的文章。

3. 使用口语

有些人喜欢背稿子，就在于他没有重视"口语化"这三个字；也有些人因为照着本子练说话，从而使他的说话表现出书面语的特点。其实说话训练是普通话的口语训练，在普通话测试中设置说话一项，也是为了测试应试者普通话口语的表达情况。因此，语气语调上要亲切、自然；选词用句上要优先使用短语和单句，避免用方言词汇，少用书面语词汇；速度也要适当，正常语速大约为每分钟240个音节，每分钟150～300个音节均视为正常，过慢或过快都会失去自然流畅的日常说话状态。另外，方言腔、口头禅和重复多遍的"嗯""啊""这个""那个""然后"等词也应避免。

（三）做好心理准备，克服紧张情绪

普通话水平测试通常是一位应试者面对两位考官（现在面对机器），且采用口语的形式，给应试者造成一定的心理压力。心理有了压力，情绪难免紧张。情绪一紧张，难免使会的变为不会，使流畅的变为结巴的，使丰富的变为苍白的，更有甚者，大脑一片空白，一句话也说不出来。实际上，在应试者有了普通话的思维和表达习惯及说话技巧后，就要在心理上做积极的准备，充满信心，大胆沉着。应试者可以把此次说话当成是给熟悉的朋友讲故事，这样会使自己心理放松，神情自若，表达自如；也可以在说话之前深呼吸几次，保障心脑供氧，缓解心脏压力，消解紧张情绪，积极暗示自己一定能取得好成绩。

二、思路设计

为了使大家的思路更加畅通，下面就30个话题逐一进行设计，仅供参考，切记句子的组织不能照搬照用。考前可以列出命题说话稿的提纲，但切不可将短文写出进行背默，以免出现卡壳的情况。

（一）《我的愿望》

这个话题可以采用总分式或者并列式的结构进行讲述。愿望可大可小，可以把它看作某个阶段的目标，也可以把它看成是面对不同对象而拥有的不同想法，如对同学、对老师、对家人产生的愿望等。

（1）一个人的一生随着年龄的增长、见识的增长和身份的不同，会有许许多多不同的愿望。当我还是小学生时，我的愿望是……

（2）当时"它"为什么是我的愿望，因为我有这样一些经历（讲述几段难忘的经历、故事）……

（3）后来我的愿望又变了，变成了……因何而变？

（4）我现在的愿望是考取研究生（普通话获得二级甲等以上较好成绩、当老师、成为一名军人、拥有自己的实业公司）……

切记：尽量往"讲故事"靠拢，因为容易凑满3分钟！当然，议论文、说明文不能忘记议论和说明，只要形式上像就可以。以下同。

（二）《我的学习生活》

这个话题可以讲述从小到大的难忘的学习生活，也可以截取现阶段的学习情况或过去某段难忘的学习经历来谈，哪些场景令你如今依然历历在目。

（1）小时候，我是个怎样的人，读小学的时候，成绩如何，有哪些学习场景，记忆深刻的有哪些人、哪些事……

（2）读初中的时候，成绩如何，有哪些学习场景，记忆深刻的有哪些人、哪些事……

（3）读高中的时候，成绩如何，有哪些学习场景，记忆深刻的有哪些人、哪些事……

（4）其中，印象最深的是哪个阶段，为什么？

（5）现在，我在某大学读什么专业，有哪些主干课程，老师怎样，同学如何……

（三）《我尊敬的人》

可以和《我喜欢的明星（或其他知名人士）》一齐准备。"我"尊敬的人可以不止一个，主要讲讲他们有哪些值得你学习和尊敬的地方，为什么值得你尊敬，多讲一些生活场景，抓住细节来讲，这样才不至于无话可说。至于其他知名人士或明星，要有自己的真实看法和感受，不宜照搬现成的句子。

（1）我尊敬的人是我的××（老师、爸爸、妈妈……）。

（2）我尊敬他（她），因为他（她）品德高尚、学识渊博……（讲故事）。

（3）我尊敬他（她），还因为他（她）特别关心我……（讲故事）。

（4）所以，某老师（爸爸、妈妈……）是我所尊敬的人。

（四）《我喜爱的动物（或植物）》

"我"喜爱的动物（或植物）可以不止一种，喜欢它什么，把原因说出来，你和它之间有着怎样的故事，也可以将喜欢的和讨厌的对比着来讲，这样比较有话可说。

（1）我喜爱什么动物（或植物），或者说"我没有喜爱的动物（或植物），只有讨厌的动物（或植物），它是……"

（2）它具有什么样的生理特性（强调惹人喜爱或讨厌的方面）……

（3）我喜爱或讨厌某种动物（或植物），还因为我曾经与它结下了一段不解之缘……

（五）《童年的记忆》

童年的记忆要截取多个生活片段来准备。它可以是快乐的，你有哪些趣事，和谁在哪里，怎么玩，要详细介绍；也可以是不愉快的，有哪些令人伤心的往事；还可以讲述你身上疤痕的由来等。

（1）跟今天的孩子们的成长相比较而言，我觉得我的童年过得非常有趣……

（2）我额头上的几道疤痕，让我清晰地回忆起我的童年，那是……

（3）可以和《难忘的旅行》一齐准备，只要强调这次旅行发生在童年就可以了。

当然，单独准备也可以，说说童年难忘的故事（快乐的或者痛苦的，但不要悲伤的，以免影响情绪，说不下去）。

（六）《我喜爱的职业》

这个话题可以和《我的愿望》结合在一起准备，但要注意强调这个职业的特点，以及你喜欢它的原因。当然喜欢的也可以不止一种职业，但务必说出各种职业吸引你的地方。

（1）我喜爱的职业是教师（或编辑、警察……）

（2）我为什么喜爱这个职业……

（3）这个职业有哪些吸引你的地方……

（4）一段经历（讲故事）……

（七）《难忘的旅行》

对于一次难忘的旅行，时间、地点、人物、事件（起因、经过、结果）这些要素要一一道来。特别要说明令你难忘的地方，它有什么特别之处（是因为吃的、玩的还是因为刻骨铭心的记忆）。

（1）何时在何地的一次旅行。

（2）有哪些景点让你难忘……

（3）有哪些美食让你难忘……

（4）有哪些经历（旅行过程中与他人的交往）让你难忘……

（八）《我的朋友》

这个话题最容易说，我们每个阶段都会有一两个知心的朋友，他们的长相如何，学习如何，你们是因为什么而成为朋友的，他们有哪些值得你学习的地方，你们之间发生过什么样的故事，现在他们过得怎样等等。

（1）"我的朋友"是谁（可以是一个，也可以是多个，可以是人，也可以是书或动物），是什么时候结识的，肖像、性格、为人……

（2）我和朋友有什么样的故事……

（3）"我的朋友"在学习上帮助我：有一次……

（4）"我的朋友"在精神上安慰我：有一次……

（5）我也经常帮助"我的朋友"：有一次……

（九）《我喜爱的文学（或其他）艺术形式》

这个话题要和个人的兴趣爱好结合起来，但要注意强调它的这种形式有何特别之处，与其他形式有什么区别，你什么时候开始喜欢，喜欢的种种表现，像讲故事一样详尽地讲出来。

（1）我喜爱的文学（或其他）艺术形式是（诗歌、小说、散文、戏剧、唱歌、跳舞）……

（2）它有什么样的特性让我喜爱……

（3）讲故事：什么时候开始喜爱它的，小学时怎么做的，中学时怎么做的，大学时又做了些什么……

（4）谈与之结缘的故事……

（十）《谈谈卫生与健康》

这个话题应该结合个人卫生习惯来谈，多谈谈卫生与健康的关系，怎样是不讲卫生的，不讲卫生的后果如何，有没有发生在你身边的与之相关的种种趣闻逸事；还可以谈论目前令人担忧的食品卫生安全问题等。

（1）关系：讲卫生才能健康，不讲卫生则易生病；禽流感、猪流感的传播等。

（2）个人不讲卫生的后果（趣闻逸事）……

（3）如何讲究卫生（勤洗手、怎么洗手等），如何避免传染病……

（4）食品生产商不讲究卫生、牟取暴利的种种现状……

（5）如何加强食品卫生安全检查……

（十一）《我的业余生活》

这个话题可以和《我喜爱的文学（或其他）艺术形式》《难忘的旅行》《我喜欢的节日》及《我的假日生活》结合起来准备。强调怎么过，尽量和具体的事件结合起来，这样才有话可说。

（1）学习（与《我喜爱的文学（或其他）艺术形式》结合起来）……

（2）游乐：旅游（与《难忘的旅行》结合起来）、下棋……

（3）串门、走亲戚（与《我喜欢的节日》《我的假日生活》结合起来）……

（十二）《我喜欢的季节（或天气)》

这个话题最好结合家乡的气候来说，一年四季有什么特点，喜欢哪个季节，不喜欢哪个季节，为什么，具体表现在哪些方面；还可以将喜欢的与讨厌的对比着来说。

（1）我喜欢的季节（或天气）是什么（可以把不喜欢的数落一番）……

（2）它有怎样的特性（让你喜欢或讨厌……）

（3）在这样的季节（或天气），可以做些什么你感兴趣的事，或者曾经发生了什么令你（终身）难忘的事情……

（十三）《学习普通话的体会》

这个话题可以结合近期学习普通话的切身体会来谈，谈以前对普通话的认识，学习之后的认识，自身存在的不足，怎样训练并进行改进，你的目标等。

（1）普通话在人际交往方面很重要，如与来自不同方言区的老师、同学相处；到外地旅游……

（2）谈从前对普通话的认识，目前普通话的水平和新的认识……

（3）学习生活：课堂学习、课后交流、痛苦经历、来之不易的成绩或改变……

（十四）《谈谈服饰》

这个话题可以结合各民族、社会发展的各阶段来谈，谈谈服饰对人的重要作用，或者谈服饰、面料的流行、变化等；还可以谈不同身材的人适合穿什么颜色、款式的衣服等。

（1）恰到好处的服饰可以使人精神面貌焕然一新，让别人看起来舒服。

（2）服饰是否恰当，与经济实力没有必然联系，不穿名牌也能吸引别人的眼球。例如，我的一位同学……

（3）服饰恰当与否的关键在于搭配。例如……

（4）也可以谈谈服饰面料款式的发展，或者身材、肤色对服饰的限制、选择……

（5）也可以就个人的着装变化谈时代的发展……

（十五）《我的假日生活》

可以与《我的业余生活》结合，要避免说你的假日生活是在睡觉中度过的，多讲讲多彩的方面。

（十六）《我的成长之路》

这个话题一定要结合个人成长经历来谈，一般以时间为线索，谈在各个阶段中，他人对自己成长的重要影响，你和他有着怎样的故事；也可以只谈自己在某一方面的学习与成长。

（1）我今年××岁了。××年来，我从一个不懂事的娃娃成长为一名大学生，其间，我走过了一段不寻常的成长之路。我的老师、父母、同学都曾给我很多的关心和帮助……

（2）讲故事：小学的时候……，初中的时候……，高中的时候……，如今……

（3）着重讲你的成长，谁对你的影响最重要，因为他（她），你有了什么样的改变，你们之间有什么故事……

（十七）《谈谈科技发展与社会生活》

这个话题一般可以谈谈科技在某一方面对我们生活的影响，过去怎样，现在又怎样，它的利弊如何；也可以结合环保问题来谈，结合童年家乡的记忆，谈谈科技发展对环境的破坏等。

（1）科技发展使社会生活发生很大的变化。

（2）穿的：面料更多样化……

（3）吃的：保鲜技术的发展，使我们能吃到很多以前极不容易吃到的食物，尤其是新鲜水果，如荔枝、龙眼……

（4）住的：楼层更高也更安全……

（5）交通：更方便。火车大提速……

（6）联络：更快捷。手机的普及及功能多样化……

（7）可以只选其一来谈，如电话（或电视机）的发展变化……

（8）直接与《童年的记忆》结合起来：在我童年的记忆里，我的家乡是多么的风景秀丽，今天看到的却是怎样的模样，这是因为……

（十八）《我知道的风俗》

可以结合《我的家乡（或熟悉的地方）》来准备；或者是在旅游途中亲眼所见的一些风俗习惯，还可以是在书上、电视上看到的风俗等。

（1）我知道的风俗很多：情人节送花、端午节吃粽子、中秋节赏月，或者是家乡结婚、生小孩的风俗

（2）我对××节（或具体事情）的风俗更加熟悉：介绍这个风俗的一些内容……

（3）记得有一年的××节（在××场合），我见到一些令人难忘的情景……

（十九）《我和体育》

这个话题比较宽，只需要说明你对体育运动的好恶问题。可以具体说说你擅长哪种运动或者最不喜欢哪种运动，为什么，你们之间发生过什么样的故事等。

（1）我从小就喜爱（讨厌）体育运动，例如……

（2）我特别喜爱（讨厌）××体育运动项目，因为……

（3）小学的时候……中学的时候……现在……（讲故事）

（4）体育运动给了我强健的体魄（后遗症），我喜爱（讨厌）体育运动。

（二十）《我的家乡（或熟悉的地方）》

可以结合《我知道的风俗》来准备，介绍家乡的气候、风景、美食、风土人情等。

（1）我的家乡（或熟悉的地方）是哪里……

（2）那里的人勤劳、善良、好客……有一次（讲故事）……

（3）那里有哪些名胜古迹……（穿插一些神话、传说、先烈事迹等）

（4）那里有哪些美食：名称、特色……（有一次，我和朋友们吃……）

（5）那里有什么风俗……

（二十一）《谈谈美食》

可以结合《我的家乡（或熟悉的地方）》来准备。美食可以是大众的，也可以是个人的，可以是地方的，也可以是家庭的，把它的色香味、制作过程介绍出来即可。不要局限于一种，可以是多种，以利多说话。

（1）"美食"有狭义和广义之分，广义的美食包括一切好吃的、让人喜欢吃的食物。

（2）狭义的美食有很多，我吃过××地方的小吃（大讲特讲是可以的）……

（3）或者谈谈你（妈妈）的拿手菜，精讲制作过程……

（二十二）《我喜欢的节日》

这个话题可以结合《我的假日生活》来谈，着重谈谈在这些节日里，你有什么娱乐活动，发生过什么难忘的事情等。

（1）我喜欢什么样的假日……

（2）这个节日有很多优点：①意义重大；②时间长，可以旅游或休息……

（3）在××年的这个节日，有一件事情使我难以忘怀……

（二十三）《我所在的集体（学校、机关、公司）》

这个话题中的集体不宜太大，太大怕内容太空；也不宜太小，太小怕不成集体，最好是宿舍，或者一个办公室，谈谈宿舍或办公室里的人各有什么性格、特点、生活习性等。因为他们是你身边熟悉的人，所以应该有很多话可以讲。

（1）我所在的集体（学校、机关、公司、宿舍）是……

（2）这是一个很好的集体，有严明的纪律，像家庭一样温馨……其性格特点是……

（3）集体中的领导：……有一次……

（4）集体中的同事（同学）：……有一次……

（二十四）《谈谈社会公德（或职业道德）》

这个话题最好结合个人遭遇来谈，谈谈你眼中的种种不讲社会公德或职业道德的行为，以及它对你的影响；也可以选择最近一段时间内比较热门的公德或道德问题，谈谈你的看法。

（1）在你看来，什么样的行为就属于不讲社会公德或职业道德的行为……

（2）你的一次遭遇……

（3）谈谈你对毒奶粉事件、××门事件等的看法……

（二十五）《谈谈个人修养》

这个话题可以结合《我所在的集体（学校、机关、公司）》进行准备，着重谈谈你对周围的人的生活习性、个人修养的看法；也可以谈谈你心目中有修养的行为表现是怎样的等。

（1）什么是个人修养，个人有修养的行为表现怎样……

（2）跟你在一起生活的人，他的行为习惯和个人修养如何，可以作一番评说……

（二十六）《我喜欢的明星（或其他知名人士）》

这个话题可以结合《我尊敬的人》进行准备。准备这个话题时，忌照搬照套现成的语料，应着重说明他有哪些让你喜欢或者尊敬的地方，外貌、性格、经历如何，你和他之间有着怎样的故事等。

（1）我喜欢的明星（或其他知名人士）是谁……

（2）他有哪些高尚品德和精湛技艺让我喜欢（尊敬）……

（3）给我印象最深的是……

（二十七）《我喜爱的书刊》

这个话题要感受特别深刻才可以选择，否则，应该尽量避免。可以谈谈这个书刊有什么栏目、什么特色，你为什么喜欢，令你难忘的是什么等。

（1）我喜爱的书刊是什么……

（2）这些书刊为什么让我喜爱，有哪些优点……

（3）特别是其中的……（讲述情节等）。

（二十八）《谈谈对环境保护的认识》

这个话题可以结合《我的家乡（或熟悉的地方）》《谈谈科技发展与社会生活》进行准备，着重谈科技发展对环境的破坏问题，你对环境保护有何见解或倡议。

（1）通过对比过去和今天你周边的环境，有何感想……

（2）科技发展为我们的生活带来……的同时，却对环境造成了极大的破坏，它表现在……

（3）保护环境，我们应该怎么做……

（二十九）《我向往的地方》

可以和《我的家乡（或熟悉的地方）》结合起来准备。"我"向往的地方可以是去过的，也可以是没去过的，着重讲讲它吸引你的地方，你想如何实现到此一游。

（1）我向往的地方是哪里（我在外地读书或工作，现在最向往的地方就是家乡）。

（2）那里的人勤劳、善良、好客……有一次（讲故事）……

（3）那里有哪些名胜古迹……（穿插一些神话、传说、先烈事迹等）

（4）那里有哪些美食：名称、特色……（有一次，我和朋友们吃……）

（5）我准备怎么做……

（三十）《购物（消费）的感受》

这个话题可以谈男人和女人购物（消费）的感受的区别是什么；还可以谈你个人购物（消费）的感受是什么，你有什么样的经历……

（1）感受是什么？（累、快乐）

（2）为什么会有这样的感受？

（3）有一次，我到××买××，经过、结果怎样……

（4）也可以是，据你的调查了解，男人和女人购物的感受有何不同……

上述这些话题提示是为了打开应试者的思路，使之有话可说。表达时应注意规范用语用词，除了避免出现方言语法错误以外，还要搭配得当。所以，平时应加强话题方面的训练，列写提纲，多准备内容，多进行默想默说的练习，或与同学、家人交流，以便拓宽思路，纠正不符合规范的语句表达。

总之，在普通话考核中，命题说话一项最能体现应试者普通话表达的真正水平，它既检测了应试者的口头表达能力，也检测了应试者的心理素质和思维特质。因此，每一个参加考核之人都应该重视命题说话项目的训练，坚持多说多练，才能够顺利过关。

【说话练习】

1. 从《我的愿望》《购物（消费）的感受》中选一个话题进行说话练习。

2. 从《我的朋友》《我喜爱的文学（或其他）艺术形式》中选一个话题进行说话练习。

第六章　朗读训练

第一节　朗读概述

朗读是一门语言的艺术，也是一门学科。朗读的过程是把文字变为有声语言的创造性劳动过程，是朗读者对文字语言进行音声化的再创作，需要其具有准确、鲜明、生动地传情达意的基本功。仅仅把朗读理解为放大声音来读是不对的，朗读是用有声语言表达思想感情，声音需要响亮、清楚，更需要有目的、有对象、有内容、有感情。这就需要朗读者熟悉朗读的内容，深入理解作品的含义，准确表达，声情并茂，给人以美的享受。

一、朗读的要求

（一）朗读的总体要求

朗读的总体要求是：读而不板，说而不演。

读，必须严格按照作品的文字词语序列进行，不可增字、减字、改字、颠倒字。要字字清晰，声声入耳，声韵调正确，词或词组的轻重格式恰当，音变符合规律，句子结构分明。这是最起码的要求。对于成功的朗读而言，这些远远不够。如果不能很好地把握停连、重音、语气和节奏，朗读就会变得呆板、平淡，成为简单的见字出声。读，就要停连恰当、抑扬顿挫、快慢有致，读而不板，有感情、有韵致、有趣味、有可欣赏性。

说而不演，指朗读者要把语料内化为自己的语言，理解、消化作品的内容和形式，变为朗读者自己要说的话，而不是生吞活剥、照本宣科、无情无义、有字无句的"字话"，也不是与己无关、有口无心的"死话"，更不是简单的念字出声。朗读要有艺术性，但与表演不同。表演要有所夸张，要渲染气氛，而朗读不能这样。朗读的知识性、转述性、严肃性和质朴性，必须有别于朗诵的文娱性、趣味性、角色性和华美性，尤其是测试中的朗读，绝对不能追求表演效果。

（二）测试中朗读的核心要求

（1）正确、规范——字、词准确无误，语流音变正确，停连、重音适当，没有方言语调。

（2）关于错、漏、回读——尽量不回读。回读次数少时，每个字都要按错误计；次数多时，在停断不当上要一次性扣分。

（3）停断不当——破坏语义的完整性时要一次性扣分，因此应尽量熟悉篇章，理解文意，认真备稿。

（4）方言语调——字调、句调都会构成方言语调，如阴平整体偏低、曲折调过多、句调尾音上扬等。平时要注意四声的正确发音，尽量克服方音的影响，注意对语流音变的把握。

（5）语速——适度，每分钟 240 字左右。

二、朗读的状态

朗读者必须要保持正确的状态，包括心理状态和生理状态，尤其是心理状态。如果状态不正确，就会导致或过分紧张、张口结舌；或过分懈怠，发音不到位，草草了事；或激动万分，千头万绪；或追求技巧，三心二意；或腔调固定，色彩单一。这些都达不到良好的朗读效果。

正确的朗读状态是：

（1）信心百倍，积极主动——一定要引发比较强烈的朗读愿望，建立一种立即要朗读的迫切感。这种信心和愿望不是空洞的、勉强的，而是出于对朗读本身的兴趣爱好，发之于对作品的理解、欣赏和感动。

（2）全神贯注，进入作品——注意力要集中，排除干扰，全力以赴投入朗读中。进入作品，就是要把作品的内容、语言，内化为自己的理解、感受，内化为自己的思维过程和心理活动，主动去揭示语言的本质及逻辑关系。

（3）动脑动心，有感而发——应做到"见文生情"，既看到文字，又看到内涵；再现场景，又引发感情；产生表象，又把握本质。一切的一切几乎同时涌现出来，萦绕在脑际，流露在声中。朗读中要有第二次唤起。备稿中深刻的理解、具体的感受如果不能在形之于声时既动脑又动心地表现出来，不能句句情动于衷、有感而发，那么任何准备与钻研、体味与酝酿都只能功败垂成。

（4）速看慢读，由己达人——紧紧抓住看、想、读这个过程，眼睛看到作品的字词时，当然要反映到脑子里，而后再就字出声。每当读出看过的字词时，目光就要落到下一组字词。看和想要非常迅速，速看包含着速想。看是为了想，想是为了读。读，就要从容，读得从容，才能由己达人。为了让听者听清、感受、共鸣，读一定要慢，一般平均 3 分钟 500 字左右，每分钟字数并不一样，不要机械处理。太快——连滚带爬，嘟噜含糊；太慢——涣漫散乱，黏黏糊糊。

（5）全身松弛，用声自如——全身松弛并非懈怠，而是能松能紧，根据朗读需要随时调节。用声自如，并不是完全像生活中说话时的用声，也不是完全脱离自己说话时的用声，而是选取自如声区，使用最佳音域和最佳音量，不要高音大嗓，也不追求虚声虚气，捏、挤、压、抻只会更糟。

（6）克服固定腔调——幼年读书时养成诵读的习惯，或在朗读活动中认为某种腔调好，相沿相习，都能形成固定腔调。念书腔、唱书腔、念经式、朗诵调等都应该避免。固定腔调使音与义隔绝，只闻其声而不解其意、不传其情，百害而无一利，必须克服。

要改变言不由衷、消极被动的朗读状态，就要明确朗读目的，认真备稿，加强思想感情，增强语感，切实把握语气的色彩和分量，使语流符合朗读规律。

明确朗读目的就是要做到以事明人、以理服人、以情感人；备稿就是要把握主次关系，具体感受情节，达到有动于衷。这里的感受包含两个方面：一个是形象感受，就是要在头脑里情景再现；另一个是逻辑感受，就是要明确文章的起承转合及脉络。

第二节　朗读技巧

王世贞评价谢灵运的诗："然至秾丽之极，而反若平淡，琢磨之极，而更似天然。"此语道出了运用技巧的要求和运用技巧所应达到的效果。朗读必须在有准备的情况下进行，朗读的准备本身就是一项重要的备课内容。朗读的准备包括分析和理解作品，具体感受作品，了解对象，扫清文字障碍，对文章部分片断注上技巧符号，以作朗读提示。其中分析理解作品、感受作品尤为重要。从作品内容出发，从逻辑分析入手，深刻感受作品，抓住朗读四要素（朗读内容、朗读目的、朗读对象和朗读技能）的训练方法，是掌握朗读技能技巧的有效途径。

一、朗读的准备

进行朗读前，应该对作品有所了解，做一些准备工作，使朗读能顺利进行。朗读的准备主要有：

1. 掌握作品的主题

熟悉作品，从理性上把握作品的思想内容和精神实质。只有透彻地理解，才能有深切的感受，才能准确地把握作品的情感与节奏，正确地表现作品的思想感情，明确地传达朗读目的和意图。主题就是作品的中心思想，归纳中心思想，有利于把握作品的精神实质，所以主题归纳应明确、具体、有感染力。

2. 了解作品的背景

了解作者当时的思想和作品的时代背景，包括作品内容的历史背景、作品的写作背景和朗读时所处的朗读背景，尤以朗读背景为分析和理解的重点。分析时，要紧密联系作品，注意针对性，抓主流，抓本质。

3. 分析作品的结构层次

层次是作品的结构和布局。自然段是作品结构的基本单位，要从朗读出发对自然段作进一步的整理。整理的方法有归并和划分两种。归并是把内在联系比较紧的段落合为一个层次，或把内在联系比较紧的层次合为一个部分。划分是把一个自然段里的内容分成几个小层次。层次的整理有利于对作品发展脉络的把握。归并利于把握整体，划分利于体味局部。

4. 掌握作品的重点

作品中最集中、最典型地表现主题的地方，最得力、最生动地体现目的的地方，最凝聚、最浓厚地抒发感情的地方，最直接、最恰当地感染听众的地方，都属于重点。根据不同体裁作品的特点，作品的重点应不同：对于抒情性作品，应着重熟悉其抒情线索和感情格调；对于叙事作品，应着重熟悉作品的情节与人物性格；对于议论文，需要通过逐段分析理解，抓住中心论点和各分论点，明确文章的论据和论述方法；对于说明文，应抓住文章的说明次序和说明方法。

5. 明确朗读的目的

朗读目的指朗读一篇作品时在德、智、美三方面实现其社会意义和作用。明确、正确、富有感染力的目的，是贯串朗读全过程的一根红线。

6. 确定朗读作品的基调

基调是作品总的感情色彩和分量；基调是分析理解的结果，是思想感情与具体作品内容相融会的结晶；基调是总体稳定和局部变化的统一；基调往往是复合的，如岳飞的《满江红》是凝重的，也是豪放的；基调也应该是理解与表达的统一。

7. 具体感受作品

为了使朗读更富有感情，应试者应该通过想象，具体感受作品。朗读感受是把思维引向情感的桥梁。通过它，我们把文字词语还原为客观事物，把作者的笔下物变为我们的心中物。

二、分清朗读对象

俗话说："说话要看对象。"朗读也一样，朗读对象不同，理解能力不同，朗读速度和方法的处理就有别。同样是朗读童话故事《卖火柴的小女孩》，假如朗读对象是幼儿园的小朋友，由于小朋友的词汇量有限，理解能力比较低下，朗读时就要用孩子们喜欢的语调，做到字字清楚、语速缓慢，能够让小朋友理解故事内容，朗读基调不应过分悲伤；假如朗读对象是六年级小学生，朗读时就要渲染出悲惨的氛围，朗读速度不可太慢，要注意环境描写的句子，让学生体味到小姑娘贫穷可怜的境况；假如朗读对象是大、中学生，朗读时除了注意朗读基调外，还应注意节奏、轻重音和对内在语的把握，给学生以更多的启迪、强烈的感染以及遐想。朗读时，眼睛要时时注视听众，以捕捉种种信息，与听众进行感情交流。

三、朗读具有独特的美学价值

由于汉语是音形义的载体，所以各种文体经过朗读之后都会呈现出不同的美学价值。诗歌讲究音韵的和谐，饱含丰富的想象和热烈的感情。诗歌通过朗读呈现出一种凝练匀称之美，这是其最独特的美感。散文是一种自由灵活、文情并茂的文学体裁，有的如行云流水，舒卷自如；有的任意挥洒，轻快活泼，不拘一格，散得开，收得拢，分合自如。通过朗读，散文的这种流畅灵动之美就能活脱脱地展现给听众。小说不像诗歌那样要讲究音节格律，也不像散文那样偏于抒写内心的感受，更不像戏剧那样受到舞台的空间限制，它可以通过人物对话、行动、外貌和心理活动，细致地刻画人物性格；可以通过人物的意识流动，揭示心灵的奥秘；也可以通过环境气氛的渲染、烘托，显示人物的个性特征；有时还可以发挥想象，运用虚构的手法，揭示人物性格的发展或表现人物之间错综复杂的关系，多角度、多方面地来描写人物，创造典型环境中的典型性格和典型形象。小说人物描写方法的多样性，是任何文学体裁都无法比拟的，所以朗读能够使小说呈现出铺陈对照之美。议论文不同于记叙文的文学语体，又不同于说明文的科学语体，也不同于公文的事务语体，它讲究抽象性、概括性和严密性，要求表达准确、中肯、鲜明。它的逻辑推理之美和思想之美唯有朗读才能体味出来。作为中华文化精髓的文言文，言简意赅，立意清晰，内涵深远，耐人寻味，其精简古朴之美唯有朗读方能呈现并细细品味。

四、掌握朗读的表达方法

朗读的表达方法，是实现朗读目的的重要手段。为此，朗读方法应分两步训练：第一步是"内部心理状态"训练，包括形象感受、逻辑感受、内在语、语气等；第二步是"外部表达技巧"训练，包括停连、重音、语势、节奏等。这些都将在下面两节进行详尽的讲述。

第三节 心理状态训练

俗话说："言为心声。"有什么样的心理感受，就会传达出什么样的声音，所以在朗读时一定要注意调节好心理状态，做足由内而外的功课。

一、形象感受的运用

要达到形象感受的训练目标就是学会在作品形象性词语的刺激下，感触到客观世界的种种事物以及事物的发展、运动状态，使表现情景、物、人、事、理的文字符号在朗读者内心活起来，如闻其声、如见其人、如临其境。

朗读者的形象感受，来源于作品中的词语对朗读者内心进行刺激而引起的对客观事物的感知、体会和思考，是"感之于外，受之于心"而形成的。朗读者要善于抓住那些表现事物形象的"实词"，透过文字，"目击其物"，好像"看到、听到、嗅到、尝到、伸手即可得到"一样，使作品中的情景、物、人、事、理在朗读者内心"活"起来，形成"内心视像"。朗读者自身的经历、经验和知识积蓄，是形成"内心视像"的重要条件。朗读者要善于发挥记忆、联想和再造想象的能力，以增强有声语言表达的感染力。

如朗读《卖火柴的小女孩》第一段："天冷极了，下着雪，又快黑了。"加点的这些实词，刺激着朗读者的视觉、触觉等，因此，朗读者不应仅把它们看成白纸黑字，而应透过这些形象的字词，产生视觉联想，"看到"雪花、天黑，从而"感到"冷极了。

【朗读练习】

1. 朗读杨朔《荔枝蜜》（节选）

热心肠的同志为我也弄到两瓶。一开瓶子塞儿，就是那么一股甜香；调上半杯一喝，甜香里带着股清气，很有点鲜荔枝味儿。

2. 朗读荀子《劝学》（节选）

故不积跬步，无以至千里；不积小流，无以成江海。骐骥一跃，不能十步；驽马十驾，功在不舍。锲而舍之，朽木不折；锲而不舍，金石可镂。

3. 朗读朱自清《春》（节选）

小草偷偷地从土里钻出来，嫩嫩的，绿绿的。园子里，田野里，瞧去，一大片一大片满是的。坐着，躺着，打两个滚，踢几脚球，赛几趟跑，捉几回迷藏。风轻悄悄的，草软绵绵的。

4. 朗读茅盾《白杨礼赞》（节选）

那是力争上游的一种树，笔直的干，笔直的枝。它的干呢，通常是丈把高，像是加以人工似的，一丈以内，绝无旁枝；它所有的桠枝呢，一律向上，而且紧紧靠拢，也像是加以人工似的，成为一束，绝无横斜逸出；它的宽大的叶子也是片片向上，几乎没有斜生的，更不用说倒垂了；它的皮，光滑而有银色的晕圈，微微泛出淡青色。这是虽在北方的风雪的压迫下却保持着倔强挺立的一种树！哪怕只有碗来粗细罢，它却努力向上发展，高到丈许，两丈，参天耸立，不折不挠，对抗着西北风。

二、逻辑感受的运用

对于写景状物的名篇，我们要加强形象方面的感受能力，而对侧重叙事说理的文章则要加强逻辑方面的感受能力。朗读时，在朗读者头脑中形成作品中的概念、判断、推理、论证，以及全篇的思想发展脉络、层次、语句之间的内在联系，就是逻辑感受。

朗读者应学会将作品中的主次、并列、转折、递进、对比、总括等"文路"，在逻辑感受过程中转化为自己的思路，进而形成内心的"语流"，以提高有声语言表达的征服力。

逻辑感受主要体现在两个方面：目的要明确，不能似是而非；脉络要清晰，不能模棱两可。

如朗读《论鲁迅》（毛泽东）中的一段话：

我们纪念他，\不仅因为他的文章写得好，是一个伟大的文学家，\而且因为他是一个民族解放的急先锋，给革命以很大的助力。\\他并不是共产党组织中的一人，\\然而他的思想、行动、著作，都是马克思主义的。

朗读议论性作品时，要重视在组成语言链条中起着重要作用的虚词。在上述这段话中，这些虚词显示了作者议论的重心所在。

【朗读练习】

1. 朗读茅盾《白杨礼赞》（节选）

这就是白杨树，西北极普通的一种树，然而决不是平凡的树！

2. 朗读林光如《最糟糕的发明》（节选）

填埋废弃塑料袋、塑料餐盒的土地，不能生长庄稼和树木，造成土地板结。而焚烧处理这些塑料垃圾，则会释放出多种化学有毒气体，其中一种称为二噁英的化合物，毒性极大。

三、内在语的运用

没有内涵的语言是苍白的，要听懂言外之意，就必须学会表达言外之音。内在语在戏剧艺术上又称为"潜台词"，具有深厚语言功底的艺术家总是善于捕捉和表达蕴藏在语词下的深层意蕴。

内在语是为朗读目的服务的。没有内在语，有声语言就失去了光彩和生命。要学会在朗读中运用"内在语"的力量，赋予语言一定的思想态度和感情色彩。

朗读时，内在语要像一股巨大的潜流，在朗读者的语言中不断滚动，赋予有声语言以生命。内在语的潜流越厚，朗读也就越有深度，越有"味儿"。作品中的某些词语或句子，有时并不服从其直接含义或表明意思。例如，用"恳求"的语气表示命令，用"命令"的语气表示劝告，"亲爱的"可表达恨，"你真坏"可以是"你真好"；又如"你为什么没去上学"这句话可以表达出亲切询问、严厉责问、冷嘲热讽、疑惑好奇等不同的内在语义。

【朗读练习】

1. 朗读 10 号作品《父亲的爱》（节选）

爸完全不知道怎样表达爱。除非……会不会是他已经表达了，而我却未能察觉？

2. 朗读 3 号作品《丑石》（节选）

我感到自己的无知，也感到了丑石的伟大，我甚至怨恨它这么多年竟会默默地忍受着这一切！

四、语气的运用

声音受气息支配，气息则由感情决定，而感情的引发又受朗读目的和语境的制约。朗读者应学会将情、气、声三者融为一体，并能运用自如，以增强有声语言的表现力。"语"是通过声音表现出来的"话语"；"气"是支撑声音表现出来的话语的"气息状态"，它包含内在的思想感情的色彩和分量——"神"，以及外在的快慢、高低、强弱、虚实的声音形式——"形"。

语气的感情色彩，主要指语句所包含的是非和爱憎。是非是指态度方面的具体性质，是赞扬、支持、亲切、活泼，还是批评、反对、严肃、郑重等；爱憎是指感情方面的具体性质，是喜悦、热爱、焦急，还是悲伤、憎恨、冷漠等。

语气色彩的把握主要在于准确贴切、丰富细腻。准确贴切就要做到：在具体的语言环境中把握语句的感情色彩，避免见字生情、见句生情；抓住不同语句的个性色彩，避免模棱两可，似是而非。丰富细腻就要做到：把握不同语句同样感情色彩之间层次上的差异；把握同一语句里色彩的多样化特点。语气色彩的把握关键在于理解感受准确具体，朗读目的明确。

语气的分量是指"在把握语气感情色彩的基础上，区分是非、爱憎的不同分寸的'度'"。强调语气的分量，就是要求我们掌握语气感情的分寸、火候，表达时不温不火，恰到好处。语气的分量可以从两方面去把握：一是语气感情色彩本身的级差；二是外部相关因素影响下态度分寸方面的级差。语气的分量分为重度、中度和轻度。重度包括凝重、深重、浓重；中度则稍次之；轻度也分轻松、轻快、轻柔、轻淡。重、中、轻的区别，也要有不同的层级，如最、很、较等的相对差异。

不同的感情色彩需要通过不同的声音形式来表现，在两者之间是有一定规律可循的。张颂先生在《朗读学》中对表现不同感情色彩的气息、声音、口腔状态的特点进行了如下概括：

爱则气徐声柔：口腔宽松，气息深长。

憎则气足声硬：口腔紧窄，气息猛塞。

悲则气沉声缓：口腔如负重，气息如尽竭。

喜则气满声高：口似千里轻舟，气息似不绝清流。

惧则气提声凝：口腔像冰封，气息像倒流。

欲则气多声放：口腔积极敞开，气息力求畅达。

急则气短声促：口腔似飞剑流星，气息如穿梭。

冷则气少声平：口腔松软，气息微弱。

怒则气粗声重：口腔如鼓，气息如橡。

疑则气细声黏：口腔欲松还紧，气息欲连还断。

朗读实践告诉我们：只有感情上的千变万化，才有气息上的千姿百态，也才有声音上的变化多端。而感情的引发却受朗读目的和语言环境的制约。

【语气练习】

1. 朗读 51 号作品《一个美丽的故事》（节选）

你很聪明，你的作文写得非常感人，请放心，妈妈肯定会格外喜欢你的，老师肯定会格外喜欢你的，大家肯定会格外喜欢你的。

2. 朗读 22 号作品《可爱的小鸟》（节选）

瞧，它多美丽，娇巧的小嘴，啄理着绿色的羽毛，鸭子样的扁脚，呈现出春草的鹅黄。

3. 朗读15号作品《胡适的白话电报》（节选）

一次，胡适正讲得得意的时候，一位姓魏的学生突然站了起来，生气地问："胡先生，难道说白话文就毫无缺点吗？"胡适微笑着回答说："没有。"那位学生更加激动了："肯定有！白话文废话太多，打电报用字多，花钱多。"

4. 朗读14号作品《和时间赛跑》（节选）

读小学的时候，我的外祖母去世了。

5. 朗读16号作品《火光》（节选）

"好啦，谢天谢地！"我高兴地说，"马上就到过夜的地方啦！"

6. 朗读27号作品《麻雀》（节选）

我的狗慢慢向它靠近，忽然，从附近一棵树上飞下一只黑胸脯的老麻雀，像一颗石子似的落到狗的跟前。老麻雀全身倒竖着羽毛，惊恐万状，发出绝望、凄惨的叫声，接着向露出牙齿、大张着的狗嘴扑去。

7. 朗读27号作品《麻雀》（节选）

老麻雀是猛扑下来救护幼雀的。它用身体掩护着自己的幼儿……但它整个小小的身体因恐怖而战栗着，它小小的声音也变得粗暴嘶哑。它在牺牲自己！

8. 朗读5号作品《第一场雪》（节选）

今天早晨，天放晴了，太阳出来了。推开门一看，嗬！好大的雪啊！山川、河流、树木、房屋，全都罩上了一层厚厚的雪，万里江山，变成了粉妆玉砌的世界。

第四节　表达技巧训练

朗读技巧包括停连、重音、语势和节奏四个方面，它们既各有侧重，互相区别，又具有共性，互相沟通。要切实提高朗读技巧，就必须加强这四个方面的训练。

一、停连

停连是指出于表情达意的需要，声音出现中断或连接。"当断不断，反受其乱；该连不连，语义难全；有断有连，方能扣人心弦。"这句话表达的就是选择合适时机停连的原因。

（一）停连的要求

停连必须根据作品内容和具体语句安排停连，并以思想感情的运动状态为前提，不能乱停乱连；必须从读和听双方面的需要考虑停连，读是主导方面，但不能随心所欲。

标点符号是断句的重要参考，但无须因此而束手束脚。标点是为看懂断句而设的，声音的停顿和连接才是为了听的，要敢于大胆突破。如"它的果实埋在地里，不像桃子、石榴、苹果那样，把鲜红嫩绿的果实高高地挂在枝头上，使人一见就生爱慕之心"，"桃子、石榴、苹果"就可以连起来读。

一般而言，句子越长，内容越丰富，停顿就越多；句子越短，内容越浅显，停顿就越少。感情凝重深沉时，停顿较多；感情欢快急切时，连接较紧。只要有两个词相组合，就有停连问题。停顿时间长，表示组合关系松动，或统领其后，余味较长；停顿时间短，表示前后关系较紧密，或受制于前，或要求速进。如"著名教育家班杰明／曾经接到一个青年人的求救电话，并与那个／向往成功、渴望指点的青年人／约好了见面的时间和地点"，有"／"的地方表示声音的间歇。

停连必须与重音、语气及节奏一起共同完成朗读的音声化再创作，永远不是单独起作用的。停连位置和时间的确定，主要考虑区分语意、表达感情、表示强调。如"石拱桥在世界桥梁史上出现得比较早，这种桥／不但／形式优美，而且／结构坚固，能几十年几百年甚至上千年雄跨在江河之上，在交通方面发挥作用"。

（二）停连的类别

根据停连的位置和时间，停连被划分为十类：

（1）区分性停连——区分语意、顺畅语句，以求听众一听就懂，不会造成歧义，产生误会。

在文章中词与短语、句与句、层与层、部分与部分之间都有区分性停连。如"最贵的一张／值八百美元"；"她看到／儿子有些奇怪，就对他说：'这是粮店的刘同志。'"以上两处停连，有利于表意显豁。要善于辨别运用停连技巧后，语义关系是趋于明确、正确，还是变得模糊、错误，这是运用区分性停连的关键。

（2）呼应性停连——在理清语句本意的基础上，分析前后语句之间的照应关系。

要分清是一呼一应、一呼多应还是多呼一应或先呼后应。在一呼多应中，要理清多应之间的关系，是并列、递进还是其他关系。"我们必须强调／学习马克思主义理论的重要性。"这一句"强调"是呼，"学习的重要性"是应。"他／当过演员，在大学里教过书，还干了几天电工。""总之，我们要拿来。我们要／或使用，或存放，或毁灭。"这两句属于一呼多应。在连的方式上要讲究一些，语势不能太弱、语流不能太平，还要注意大呼大应之间可能有小呼小应，小呼小应的时间和分量不能超过大呼大应，小呼小应之间的关系也应照顾到。

（3）并列性停连——这是最容易理解和掌握的一个类型，因为有标志性的连词和标点符号提示我们。

当句子中有"和、与、跟、同、及"或者顿号时，就涉及并列关系。并列词的两端或者顿号的两端是否是平等关系，停连的时间和方式是否一定相同，这要灵活处理。"在我国发现的 / 中国猿人、马坝人及山顶洞人，分别属于 / 猿人、古人和新人阶段。"句中有关系词"及、和"揭示并列关系。"一个夏天，太阳 / 暖暖地照着，海 / 在很远的地方奔腾怒吼，绿叶 / 在树枝上飒飒地响。"这一句虽然没有关系词，但其结构是相同的。

（4）分合性停连——一般用在分合句式上，这种句式一般有领起句、分说句和总括句，停连的位置一般在分合的交叉点上。

"这些石狮子，有的母子相抱，有的交头接耳，有的像倾听水声…… / 千态万状，惟妙惟肖。""这些"领起，"有的交头接耳，有的像倾听水声"分说，"千态万状，惟妙惟肖"总括。宜在总括句前停连，领起句后面则不安排停连，否则，语句会显得比较零碎。

（5）强调性停连——与重音有密切的关系，是用得最多的一种。

"森林爷爷的脚伸在很深很深的泥土里，任凭风魔王怎么摇，他还是 / 稳稳地站着"，强调"稳稳地"。强调性停连有时候反映一定的观点倾向和感情色彩，"要知道，/ 给 / 永远比拿 / 愉快"，强调"给"的主动奉献精神。

（6）判断性停连——清楚表达思考过程的脉络和思维过程中的感受，主要是在判断和思索的地方进行停连。

"世间一切事务中，人 / 是第一个可宝贵的。"在"人"后停顿，给人以思索评判的时间。

（7）转换性停连——利用停连将语意和感情色彩的转换表现出来。

注意先在心里实现转换，嘴上才能出声。"清早出发的时候，天气晴朗暖和，/ 没想到中午突然刮起了暴风，下起了大雪，气温急剧下降。"在"没想到"前要有较长时间的停顿，才能显示出突变性。

（8）生理性停连——特定的语噎、哽咽、生命垂危时的叮咛、气喘吁吁的报告、个别人物的口吃等，就属于生理性停连。

运用时要注意把握好分寸，只能给予象征性的表现，能够提点传神即可，点到为止。"这时候，他用力把我往上一顶，一下子把我甩在一边，大声说：'快离开我，咱们两个不能都牺牲！……要……要记住 / 革命！'"这一句主要体现战士罹难前的临危不惧以及坚决革命的信念。

（9）回味性停连——这是为了加深听者的印象，引发其思考和回味。

"只见灵车去，不见 / 总理 / 归"，表现了对总理的无限哀思。"然后他待在那儿，头靠着墙壁，话也不说，只是向我们做了一个手势：'散学了，你们／走吧'"，流露出老师的无奈与不舍。

（10）灵活性停连——在语意清晰、语言链条完整、思想感情运动状态活跃的基础上，常常运用灵活性停连，或移动停顿位置，或延长、缩短停顿时间，或增加、减少连接。

灵活性停连属于不违原作的技巧性处理，给人以新鲜活泼的感觉。"我已经说过：我向来是不惮以最坏的恶意来推测中国人的。但这回却很有几点出乎我的意料。一是／当局者竟会这样凶残，一是流言家／竟至如此之下劣，一是／中国的女性／临难竟能如此之从容。"这样的停连既能显示出文章的结构，又能突出表现出对"中国的女性"的崇敬之情。

（三）停连的处理方法

在一句话说完和还没有说完时，停连的处理方法是不同的。

（1）在一句话说完的时候，停顿要和句子的收势结合起来。这种收的具体形态有以下几类：急收、缓收、强收和弱收。

①急收。

急收指收音音节实在、简短、干脆利落，显得果断、急促、迅速。如"这以后的路，卢进勇走得特别快。^（"^"表声音的间歇，下同）天黑的时候，他追上了后卫部队"。唯有干净利索才能表现出卢进勇行动的迅速。

②缓收。

缓收指收音舒缓、松弛，甚至可以字字延长，表现深厚隽永的情感。如"让你感到像是走进了连绵不断的画卷，真是'舟行碧波上，人在画中游～'"（"～"表声音的延长，下同）。此句中用舒缓的节奏，才能烘托出令人流连忘返的桂林美景。

③强收。

强收指收音音节用力声大，一字千钧，坚定豪迈。如"我希望每个人都成为具有共产主义风格的人^"。表现出说话者的强烈希望。

④弱收。

弱收指收音音节用力小些，平稳而安适。如"我们乘着木船，荡舟漓江，来观赏桂林的山水^"。不着急、很惬意是浏览美景前的心情。

（2）在一句话还没有说完时的句中出现了停连，那么停连中既要有上句的收，又要有下句的起，具体形态有以下几类：停前扬收、停前徐收、停后缓起、停后突起。

①停前扬收。

停前扬收是指停前音节上行，造成起伏和推进感。如"抬望眼，仰天长啸～，壮怀激烈"。这种波澜起伏才能表现出一种至大至刚的气概之美。

②停前徐收。

停前徐收是指停前音节稍稍拖长，造成欲断还连的效果，使听者有所期待。如"记得楼前是一片园林，不是山。这到底是～什么幻景呢"？表现出作者的困惑猜测。

③停后缓起。

停后缓起是指停顿以后，后半句的开头音节慢慢出口。如"一口口的米酒千万句话，长江大河～起浪花"一句中，"长江大河"缓缓送出，显出壮阔、旷远。

④停后突起。

停后突起是指停后急吸气、急发声、快吐字。如"他下意识地把手插进裤袋里，～意外地，手指触到了一点黏黏的东西"一句中，"意外地"突起，显出突然性。

（3）与停顿时间长短密疏相关的，还有个连接的缓急问题，可分为停而紧连和停而缓连。

①停而紧连。

停而紧连是指有停顿，但时间很短，即使有标点也稍顿即走。句子之间、段落之间也可酌情使用，造成积极行进、一往无前的紧张气氛和较强的动作感。如"团长一声令下：'团旗！上！'我＾跃出战壕，高举红旗，向敌人的阵地＾冲上去"。表现出战斗的紧张气氛以及人物行动的果敢迅速。

②停而缓连。

停而缓连是指有停顿，但在停顿的空隙里填上延长的音节、吸气声，也可屏息，与后面词语连为一体，产生一种震撼人心的深沉呼喊的效果，称为"停而缓连"。如"你的人民＾世世代代想念你！想念你啊～～～，想念你，～～～想～～～念～～～你～～～"其中的波浪线，就是前一音节韵尾的延长和吸气声填充的"缓连"，然后是一个短暂的停顿。

一般而言，朗读情绪高昂、欢快的作品连多停少，情绪低沉、抑郁的作品停多连少。例如《十里长街送总理》："人们常常幸福地看到周总理，看到他矫健的身躯，慈祥的面庞。然而今天，他静静地躺在灵车里，越去越远，＾和我们～永别了！"又如《春》："园子里，田野里，瞧去，一大片一大片满是的……"读时前一个逗号间要连，后一个逗号间也要连，这样才能突出表现到处都是绿色的特点。

【停连练习】

1. 闯王一边一个亲兵持枪而立。

2. 妈妈忙里忙外，烧完了热水，又端饺子，又端卤菜，香味伴着腾腾的热气在屋里弥漫。

3. 他十六岁上大学，二十岁读研究生，二十三岁参加工作。

4. 床前明月光，疑是地上霜。（李白《静夜思》）

5. 你丢下自已的小孙孙，把伤员背进了防空洞。当你再回去抢救小孙孙的时候，房子已经炸平了。（魏巍《依依惜别的深情》）

6. 他蓦地抽回手去，深深地吸了一口气，用尽所有的力气举起手来，直指着正北方向："好，好同志……你……你……你把它带给……"（王愿坚《七根火柴》）

7. 只要有一粒种子——这粒种子也不管是你有意种植的，还是随意丢落的，也不管是风吹来的，还是从飞鸟的嘴里跌落的，总之，只要有一粒种子，它就不择地势，不畏严寒酷热，随处茁壮地生长起来了。（陶铸《松树的风格》）

二、重音

在朗读中，为了准确地表达语意和思想感情，有时会强调那些起重要作用的词或短语，被强调的这个词或短语通常叫重音。同样一句话，如果把不同的词或短语确定为重音，由于重音不同，整个句子的意思也就会发生很大的变化。例如：

A. 我请你跳舞（请你跳舞的不是别人）

B. 我请你跳舞（怎么样，给面子吧?）

C. 我请你跳舞（不请别人）

D. 我请你跳舞（不是请你唱歌）

重音位置不同，意思也就不一样了。平时要仔细体味，处理好重音，表意才能更准确传神。

（一）确定重音的依据

1. 依据结构

一般句子中需要重读的有：短句中的谓语、宾语、定语、状语、补语、某些代词。这类重音叫作语法重音或意群重音。这类重音在朗读时不必过分强调，只要比其他音节读得重些就可以了。

（1）主谓句式中的谓语。例如：风停了，雨住了，太阳出来了。

（2）动宾结构中的宾语。例如：上网、打的、创造新生活。

（3）定语、状语、补语比中心语稍重。例如：虽然都是极熟的朋友，却是终年难得一见。

（4）疑问代词和指示代词。例如：他什么都知道。

（5）比喻句中的喻体和比喻。例如：春天像小姑娘，花枝招展的，笑着，走着。

2. 依据语意和感情

有些句子或由于构造复杂，或由于表意曲折，或由于感情特殊，它的重音必须联系上下文，对它细加观察，进行认真推敲，尤其要把它放到特定的语言环境中加以考察，才能确定其重音，这类重音通常叫作逻辑重音（强调重音）和感情重音。

（二）重音类型

1. 突出语意区别的重音

这类重音意在显示语意中的某些差异，这些差异往往是句意的重心所在，必须加以强调。其中有：

（1）并列性的重音。例如：

当然，能够只是送出去，也不算坏事情，一者见得丰富，二者见得大度。（鲁迅《拿来主义》）

（2）对比性的重音。例如：

我爱热闹，也爱冷静，爱群居，也爱独处。（朱自清《荷塘月色》）

（3）排比性的重音。例如：

它既不需要谁来施肥，也不需要谁来灌溉。狂风吹不倒它，洪水淹不没它，严寒冻不死它，干旱旱不坏它。它只是一味地无忧无虑地生长。（陶铸《松树的风格》）

2. 突出句子关系的重音

这类重音意在表现句子（特别是复句）中的各种不同的语法关系，以此来强调分句间具有某种内在的逻辑关系。其中有：

（1）转折性的重音。例如：

他们可以承担一个浩大的战争，可以承担重建家园的种种艰辛，可是却承担不了如此沉重的离情。（魏巍《依依惜别的深情》）

（2）呼应性的重音。例如：

用什么来表达自己的心意呢？战士们又有什么呢，他们只有一双结着硬茧的手，一颗赤诚的心。（魏巍《依依惜别的深情》）

3. 突出修辞色彩的重音

这类重音意在鲜明地体现句子中的某些修辞现象，这些不同修辞色彩的语言是表现力最强的地方，最能体现文章的旨意。

（1）词语的锤炼。例如：

真的猛士，敢于直面惨淡的人生，敢于正视淋漓的鲜血。（鲁迅《记念刘和

珍君》)

（2）比喻。重读文章中的比喻性词语，可以使被比喻的事物生动形象，加深对所描写的事物或阐明的道理的理解。但要注意，有比喻词的比喻句，不要重读比喻词"像""好像""仿佛"等。例如：

如果说瞿塘峡像一道闸门，那么巫峡简直像江上一条迂回曲折的画廊。(刘白羽《长江三峡》)

（3）夸张。文学作品中常用夸张的手法来表现人或事物的某一特征，表达作者对人或事物的感情态度，并引起读者的共鸣，使读者获得对事物的深刻印象。例如：

每年特别是水灾、旱灾的时候，这些在日本厂里有门路的带工，就亲身或者派人到他们家乡或者灾荒区域，用他们多年熟练了的，可以将一根稻草讲成金条的嘴巴，去游说那些无力"饲养"可又不忍让他们的儿女饿死的同乡……(夏衍《包身工》)

（4）借代。例如：

你杀死一个李公朴，就会有千百个李公朴站起来！(闻一多《最后一次演讲》)

（5）双关。例如：

繁漪：好，你去吧！小心，现在，(望窗外，自语)风暴就要起来了！(曹禺《雷雨》)

（6）反语。例如：

中国军队的屠戮妇婴的伟绩，八国联军惩创学生的武功，不幸全被这几缕血痕抹杀了。(鲁迅《记念刘和珍君》)

（7）联珠。例如：

他比先前并没有什么大改变，单是老了些，但也还未留胡子，一见面是寒暄，寒暄之后说我"胖了"，说我"胖了"之后即大骂其新党。(鲁迅《祝福》)

（8）反复。例如：

盼望着，盼望着，东风来了，春天的脚步近了。(朱自清《春》)

（三）重音的确定方法

（1）读重音的应该是突出语句目的的中心词。这类词，指那些在语句中占主导地位和最能揭示语句本质意义的词或词组。它们是准确、鲜明地传达语句目的的核心。

（2）读重音的应该是体现逻辑关系的对应词。这类词是指那些具有转折、呼应、对比、并列、递进等作用的词语。它们是语句目的实现过程中的重要逻辑线索。

（3）读重音应该是渲染感情色彩的关键词。这类词是指那些对显露丰富的感情色彩、情景神态和烘托气氛等起重要作用的比喻、拟声以及其他形容性的词或词语。它们可以使特定环境中的语句目的生动形象地突显出来。

（四）表达重音的方法

确定重音之后的工作就是表达重音。重音的表达方式切忌单一，它与停连、语气节奏等技巧有直接的关系，特别是与语气的关系密切。重音与外部技巧的融合运用是建立在内部技巧融会贯通的基础上的。表达重音的方式实际上就是使重音的词或短语从语句中"冒出来"。一般可以运用以下方法来表达重音：

第一，高低强弱法。

欲高先低，欲强先弱，低后渐高，弱中渐强。高低指的是音高的高低，强弱指的是音强的强弱。值得注意的是，用重音强调重音时音量不一定很大，主要体现在音强上。无论是高低音还是强弱音的运用都要让感情流露自然。有时，在表达极为复杂而细腻的感情时，可以降低音高，加强音势，将重音低而有力地轻轻吐出。这样，往往比简单地增加音高、加大音量效果好。例如：

（1）牛郎的前边忽然出现了一条天河。（《牛郎织女》）（强化重音，加强音量）

（2）最难忘十年文化大革命啊，周总理睡得最少，最少。（石祥《周总理办公室的灯光》）（轻化重音，减少音强）

第二，快慢停连法。

快带次重音和非重音，放慢或延长音节来强调重音，在强调重音时还可在重音前后运用停顿和连接的技巧。对于号召性、鼓动性的话语，呼口号、发口令和表现某种特别强烈的感情时，重音音节往往需要延长。例如：

（1）他静静地听着，一会儿就听见女子们上岸的声音。（《牛郎织女》）（延长重音）

（2）有这么一个传说：古时候，天上有十个太阳，晒得地面寸草不生。《太阳》（在"十"前停，以唤起注意）

第三，虚实转换法。

虚实指的是用声的状态和声音的弹性使用。虚中转实，实中转虚，尤其是实中转虚的方法较为常用。例如：

（1）漓江的水真静啊，静得让你感觉不到它在流动；漓江的水真清啊，清得可以看见江底的沙石；漓江的水真绿啊，绿得仿佛那是一块无瑕的翡翠。（陈淼《桂林山水》）（虚声以显示"静、清、绿"的特点）

（2）烈火在他身上烧了半个多钟头，才渐渐地熄灭，这个伟大的战士，直到最后一息，也没有挪动一寸地方，没有发出一声呻吟。（李元兴《我的战友邱少云》）（实声以显示战士的坚忍勇敢）

此外，重音与停连常常是互相配合的，许多停顿前或停顿后的音节往往是重音，而有重音的地方往往需要停顿。这一点，可以在练习中体会。

（五）重音和巧妙运用重音的表达方式的一些基本原则

其一，重音贵精不贵多。确定重音应有立得住脚的道理，否则就放过它。

其二，处理好重音与非重音、重音与次重音、重音与重音、非重音与非重音之间的关系。总之，要用重音的提领把次重音、非重音和谐组织起来。

其三，重音的表达要注意分寸，过犹不及。

其四，把握重音首先要综观全篇，从全文的宏观角度体会作品意图和主要内容，然后落实到具体的语句当中。

【重音练习】

1. 朗读 21 号作品《捐诚》（节选）

我两次把那微不足道的一点儿钱捧给他们，只想对他们说声"谢谢"。

2. 朗读那 18 号作品《家乡的桥》（节选）

家乡的桥啊，我梦中的桥！

3. 朗读 51 号作品《一个美丽的故事》（节选）

是的，智力可以受损，但爱永远不会！

4. 朗读 55 号作品《站在历史的枝头微笑》（节选）

人生不能像某些鱼类躺着游，人生也不能像某些兽类爬着走，而应该站着向前行，这才是人类应有的生存姿态。

三、语势

有声语言的表达是动态的，一个个字、一句句话从我们的口中流淌出来就形成了不断起伏的语流。思想感情的不断运动是语流曲折性的内在力量，口腔、气息、声音的丰富变化是语流曲折变化的关键。语流的曲折性和波浪式，是语气丰富变化的外部特征。语势指一个句子在思想感情运动状态下声音的态势，或者说，是有声语言升降平曲、高低起伏的发展趋向。它是通过控制声带的松紧来实现的。句调由平升高，高亢激昂，称为"扬"；句调先平后降，低沉持重，称为"抑"；句调缺少变化，平缓舒展，称为"平"；句调升降频繁，起伏不定，称为"曲"。但有声语言的句调是千变万化的，除独词句外，每一语句的声调都不是简单地直线上升、下降或者只是简单地先升后降或先降后升，而是从句首、句腰到句尾，语流的音高总是起伏变化呈波浪形向前运动的。因此，可以说曲折性是句调的根本属性。

（一）语势的种类

1. 波峰类

波峰类即声音的发展态势由低向高再向低行进，状如波峰。例如："世界上没有花的国家是没有的。""花"就处于波峰的位置，句头、句尾的词略低。

2. 波谷类

波谷类即声音由高向低再向高发展，就是句头、句尾较高，句腰较低，状如波谷。例如："乔治·华盛顿是美利坚合众国的第一任总统。"（《上将与下士》，李云喜译）句中的呼应出现在句首和句尾。

3. 上山类（也叫起潮类）

上山类指声音由低向高发展，即句头最低，句尾最高，状如登山。不过，有时是步步高，有时是盘旋而上。例如："让暴风雨／来得／更猛烈些吧！……"（高尔基《海燕》）分三级盘旋而上，声音逐级加强，句末最高。

4. 下山类（也叫落潮类）

下山类的特点是句头最高，而后顺势而下，状如下山。应注意的是它有时是直线而下，有时是呈蜿蜒曲折的态势。例如："就在那年秋天，母亲离我们去了。"（马如琴《小河》）声音逐级减弱放慢，句末最低最慢。

5. 半起类

半起类的特点是句头较低，而后呈上行趋势，行至中途，气提声止。由于没有行至最高点，所以称为半起。例如："这到底是什么幻景呢？"（杨朔《荔枝蜜》）句末气提声止，犹有疑问。

语势的这种起伏变化往往受句子重音的制约（弱中加强型的重音一般处于波峰上，强中显弱型的重音一般处于波谷内）。同时，每一语句的绝对音高以及波峰波谷间的音差大小等又在整篇文章的基调、上下文（所在语段及其前后的语句）语境等的制约下，呈现出多姿多彩的变化形式，并没有固定的格式。

（二）如何避免语势单一

在符合语句内容的前提下，为避免单一语势的重复出现，形成固定腔调，我们要掌握以下几点要求：

1. 句头起点不宜相同

每句话开始时的声音状态、口腔状态、气息状态都应有所区别。如果我们把语势的变化幅度假设为5度，那么，在你说的每句话的开头，起点高度不要一样。

2. 句腰波形不宜相同

每句话的波形尽量避免一样，也就是同一种波形不要连续使用。如果不可避免，应根据语句的具体情况，形成它们的差别。

3．句尾落点不宜相同

每句话结束的落点最好不要在同一高度，声音的轻重缓急、气息的虚实强弱、口腔的松紧宽窄等都应有所不同。

以杨朔的《荔枝蜜》为例：

①今年四月，我到广东从化温泉小住了几天。②那里四周是山，环抱着一潭春水。③那又浓又翠的景色，简直是一幅青绿山水画。

这三句的句头起点不宜相同，①为3，②为2，③为4；句腰波形不宜相同，①为波谷类，②为波峰类，③为上山类；句尾落点不宜相同，①为4，②为3，③为5。这样的处理，读起来才能既符合文义，又有变化。

【语势练习】

1．人生路上难免有挫折。

2．它总是绕着我又叫又跳。

3．到了黄昏，七彩霓虹灯一亮！

4．我心爱的小狗失踪了！

5．妈妈！你在哪儿？

四、节奏

语气以语句为单位，节奏以全篇为单位。节奏是指在朗读中根据作品感情表达的需要所表现出来的有规律的高低起伏、抑扬顿挫的语音变化形式。朗读要真实反映作品感情的波动，就要在语音上通过相应的变化体现出来，而且这种变化必须是有规律的，才能听起来舒服，能够产生美感。一次，一位意大利音乐家上台表演，他没有唱歌，而是把数字有节奏地、有变化地从 1 数到 100，结果所有的观众都为之倾倒，甚至有的感动得流下了眼泪，可见节奏在生活中多么重要。

（一）节奏的分类

不同的节奏在朗读中也会表现出不同的思想感情，使听者产生不同的感受。按照张颂《朗读学》中的划分方法，朗读的节奏可分为六种类型：

一是轻快型。

这种类型的声音多扬少抑，多轻少重，语节少而词的密度大，语速较快。基本语气、基本转换都偏于轻快，如《又是一年芳草绿》《春之声》《春》等。

二是凝重型。

这种类型语势较平稳，音强而着力，多抑少扬，语节多而词疏。基本语气、基本转换都显得凝重，如《怀念萧珊》《叶圣陶先生二三事》《听听那冷雨》《春望》等。

三是低沉型。

这种类型声音偏暗偏沉，语势多为落潮类，句尾落点多显沉重，语节多长，语速较缓，如《声声慢》《雨巷》《登高》等。

四是高亢型。

这种类型声音多明亮高昂，语速偏快，语势多为起潮类，峰峰紧连，扬而更扬，势不可遏。基本语气、基本转换明显带有昂扬激越的特点，如《天狗》《光的赞歌》《西风颂》《将进酒》等。

五是舒缓型。

这种类型语势多扬而少坠，声较高而不着力，语节内较疏但不多顿，气流长而声清。基本语气、基本转换较为舒展徐缓，如《春江花月夜》《都江堰》《滁州西涧》等。

六是紧张型。

这种类型声音多扬少抑，多重少轻，语节内密度大，气促而音短。基本语气、基本转换都较为急促、紧张，如《蜀道难》《老人与海》《塞下曲》等。

各种类型特点，在重点句、重点段体现得更为明显。其中轻快型、高亢型和紧张型属于快节奏，凝重型、低沉型和舒缓型属于慢节奏类型。

（二）确定节奏快慢的几个原则

1. 感情原则

根据感情的需要，选择节奏的快慢：紧张、焦急、慌乱、热烈、欢畅的心情宜用快节奏，沉重、悲痛、缅怀、悼念、失望的心情宜用慢节奏；辩论、争吵、急呼宜用快节奏，闲谈、絮语宜用慢节奏。

2. 语境原则

根据语言的环境调整：急剧变化发展的场面宜用快节奏，平静、严肃的场面宜用慢节奏；作者的抨击、斥责、控诉、雄辩宜用快节奏，一般的记叙、说明、追忆宜用慢节奏。

3. 内容原则

朗读时的节奏须与情境相适应，根据思想内容、故事情节、人物个性、环境背景、感情语气和语言特色来处理。当然，节奏的快慢在一篇作品中并不是一成不变的，它要根据具体的内容有所变化。

（三）节奏美的体现方式

具体来说，形式整齐大致匀称的音节、反复吟咏的旋律、重复叠用的字词、长短错落的句子、骈散结合的文体等，都会产生音乐般的节奏美。为了体现节奏美，我们可以布韵，用上几个像散文诗那样押韵的句子；还可以利用句式上的对应，包括运用对比句和对偶句，造成对称之美；还可以利用排比句，增强语势；

也可以用复沓，反复使用形式和意义相近的词、句、段加深印象，加强感染力；利用层递，即一层递一层的方式强化节奏感，增强说服力和感染力；还有联珠和回环，联珠具有蝉联续接的特点，回环则具有回环往复的魅力，适当地运用它们，就能形成荡气回肠的节奏美。

（四）节奏与停连、重音、语气的关系

节奏、停连、重音和语气是构成朗读技巧的主要因素，但在朗读过程中，这四者并不是各司其职，而是互相联系，互相影响，形成一个有机整体，综合发挥作用的。停连、重音是基础，而单纯的停连、重音又毫无意义，语气往往要通过停连、重音、节奏的综合运用来体现，而节奏也要借助于停连、重音的技巧并且要通过准确体会作品内在语气的变化才能更好地把握。所以，在朗读中，各种技巧都不是单独使用的，应当根据思想感情表达的需要，综合把握，灵活运用，这样才能取得好的效果。

（五）节奏和语速

语速是指说话速度的快慢。速度的快慢，是语言节奏的主要标志，是有声语言表情达意的重要手段。一般而言，语速与语言的内在节奏是一致的。快速，可表现急迫、紧张；慢速，则可表现安闲、平静。如果节奏的快慢处理恰当，往往能够生动形象地反映生活图景，烘托环境气氛，加强口语效果，产生较强的艺术感染力。节奏与语速有关系，但不是一回事，语速只表示说话的快慢，节奏还包括起伏、强弱。

世间一切事物的运动状态和一切人在不同情境下的思想感情总是千差万别的。朗读各种文章时，要正确地表现各种不同的生活现象和人们各种不同的思想感情，就必须采取与之相适应的不同的朗读速度。语速受以下四方面因素的制约：

一是听众的年龄、知识结构、心理因素和生理因素。跟青少年交际，因他们精力充沛，思维敏捷，反应快，语速可以稍快些。如果跟老年人和小孩交际，速度应稍慢，使他们听清楚，易接受。

二是作品的思想内容。通俗易懂的宜快，晦涩深奥的宜慢；描写叙述的宜快，哲理论说的宜慢；环境的描述可轻快一些，紧张情节的叙述可急迫一些。有时为了调动听者的想象力，语流可作短时中断，留下"空白"，可收到"此时无声胜有声"的表达效果。

三是环境因素。不同的空间距离，不同的会场气氛，不同的听者情绪，对语速有不同的要求。

四是作品体裁。记事要读得快些，记言要读得慢些；诗歌一般比散文慢；在诗歌中，旧体诗一般比新体诗慢。此外，论说文应比一般散文慢；同是论说文，理论性较强的专论比一般论文慢。

朗读任何一篇文章，都不能自始至终采用一成不变的速度。朗读者要根据作者的感情起伏和事物的发展变化随时调整自己的朗读速度。在朗读过程中实现朗读速度的转换是朗读取得成功的重要一环。读得快时，要特别注意吐字的清晰，不能为了读得快而含混不清，甚至"吃字"；读得慢时，要特别注意声音的明朗实在，不能因为读得慢而显得疲疲沓沓。总之，在掌握朗读的速度时要做到"快而不乱"及"慢而不拖"。

【节奏练习】

1. 像野马在旷野追逐，像羚羊在草原跃进，用铿锵的脚步踏响大地，用坚忍的毅力向前飞奔。

2. 春天的阳光暖暖地照下来，和风拂过他们恬静的脸上，每一双阅读的眼睛，都因为专注而显得特别明亮。他们读书时平和宁静的身影，在我们生活的每个角落里，成为最迷人的一幅画像。

第五节　各种文体的朗读

文学体裁从大的方面讲，有记叙文、议论文、说明文、诗歌、剧本之分，而记叙文又可分为小说、散文、寓言、童话等，还有与现代文相对而言的文言文。文体不同，作品的内容和结构就有所区别。只有在深刻理解作品内容的基础上，才能准确地把握作品，才能设计语音的具体形象，把原作的思想感情传神地表达出来。

一、记叙文的朗读

记叙文，是从常用文体的角度来讲的，它包括小说、散文、特写、通讯报道、寓言、童话等具备记叙文要素的常用文体。记叙文的朗读，总的要求是：把握作品基调，进而确定朗读的方法和技巧。

（一）小说的朗读

朗读小说时，首先就是研究小说中叙述的性质和作者对这些叙述的整体及各个部分的态度。只有理解了这种性质和作者的态度以后，我们才能在朗读中正确而充分地表达小说的思想感情。

朗读小说时应尽量把小说中作者叙述的语言与人物交际的语言区分开来。叙述的语言要读得低些，人物对话则要读得高些。人物的语言往往最能体现人物的思想性格，因此要注意人物的年龄、性别、身份、地位、性格等个性因素，处理好人物对话间的衔接，能够从这个人物很快转到另一个人物，通过语言表达把不同人物逼真地显现出来。对于不同人物的对话，朗读时主要是强调人物说了些什么而不是强调人物是怎样说的，要从传达内容的目的出发，以我们自己的语言为基础进行朗读，不需要改变自己的声音去扮演多种人物角色。

（二）散文的朗读

广义的散文是指一切用散文的语言所写的作品，是区别于韵文的不讲究韵律的文章。狭义的散文是指文学作品中除了诗、小说、剧本等以外的各种文学形式。这里的散文，是指狭义的属于文学作品的散文。

朗读散文，首先要注意把握好散文的节奏。适当运用停连，妥善处理重音，朗读才能显示出应有的节奏感。如果不顾语言节奏，就会妨碍语言和情绪的表达。散文在结构上"形散而神不散"，这里的"神"是指贯穿全篇的灵魂，也就是作品的思想感情。好的散文都紧紧围绕作品所要表达的思想和所要体现的情感来展开全篇，写出作者的爱与憎、赞美与批评、讽刺与同情。朗读时要体现情感发展脉络，明确作品中流露的或激昂或低沉或明快或舒缓的情感节奏。

朗读散文，还要注意作品的侧重点。散文的内容多种多样，它的取材十分自由，可以写天下大事、时代风云，也可以写花鸟草虫，还可以写人世沧桑。只要作者思想深刻，具有一定的艺术表现力，即使选取细小题材，也可以写出以小见大、寓意深刻的散文。朗读散文，总的来说语气要比诗歌更接近于生活中的口语，并略慢于口语，尽量像述说自己的亲身经历一样，使读者如临其境，如见其人，如闻其声，喜闻乐听。

（三）寓言的朗读

寓言是一种蕴含着深刻含义的简短故事。它常用假托的故事或自然物的拟人手法来说明某个道理或教训，让读者体会、领悟，从中获得启发和教育。寓言故事生动、形象、具体，特别受少年儿童欢迎。

对描绘部分，要读得生动形象，通过有声语言把描写的景物等展现在听众面前。描写细腻之处，要从容，留出间隙，让听众有接受的时间。这样才能使开头或结尾的点题显得有说服力。

寓言中的对话，可以读得比口语夸张，但不能刻意去学那些动物的声音或样子，以免冲淡了作品的思想性——只要读出逼真的语调即可。如朗读《狼和小羊》这篇寓言时，要运用语调的变化，刻画出小羊的天真无辜和狼的蛮横无理，只要把狼说话的声音念得粗声粗气，把小羊说话的声音念得比较细弱就行，不宜过分渲染和装腔作势。

有的寓言，作者运用反复的手法写作。对重复的部分，朗读时应运用语气和语调的变化来体现对比，从而突出语意。对开头、结尾的告诫或讽刺部分，可用稍高的声音，以突出语意。

总之，朗读寓言要围绕寓意，用较慢的速度、讲故事的语气和轻松的语调，要流露出明显的告诫及幽默讽刺的意味。

（四）童话的朗读

童话是一种富有幻想色彩的儿童故事。它能帮助少年儿童认识世界，唤起儿童对神奇的自然界和人类社会的兴趣与关心。同时，它还有助于发展儿童的思维，丰富儿童的想象力，给儿童以美的享受，激发儿童的创造欲望。

朗读童话时，一定要处理好情节的发展与人物活动之间的关系，用有声语言使听众明白什么是好的，哪些是应该反对的，从而陶冶孩子们的情感世界。通过声音体现出童话中的角色跟所扮演的人类角色的联系和相似之处，把"人性"和"物性"统一起来。

对于童话中人物的对话，在准备朗读前，应根据人物的特点，提前设计人物的不同声调和节奏，可以作适度的夸张，这样才能使童话人物相互区别，才能读得更清楚、更生动，但不要刻意追求形似，做到神似即可。

朗读童话，最重要的是读好开头和结尾。一般而言，好的童话都很注意处理好开头，能把孩子们引入一个遥远的或幻想的世界。朗读童话时，开头就要利用声音形象，调动听众的联想力和想象力，使他们进入"童话世界"，这样才能吸引他们的注意力，达到寓教于乐的目的。朗读童话的结尾时，要意味深长，留给听众以想象的余地。这样不仅能使他们的情感世界受到熏陶，而且可以深化他们关于世界和人生的认识。

二、议论文的朗读

议论文，是指有感而发，对某一件事发表自己的意见、观点、看法而形成的文章，包括演讲稿、辩论词以及随笔等。从广义上来看，也有人把随笔归入散文，但随笔跟抒情散文是完全不同的文体，随笔是一种议论文。

议论文有明确的观点，符合逻辑的论证过程，应该脉络清楚，条理分明，重点突出。所以，议论文的朗读应该具有以下几个特点：

（1）声音明亮清晰，这是因为在文章中要明确地亮出作者的观点，而且是毫不犹豫的。为了表现坚决的态度，应该使用明亮的音色，在发音时，要使自己的发音器官肌肉紧绷，这样声音就不会显得拖泥带水。

（2）语句重音作用明显，因为在议论文中有大量的议论，为了论证，一定会有所强调，所以语句重音就显示出特别重要的作用。

（3）层次分明，在议论文中的思考和议论必然有一定的脉络和思路，由此带着听众一步步走向结论，所以必须是层次分明的，朗读时必须运用音量的大小、速度的快慢等因素逐步推动结论的出现，这也就是全文的高潮所在。

但是通常情况下，绝少议论文是纯粹的论，就像抒情文中也有论道的情况，而叙述文也当然可能包含了道理和感情。至于如何将文章的层次、内涵掌握得恰到好处，就在于个人多读之后的某种体会，这是基本必备的条件；最重要的是要读得自然而顺畅，让听众听后发自内心感受到美。

三、说明文的朗读

说明文具有条理清楚、结构严谨的特点。我们在朗读时不需要像朗读记叙文、寓言等文章那样投入一定的情感，但是需要通过朗读把说明的事物特点清晰地展示在听众面前。

说明文的朗读基调应较平实；在语速、停连等方面可以用叙述的语气把文章读得正确，强调说明文中所介绍事物的特点，使听众理解说明文的内容，在朗读中发展思维。

说明文对科学知识的说明，是按序列层层展开的。为了让听众把握好说明文内在的逻辑结构，在朗读时主要靠正确的停连、节奏的变化将说明顺序揭示出来，使听众凭借朗读就能感受到文章的内在逻辑结构。

四、诗歌的朗读

诗歌的特点是感情充沛、节奏鲜明。诗歌是最宜朗读的，也是必须通过朗读来显示其语言的音乐美的。诗歌的朗读除了要严格按照前面所讲的要求来准备外，还要注意以下几点：

首先要深入领会诗的语言和意境，使自己和诗人的思想感情融为一体，与诗人产生共鸣，要特别注意处理好感情的起伏变化，朗读起来才能以情带声、生动感人，既要把诗歌的丰富感情充分表达出来，又要避免千篇一律的大喊大叫，把诗歌真正念"活"。

其次要做到声断情不断，用感情联系跳跃的结构。诗歌概括性强，常常抓住最能有力地表达感情的几个镜头进行跳跃式的描写，诗段与诗节之间也常有较大的跳跃。朗读时，要特别注意发挥想象力补充出那些文字没有写出来的内容，运用语调的变化，把前后连贯起来，使感情延续下来。

再次是分好"音步"。"音步"即一句诗用停顿分成的间隔，又叫节拍或节奏。它可以使人感到句式的变化，产生鲜明的节奏感，便于思考和理解。古诗音步固定，新诗不很整齐，长句子一般可分为三四个音步，特别短的只有一个音步。音步里包含音节多的，读起来要紧凑，少的则舒缓，使两者所占时间大致相同。

最后是要读好韵脚。古诗平仄对仗，韵律严整；新诗无平仄要求，但讲求语势的抑扬。新诗古诗都讲求押韵，韵脚宜拖长字音显示，不宜用重音突出，否则会冲淡逻辑重音，影响语意的表达。

五、剧本的朗读

剧本的朗读主要是剧本台词的朗读。剧本台词具有行动性和性格化等特点。

我们在处理角色台词的时候，首先要从人物的语言行动入手，只有把握人物准确的语言行动，才能把角色的台词说清楚，让听众在听得见、听得清、听得懂的基础上，给人以艺术的美感和享受，运用独具个性魅力的台词表达，生动地刻画人物性格，鲜活地创造人物形象。

在处理角色台词时，除了掌握人物的语言行动外，还要创造出富有鲜明个性的性格化台词。朗读者不能总是用自己本身固有的语言习惯，或者是一种固定的腔调去处理各种角色的台词，而是要抓住丰富多样性的特点，创造出一个个准确、鲜明、生动、多彩的性格化的角色台词来。

六、文言文的朗读

文言文是我国古代优秀文化的宝贵遗产。古语云："读书百遍，其义自见。""熟读唐诗三百首，不会作诗也会吟。"

文言文的朗读首先要能读准字音，对文章的字词也就能有所掌握。如一词多义，同一个词，在不同的语言环境中，其读音、意义、用法都不相同。古文的句式有其独特之处，一句话，在哪停顿，往往会影响句子的意思。如果读错句读，就不能正确理解句意，甚至会曲解文意。

其次是理解作者寄寓文中的喜怒哀乐之情和沉郁顿挫、奔腾激越的情感。这些情感蕴于无声的语言中，要通过朗读将其外化，就需要先定出感情基调，再据此确定正确的朗读方法，让诵者在诵读时达到眼观文、口出声、耳悦音、心会义、神会情的多重效果，在抑扬顿挫、轻重舒缓中领悟情感。

再次要掌握正确的朗读方法。一是注意重音。重音处理得好，才能准确地表情达意。高音显得响亮，表示兴奋、喜悦的感情；低音显得幽沉，表示肃穆、悲哀的感情。二是注意语调。语调指由于思想感情、语言环境的不同，或为达到某种表达效果，在声音上表现出来的升降、高低的变化。诵读时，根据内容处理好语调的平淡、上升，才能更好地把握作者的感情。三是注意节奏。诵读中的节奏须着眼于全篇。感情欢快的，宜用快节奏；感情忧郁的，宜用慢节奏。

最后是读出韵味。了解虚词所表达的感慨、哀叹、疑惑等语气，读出结构齐整、运用对比等修辞手法的句子所表达的感情。

文言文言简意赅，一篇短短的文章往往包含着非常丰富的思想内容，特别是故事性较强的古文。我们应该通过反复诵读体会古文的精髓，提高我们的文化素养。

【朗读练习】

1. 朗读诗歌：

再别康桥

徐志摩

轻轻的，我走了，
正如我轻轻的来；
我轻轻的招手，
作别西天的云彩。

那河畔的金柳，
是夕阳中的新娘，
波光里的艳影，
在我的心头荡漾。

软泥上的青荇，
油油的在水底招摇；
在康河的柔波里，
我甘心做一条水草！

那榆荫下的一潭，
不是清泉，是天上虹，

揉碎在浮藻间，
沉淀着彩虹似的梦。

寻梦？撑一支长篙，
向青草更青处漫溯，
满载一船星辉，
在星辉斑斓里放歌。

但我不能放歌，
悄悄是别离的笙箫；
夏虫也为我沉默，
沉默是今晚的康桥！

悄悄的我走了，
正如我悄悄的来；
我挥一挥衣袖，
不带走一片云彩。

宣州谢朓楼饯别校书叔云

李　白

弃我去者，昨日之日不可留；乱我心者，今日之日多烦忧。
长风万里送秋雁，对此可以酣高楼。
蓬莱文章建安骨，中间小谢又清发。
俱怀逸兴壮思飞，欲上青天揽明月。
抽刀断水水更流，举杯消愁愁更愁。
人生在世不称意，明朝散发弄扁舟。

2. 朗读剧本：曹禺的《雷雨》（片段）

周：梅家的一个年轻小姐，很贤惠，也很规矩。有一天夜里，忽然地投水死了。后来，后来——你知道吗？（周朴园故作与鲁侍萍闲谈状，以便探听一些情况）

鲁：这个梅姑娘倒是有一天晚上跳的河，可是不是一个，她手里抱着一个刚生下三天的男孩，听人说她生前是不规矩的。（侍萍回忆悲痛的往事，又想极力克制怨愤，以免周朴园认出）

鲁：我前几天还见着她！

周：什么？她就在这儿？此地？（表现周朴园的吃惊与紧张）

鲁：老爷，您想见一见她么？（鲁故意试探）

周：不，不，不用。（表现周朴园的慌乱与心虚）

周：我看过去的事不必再提了吧。

鲁：我要提，我要提，我闷了三十年了！（表现鲁侍萍极度的悲愤以至于喊叫）

3. 朗读寓言：《狼和小羊》

狼来到小溪边，看见小羊在那儿喝水。

狼非常想吃小羊，就故意找碴儿，说："你把我喝的水弄脏了！你安的什么心？"

小羊吃了一惊，温和地说："我怎么会把您喝的水弄脏呢？您站在上游，水是从您那儿流到我这儿来的，不是从我这儿流到您那儿去的。"

狼气冲冲地说："就算这样吧，你总是个坏家伙！我听说，去年你在背地里说我的坏话！"

可怜的小羊喊道："啊，亲爱的狼先生，那是不可能的，去年我还没有生下来哪！"

狼不想再争辩了，龇着牙，逼近小羊，大声嚷道："你这个小坏蛋！说我坏话的不是你就是你爸爸，反正都一样。"说着就往小羊身上扑去。

第六节　朗读作品注音及朗读提示

作品朗读主要考查应试者的语音准确程度、材料熟悉程度、语调准确程度和朗读流畅程度四个方面。

语音准确程度的评分标准是：每读错一个字扣 0.1 分；有声母、韵母系统性缺陷酌情扣 0.5～1 分。因此，朗读时应注意字音的准确度。在练习时宜先用铅笔（以便熟悉后擦掉）标出课文中的平舌音字、翘舌音字、生僻字或自己的问题字等重要词语，反复读记；重视停顿前的字的规范发音，声调要读得比较饱满；准确读出多音词在特定语境下的正确读音，准确读出轻声词、"一"和"不"的变调、上声的变调、儿化词以及语气词"啊"的变音。

材料熟悉程度的评分标准是：增读、漏读、改读音节作错误计算，每个扣0.1分；停连断句不当，视程度扣0.5～2分。因此在前面熟记标准字音的基础上，所有作品都应该通读至少三遍，并对长句进行适当的语词切分。

语调准确程度的评分标准是：出现字调、句调、轻重音、音变的失误，酌情扣0.5～2分。所以要认真跟读作品，掌握基本句调，加强单字声调的训练，尤其是阳平、上声；认真读好轻声词、"一"和"不"的变调和上声的变调。

朗读流畅程度的评分标准是：出现疙瘩、结巴、频繁回读等现象的要酌情扣0.5～2分；如果涉及停连不当问题，结合相应的评分标准加扣。因此要多读作品，熟悉每篇作品；严防回读，平时练习时就要避免，对于平时总是读不准的字词，最好单独挑出来先练习五六遍，然后再进行整句、整段、整篇的练习；练习时，应该有句的概念，以句为单位进行练习，防止"字化"和"词化"现象。

下面将分列60篇作品及其注音，每一篇作品的难点音都会有读音提示，还会对部分长句子进行断句划分。

Zuòpǐn 1 Hào

Nà shì lìzhēng shàngyóu de yī zhǒng shù, bǐzhí de gàn, bǐzhí de zhī. Tā de gàn ne, tōngcháng shì zhàng bǎ gāo, xiàngshì jiāyǐ réngōng shìde, yī zhàng yǐnèi, juéwú pángzhī; tā suǒyǒu de yāzhī ne, yīlù xiàngshàng, érqiě jǐnjǐn kàolǒng, yě xiàngshì jiāyǐ réngōng shìde, chéngwéi yī shù, juéwú héng xié yì chū; tā de kuāndà de yèzi yě shì piànpiàn xiàngshàng, jīhū méi · yǒu xié shēng de, gèng bùyòng shuō dàochuíle; tā de pí, guānghuá ér yǒu yínsè de yùnquān, wēiwēi fànchū dànqīngsè. Zhè shù suī zài běifāng de fēngxuě de yāpò xià què bǎochízhe juéjiàng tǐnglì de yī zhǒng shù! Nǎpà zhǐyǒu wǎn lái cūxì ba, tā què nǔlì xiàngshàng fāzhǎn, gāo dào zhàng xǔ, liǎng zhàng, cāntiān sǒnglì, bùzhé－bùnáo, duìkàngzhe xīběifēng.

Zhè jiùshì báiyángshù, xīběi jí pǔtōng de yī zhǒng shù, rán'ér jué bùshì píngfán de shù!

Tā méi · yǒu pósuō de zītài, méi · yǒu qūqū pánxuán de qiúzhī, yěxǔ nǐ yào shuō tā bù měilì, ——Rúguǒ měi shì zhuān zhǐ "pósuō" huò "héng xié yì chū" zhīlèi ér yán, nàme, báiyángshù suàn · bù · dé shù zhōng de hǎo nǚ · zǐ; dànshì tā què shì wěi'àn, zhèngzhí, pǔzhì, yánsù, yě bù quēfá wēnhé, gèng bùyòng tí tā de jiānqiáng bùqū yǔ tǐngbá, tā shì shù zhōng de wěizhàngfu! Dāng nǐ zài jīxuě chū róng de gāoyuán · shàng zǒuguò, kàn · jiàn píngtǎn de dàdì · shàng àorán tǐnglì zhème yī zhū huò yī pái báiyángshù, nándào nǐ jiù zhǐ juéde shù zhǐshì shù, nándào nǐ jiù bù xiǎngdào tā de pǔzhì, yánsù, jiānqiáng bùqū, zhìshǎo yě xiàngzhēngle běifāng de nóngmín; nándào nǐ jìng yīdiǎnr yě bù liánxiǎng dào, zài díhòu de guǎngdà tǔ//dì· shàng, dàochù yǒu jiānqiáng bùqū, jiù xiàng zhè báiyángshù yīyàng àorán tǐnglì de shǒuwèi tāmen jiāxiāng de shàobīng! Nándào nǐ yòu bù gèng yuǎn yīdiǎnr xiǎng dào zhèyàng zhīzhī – yèyè kàojǐn tuánjié, lìqiú shàngjìn de báiyángshù, wǎnrán xiàngzhēngle jīntiān zài Huáběi Píngyuán zònghéng juédàng yòng xuè xiěchū xīn zhōngguó lìshǐ de nà zhǒng jīngshén hé yìzhì.

（Jiéxuǎn zì Máo Dùn《Báiyáng Lǐ Zàn》）

作品1号

　　那是力争上游的一种①树，笔直的干，笔直的枝。它的干呢，通常是丈把高，像是加以人工似的②，一丈③以内，绝无旁枝；它所有的桠枝④呢，一律⑤向上，而且⑥紧紧靠拢，也像是加以人工似的，成为一束⑦，绝无横斜逸出；它的宽大的叶子也是片片向上，几乎⑧没有斜生的，更不用⑨说倒垂⑩了；它的皮，光滑而有银色的晕圈⑪，微微泛出淡青色。这是虽在北方的风雪的压迫下却保持着倔强挺立⑫的一种树！哪怕只有碗来粗细罢⑬，它却努力向上发展，高到丈许，两丈，参天耸立，不折不挠，对抗着西北风。

　　这就是白杨树，西北极普通的一种树，然而决不是⑭平凡的树！

　　它没有婆娑⑮的姿态，没有屈曲⑯盘旋的虬枝⑰，也许你要说它不美丽，——如果美是专指"婆娑"或"横斜逸出"之类而言，那么，白杨树算不得树中的好女子⑱；但是它却是伟岸，正直，朴质，严肃，也不缺乏温和，更不用提它的坚强不屈与挺拔，它是树中的伟丈夫！当你在积雪初融的高原上走过，看见平坦的大地上傲然挺立这么一株⑲或一排⑳白杨树，难道你就只觉得树只是树，难道你就不想到它的朴质，严肃，坚强不屈，至少也象征了北方的农民；难道你竟一点儿㉑也不联想到，在敌后的广大土//地上，到处有坚强不屈，就像这白杨树一样傲然挺立的守卫他们家乡的哨兵！难道你又不更远一点想到这样枝枝叶叶靠紧团结，力求上进的白杨树，宛然象征了今天在华北平原纵横决荡用血写出新中国历史的那种精神和意志。

（节选自茅盾《白杨礼赞》）

【朗读提示】

　　①一种：读为 yì zhǒng。②似的：读为 shìde。③一丈：读为 yí zhàng。④桠枝：读为 yāzhī。⑤一律：读为 yílǜ。⑥而且：读为 érqiě。⑦一束：读为 yí shù。⑧几乎：读为 jīhū。⑨不用：读为 búyòng。⑩倒垂：读为 dàochuí。⑪晕圈：读为 yùnquān。⑫倔强挺立：读为

juéjiàng tǐnglì。⑬罢：读为 ba。⑭不是：读为 búshì。⑮婆娑：读为 pósuō。⑯屈曲：读为 qūqū。⑰虬枝：读为 qiúzhī。⑱好女子：读为 hǎo nǚ·zǐ。⑲一株：读为 yì zhū。⑳一排：读为 yì pái。㉑一点儿：读为 yìdiǎnr。

1. 必读轻声词

的、呢、着、了、罢、似的、叶子、那么、伟丈夫、觉得、这么、他们

2. 读为次轻音

没有、算不得、女子、高原上、看见、大地上、土地上

3. 停连提示

（1）这是/虽在北方的风雪的压迫下/却保持着/倔强挺立的一种树！

（2）当你/在积雪初融的高原上/走过，看见/平坦的大地上/傲然挺立/这么/一株或一排白杨树……

Zuòpǐn 2 Hào

Liǎng gè tónglíng de niánqīngrén tóngshí shòugù yú yī jiā diànpù，bìngqiě ná tóngyàng de xīnshui。

Kěshì yī duàn shíjiān hòu，jiào Ānuòdé de nàge xiǎohuǒzi qīngyún zhíshàng，ér nàge jiào Bùlǔnuò de xiǎohuǒzi què réng zài yuándì tàbù。Bùlǔnuò hěn bù mǎnyì lǎobǎn de bù gōngzhèng dàiyù。Zhōngyú yǒu yī tiān tā dào lǎobǎn nàr fā láo·sāo le。Lǎobǎn yībiān nàixīn de tīngzhe tā de bào·yuàn，yībiān zài xīn·lǐ pánsuanzhe zěnyàng xiàng tā jiěshì qīngchu tā hé Ānuòdé zhījiān de chābié。

"Bùlǔnuò xiānsheng，" Lǎobǎn kāikǒu shuōhuà le，"Nín xiànzài dào jíshì·shàng qù yīxià，kànkan jīntiān zǎoshang yǒu shénme mài de。"

Bùlǔnuò cóng jíshì·shàng huí·lái xiàng lǎobǎn huìbào shuō，jīnzǎo jíshì·shàng zhǐyǒu yī gè nóngmín lāle yī chē tǔdòu zài mài。

"Yǒu duōshao？" Lǎobǎn wèn。

Bùlǔnuò gǎnkuài dài·shàng màozi yòu pǎodào jí·shàng，ránhòu huí·lái gàosu lǎobǎn yīgòng sìshí dài tǔdòu。

"Jiàgé shì duōshao？"

Bùlǔnuò yòu dì－sān cì pǎodào jí·shàng wènláile jiàgé。

"Hǎo ba，" Lǎobǎn duì tā shuō，"Xiànzài qǐng nín zuòdào zhè bǎ yǐzi·shàng yī jù huà yě bùyào shuō，kànkan Ānuòdé zěnme shuō。"

Ānuòdé hěn kuài jiù cóng jíshì·shàng huí·láile。Xiàng lǎobǎn huìbào shuō dào xiànzài wéizhǐ zhǐyǒu yī gè nóngmín zài mài tǔdòu，yīgòng sìshí kǒudai，jiàgé shì duōshao duōshao；tǔdòu zhìliàng hěn bùcuò，tā dài huí·lái yī gè ràng lǎobǎn kànkan。Zhège nóngmín yī gè zhōngtóu yǐhòu hái huì nònglái jǐ xiāng xīhóngshì，jù tā kàn jiàgé fēicháng gōngdào. Zuótiān tāmen pùzi de xīhóngshì mài de hěn kuài, kù cún yǐ·jīng bù //duō le. Tā xiǎng zhème piányi de xīhóngshì, lǎobǎn kěndìng huì yào jìn yīxiē de, suǒyǐ tā bùjǐn dàihuíle yī gè xīhóngshì zuò yàngpǐn, érqiě bǎ nàge nóngmín yě dài·lái le, tā xiànzài zhèngzài wài·miàn děng huíhuà ne.

Cǐshí lǎobǎn zhuǎnxiàngle Bùlǔnuò, shuō:"Xiànzài nín kěndìng zhī·dào wèishénme Ānuòdé de xīnshui bǐ nín gāo le ba!"

(Jiéxuǎn zì Zhāng Jiànpéng、Hú Zúqīng zhǔbiān《Gùshì Shídài》zhōng《Chābié》)

作品 2 号

两个同龄的年轻人同时受雇于①一家店铺，并且拿同样的薪水。

可是一段时间后，叫阿诺德的那个小伙子青云直上，而②那个叫布鲁诺的小伙子却仍在原地踏步。布鲁诺很不满意老板的不公正待遇。终于有一天③他到老板那儿④发牢骚了。老板一边耐心地听着他的抱怨，一边在心里盘算着怎样向他解释清楚他和阿诺德之间的差别⑤。

"布鲁诺先生，"老板开口说话了，"您现在到集市上去一下⑥，看看今天早上有什么卖的。"

布鲁诺从集市上回来向老板汇报说，今早集市上只有一个⑦农民拉了一车⑧土豆在卖。

"有多少？"老板问。

布鲁诺赶快戴上帽子又跑到集上，然后回来告诉老板一共⑨四十袋土豆。

"价格是多少？"

布鲁诺又第三次跑到集上问来了价格。

"好吧，"老板对他说，"现在请您坐到这把椅子上一句话⑩也不要说，看看阿诺德怎么说。"

阿诺德很快就从集市上回来了。向老板汇报说到现在为止只有一个农民在卖土豆，一共四十口袋，价格是多少多少；土豆质量很不错⑪，他带回来一个让老板看看。这个农民一个钟头以后还会弄来几箱西红柿，据他看价格非常公道。昨天他们铺子的西红柿卖得很快，库存已经不//多了。他想这么便宜的西红柿，老板肯定会要进一些的，所以他不仅带回了一个西红柿做样品，而且把那个农民也带来了，他现在正在外面等回话呢。

此时老板转向了布鲁诺，说："现在您肯定知道为什么阿诺德的薪水比您高了吧!"

(节选自张健鹏、胡足青主编《故事时代》中《差别》)

【朗读提示】

①于：读为 yú。②而：读为 ér。③一天：读为 yì tiān。④那儿：读为 nàr。⑤差别：读为 chābié。⑥一下：读为 yíxià。⑦一个：读为 yí gè。⑧一车：读为 yì chē。⑨一共：读为 yígòng。⑩一句话：读为 yí jù huà。⑪不错：读为 búcuò。

1. 必读轻声词

的、地、得、着、了、吧、薪水、那个、小伙子、盘算、清楚、先生、看看、早上、什么、多少、帽子、告诉、椅子、怎么、口袋、这个、他们、铺子、这么、便宜、为什么

2. 读为次轻音

牢骚、抱怨、心里、集市上、回来、集上、戴上、椅子上、已经、带来、外面、知道

3. 停连提示

（1）老板一边/耐心地听着他的抱怨，一边/在心里盘算着/怎样向他解释清楚/他和阿诺德之间的差别。

（2）向老板汇报说/到现在为止/只有一个农民在卖土豆，一共四十口袋，价格是多少多少；土豆质量/很不错，他带回来一个/让老板看看。

Zuòpǐn 3 Hào

Wǒ chángcháng yíhàn wǒ jiā mén qián nà kuài chǒu shí: Tā hēiyǒuyǒu de wò zài nà · lǐ, niú shìde múyàng; shéi yě bù zhī · dào shì shénme shíhou liú zài zhè · lǐ de, shéi yě bù qù lǐhuì tā. Zhǐ shì màishōu shíjié, mén qián tānle màizi, nǎinai zǒngshì shuō: Zhè kuài chǒu shí, duō zhàn dìmiàn ya, chōukòng bǎ tā bānzǒu ba.

Tā bù xiàng hànbáiyù nàyàng de xìnì, kěyǐ kèzì diāohuā, yě bù xiàng dà qīngshí nàyàng de guānghuá, kěyǐ gōng lái huànshā chuíbù. Tā jìngjìng de wò zài nà · lǐ, yuàn biān de huáiyīn méi · yǒu bìfù tā, huā'ér yě bùzài zài tā shēnbiān shēngzhǎng. Huāngcǎo biàn fányǎn chū · lái, zhīwàn shàngxià, mànmàn de, tā jìng xiùshàngle lùtái、hēibān. Wǒmen zhèxiē zuò húizi de, yě tǎoyàn · qǐ tā lái, céng héhuǒ yào bānzǒu tā, dàn lìqì yòu bùzú; suī shíshí zhòumà tā, xiánqì tā, yě wúkě－nàihé, zhǐhǎo rèn tā liú zài nà · lǐ le.

Zhōng yǒu yī rì, cūnzi · lǐ láile yī gè tiānwénxuéjiā. Tā zài wǒ jiā mén qián lùguò, tūrán fāxiàn le zhè kuài shítou, yǎnguāng lìjí jiù lāzhíle. Tā zài méi · yǒu líkāi, jiù zhùle xià · lái; yǐhòu yòu lái le hǎoxiē rén, dōu shuō zhè shì yī kuài yǔnshí, cóng tiān · shàng luò xià · lái yǐ · jīng yǒu èr－sān bǎi nián le, shì yī jiàn liǎobuqǐ de dōngxi. Bùjiǔ biàn láile chē, xiǎoxīn－yìyì de jiāng tā yùnzǒu le.

Zhè shǐ wǒmen dōu hěn jīngqí! Zhè yòu guài yòu chǒu de shítou, yuánlái shì tiān · shàng de a! Tā bǔguo tiān, zài tiān · shàng fāguo rè, shǎnguo guāng, wǒmen de xiānzǔ huòxǔ yǎngwàngguo tā, tā gěi le tāmen guāngmíng、xiàngwǎng、chōngjǐng; ér tā luò xià · lái le, zài wūtǔ · lǐ, huāngcǎo · lǐ, yī tǎng jiù //shì jǐbǎi nián le!

Wǒ gǎndào zìjǐ de wúzhī, yě gǎndàole chǒu shí de wěidà, wǒ shènzhì yuànhèn tā zhème duō nián jìng huì mòmò de rěnshòuzhe zhè yīqiè! Ér wǒ yòu lìjí shēnshēn de gǎndào tā nà zhǒng bùqū yú wùjiě, jìmò de shēngcún de wěidà.

(Jiéxuǎn zì Jiǎ Píngwā《Chǒu Shí》)

作品 3 号

我常常遗憾我家门前那块丑石：它黑黝黝①地卧在那里，牛似的模样②；谁也不知道是什么时候留在这里的，谁也不去③理会它。只是麦收时节，门前摊了麦子，奶奶总是说：这块丑石，多占地面呀，抽空把它搬走吧。

它不像汉白玉那样的细腻，可以刻字雕花，也不像大青石那样的光滑，可以供来浣纱捶布④。它静静地卧在那里，院边的槐阴没有庇覆它，花儿⑤也不再⑥在它身边生长。荒草便繁衍出来，枝蔓⑦上下，慢慢地，它竟锈上了绿苔⑧、黑斑。我们这些做孩子的，也讨厌起它来，曾合伙要搬走它，但力气又不足；虽时时咒骂它，嫌弃它，也无可奈何，只好任它留在那里了。

终有一日⑨，村子里来了一个⑩天文学家。他在我家门前路过，突然发现了这块石头，眼光立即就拉直了。他再没有离开，就住了下来；以后又来了好些人，都说这是一块陨石⑪，从天上落下来已经有二三百年⑫了，是一件⑬了不起的东西。不久便来了车，小心翼翼地将它运走了。

这使我们都很惊奇！这又怪又丑的石头，原来是天上的啊⑭！它补过天，在天上发过热、闪过光，我们的先祖或许仰望过它，它给了他们光明、向往、憧憬⑮；而它落下来了，在污土里，荒草里，一躺⑯就//是几百年了！

我感到自己的无知，也感到了丑石的伟大，我甚至怨恨它这么多年竟会默默地忍受着这一切！而我又立即深深地感到它那种不屈于误解、寂寞的生存的伟大。

(节选自贾平凹《丑石》)

【朗读提示】

①黑黝黝：口语一般读为 hēiyōuyōu。②牛似的模样：读为 niú shìde múyàng。③不去：读为 búqù。④供来浣纱捶布：读为 gōng lái huànshā chuíbù。⑤花儿：读为 huār。⑥不再：读为 búzài。⑦枝蔓：读为 zhīwàn。⑧绿苔：读为 lùtái。⑨一日：读为 yí rì。⑩一个：读为 yí gè。⑪一块陨石：读为 yí kuài yǔnshí。⑫二三百年：读为 èr - sān bǎi nián。⑬一件：读为 yí jiàn。⑭天上的啊：读为 tiān · shàng de ya。⑮憧憬：读为 chōngjǐng。⑯一躺：读为 yì tǎng。

1. 必读轻声词

地、的、了、吧、啊、似的、什么、时候、麦子、奶奶、我们、孩子、力气、石头、东西、补过天、发过热、闪过光、仰望过、他们、这么

2. 读为次轻音

那里、知道、这里、没有、出来、讨厌起它来、村子里、下来、△了不起①、天上、落下

---

① 注：加△的词语在《现代汉语词典》第七版中改为次轻音。

来、已经、污土里、荒草里

3. 停连提示

它/静静地卧在那里，院边的槐阴/没有庇覆它，花儿/也不再/在它身边生长。

Zuòpǐn 4 Hào

Zài Dáruì bā suì de shíhou, yǒu yī tiān tā xiǎng qù kàn diànyǐng. Yīn·wèi méi·yǒu qián, tā xiǎng shì xiàng bàmā yào qián, háishi zìjǐ zhèngqián. Zuìhòu tā xuǎnzéle hòuzhě. Tā zìjǐ tiáozhìle yī zhǒng qìshuǐr, xiàng guòlù de xíngrén chūshòu. Kě nàshí zhèngshì hánlěng de dōngtiān, méi·yǒu rén mǎi, zhǐyǒu liǎng gè rén lìwài——tā de bàba hé māma.

Tā ǒurán yǒu yī gè hé fēicháng chénggōng de shāngrén tánhuà de jī·huì. Dāng tā duì shāngrén jiǎngshùle zìjǐ de "pòchǎnshǐ" hòu, shāngrén gěi le tā liǎng gè zhòngyào de jiànyì: yī shì chángshì wèi bié·rén jiějué yī gè nántí; èr shì bǎ jīnglì jízhōng zài nǐ zhī·dào de、nǐ huì de hé nǐ yōngyǒu de dōngxi·shàng.

Zhè liǎng gè jiànyì hěn guānjiàn. Yīn·wèi duìyú yī gè bā suì de háizi ér yán, tā bù huì zuò de shìqing hěn duō. Yúshì tā chuānguo dàjiē xiǎoxiàng, bùtíng de sīkǎo: rénmen huì yǒu shénme nántí, tā yòu rúhé lìyòng zhège jī·huì?

Yī tiān, chī zǎofàn shí fù·qīn ràng Dáruì qù qǔ bàozhǐ. Měiguó de sòngbàoyuán zǒngshì bǎ bàozhǐ cóng huāyuán líba de yī gè tèzhì de guǎnzi·lǐ sāi jìn·lái. Jiǎrú nǐ xiǎng chuānzhe shuìyī shūshū－fúfú de chī zǎofàn hé kàn bàozhǐ, jiù bìxū líkāi wēnnuǎn de fángjiān, màozhe hánfēng, dào huāyuán qù qǔ. Suīrán lù duǎn, dàn shífēn máfan.

Dāng Dáruì wèi fù·qīn qǔ bàozhǐ de shíhou, yī gè zhǔyi dànshēngle. Dàngtiān tā jiù ànxiǎng lín·jū de ménlíng, duì tāmen shuō, měi gè yuè zhǐ xū fùgěi tā yī měiyuán, tā jiù měitiān zǎoshang bǎ bàozhǐ sāidào tāmen de fángmén dǐ·xià. Dàduōshù rén dōu tóngyìle, hěn kuài tā jiù yǒu //le qīshí duō gè gùkè. Yī gè yuè hòu, dāng tā nádào zìjǐ zhuàn de qián shí, juéde zìjǐ jiǎnzhí shì fēi·shàngle tiān.

Hěn kuài tā yòu yǒule xīn de jī·huì, tā ràng tā de gùkè měitiān bǎ lājīdài fàngzài mén qián, ránhòu yóu tā zǎoshang yùndào lājītǒng·lǐ, měi gè yuè jiā yī měiyuán. Zhīhòu tā hái xiǎngchūle xǔduō háizi zhuànqián de bànfǎ, bìng bǎ tā jíjié chéng shū, shūmíng wéi "Értóng Zhèngqián de ÈrbǎiWǔshí gè Zhǔyi". Wèicǐ, Dáruì shí'èr suì shí jiù chéngle chàngxiāoshū zuòjiā, shíwǔ suì yǒule zìjǐ de tánhuà jiémù, shíqī suì jiù yōngyǒule jǐ bǎiwàn měiyuán.

(Jiéxuǎn zì［Dé］Bóduō Shěfèi'ěr《Dáruì de Gùshi》, Liú Zhìmíng yì)

作品4号

在达瑞八岁的时候，有一天①他想去看电影。因为没有钱，他想是向爸妈要钱，还是自己挣钱。最后他选择了后者。他自己调制了一种②汽水，向过路的行人出售。可那时正是寒冷的冬天，没有人买，只有两个人例外——他的爸爸和妈妈。

他偶然有一个③和非常成功的商人谈话的机会。当他对商人讲述了自己的"破产史"后，商人给了他两个重要的建议：一是尝试为别人解决一个难题；二是④把精力集中在你知道的、你会的和你拥有的东西上。

这两个建议很关键。因为对于⑤一个八岁的孩子而言⑥，他不会⑦做的事情很多。于是他穿过大街小巷，不停地思考：人们会有什么难题，他又如何利用这个机会？

一天，吃早饭时父亲让达瑞去取报纸。美国的送报员总是把报纸从花园篱笆的一个特制的管子里塞进来⑧。假如你想穿着睡衣舒舒服服⑨地吃早饭和看报纸，就必须离开温暖的房间，冒着寒风，到花园去取。虽然路短，但十分麻烦。

当达瑞为父亲取报纸的时候，一个主意诞生了。当天⑩他就按响邻居的门铃，对他们说，每个月只需付给他一美元⑪，他就每天早上把报纸塞到他们的房门底下。大多数人都同意了，很快他就有//了七十多个顾客。一个月后，当他拿到自己赚的钱时，觉得自己简直是飞上了天。

很快他又有了新的机会，他让他的顾客每天把垃圾袋放在门前，然后由他早上运到垃圾桶里，每个月加一美元。之后他还想出了许多孩子赚钱的办法，并把它集结成书，书名为"儿童挣钱的二百五十个主意"。为此，达瑞十二岁时就成了畅销书作家，十五岁有了自己的谈话节目，十七岁就拥有了几百万美元。

（节选自 ［德］博多·舍费尔《达瑞的故事》，刘志明译）

【朗读提示】

①一天：读为 yì tiān。②一种：读为 yì zhǒng。③一个：读为 yí ge。④二是：读为 èr shì。⑤对于：读为 duìyú。⑥而言：读为 ér yán。⑦不会：读为 bú huì。⑧塞进来：读为 sāi jìn·lái。⑨舒舒服服：口语读为 shūshū - fūfu。⑩当天：读为 dàngtiān。⑪一美元：读为 yì měiyuán。

1. 必读轻声词

的、了、地、着、时候、妈妈、爸爸、东西、孩子、事情、穿过、人们、什么、这个、篱笆、管子、麻烦、主意、他们、早上、觉得

2. 读为次轻音

因为、没有、△还是、机会、别人、知道、东西上、父亲、管子里、塞进来、邻居、底下、飞上了天、垃圾桶里

3. 停连提示

美国的送报员/总是把报纸/从花园篱笆的一个特制的管子里/塞进来。

Zuòpǐn 5 Hào

Zhè shì rùdōng yǐlái, Jiāodōng Bàndǎo · shàng dì – yī cháng xuě.

Xuě fēnfēn – yángyáng, xià de hěn dà. Kāishǐ hái bànzhe yīzhènr xiǎoyǔ, bùjiǔ jiù zhǐ jiàn dàpiàn dàpiàn de xuěhuā, cóng tóngyún – mìbù de tiānkōng zhōng piāoluò xià · lái. Dìmiàn · shàng yīhuìr jiù báile. Dōngtiān de shāncūn, dàole yè · lǐ jiù wànlài – jùjì, zhǐ tīng de xuěhuā sùsù de bùduàn wǎngxià luò, shùmù de kūzhī bèi xuě yāduàn le, ǒu'ěr gēzhī yī shēng xiǎng.

Dàxuě zhěngzhěng xiàle yīyè. Jīntiān zǎochen, tiān fàngqíngle, tài · yáng chū · láile. Tuīkāi mén yī kàn, hè! Hǎo dà de xuě a! Shānchuān、héliú、shùmù、fángwū, quán dōu zhào · shàngle yī céng hòuhòu de xuě, wànlǐ jiāngshān, biànchéngle fěnzhuāng – yùqì de shìjiè. Luòguāngle yèzi de liǔshù · shàng guàmǎnle máoróngróng liàngjīngjīng de yíntiáor; ér nàxiē dōng – xià chángqīng de sōngshù hé bǎishù · shàng, zé guàmǎnle péngsōngsōng chéndiàndiàn de xuěqiúr. Yī zhèn fēng chuī · lái, shùzhī qīngqīng de yáo · huàng, měilì de yíntiáor hé xuěqiúr sùsù de luò xià · lái, yùxiè shìde xuěmòr suí fēng piāoyáng, yìngzhe qīngchén de yángguāng, xiǎnchū yī dàodào wǔguāng – shísè de cǎihóng.

Dàjiē · shàng de jīxuě zú yǒu yī chǐ duō shēn, rén cǎi shàng · qù, jiǎo dǐxia fāchū gēzhī gēzhī de xiǎngshēng. Yī qúnqún háizi zài xuědì · lǐ duī xuěrén, zhì xuěqiúr. Nà huānlè de jiàohǎnshēng, bǎ shùzhī · shàng de xuě dōu zhènluò xià · láile.

Súhuà shuō, "Ruìxuě zhào fēngnián". Zhège huà yǒu chōngfèn de kēxué gēnjù, bìng bùshì yī jù míxìn de chéngyǔ. Hándōng dàxuě, kěyǐ dòngsǐ yī bùfen yuèdōng de hàichóng; rónghuàle de shuǐ shènjìn tǔcéng shēnchù, yòu néng gōngyìng //zhuāngjia shēngzhǎng de xūyào. Wǒ xiāngxìn zhè yī cháng shífēn jíshí de dàxuě, yīdìng huì cùjìn míngnián chūnjì zuòwù, yóuqí shì xiǎomài de fēngshōu. Yǒu jīngyàn de lǎonóng bǎ xuě bǐzuò shì "màizi de miánbèi". Dōngtiān "miánbèi" gài de yuè hòu, míngchūn màizi jiù zhǎngde yuè hǎo, suǒyǐ yòu yǒu zhèyàng yī jù yànyǔ: "Dōngtiān mài gài sān céng bèi, láinián zhěnzhe mántou shuì."

Wǒ xiǎng, zhè jiùshì rénmen wèishénme bǎ jíshí de dàxuě chēngwéi "ruìxuě" de dào · lǐ ba.

(Jiéxuǎn zì Jùn Qīng《Dì – yī Cháng Xuě》)

作品 5 号

这是入冬以来，胶东半岛上第一场雪①。

雪纷纷扬扬，下得很大。开始还伴着一阵儿②小雨，不久就只见大片大片的雪花，从彤云密布的天空中飘落下来。地面上一会儿③就白了。冬天的山村，到了夜里就万籁俱寂，只听得雪花簌簌地不断往下落，树木的枯枝被雪压断了，偶尔咯吱一声响④。

大雪整整下了一夜⑤。今天早晨，天放晴了，太阳出来了。推开门一看，嗬！好大的雪啊⑥！山川、河流、树木、房屋，全都罩上了一层⑦厚厚的雪，万里江山，变成了粉妆玉砌的世界。落光了叶子的柳树上挂满了毛茸茸⑧亮晶晶的银条儿⑨；而⑩那些冬夏常青的松树和柏树上，则挂满了蓬松松沉甸甸⑪的雪球儿⑫。一阵风吹来，树枝轻轻地摇晃，美丽的银条儿和雪球儿簌簌地落下来，玉屑似的⑬雪末儿⑭随风飘扬，映着清晨的阳光，显出一道道⑮五光十色的彩虹。

大街上的积雪足有一尺⑯多深，人踩上去，脚底下发出咯吱咯吱的响声。一群群⑰孩子在雪地里堆雪人，掷雪球儿。那欢乐的叫喊声，把树枝上的雪都震落下来了。

俗话说，"瑞雪兆丰年"。这个话有充分的科学根据，并不是⑱一句⑲迷信的成语。寒冬大雪，可以冻死一部分⑳越冬的害虫；融化了的水渗进土层深处，又能供应㉑// 庄稼生长的需要。我相信这一场十分及时的大雪，一定会促进明年春季作物，尤其是小麦的丰收。有经验的老农把雪比做是"麦子的棉被"。冬天"棉被"盖得越厚，明春麦子就长得越好，所以又有这样一句谚语："冬天麦盖三层被，来年枕着馒头睡。"

我想，这就是人们为什么把及时的大雪称为"瑞雪"的道理吧。

（节选自峻青《第一场雪》）

【朗读提示】

①第一场雪：读为 dì - yī cháng xuě。②一阵儿：读为 yízhèr。③一会儿：读为 yíhuìr。④偶尔咯吱一声响：读为 ǒu'ěr gēzhī yì shēng xiǎng。⑤一夜：读为 yí yè。⑥好大的雪啊：读为 hǎo dà de xuě ya。⑦一层：读为 yì céng。⑧毛茸茸：口语一般读为 máorōngrōng。⑨银条儿：读为 yíntiáor。⑩而：读为 ér。⑪沉甸甸：口语一般读为 chéndiāndiān。⑫雪球儿：读为 xuěqiúr。⑬玉屑似的：读为 yùxiè shìde。⑭雪末儿：读为 xuěmòr。⑮一道道：读为 yí dàodào。⑯一尺：读为 yì chǐ。⑰一群群：读为 yì qúnqún。⑱不是：读为 búshì。⑲一句：读为 yí jù。⑳一部分：读为 yí bùfen。㉑供应：读为 gōngyìng。

1. 必读轻声词

盖得越厚、枕着、的、早晨、了、轻轻地、啊、叶子、似的、底下、孩子、这个、部分、庄稼、麦子、馒头、人们、为什么

2. 读为次轻音

半岛上、飘落下来、地面上、夜里、太阳、出来、罩上了、柳树上、柏树上、吹来、摇晃、大街上、踩上去、雪地里、树枝上、落下来、道理

3. 停连提示

山川、河流、树木、房屋，全都罩上了/一层厚厚的雪，万里江山，变成了/粉妆玉砌的世界。

Zuòpǐn 6 Hào

Wǒ cháng xiǎng dúshūrén shì shìjiān xìngfú rén, yīn · wèi tā chúle yōngyǒu xiànshí de shìjiè zhīwài, hái yōngyǒu lìng yī gè gèng wéi hàohàn yě gèng wéi fēngfù de shìjiè. Xiànshí de shìjiè shì rénrén dōu yǒu de, ér hòu yī gè shìjiè què wéi dúshūrén suǒ dúyǒu. Yóucǐ wǒ xiǎng, nàxiē shīqù huò bù néng yuèdú de rén shì duōme de bùxìng, tāmen de sàngshī shì bùkě bǔcháng de. Shìjiān yǒu zhūduō de bù píngděng, cáifù de bù píngděng, quánlì de bù píngděng, ér yuèdú nénglì de yōngyǒu huò sàngshī què tǐxiàn wéi jīngshén de bù píngděng.

Yī gè rén de yīshēng, zhǐnéng jīnglì zìjǐ yōngyǒu de nà yī fèn xīnyuè, nà yī fèn kǔnàn, yěxǔ zài jiā · shàng tā qīnzì wén zhī de nà yīxiē guānyú zìshēn yǐwài de jīnglì hé jīngyàn. Rán'ér, rénmen tōngguò yuèdú, què néng jìnrù bùtóng shíkōng de zhūduō tārén de shìjiè. Zhèyàng, jùyǒu yuèdú nénglì de rén, wúxíng jiān huòdéle chāoyuè yǒuxiàn shēngmìng de wúxiàn kěnéngxìng. Yuèdú bùjǐn shǐ tā duō shíle cǎomù – chóng – yú zhī míng, érqiě kěyǐ shàng sù yuǎngǔ xià jí wèilái, bǎolǎn cúnzài de yǔ fēicúnzài de qífēng – yìsú.

Gèng wéi zhòngyào de shì, dúshū jiāhuì yú rénmen de bùjǐn shì zhīshi de zēngguǎng, érqiě hái zàiyú jīngshén de gǎnhuà yǔ táoyě. Rénmen cóng dúshū xué zuò rén, cóng nàxiē wǎngzhé xiānxián yǐjí dāngdài cáijùn de zhùshù zhōng xuédé tāmen de réngé. Rénmen cóng 《Lúnyǔ》 zhōng xuédé zhìhuì de sīkǎo, cóng 《Shǐjì》 zhōng xuédé yánsù de lìshǐ jīngshén, cóng 《Zhèngqìgē》 zhōng xuédé réngé de gāngliè, cóng Mǎkèsī xuédé rénshì//de jīqíng, cóng Lǔ Xùn xuédé pīpàn jīngshén, cóng Tuō'ěrsītài xuédé dàodé de zhízhuó. Gēdé de shījù kèxiězhe ruìzhì de rénshēng, Bàilún de shījù hūhuànzhe fèndòu de rèqíng. Yī gè dúshūrén, yī gè yǒu jī · huì yōngyǒu chāohū gèrén shēngmìng tǐyàn de xìngyùn rén.

(Jiéxuǎn zì Xiè Miǎn 《Dúshūrén Shì Xìngfú Rén》)

作品6号

我常想读书人是世间幸福人，因为他除了拥有现实的世界之外，还拥有另一

个①更为浩瀚也更为丰富的世界。现实的世界是人人都有的，而②后一个世界却为读书人所独有。由此我想，那些失去或不能阅读的人是多么的不幸③，他们的丧失是不可补偿的。世间有诸多的不平等，财富的不平等，权力的不平等，而阅读能力的拥有或丧失却体现为精神的不平等。

一个人的一生④，只能经历自己拥有的那一份⑤欣悦，那一份苦难，也许再加上他亲自闻知的那一些关于⑥自身以外的经历和经验。然而，人们通过阅读，却能进入不同时空的诸多他人的世界。这样，具有阅读能力的人，无形间获得了超越有限生命的无限可能性。阅读不仅使他多识了草木虫鱼之名，而且可以上溯远古下及未来，饱览存在的与非存在的奇风异俗。

更为重要的是，读书加惠于人们的不仅是知识的增广，而且还在于精神的感化与陶冶⑦。人们从读书学做人，从那些往哲先贤以及当代才俊的著述中学得⑧他们的人格。人们从《论语⑨》中学得智慧的思考，从《史记》中学得严肃的历史精神⑩，从《正气歌》中学得人格的刚烈，从马克思学得人世//的激情，从鲁迅学得批判精神，从托尔斯泰学得道德的执著。歌德的诗句刻写着睿智的人生，拜伦的诗句呼唤着奋斗的热情。一个读书人，一个有机会拥有超乎个人生命体验的幸运人。

(节选自谢冕《读书人是幸福人》)

【朗读提示】

①另一个：读为 lìng yí gè。②而：读为 ér。③不幸：读为 búxìng。④一生：读为 yìshēng。⑤那一份：读为 nà yí fèn。⑥关于：读为 guānyú。⑦陶冶：读为 táoyě。⑧学得：读为 xuédé。⑨论语：读为 Lúnyǔ。⑩精神：读为 jīngshén。

1. 必读轻声词

了、的、多么、他们、人们、知识

2. 读为次轻音

因为、加上、机会

3. 停连提示

(1) 阅读/不仅/使他多识了草木虫鱼之名，而且/可以上溯远古下及未来，饱览/存在的与非存在的奇风异俗。

(2) 更为重要的是，读书/加惠于人们的/不仅/是知识的增广，而且/还在于精神的感化与陶冶。

Zuòpǐn 7 Hào

Yī tiān, bàba xiàbān huídào jiā yǐ·jīng hěn wǎn le, tā hěn lèi yě yǒu diǎnr fán, tā fāxiàn wǔ suì de érzi kào zài mén páng zhèng děngzhe tā.

"Bà, wǒ kěyǐ wèn nín yī gè wèntí ma?"

"Shénme wèntí?" "Bà, nín yī xiǎoshí kěyǐ zhuàn duōshao qián?" "Zhè yǔ nǐ wúguān, nǐ wèishénme wèn zhège wèntí?" Fù·qīn shēngqì de shuō.

"Wǒ zhǐshì xiǎng zhī·dào, qǐng gàosu wǒ, nín yī xiǎoshí zhuàn duōshao qián?" Xiǎoháir āiqiú dào. "Jiǎrú nǐ yīdìng yào zhī·dào de huà, wǒ yī xiǎoshí zhuàn èrshí měijīn."

"Ò," Xiǎoháir dīxiàletóu, jiēzhe yòu shuō, "Bà, kěyǐ jiè wǒ shí měijīn ma?" Fù·qīn fānùle: "Rúguǒ nǐ zhǐshì yào jièqián qù mǎi háowú yìyì de wánjù de huà, gěi wǒ huídào nǐ de fángjiān shuìjiào·qù. Hǎohǎo xiǎngxiang wèishénme nǐ huì nàme zìsī. Wǒ měitiān xīnkǔ gōngzuò, méi shíjiān hé nǐ wánr xiǎoháizi de yóuxì."

Xiǎoháir mòmò de huídào zìjǐ de fángjiān guān·shàng mén.

Fù·qīn zuò xià·lái hái zài shēngqì. Hòulái, tā píngjìng xià·lái le. Xīnxiǎng tā kěnéng duì háizi tài xiōng le——huòxǔ háizi zhēnde hěn xiǎng mǎi shénme dōngxi, zài shuō tā píngshí hěn shǎo yàoguo qián.

Fù·qīn zǒujìn háizi de fángjiān: "Nǐ shuìle ma?" "Bà, hái méi·yǒu, wǒ hái xǐngzhe." Háizi huídá.

"Wǒ gāngcái kěnéng duì nǐ tài xiōng le," Fù·qīn shuō, "Wǒ bù yīnggāi fā nàme dà de huǒr——zhè shì nǐ yào de shí měijīn." "Bà, xièxie nín." Háizi gāoxìng de cóng zhěntou·xià náchū yīxiē bèi nòngzhòu de chāopiào, mànmàn de shǔzhe.

"Wèishénme nǐ yǐ·jīng yǒu qián le hái yào?" Fù·qīn bùjiě de wèn.

"Yīn·wèi yuánlái bùgòu, dàn xiànzài còugòule." Háizi huídá: "Bà, wǒ xiànzài yǒu // èrshí měijīn le, wǒ kěyǐ xiàng nín mǎi yī gè xiǎoshí de shíjiān ma? Míngtiān qǐng zǎo yīdiǎnr huíjiā ——wǒ xiǎng hé nín yīqǐ chī wǎncān."

(Jiéxuǎn zì Táng Jìliǔ biānyì《Èrshí Měijīn de Jiàzhí》)

作品7号

一天①，爸爸下班回到家已经很晚了，他很累也有点儿②烦，他发现五岁的儿子靠在门旁正等着他。

"爸，我可以问您一个③问题吗？"

"什么问题？""爸，您一小时④可以赚多少钱？""这与你无关，你为什么问这个问题？"父亲生气地说。

"我只是想知道，请告诉我，您一小时赚多少钱？"小孩儿⑤哀求道。"假如你一定⑥要知道的话，我一小时赚二十⑦美金。"

"哦，"小孩儿低下了头，接着又说，"爸，可以借我十美金吗？"父亲发怒了："如果你只是要借钱去买毫无意义的玩具的话，给我回到你的房间睡觉去。好好想想为什么你会那么自私。我每天辛苦工作，没时间和你玩儿⑧小孩子的游戏。"

小孩儿默默地回到自己的房间关上门。

父亲坐下来还在生气。后来，他平静下来了。心想他可能对孩子太凶了——或许孩子真的很想买什么东西，再说他平时很少要过钱。

父亲走进孩子的房间："你睡了吗？""爸，还没有，我还醒着。"孩子回答。

"我刚才可能对你太凶了，"父亲说，"我不应该发那么大的火儿⑨——这是你要的十美金。""爸，谢谢您。"孩子高兴地从枕头下拿出一些⑩被弄皱的钞票，慢慢地数着。

"为什么你已经有钱了还要？"父亲不解地问。

"因为⑪原来不够，但现在凑够了。"孩子回答："爸，我现在有 // 二十美金了，我可以向您买一个小时的时间吗？明天请早一点儿回家——我想和您一起吃晚餐。"

（节选自唐继柳编译《二十美金的价值》）

【朗读提示】

①一天：读为 yì tiān。②有点儿：读为 yǒu diǎnr。③一个：读为 yí gè。④一小时：读为 yì xiǎoshí。⑤小孩儿：读为 xiǎoháir。⑥一定：读为 yídìng。⑦二十：读为 èrshí。⑧玩儿：读为 wánr。⑨火儿：读为 huǒr。⑩一些：读为 yìxiē。⑪因为：读为 yīn·wèi。

1. 必读轻声词

了、的、等着、吗、地、爸爸、儿子、什么、为什么、这个、告诉、想想、那么、小孩子、真的、东西、要过钱、谢谢、枕头

2. 读为次轻音

已经、父亲、△多少、知道、睡觉去、关上门、坐下来、平静下来、没有、从枕头下、因为

Zuòpǐn 8 Hào

Wǒ ài yuèyè, dàn wǒ yě ài xīngtiān. Cóngqián zài jiāxiāng qī–bāyuè de yèwǎn zài tíngyuàn·lǐ nàliáng de shíhou, wǒ zuì ài kàn tiān·shàng mìmimámá de fánxīng. Wàngzhe xīngtiān, Wǒ jiù huì wàngjì yīqiè, fǎngfú huídàole mǔ·qīn de huái·lǐ shìde.

Sān nián qián zài Nánjīng wǒ zhù de dìfang yǒu yī dào hòumén, měi wǎn wǒ dǎkāi hòumén, biàn kàn·jiàn yī gè jìngjì de yè. Xià·miàn shì yī piàn càiyuán, shàng·miàn shì xīngqún mìbù de lántiān. Xīngguāng zài wǒmen de ròuyǎn·lǐ suīrán wēixiǎo, rán'ér tā shǐ wǒmen jude guāngmíng wúchù–bù zài. Nà shíhou wǒ zhèngzài dú yīxiē tiānwénxué de shū, yě rènde yīxiē xīngxing, hǎoxiàng tāmen jiùshì wǒ de péngyou, tāmen chángcháng zài hé wǒ tánhuà yīyàng.

Rújīn zài hǎi·shàng, měi wǎn hé fánxīng xiāngduì, wǒ bǎ tāmen rènde hěn shú le. Wǒ tǎng zài cāngmiàn·shàng, yǎngwàng tiānkōng. Shēnlánsè de tiānkōng·lǐ xuánzhe wúshù bànmíng–bànmèi de xīng. Chuán zài dòng, xīng yě zài dòng, tāmen shì zhèyàng dī, zhēn shì yáoyáo–yùzhuì ne! Jiànjiàn de wǒ de yǎnjing móhule, wǒ hǎoxiàng kàn·jiàn wúshù yínghuǒchóng zài wǒ de zhōuwéi fēiwǔ. Hǎi·shàng de yè shì róuhé de, shì jìngjì de, shì mènghuàn de. Wǒ wàngzhe xǔduō rènshi de xīng, wǒ fǎngfú kàn·jiàn tāmen zài duì wǒ zhǎyǎn, wǒ fǎngfú tīng·jiàn tāmen zài xiǎoshēng shuōhuà. Zhèshí wǒ wàngjìle yīqiè. Zài xīng de huáibào zhōng wǒ wēixiàozhe, wǒ chénshuìzhe. Wǒ juéde zìjǐ shì yī gè xiǎoháizi, xiànzài shuì zài mǔ·qīn de huái·lǐ le.

Yǒu yī yè, nàge zài Gēlúnbō shàng chuán de Yīngguórén zhǐ gěi wǒ kàn tiān·shàng de jùrén. Tā yòng shǒu zhǐzhe: //Nà sì kē míngliàng de xīng shì tóu, xià·miàn de jǐ kē shì shēnzi, zhè jǐ kē shì shǒu, nà jǐ kē shì tuǐ hé jiǎo, háiyǒu sān kē xīng suàn shì yāodài. Jīng tā zhè yīfān zhǐdiǎn, wǒ guǒrán kàn qīngchule nàge tiān·shàng de jùrén. Kàn, nàge jùrén hái zài pǎo ne!

（Jiéxuǎn zì Bā Jīn《Fánxīng》）

作品 8 号

　　我爱月夜，但我也爱星天。从前在家乡七八月的夜晚在庭院里纳凉的时候，我最爱看天上密密麻麻的繁星。望着星天，我就会忘记一切[1]，仿佛回到了母亲的怀里似的[2]。

　　三年前在南京我住的地方有一道[3]后门，每晚我打开后门，便看见一个[4]静寂的夜。下面是一片[5]菜园，上面是星群密布的蓝天。星光在我们的肉眼里虽然微小，然而它使我们觉得光明无处不在[6]。那时候我正在读一些[7]天文学的书，也认得一些星星，好像它们就是我的朋友，它们常常在和我谈话一样。

　　如今在海上，每晚和繁星相对，我把它们认得很熟[8]了。我躺在舱面上，仰望天空。深蓝色的天空里悬着无数半明半昧的星。船在动，星也在动，它们是这样低，真是摇摇欲坠呢！渐渐地我的眼睛模糊[9]了，我好像看见无数萤火虫在我的周围飞舞。海上的夜是柔和的，是静寂的，是梦幻的。我望着许多认识的星，我仿佛看见它们在对我眨眼，我仿佛听见它们在小声说话。这时我忘记了一切。在星的怀抱中我微笑着，我沉睡着。我觉得自己是一个小孩子，现在睡在母亲的怀里了。

　　有一夜[10]，那个在哥伦波上船的英国人指给我看天上的巨人。他用手指着：// 那四颗明亮的星是头，下面的几颗是身子，这几颗是手，那几颗是腿和脚，还有三颗星算是腰带。经他这一番指点，我果然看清楚了那个天上的巨人。看，那个巨人还在跑呢！

（节选自巴金《繁星》）

【朗读提示】

①一切：读为 yíqiè。②似的：读为 shìde。③一道：读为 yí dào。④一个：读为 yí gè。⑤一片：读为 yí piàn。⑥不在：读为 búzài。⑦一些：读为 yìxiē。⑧熟：读为 shú。⑨模糊：读为 móhu。⑩一夜：读为 yí yè。

1. 必读轻声词

的、着、了、呢、地、时候、似的、地方、我们、觉得、认得、星星、它们、朋友、眼睛、模糊、认识、小孩子、身子、清楚、那个

2. 读为次轻音

庭院里、天上、△密密麻麻、母亲、怀里、看见、下面、上面、肉眼里、海上、舱面上、天空里、听见

3. 停连提示

（1）从前/在家乡七八月的夜晚/在庭院里纳凉的时候，我最爱看/天上密密麻麻的繁星。

（2）他用手/指着……

Zuòpǐn 9 Hào

Jiàrì dào hétān·shàng zhuànzhuan, kàn·jiàn xǔduō háizi zài fàng fēngzheng. Yīgēngēn chángcháng de yǐxiàn, yītóur jì zài tiān·shàng, yī tóur jì zài dì·shàng, háizi tóng fēngzheng dōu zài tiān yǔ dì zhījiān yōudàng, lián xīn yě bèi yōudàng de huǎnghuǎng – hūhū le, hǎoxiàng yòu huídàole tóngnián.

Érshí fàng de fēngzheng, dàduō shì zìjǐ de zhǎngbèi huò jiārén biānzā de, jǐ gēn xiāo de hěn báo de miè, yòng xì shāxiàn zāchéng gèzhǒng niǎo shòu de zàoxíng, hú·shàng xuěbái de zhǐpiàn, zài yòng cǎibǐ gōulè chū miànkǒng yǔ chìbǎng de túàn. Tōngcháng zā de zuì duō de shì "lǎodiāo" "měirénr" "huā húdié" děng.

Wǒmen jiā qiányuàn jiù yǒu wèi shūshu, shàn zā fēngzheng, yuǎn-jìn wénmíng. Tā zā de fēngzheng bùzhǐ tǐxíng hǎokàn, sècǎi yànlì, fàngfēi de gāoyuǎn, hái zài fēngzheng·shàng bēng yī yè yòng púwěi xiāochéng de mópiàn, jīng fēng yī chuī, fāchū "wēngwēng" de shēngxiǎng, fǎngfú shì fēngzheng de gēchàng, zài lántiān·xià bō yáng, gěi kāikuò de tiāndì zēngtiānle wújìn de yùnwèi, gěi chídàng de tóngxīn dàilái jǐ fēn fēngkuáng.

Wǒmen nà tiáo hútòngr de zuǒlín – yòushè de háizimen fàng de fēngzheng jīhū dōu shì shūshu biānzā de. Tā de fēngzheng bù mài qián, shuí shàngmén qù yào, jiù gěi shuí, tā lèyì zìjǐ tiē qián mǎi cáiliào.

　　Hòulái, zhè wèi shūshu qùle hǎiwài, fàng fēngzheng yě jiàn yǔ háizimen yuǎnlí le. Bùguò niánnián shūshu gěi jiāxiāng xiěxìn, zǒng bù wàng tíqí érshí de fàng fēngzheng. Xiānggǎng huíguī zhīhòu, tā zài jiāxìn zhōng shuōdào, tā zhè zhī bèi gùxiāng fàngfēi dào hǎiwài de fēngzheng, jǐnguǎn piāodàng yóuyì, jīng mù fēngyǔ, kě nà xiàntóur yīzhí zài gùxiāng hé//qīnrén shǒu zhōng qiānzhe, rújīn piāo de tài lèi le, yě gāi yào huíguī dào jiāxiāng hé qīnrén shēnbiān láile.

　　Shìde. Wǒ xiǎng, bùguāng shì shūshu, wǒmen měi gè rén dōu shì fēngzheng, zài māma shǒu zhōng qiānzhe, cóngxiǎo fàngdào dà, zài cóng jiāxiāng fàngdào zǔguó zuì xūyào de dìfang qù a!

（Jiéxuǎn zì Lǐ Héngruì《Fēngzheng Chàngxiǎngqǔ》）

作品9号

　　假日①到河滩上转转②，看见许多孩子在放风筝。一根根③长长的引线，一头④系在天上⑤，一头系在地上，孩子同风筝都在天与地之间悠荡，连心也被悠荡得恍恍惚惚⑥了，好像又回到了童年。

　　儿时⑦放的风筝，大多是自己的长辈或家人编扎⑧的，几根削得⑨很薄⑩的篾，用细纱线扎成各种鸟兽的造型，糊上⑪雪白的纸片，再用彩笔勾勒出面孔与翅膀的图案。通常扎得最多的是"老雕""美人儿⑫""花蝴蝶"等。

　　我们家前院就有位叔叔，擅扎风筝，远近闻名。他扎的风筝不只体形好看，色彩艳丽，放飞得高远，还在风筝上绷⑬一叶⑭用蒲苇⑮削成的膜片，经风一吹⑯，发出"嗡嗡"的声响，仿佛是风筝的歌唱，在蓝天下播扬，给开阔的天地增添了无尽的韵味，给驰荡的童心带来几分疯狂。

　　我们那条胡同⑰的左邻右舍的孩子们放的风筝几乎⑱都是叔叔编扎的。他的风筝不卖钱⑲，谁上门去要，就给谁，他乐意自己贴钱买材料。

　　后来，这位叔叔去了海外，放风筝也渐与孩子们远离了。不过⑳年年叔叔给家乡写信，总不忘㉑提起儿时的放风筝。香港回归之后，他在家信中说到，他这只被故乡放飞到海外的风筝，尽管㉒飘荡游弋㉓，经沐风雨，可那线头儿㉔一直㉕在故乡和//亲人手中牵着，如今飘得太累了，也该要回归到家乡和亲人身边来了。

　　是的。我想，不光是叔叔，我们每个人都是风筝，在妈妈手中牵着，从小放到大，再从家乡放到祖国最需要的地方去啊㉖！

（节选自李恒瑞《风筝畅想曲》）

【朗读提示】

①假日：读为 jiàrì。②转转：读为 zhuànzhuan。③一根根：读为 yìgēngēn。④一头：读为

yì tóur。⑤系在天上：读为 jì zài tiān·shàng。⑥恍恍惚惚：读为 huǎnghuǎng - hūhū。⑦儿时：读为 érshí。⑧编扎：读为 biānzā。⑨削得：读为 xiāo de。⑩很薄：读为 hěn báo。⑪糊上：读为 hú·shàng。⑫美人儿：读为 měirénr。⑬绷：读为 bēng。⑭一叶：读为 yí yè。⑮蒲苇：读为 púwěi。⑯一吹：读为 yì chuī。⑰胡同：读为 hútòngr。⑱几乎：读为 jīhū。⑲不卖钱：读为 bú mài qián。⑳不过：读为 búguò。㉑不忘：读为 bú wàng。㉒尽管：读为 jǐnguǎn。㉓游弋：读为 yóuyì。㉔线头儿：读为 xiàntóur。㉕一直：读为 yìzhí。㉖去啊 qùya。

1. 必读轻声词
的、得、了、转转、孩子、风筝、我们、叔叔、孩子们、妈妈、地方
2. 读为次轻音
河滩上、看见、天上、地上、糊上、风筝上、蓝天下
3. 停连提示
我们那条胡同的/左邻右舍的孩子们/放的风筝/几乎都是叔叔编扎的。

Zuòpǐn 10 Hào

Bà bù dǒngde zěnyàng biǎodá ài, shǐ wǒmen yī jiā rén róngqià xiāngchǔ de shì wǒ mā. Tā zhǐshì měi tiān shàngbān xiàbān, ér mā zé bǎ wǒmen zuòguo de cuòshì kāiliè qīngdān, ránhòu yóu tā lái zémà wǒmen.

Yǒu yī cì wǒ tōule yī kuài tángguǒ, tā yào wǒ bǎ tā sòng huí·qù, gàosu mài táng de shuō shì wǒ tōu·lái de, shuō wǒ yuàn·yì tì tā chāixiāng xièhuò zuòwéi péi cháng. Dàn māma què míngbai wǒ zhǐshì gè háizi.

Wǒ zài yùndòngchǎng dǎ qiūqiān diēduànle tuǐ, zài qiánwǎng yīyuàn de túzhōng yīzhí bàozhe wǒ de, shì wǒ mā. Bà bǎ qìchē tíng zài jízhěnshì ménkǒu, tāmen jiào tā shǐkāi, shuō nà kòngwèi shì liúgěi jǐnjí chēliàng tíngfàng de. Bà tīngle biàn jiàorǎng dào："Nǐ yǐwéi zhè shì shénme chē? Lǐyóuchē?"

Zài wǒ shēng·rì huì·shàng, bà zǒngshì xiǎnde yǒuxiē bùdà xiāngchèn. Tā zhǐshì máng yú chuī qìqiú, bùzhì cānzhuō, zuò záwù. Bǎ chāzhe làzhú de dàngāo tuī guò·lái ràng wǒ chuī de, shì wǒ mā.

Wǒ fānyuè zhàoxiàngcè shí, rénmen zǒngshì wèn："Nǐ bàba shì shénme yàngzi de?" Tiān xiǎode! Tā lǎoshì mángzhe tì bié·rén pāi zhào. Mā hé wǒ xiàoróng - kějū de yīqǐ pāi de zhàopiàn, duō de bùkě - shèngshǔ.

Wǒ jìde mā yǒu yī cì jiào tā jiāo wǒ qí zìxíngchē. Wǒ jiào tā bié fàngshǒu, dàn tā què shuō shì yīnggāi fàngshǒu de shíhou le. Wǒ shuāidǎo zhīhòu, mā pǎo guò·lái fú wǒ, bà què huīshǒu yào tā zǒukāi. Wǒ dāngshí shēngqì jí le, juéxīn yào gěi tā diǎnr yánsè kàn. Yúshì wǒ mǎshàng pá·shàng zìxíngchē, érqiě zìjǐ qí gěi tā kàn. Tā zhǐshì wēixiào.

Wǒ niàn dàxué shí, suǒyǒu de jiāxìn dōu shì mā xiě de. Tā //chúle jì zhīpiào wài, hái jìguo yī fēng duǎn jiǎn gěi wǒ, shuō yīn·wèi wǒ bù zài cǎopíng·shàng tī zúqiú le, suǒyǐ tā de cǎopíng zhǎng de hěn měi.

Měi cì wǒ dǎ diànhuà huíjiā, tā sìhū dōu xiǎng gēn wǒ shuōhuà, dàn jiéguǒ zǒngshì shuō: "Wǒ jiào nǐ mā lái jiē."

Wǒ jiéhūn shí, diào yǎnlèi de shì wǒ mā. Tā zhǐshì dàshēng xǐngle yīxià bízi, biàn zǒuchū fángjiān.

Wǒ cóng xiǎo dào dà dōu tīng tā shuō: "Nǐ dào nǎ·lǐ qù? Shénme shíhou huíjiā? Qìchē yǒu méi·yǒu qìyóu? Bù, bù zhǔn qù." Bà wánquán bù zhī·dào zěnyàng biǎodá ài. Chú fēi……

Huì·bùhuì shì tā yǐ·jīng biǎodále, ér wǒ què wèi néng chájué?

(Jiéxuǎn zì〔Měi〕Ài'ěrmǎ Bāngbèikè《Fù·qīn de Ài》)

作品 10 号

爸不懂得怎样表达爱, 使我们一家人①融洽相处的是我妈。他只是每天上班下班, 而②妈则把我们做过的错事开列清单, 然后由他来责骂我们。

有一次③我偷了一块④糖果, 他要我把它送回去, 告诉卖糖的说是我偷来的, 说我愿意替他拆箱卸货作为赔偿。但妈妈却明白我只是个孩子。

我在运动场打秋千跌断了腿, 在前往医院的途中一直⑤抱着我的, 是我妈。爸把汽车停在急诊室门口, 他们叫他驶开, 说那空位⑥是留给紧急车辆停放的。爸听了便叫嚷道: "你以为这是什么车? 旅游车?"

在我生日会上, 爸总是显得有些不大相称⑦。他只是忙于⑧吹气球, 布置餐桌, 做杂务。把插着蜡烛的蛋糕推过来让我吹的, 是我妈。

我翻阅照相册时, 人们总是问: "你爸爸是什么样子的?" 天晓得! 他老是忙着替别人拍照。妈和我笑容可掬地一起⑨拍的照片⑩, 多得不可胜数⑪。

我记得妈有一次叫他教我⑫骑自行车。我叫他别放手, 但他却说是应该放手的时候了。我摔倒之后, 妈跑过来扶我, 爸却挥手要她走开。我当时生气极了, 决心要给他点儿⑬颜色看。于是我马上爬上自行车, 而且自己骑给他看。他只是微笑。

我念大学时, 所有的家信都是妈写的。他//除了寄支票外, 还寄过一封短柬给我, 说因为我不在草坪上踢足球了, 所以他的草坪长得很美。

每次我打电话回家, 他似乎都想跟我说话, 但结果总是说: "我叫你妈来接。"

我结婚时, 掉眼泪的是我妈。他只是大声擤了一下鼻子, 便走出房间。

我从小到大都听他说: "你到哪里去? 什么时候回家? 汽车有没有汽油? 不,

不准去。"爸完全不知道怎样表达爱。除非……

会不会是他已经表达了，而我却未能察觉？

（节选自［美］艾尔玛·邦贝克《父亲的爱》）

【朗读提示】

①一家人：读为 yì jiā rén。②而：读为 ér。③有一次：读为 yǒu yí cì。④一块：读为 yí kuài。⑤一直：读为 yìzhí。⑥空位：读为 kòngwèi。⑦不大相称：读为 búdà xiāngchèn。⑧忙于：读为 máng yú。⑨一起：读为 yìqǐ。⑩照片：读为 zhàopiàn。⑪不可胜数：读为 bùkě - shèngshǔ。⑫教我：读为 jiāo wǒ。⑬点儿：读为 diǎr。

1. 必读轻声词

的、了、着、地、我们、做过、告诉、妈妈、明白、孩子、他们、什么、样子、人们、多得不可胜数、记得、时候、寄过、鼻子

2. 读为次轻音

△不懂得、送回去、偷来、愿意、生日会上、△显得、推过来、△晓得、别人、跑过来、爬上、因为、草坪上、哪里、有没有、知道、会不会、已经、父亲

Zuòpǐn 11 Hào

Yī gè dà wèntí yīzhí pánjù zài wǒ nǎodai · lǐ:

Shìjièbēi zěnme huì yǒu rúcǐ jùdà de xīyǐnlì? Chúqù zúqiú běnshēn de mèilì zhīwài, hái · yǒu shénme chāohūqíshàng ér gèng wěidà de dōngxi?

Jìnlái guānkàn shìjièbēi, hūrán cóngzhōng dédàole dá'àn: Shì yóuyú yī zhǒng wúshàng chónggāo de jīngshén qínggǎn——guójiā róngyùgǎn!

Dìqiú · shàng de rén dōu huì yǒu guójiā de gàiniàn, dàn wèibì shíshí dōu yǒu guójiā de gǎnqíng. Wǎngwǎng rén dào yìguó, sīniàn jiāxiāng, xīn huái gùguó, zhè guójiā gàiniàn jiù biàn de yǒu xiě yǒu ròu, àiguó zhī qíng lái de fēicháng jùtǐ. Ér xiàndài shèhuì, kējì chāngdá, xìnxī kuàijié, shìshì shàngwǎng, shìjiè zhēn shì tài xiǎo tài xiǎo, guójiā de jièxiàn sìhū yě bù nàme qīngxī le. Zàishuō zúqiú zhèngzài kuàisù shìjièhuà, píngrì · lǐ gè guó qiúyuán pínfán zhuǎn huì, wǎnglái suíyì, zhìshǐ yuèláiyuèduō de guójiā liánsài dōu jùyǒu guójì de yīnsù. Qiúyuánmen bùlùn guójí, zhǐ xiàolì yú zìjǐ de jùlèbù, tāmen bǐsài shí de jīqíng zhōng wánquán méi · yǒu àiguózhǔyì de yīnzǐ.

Rán'ér, dàole shìjièbēi dàsài, tiānxià dàbiàn. Gè guó qiúyuán dōu huíguó xiàolì, chuān · shàng yǔ guāngróng de guóqí tóngyàng sècǎi de fúzhuāng. Zài měi yī chǎng bǐsài qián, hái gāochàng guógē yǐ xuānshì duì zìjǐ zǔguó de zhì'ài yǔ zhōngchéng. Yī zhǒng xuèyuán qínggǎn kāishǐ zài quánshēn de xuèguǎn · lǐ ránshāo qǐ·lái, érqiě lìkè rèxuè fèiténg.

　　Zài lìshǐ shídài, guójiā jiān jīngcháng fāshēng duìkàng, hǎo nán'ér róngzhuāng wèiguó. Guójiā de róngyù wǎngwǎng xūyào yǐ zìjǐ de shēngmìng qù //huàn qǔ. Dàn zài hépíng shídài, wéiyǒu zhè zhǒng guójiā zhījiān dàguīmó duìkàngxìng de dàsài, cái kěyǐ huànqǐ nàzhǒng yáoyuǎn ér shénshèng de qínggǎn, nà jiùshì: Wèi zǔguó ér zhàn!

（Jiéxuǎn zì Féng Jìcái《Guójiā Róngyùgǎn》）

作品 11 号

一个①大问题一直②盘踞③在我脑袋里:

　　世界杯怎么会有如此巨大的吸引力? 除去足球本身的魅力之外, 还有什么超乎其上而④更伟大的东西?

　　近来观看世界杯, 忽然从中得到了答案: 是由于⑤一种⑥无上崇高的精神情感——国家荣誉感!

　　地球上的人都会有国家的概念, 但未必时时都有国家的感情。往往人到异国, 思念家乡, 心怀故国, 这国家概念就变得有血有肉⑦, 爱国之情来得非常具体。而现代社会, 科技昌达, 信息快捷, 事事上网, 世界真是太小太小, 国家的界限似乎也不那么⑧清晰了。再说足球正在快速世界化, 平日里各国球员频繁转会, 往来随意, 致使越来越多的国家联赛都具有国际的因素。球员们不论⑨国籍, 只效力于自己的俱乐部, 他们比赛时的激情中完全没有爱国主义的因子⑩。

　　然而, 到了世界杯大赛, 天下大变。各国球员都回国效力, 穿上与光荣的国旗同样色彩的服装。在每一场⑪比赛前, 还高唱国歌以宣誓对自己祖国的挚爱与忠诚。一种血缘⑫情感开始在全身的血管里⑬燃烧起来, 而且立刻热血⑭沸腾。

　　在历史时代, 国家间经常发生对抗, 好男儿⑮戎装卫国。国家的荣誉往往需要以自己的生命去 // 换取。但在和平时代, 唯有这种国家之间大规模对抗性的大赛, 才可以唤起那种遥远而神圣的情感, 那就是: 为祖国而战!

（节选自冯骥才《国家荣誉感》）

【朗读提示】

　　①一个: 读为 yí gè。②一直: 读为 yìzhí。③盘踞: 读为 pánjù。④而: 读为 ér。⑤由于: 读为 yóuyú。⑥一种: 读为 yì zhǒng。⑦有血有肉: 读为 yǒu xiě yǒu ròu。⑧不那么: 读为 bú nàme。⑨不论: 读为 búlùn。⑩因子: 读为 yīnzǐ。⑪每一场: 读为 měi yì chǎng。⑫血缘: 读为 xuèyuán。⑬血管里: 读为 xuèguǎn·lǐ。⑭热血: 读为 rèxuè。⑮好男儿: 读为 hǎo nán'ér。

1. 必读轻声词

的、了、脑袋、怎么、什么、东西、变得、那么、球员们、他们

2. 读为次轻音

脑袋里、还有、地球上、平日里、没有、穿上、血管里、燃烧起来

Zuòpǐn 12 Hào

Xīyáng luòshān bùjiǔ, xīfāng de tiānkōng, hái ránshāozhe yī piàn júhóngsè de wǎnxiá. Dàhǎi, yě bèi zhè xiáguāng rǎnchéngle hóngsè, érqiě bǐ tiānkōng de jǐngsè gèng yào zhuàngguān. Yīn·wèi tā shì huó·dòng de, měidāng yīpáipái bōlàng yǒngqǐ de shíhou, nà yìngzhào zài làngfēng·shàng de xiáguāng, yòu hóng yòu liàng, jiǎnzhí jiù xiàng yīpiànpiàn huòhuò ránshāozhe de huǒyàn, shǎnshuò zhe, xiāoshī le. Ér hòumiàn de yī pái, yòu shǎnshuòzhe, gǔndòngzhe, yǒngle guò·lái.

Tiānkōng de xiáguāng jiànjiàn de dàn xià·qù le, shēnhóng de yánsè biànchéngle fēihóng, fēihóng yòu biànwéi qiǎnhóng. Zuìhòu, dāng zhè yīqiè hóngguāng dōu xiāoshīle de shíhou, nà tūrán xiǎnde gāo ér yuǎn le de tiānkōng, zé chéngxiàn chū yī piàn sùmù de shénsè. Zuì zǎo chūxiàn de qǐmíngxīng, zài zhè lánsè de tiānmù·shàng shǎnshuò qǐ·lái le. Tā shì nàme dà, nàme liàng, zhěng gè guǎngmò de tiānmù·shàng zhǐyǒu tā zài nà·lǐ fàngshèzhe lìng rén zhùmù de guānghuī, huóxiàng yī zhǎn xuánguà zài gāokōng de míngdēng.

Yèsè jiā nóng, cāngkōng zhōng de "míngdēng" yuèláiyuèduō le. Ér chéngshì gè chù de zhēn de dēnghuǒ yě cìdì liàngle qǐ·lái, yóuqí shì wéirào zài hǎigǎng zhōuwéi shānpō·shàng de nà yī piàn dēngguāng, cóng bànkōng dàoyìng zài wūlán de hǎimiàn·shàng, suízhe bōlàng, huàngdòngzhe, shǎnshuòzhe, xiàng yī chuàn liúdòngzhe de zhēnzhū, hé nà yīpiànpiàn mìbù zài cāngqióng·lǐ de xīngdǒu hùxiāng huīyìng, shà shì hǎokàn.

Zài zhè yōuměi de yèsè zhōng, wǒ tàzhe ruǎnmiánmián de shātān, yánzhe hǎibiān, mànmàn de xiàngqián zǒu·qù. Hǎishuǐ, qīngqīng de fǔmōzhe xìruǎn de shātān, fāchū wēnróu de//shuāshuā shēng. Wǎnlái de hǎifēng, qīngxīn ér yòu liángshuǎng. Wǒ de xīn·lǐ, yǒuzhe shuō·bùchū de xīngfèn hé yúkuài.

Yèfēng qīngpiāopiāo de chuīfúzhe, kōngqì zhōng piāodàngzhe yī zhǒng dàhǎi hé tiánhé xiāng hùnhé de xiāngwèir, róuruǎn de shātān·shàng hái cánliúzhe bái·tiān tài·yáng zhìshài de yúwēn. Nàxiē zài gè gè gōngzuò gǎngwèi·shàng láodòngle yī tiān de rénmen, sānsān-liǎngliǎng de láidào zhè ruǎnmiánmián de shātān·shàng, tāmen yù zhe liángshuǎng de hǎifēng, wàngzhe nà zhuìmǎnle xīngxing de yèkōng, jìnqíng de shuōxiào, jìnqíng de xiūqì.

(Jiéxuǎn zì Jùn Qīng《Hǎibīn Zhòngxià Yè》)

作品12号

夕阳落山不久，西方的天空，还燃烧着一片①橘红色的晚霞。大海，也被这霞光染成了红色，而且②比天空的景色更要壮观。因为③它是活动的，每当一排排④波浪涌起⑤的时候，那映照在浪峰上的霞光，又红又亮，简直就像一片片霍霍⑥燃烧着的火焰，闪烁⑦着，消失了。而后面的一排，又闪烁着，滚动着，涌了过来。

天空的霞光渐渐地淡下去了，深红的颜色变成了绯红⑧，绯红又变为浅红。最后，当这一切⑨红光都消失了的时候，那突然显得高而远了的天空，则呈现出一片肃穆的神色。最早出现的启明星，在这蓝色的天幕上闪烁起来了。它是那么大，那么亮，整个广漠的天幕上只有它在那里放射着令人注目的光辉，活像一盏⑩悬挂在高空的明灯。

夜色加浓，苍空中的"明灯"越来越多了。而城市各处的真的灯火也次第亮了起来，尤其是围绕在海港周围山坡上的那一片灯光，从半空倒映在乌蓝的海面上，随着波浪，晃动着，闪烁着，像一串⑪流动着的珍珠，和那一片片密布在苍穹里⑫的星斗互相辉映，煞⑬是好看。

在这幽美的夜色中，我踏着软绵绵⑭的沙滩，沿着海边，慢慢地向前走去。海水，轻轻地抚摸⑮着细软的沙滩，发出温柔的 // 唰唰声。晚来的海风，清新而又凉爽。我的心里，有着说不出的兴奋和愉快。

夜风轻飘飘地吹拂着，空气中飘荡着一种大海和田禾相混合的香味儿，柔软的沙滩上还残留着白天太阳炙晒的余温。那些在各个工作岗位上劳动了一天的人们，三三两两地来到这软绵绵的沙滩上，他们浴着凉爽的海风，望着那缀满了星星的夜空，尽情地说笑，尽情地休憩。

（节选自峻青《海滨仲夏夜》）

【朗读提示】

①一片：读为 yí piàn。②而且：读为 érqiě。③因为：读为 yīn·wèi。④一排排：读为 yìpáipái。⑤涌起：读为 yǒngqǐ。⑥霍霍：读为 huòhuò。⑦闪烁：读为 shǎnshuò。⑧绯红：读为 fēihóng。⑨一切：读为 yíqiè。⑩一盏：读为 yì zhǎn。⑪一串：读为 yí chuàn。⑫苍穹里：读为 cāngqióng·lǐ。⑬煞：读为 shà。⑭软绵绵：口语一般读为 ruǎnmiānmiān。⑮抚摸：读为 fǔmō。

1. 必读轻声词

的、着、了、地、时候、那么、他们

2. 读为次轻音

因为、浪峰上、过来、淡下去、显得、天幕上、起来、那里、山坡上、海面上、苍穹里、走去、心里、说不出、沙滩上、太阳、岗位上

3. 停连提示

它是/那么大，那么亮，整个广漠的天幕上/只有它/在那里放射着/令人注目的光辉，活像一盏悬挂在高空的明灯。

Zuòpǐn 13 Hào

Shēngmìng zài hǎiyáng · lǐ dànshēng jué bù shì ǒurán de, hǎiyáng de wùlǐ hé huàxué xìngzhì, shǐ tā chéngwéi yùnyù yuánshǐ shēngmìng de yáolán.

Wǒmen zhī · dào, shuǐ shì shēngwù de zhòngyào zǔchéng bùfen, xǔduō dòngwù zǔzhī de hánshuǐliàng zài bǎi fēn zhī bāshí yǐshàng, ér yīxiē hǎiyáng shēngwù de hánshuǐliàng gāodá bǎi fēn zhī jiǔshíwǔ. Shuǐ shì xīnchén-dàixiè de zhòngyào méijiè, méi · yǒu tā, tǐnèi de yīxìliè shēnglǐ hé shēngwù huàxué fǎnyìng jiù wúfǎ jìnxíng, shēngmìng yě jiù tíngzhǐ. Yīncǐ, zài duǎn shíqī nèi dòngwù quē shuǐ yào bǐ quēshǎo shíwù gèngjiā wēixiǎn. Shuǐ duì jīntiān de shēngmìng shì rúcǐ zhòngyào, tā duì cuìruò de yuánshǐ shēngmìng, gèng shì jǔzúqīngzhòng le. Shēngmìng zài hǎi yáng · lǐ dànshēng, jiù bù huì yǒu quē shuǐ zhī yōu.

Shuǐ shì yī zhǒng liánghǎo de róngjì. Hǎiyáng zhōng hányǒu xǔduō shēngmìng suǒ bìxū de wújīyán, rú lùhuànà、lùhuàjiǎ、tànsuānyán、línsuānyán, háiyǒu róngjiěyǎng, yuánshǐ shēngmìng kěyǐ háobù fèilì de cóngzhōng xīqǔ tā suǒ xūyào de yuánsù.

Shuǐ jùyǒu hěngāo de rè róngliàng, jiāzhī hǎiyáng hàodà, rènpíng xiàjì lièrì pùshài, dōngjì hánfēng sǎodàng, tā de wēndù biànhuà què bǐjiào xiǎo. Yīncǐ, jùdà de hǎiyáng jiù xiàng shì tiānrán de "wēnxiāng", shì yùnyù yuánshǐ shēngmìng de wēnchuáng.

Yángguāng suīrán wéi shēngmìng suǒ bìxū, dànshì yángguāng zhōng de zǐwàixiàn què yǒu èshā yuánshǐ shēngmìng de wēixiǎn. Shuǐ néng yǒuxiào de xīshōu zǐwàixiàn, yīn'ér yòu wèi yuánshǐ shēngmìng tígōngle tiānrán de "píngzhàng".

Zhè yīqiè dōu shì yuánshǐ shēngmìng déyǐ chǎnshēng hé fāzhǎn de bìyào tiáojiàn. //

(Jiéxuǎn zì Tóng Chángliàng《Hǎiyáng yǔ Shēngmìng》)

作品 13 号

生命在海洋里诞生绝不是①偶然的，海洋的物理和化学性质，使它成为孕育②原始生命的摇篮。

我们知道，水是生物的重要组成部分，许多动物组织的含水量在百分之③八十以上，而④一些⑤海洋生物的含水量高达百分之九十五。水是新陈代谢的重要媒介，没有它，体内的一系列⑥生理和生物化学反应就无法进行，生命也就停止。因此，在短时期内动物缺水要比缺少食物更加危险。水对今天的生命是如此重要，它对脆弱的原始生命，更是举足轻重了。生命在海洋里诞生，就不会⑦有缺水之忧。

水是一种⑧良好的溶剂。海洋中含有许多生命所必需的无机盐，如氯化钠⑨、氯化钾、碳酸盐、磷酸盐，还有溶解氧，原始生命可以毫不费力⑩地从中吸取它所需要的元素。

水具有很高的热容量，加之海洋浩大，任凭夏季烈日曝晒⑪，冬季寒风扫荡，它的温度变化却比较小。因此，巨大的海洋就像是天然的"温箱"，是孕育原始生命的温床。

阳光虽然为生命所必需⑫，但是阳光中的紫外线却有扼杀⑬原始生命的危险。水能有效地吸收紫外线，因而又为原始生命提供了天然的"屏障"。

这一切⑭都是原始生命得以产生和发展的必要条件。//

（节选自童裳亮《海洋与生命》）

【朗读提示】

①绝不是：读为 jué bú shì。②孕育：读为 yùnyù。③百分之：读为 bǎi fēn zhī。④而：读为 ér。⑤一些：读为 yìxiē。⑥一系列：读为 yíxìliè。⑦不会：读为 bú huì。⑧一种：读为 yì zhǒng。⑨氯化钠：读为 lǜhuànà。⑩毫不费力：读为 háobú fèilì。⑪曝晒：读为 pùshài。⑫为生命所必需：读为 wéi shēngmìng suǒ bìxū。⑬扼杀：读为 èshā。⑭这一切：读为 zhè yíqiè。

1. 必读轻声词
的、地、了、我们、部分

2. 读为次轻音
海洋里、知道、没有

3. 停连提示
我们知道，水/是生物的重要组成部分，许多动物组织的含水量/在百分之八十以上，而/一些海洋生物的含水量/高达百分之九十五。

Zuòpǐn 14 Hào

Dú xiǎoxué de shíhou, wǒ de wàizǔmǔ qùshì le. Wàizǔmǔ shēngqián zuì téng'ài wǒ, wǒ wúfǎ páichú zìjǐ de yōushāng, měi tiān zài xuéxiào de cāochǎng ·shàng yīquānr yòu yīquānr de pǎozhe, pǎo de lèidǎo zài dì ·shàng, pūzài cǎopíng ·shàng tòngkū.

Nà āitòng de rìzi, duànduàn-xùxù de chíxùle hěn jiǔ, bàba māma yě bù zhī·dào rúhé ānwèi wǒ. Tāmen zhī ·dào yǔqí piàn wǒ shuō wàizǔmǔ shuìzháole, hái bùrú duì wǒ shuō shíhuà: Wàizǔmǔ yǒngyuǎn bù huì huí ·lái le.

"Shénme shì yǒngyuǎn bù huì huí·lái ne?" wǒ wènzhe.

"Suǒyǒu shíjiān·lǐ de shìwù, dōu yǒngyuǎn bù huì huí·lái. Nǐ de zuótiān guò·qù, tā jiù yǒngyuǎn biàn chéng zuótiān, nǐ bùnéng zài huídào zuótiān. Bàba yǐqián yě hé nǐ yīyàng xiǎo, xiànzài yě bùnéng huídào nǐ zhème xiǎo de tóngnián le; yǒu yī tiān nǐ huì zhǎngdà, nǐ huì xiàng wàizǔmǔ yīyàng lǎo; yǒu yī tiān nǐ dùguo le nǐ de shíjiān, jiù yǒngyuǎn bù huì huí·lái le." Bàba shuō.

Bàba děngyú gěi wǒ yī gè míyǔ, zhè míyǔ bǐ kèběn·shàng de "Rìlì guà zài qiángbì, yī tiān sī·qù yī yè, shǐ wǒ xīn·lǐ zháojí" hé "Yī cùn guāngyīn yī cùn jīn, cùn jīn nán mǎi cùn guāngyīn" hái ràng wǒ gǎndào kěpà; yě bǐ zuòwénběn·shàng de "Guāngyīn sì jiàn, rìyuè rú suō" gèng ràng wǒ juéde yǒu yī zhǒng shuō·bùchū de zīwèi.

Shíjiān guò de nàme fēikuài, shǐ wǒ dexiǎo xīnyǎnr·lǐ bù zhǐshì zháojí, háiyǒu bēishāng. Yǒu yī tiān wǒ fàngxué huíjiā, kàndào tài·yáng kuài luòshān le, jiù xià juéxīn shuō: "Wǒ yào bǐ tài·yáng gèng kuài de huíjiā." Wǒ kuángbēn huí·qù, zhànzài tíngyuàn qián chuǎnqì de shíhou, kàndào tài·yáng //hái lòuzhe bànbiān liǎn, wǒ gāoxìng de tiàoyuè qǐ·lái, nà yī tiān wǒ pǎoyíngle tài·yáng. Yǐhòu wǒ jiù shícháng zuò nàyàng de yóuxì, yǒushí hé tài·yáng sàipǎo, yǒu shí hé xīběifēng bǐ kuài, yǒushí yī gè shǔjià cái néng zuòwán de zuòyè, wǒ shí tiān jiù zuòwánle; nà shí wǒ sān niánjí, chángcháng bǎ gēge wǔ niánjí de zuòyè ná·lái zuò. Měi yī cì bǐsài shèngguo shíjiān, wǒ jiù kuàilè de bù zhī·dào zěnme xíngróng.

Rúguǒ jiānglái wǒ yǒu shénme yào jiāogěi wǒ de háizi, wǒ huì gàosu tā: jiǎruò nǐ yīzhí hé shíjiān bǐsài, nǐ jiù kěyǐ chénggōng!

[Jiéxuǎn zì (Táiwān) Lín Qīngxuán《Hé Shíjiān Sàipǎo》]

作品 14 号

读小学的时候，我的外祖母去世了。外祖母生前最疼爱我，我无法排除自己的忧伤，每天在学校的操场上一圈儿①又一圈儿地跑着，跑得累倒在地上，扑在草坪上痛哭。

那哀痛的日子，断断续续地持续了很久，爸爸妈妈也不知道如何安慰我。他们知道与其骗我说外祖母睡着了②，还不如对我说实话：外祖母永远不会③回来了。

"什么是永远不会回来呢？"我问着。

"所有时间里的事物，都永远不会回来。你的昨天过去，它就永远变成昨天，你不能再回到昨天。爸爸以前也和你一样④小，现在也不能回到你这么小的童年了；有一天⑤你会长大，你会像外祖母一样老；有一天你度过了你的时间，就永远不会回来了。"爸爸说。

爸爸等于⑥给我一个⑦谜语，这谜语比课本上的"日历挂在墙壁，一天撕去一页⑧，使我心里着急⑨"和"一寸⑩光阴一寸金，寸金难买寸光阴"还让我感到可怕；也比作文本上的"光阴似箭⑪，日月如梭"更让我觉得有一种⑫说不出的滋味。

时间过得那么飞快，使我的小心眼儿⑬里不只是着急，还有悲伤。有一天我放学回家，看到太阳快落山了，就下决心说："我要比太阳更快地回家。"我狂奔⑭回去，站在庭院前喘气的时候，看到太阳//还露着半边脸，我高兴地跳跃起来，那一天我跑赢了太阳。以后我就时常做那样的游戏，有时和太阳赛跑，有时和西北风比快，有时一个暑假才能做完的作业，我十天就做完了；那时我三年级，常常把哥哥五年级的作业拿来做。每一次比赛胜过时间，我就快乐得不知道怎么形容。

如果将来我有什么要教给我的孩子，我会告诉他：假若你一直和时间比赛，你就可以成功！

[节选自（台湾）林清玄《和时间赛跑》]

【朗读提示】

①一圈儿：读为 yìquār。②睡着了：读为 shuìzháole。③不会：读为 bú huì。④一样：读为 yíyàng。⑤一天：读为 yì tiān。⑥等于：读为 děngyú。⑦一个：读为 yí gè。⑧一页：读为 yí yè。⑨着急：读为 zháojí。⑩一寸：读为 yí cùn。⑪光阴似箭：读为 guāngyīn sìjiàn。⑫一种：读为 yì zhǒng。⑬小心眼儿：读为 xiǎoxīnyǎnr。⑭狂奔：读为 kuángbēn。

1. 必读轻声词

的、了、地、着、得、呢、过、时候、日子、爸爸、妈妈、他们、什么、这么、那么、觉得、怎么、孩子、告诉

2. 读为次轻音

操场上、地上、草坪上、知道、回来、时间里、过去、课本上、撕去、心里、作文本上、说不出、小心眼儿里、太阳、回去、起来

Zuòpǐn 15 Hào

Sānshí niándài chū, Hú Shì zài Běijīng Dàxué rèn jiàoshòu. Jiǎngkè shí tā chángcháng duì báihuàwén dàjiā chēngzàn, yǐnqǐ yīxiē zhǐ xǐhuan wényánwén ér bù xǐhuan báihuàwén de xué·shēng de bùmǎn.

Yī cì, Hú Shì zhèng jiǎng de déyì de shíhou, yī wèi xìng wèi de xué·shēng tūrán zhànle qǐ·lái, shēngqì de wèn: "Hú xiānsheng, nándào shuō báihuàwén jiù háowú quēdiǎn ma?" Hú Shì wēixiàozhe huídá shuō: "méi · yǒu." Nà wèi xué ·

shēng gèngjiā jīdòng le: "Kěndìng yǒu! Báihuàwén fèihuà tài duō, dǎ diànbào yòng

zì duō, huāqián duō." Hú Shì de mùguāng dùnshí biànliàng le, qīngshēng de jiěshì

shuō: "Bù yīdìng ba! Qián jǐ tiān yǒu wèi péngyou gěi wǒ dǎ · lái diànbào, qǐng wǒ

qù zhèngfǔ bùmén gōngzuò, wǒ juédìng bù qù, jiù huídiàn jùjué le. Fùdiàn shì yòng

báihuà xiě de, kànlái yě hěn shěng zì. Qǐng tóngxuémen gēnjù wǒ zhège yìsi, yòng

wényánwén xiě yī gè huídiàn, kànkan jiūjìng shì báihuàwén shěng zì, háishì

wényánwén shěng zì?" Hú jiàoshòu gāng shuōwán, tóngxuémen lìkè rènzhēn de xiěle

qǐ · lái.

Shíwǔ fēnzhōng guò · qù, Hú Shì ràng tóngxué jǔshǒu, bàogào yòng zì de

shùmù, ránhòu tiāole yī fèn yòng zì zuì shǎo de wényán diànbàogǎo, diànwén shì

zhèyàng xiě de: "Cáishū-xuéqiǎn, kǒng nán shèngrèn, bùkān cóngmìng."

Báihuàwén de yìsi shì: Xuéwen bù shēn, kǒngpà hěn nán dānrèn zhège gōngzuò,

bùnéng fúcóng ānpái.

Hú Shì shuō, zhè fèn xiě de quèshí bùcuò, jǐn yòngle shí'èr gè zì. Dàn wǒ de

báihuà diànbào què zhǐ yòngle wǔ gè zì: "Gàn · bù liǎo, xièxie!"

Hú Shì yòu jiěshì shuō: "Gàn · bù liǎo" jiù yǒu cáishū-xuéqiǎn、kǒng nán

shèngrèn de yìsi; "Xièxie" jì //duì péngyou de jièshào biǎoshì gǎnxiè, yòu yǒu

jùjué de yìsi. Suǒyǐ, fèihuà duō · bù duō, bìng bù kàn tā shì wényánwén háishì

báihuàwén, zhǐyào zhùyì xuǎnyòng zìcí, báihuàwén shì kěyǐ bǐ wényánwén gèngshěng

zì de.

[Jiéxuǎn zì Chén Zhuó zhǔbiān 《Shíyòng Hànyǔ Zhōngjí Jiàochéng》 （shàng）

zhōng 《Hú Shì de Báihuà Diànbào》]

作品 15 号

三十年代初，胡适在北京大学任教授。讲课时他常常对白话文大加称赞，引起一些①只喜欢文言文而②不喜欢白话文的学生的不满。

一次③，胡适正讲得得意的时候，一位④姓魏的学生突然站了起来，生气地问："胡先生，难道说白话文就毫无缺点吗？"胡适微笑着回答说："没有。"那位学生更加激动了："肯定有！白话文废话太多，打电报用字多，花钱多。"胡适的目光顿时变亮了，轻声地解释说："不一定⑤吧！前几天有位朋友给我打来电报，请我去政府部门工作，我决定不去⑥，就回电拒绝了。复电是用白话写的，看来也很省字。请同学们根据我这个意思，用文言文写一个⑦回电，看看究竟是白话文省字，还是文言文省字？"胡教授刚说完，同学们立刻认真地写了起来。

十五分钟过去，胡适让同学举手，报告用字的数目，然后挑了一份⑧用字最少的文言电报稿，电文是这样写的："才疏学浅，恐难胜任，不堪从命。"白话文的意思是：学问不深，恐怕很难担任这个工作，不能服从安排。

胡适说，这份写得确实不错⑨，仅用了十二⑩个字。但我的白话电报却只用了五个字："干不了⑪，谢谢！"

胡适又解释说："干不了"就有才疏学浅、恐难胜任的意思；"谢谢"既//对朋友的介绍表示感谢，又有拒绝的意思。所以，废话多不多，并不看它是文言文还是白话文，只要注意选用字词，白话文是可以比文言文更省字的。

[节选自陈灼主编《实用汉语中级教程》（上）中《胡适的白话电报》]

【朗读提示】

①一些：读为 yìxiē。②而：读为 ér。③一次：读为 yí cì。④一位：读为 yí wèi。⑤不一定：读为 bù yídìng。⑥不去：读为 búqù。⑦一个：读为 yí gè。⑧一份：读为 yí fèn。⑨不错：读为 búcuò。⑩十二：读为 shí'èr。⑪干不了：读为 gàn·bù liǎo。

1. 必读轻声词

的、了、地、吗、着、吧、讲得、喜欢、时候、先生、朋友、同学们、这个、意思、写得、学问、看看、谢谢

2. 读为次轻音

△学生、起来、没有、打来、过去、干不了、△多不多

Zuòpǐn 16 Hào

Hěn jiǔ yǐqián, zài yī gè qīhēi de qiūtiān de yèwǎn, wǒ fàn zhōu zài Xībólìyà yī tiáo yīnsēnsēn de hé·shàng. Chuán dào yī gè zhuǎnwān chù, zhǐ jiàn qián·miàn hēiqūqū de shānfēng xià·miàn, yī xīng huǒguāng mòdì yī shǎn.

Huǒguāng yòu míng yòu liàng, hǎoxiàng jiù zài yǎnqián……

"Hǎo la, xiètiān-xièdì!" Wǒ gāoxìng de shuō, "Mǎshàng jiù dào guòyè de dìfang la!"

Chuánfū niǔtóu cháo shēnhòu de huǒguāng wàng le yī yǎn, yòu bùyǐwéirán de huá·qǐ jiǎng·lái.

"Yuǎnzhe ne!"

Wǒ bù xiāngxìn tā de huà, yīn·wèi huǒguāng chōngpò ménglóng de yèsè, míngmíng zài nàr shǎnshuò. Bùguò chuánfū shì duì de, shìshí·shàng, huǒguāng díquè hái yuǎnzhe ne.

Zhèxiē hēiyè de huǒguāng de tèdiǎn shì: Qū sàn hēi'àn, shǎnshǎn fāliàng, jìn

zài yǎnqián, lìngrén shénwǎng. Zhà yī kàn, zài huá jǐ xià jiù dào le……Qíshí què
hái yuǎnzhe ne! ……

　　Wǒmen zài qīhēi rú mò·de hé·shàng yòu huále hěn jiǔ. Yīgègè xiágǔ hé
xuányá, yíngmiàn shǐ·lái, yòu xiàng hòu yí·qù, fǎng fú xiāoshī zài mángmáng de
yuǎnfāng, ér huǒguāng què yīrán tíng zài qiántou, shǎnshǎn fāliàng,
lìngrénshénwǎng——yīrán shì zhème jìn, yòu yīrán shì nàme yuǎn……

　　Xiànzài, wúlùn shì zhè tiáo bèi xuányá qiàobì de yīnyǐng lǒngzhào de qīhēi de
héliú, háishì nà yī xīng míngliàng de huǒguāng, dōu jīngcháng fúxiàn zài wǒ de
nǎojì, zài zhè yǐqián hé zài zhè yǐhòu, céng yǒu xǔduō huǒguāng, sìhū jìn zài zhǐchǐ,
bùzhǐ shǐ wǒ yī rén xīnchí-shénwǎng. Kěshì shēnghuó zhī hé què réngrán zài nà
yīnsēnsēn de liǎng'àn zhījiān liúzhe, ér huǒguāng yě yījiù fēicháng yáoyuǎn. Yīncǐ,
bìxū jiājìn huá jiǎng……

　　Rán'ér, huǒguāng a……Bìjìng……Bìjìng jiù//zài qiántou! ……

　　　　　　　　（Jiéxuǎn zì［É］Kēluóliánkē《Huǒguāng》, Zhāng Tiěfū yì）

作品 16 号

　　很久以前，在一个①漆黑②的秋天的夜晚，我泛身在西伯利亚一条③阴森森的
河上。船到一个转弯处，只见前面黑黢黢④的山峰下面，一星⑤火光蓦地一闪⑥。

　　火光又明又亮，好像就在眼前……

　　"好啦，谢天谢地！"我高兴地说，"马上就到过夜的地方啦！"

　　船夫扭头朝身后的火光望了一眼⑦，又不以为然地划起桨来⑧。

　　"远着呢！"

　　我不相信他的话，因为⑨火光冲破朦胧⑩的夜色，明明在那儿⑪闪烁。不过⑫
船夫是对的，事实上，火光的确⑬还远着呢。

　　这些黑夜的火光的特点是：驱散黑暗，闪闪发亮，近在眼前，令人神往。乍
一看⑭，再划几下就到了……其实却还远着呢！……

　　我们在漆黑如墨的河上又划了很久。一个个峡谷和悬崖，迎面驶来，又向后
移去，仿佛消失在茫茫的远方，而⑮火光却依然停在前头，闪闪发亮，令人神
往——依然是这么近，又依然是那么远……

　　现在，无论是这条被悬崖峭壁⑯的阴影笼罩的漆黑的河流，还是那一星明亮
的火光，都经常浮现在我的脑际，在这以前和在这以后，曾有许多火光，似乎⑰
近在咫尺，不止使我一人⑱心驰神往。可是生活之河却仍然在那阴森森的两岸之
间流着，而火光也依旧非常遥远。因此，必须加劲划桨……

　　然而，火光啊⑲……毕竟……毕竟就//在前头！……

　　　　　　　　（节选自［俄］柯罗连科《火光》，张铁夫译）

【朗读提示】

①一个：读为 yí gè。②漆黑：读为 qīhēi。③一条：读为 yì tiáo。④黑黢黢：读为 hēiqūqū。⑤一星：读为 yì xīng。⑥蓦地一闪：读为 mòdì yì shǎn。⑦一眼：读为 yì yǎn。⑧划起桨来：读为 huá·qǐ jiǎng·lái。⑨因为：读为 yīn·wèi。⑩朦胧：读为 ménglóng。⑪那儿：读为 nàr。⑫不过：读为 búguò。⑬的确：读为 díquè。⑭乍一看：读为 zhàyíkàn。⑮而：读为 ér。⑯悬崖峭壁：读为 xuányá qiàobì。⑰似乎：读为 sìhū。⑱一人：读为 yì rén。⑲火光啊：读为 huǒguāng nga。

1. 必读轻声词

的、啦、了、着、呢、地方、不以为然地、我们、前头、这么、那么

2. 读为次轻音

河上、前面、下面、划起桨来、因为、事实上、驶来、移去

Zuòpǐn 17 Hào

Duìyú yī gè zài Běipíng zhùguàn de rén，xiàng wǒ，dōngtiān yàoshi bù guāfēng，biàn juéde shì qíjì；Jǐnán de dōngtiān shì méi·yǒu fēngshēngde。Duìyú yī gè gāng yóu Lúndūn huí·lái de rén，xiàng wǒ，dōngtiān yào néng kàn de jiàn rìguāng，biàn juéde shì guàishì；Jǐnán de dōngtiān shì xiǎngqíng de。Zìrán，zài rèdài de dìfang，rìguāng yǒngyuǎn shì nàme dú，xiǎngliàng de tiānqì，fǎn yǒudiǎnr jiào rén hàipà。Kěshì，zài běifāng de dōngtiān，ér néng yǒu wēnqíng de tiānqì，Jǐnán zhēn děi suàn gè bǎodì。

Shèruò dāndān shì yǒu yángguāng，nà yě suàn·bùliǎo chūqí。Qǐng bì·shàng yǎnjing xiǎng：Yī gè lǎochéng，yǒu shān yǒu shuǐ，quán zài tiān dǐxia shàizhe yángguāng，nuǎnhuo ānshì de shuìzhe，zhǐ děng chūnfēng lái bǎ tāmen huànxǐng，zhè shì·bùshì lǐxiǎng de jìngjiè？Xiǎoshān zhěng bǎ Jǐnán wéile gè quānr，zhǐyǒu běi bian quēzhe diǎnr kǒur。Zhè yī quān xiǎoshān zài dōngtiān tèbié kě'ài，hǎoxiàng shì bǎ Jǐnán fàng zài yī gè xiǎo yáolán·lǐ，tāmen ānjìng bù dòng de dīshēng de shuō："Nǐmen fàngxīn ba，zhèr zhǔnbǎo nuǎnhuo。" Zhēn de，Jǐnán de rénmen zài dōngtiān shì miàn·shàng hánxiào de。Tāmen yī kàn nàxiē xiǎoshān，xīnzhōng biàn juéde yǒule zhuóluò，yǒule yīkào。Tāmen yóu tiān·shàng kàndào shān·shàng，biàn bùzhī-bùjué de xiǎngqǐ：Míngtiān yěxǔ jiùshì chūntiān le ba？Zhèyàng de wēnnuǎn，jīntiān yè·lǐ shāncǎo yěxǔ jiù lǜ qǐ·lái le ba？Jiùshì zhè diǎnr huànxiǎng bùnéng yīshí shíxiàn，tāmen yě bìng bù zháojí，yīn·wèi zhèyàng císhàn de dōngtiān，gànshénme hái xīwàng biéde ne！

Zuì miào de shì xià diǎnr xiǎoxuě ya。Kàn ba，shān·shàng de ǎisōng yuèfā de qīnghēi，shùjiānr·shàng dǐng//zhe yī jìr báihuā，hǎoxiàng Rìběn kānhùfù。

Shānjiānr quán bái le, gěi lántiān xiāng · shàng yī dào yínbiānr. Shānpō · shàng, yǒude dìfang xuě hòu diǎnr, yǒude dìfang cǎosè hái lòuzhe; zhèyàng, yī dàor bái, yī dàor ànhuáng, gěi shānmen chuān · shàng yī jiàn dài shuǐwénr de huāyī; kànzhe kànzhe, zhè jiàn huāyī hǎoxiàng bèi fēng'ér chuīdòng, jiào nǐ xīwàng kàn · jiàn yīdiǎnr gèng měi de shān de jīfū. Děngdào kuài rìluò de shíhou, wēihuáng de yángguāng xié shè zài shānyāo · shàng, nà diǎnr báo xuě hǎoxiàng hūrán hàixiū, wēiwēi lòuchū diǎnr fěnsè. Jiùshì xià xiǎoxuě ba, Jǐnán shì shòu · bùzhù dàxuě de, nàxiē xiǎoshān tài xiùqi.

(Jiéxuǎn zì Lǎo Shě《Jǐnán de Dōngtiān》)

作品 17 号

　　对于一个①在北平住惯的人，像我，冬天要是不刮风，便觉得是奇迹②；济南③的冬天是没有风声的。对于一个刚由伦敦回来的人，像我，冬天要能看得见日光，便觉得是怪事；济南的冬天是响晴的。自然，在热带的地方，日光永远是那么毒，响亮的天气，反有点儿④叫人害怕。可是，在北方的冬天，而⑤能有温晴的天气，济南真得⑥算个宝地。

　　设若单单是有阳光，那也算不了出奇。请闭上眼睛想：一个老城，有山有水，全在天底下晒着阳光，暖和⑦安适地睡着，只等春风来把它们唤醒，这是不是⑧理想的境界？小山整把济南围了个圈儿⑨，只有北边缺着点儿口儿⑩。这一圈⑪小山在冬天特别可爱，好像是把济南放在一个小摇篮里，它们安静不动地低声地说："你们放心吧，这儿⑫准保暖和。"真的，济南的人们在冬天是面上含笑的。他们一看⑬那些小山，心中便觉得有了着落⑭，有了依靠。他们由天上看到山上，便不知不觉地想起：明天也许就是春天了吧？这样的温暖，今天夜里山草也许就绿起来了吧？就是这点儿幻想不能一时⑮实现，他们也并不着急⑯，因为⑰这样慈善的冬天，干什么⑱还希望别的呢！

　　最妙的是下点儿小雪呀。看吧，山上的矮松越发的青黑，树尖儿⑲上顶//着一髻儿白花，好像日本看护妇。山尖儿全白了，给蓝天镶上一道银边儿。山坡上，有的地方雪厚点儿，有的地方草色还露着；这样，一道儿白，一道儿暗黄，给山们穿上一件带水纹儿的花衣；看着看着，这件花衣好像被风儿吹动，叫你希望看见一点儿更美的山的肌肤。等到快日落的时候，微黄的阳光斜射在山腰上，那点儿薄雪好像忽然害羞，微微露出点儿粉色。就是下小雪吧，济南是受不住大雪的，那些小山太秀气。

(节选自老舍《济南的冬天》)

【朗读提示】

①对于一个：读为 duìyú yí gè。②奇迹：读为 qíjì。③济南：读为 Jǐnán。④点儿：读为 diǎnr。⑤而：读为 ér。⑥真得：读为 zhēn děi。⑦暖和：读为 nuǎnhuo。⑧是不是：读为 shì·búshì。⑨圈儿：读为 quānr。⑩点儿口儿：读为 diǎnr kǒur。⑪一圈：读为 yì quān。⑫这儿：读为 zhèr。⑬一看：读为 yí kàn。⑭着落：读为 zhuóluò。⑮一时：读为 yìshí。⑯着急：读为 zháojí。⑰因为：读为 yīn·wèi。⑱什么：读为 shénme。⑲树尖儿：读为 shùjiānr。

1. 必读轻声词

的、觉得、地、着、了、吧、呢、呀、地方、那么、眼睛、暖和、它们、你们、人们、他们、什么、别的、山们、时候、秀气

2. 读为次轻音

△要是、没有、回来、算不了、闭上、△底下、△北边、是不是、小摇篮里、面上、天上、山上、夜里、绿起来、因为、树尖儿上、镶上、山坡上、穿上、看见、山腰上、受不住

Zuòpǐn 18 Hào

Chúnpǔ de jiāxiāng cūnbiān yǒu yī tiáo hé, qūqū-wānwān, hé zhōng jià yī wān shíqiáo, gōng yàng de xiǎoqiáo héngkuà liǎng'àn.

Měi tiān, bùguǎn shì jī míng xiǎo yuè, rì lì zhōng tiān, háishì yuè huá xié dì, xiǎoqiáo dōu yìnxià chuànchuàn zújì, sǎluò chuànchuàn hànzhū. Nà shì xiāngqīn wèile zhuīqiú duōléng de xīwàng, duìxiàn měihǎo de xiáxiǎng. Wānwān xiǎoqiáo, bùshí dàngguò qīng yín-dīchàng, bùshí lùchū shūxīn de xiàoróng.

Yīn'ér, wǒ zhìxiǎo de xīnlíng, céng jiāng xīnshēng xiàngěi xiǎoqiáo: Nǐ shì yī wān yínsè de xīnyuè, gěi rénjiān pǔzhào guānghuī; nǐ shì yī bǎ shǎnliàng de liándāo, gēyìzhe huānxiào de huāguǒ; nǐ shì yī gēn huàngyōuyōu de biǎndan, tiāoqǐle cǎisè de míngtiān! Ò, xiǎoqiáo zǒujìn wǒ de mèng zhōng.

Wǒ zài piāobó tāxiāng de suìyuè, xīnzhōng zǒng yǒngdòngzhe gùxiāng de héshuǐ, mèngzhōng zǒng kàndào gōng yàng de xiǎoqiáo. Dāng wǒ fǎng nánjiāng tàn běiguó, yǎnlián chuǎngjìn zuòzuò xióngwěi de chángqiáo shí, wǒ de mèng biàn de fēngmǎn le, zēngtiānle chì-chéng-huáng-lǜ-qīng-lán-zǐ.

Sānshí duō nián guò·qù, wǒ dàizhe mǎntóu shuānghuā huídào gùxiāng, dì-yī jǐnyào de biànshì qù kànwàng xiǎoqiáo.

À! Xiǎoqiáo ne? Tā duǒ qǐ·lái le? Hé zhōng yī dào chánghóng, yùzhe zhāoxiá yìyì shǎnguāng. Ò, xiónghún de dàqiáo chǎngkāi xiōnghuái, qìchē de hūxiào, mótuō de díyīn, zìxíngchē de dīnglíng, hézòuzhe jìnxíng jiāoxiǎngyuè; nán lái de gāngjīn, huā bù, běi wǎng de gānchéng, jiāqín, huìchū jiāoliú huānyuètú……

À! Tuìbiàn de qiáo, chuándìle jiāxiāng jìnbù de xiāoxi, tòulùle jiāxiāng fùyù de shēngyīn. Shídài de chūnfēng, měihǎo de zhuīqiú, wǒ mòdì jìqǐ érshí chàng //gěi xiǎoqiáo de gē, ò, míngyànyàn de tài · yáng zhàoyào le, fāngxiāng tiánmì de huāguǒ pěnglái le, wǔcǎi bānlán de suìyuè lākāi le!

　　Wǒ xīnzhōng yǒngdòng de héshuǐ, jīdàng qǐ tiánměi de lànghuā. Wǒ yǎngwàng yī bì lántiān, xīndǐ qīngshēng hūhǎn：Jiāxiāng de qiáo a, wǒ mèng zhōng de qiáo!

（Jiéxuǎn zì Zhèng Yíng《Jiāxiāng de Qiáo》）

作品 18 号

　　纯朴的家乡村边有一条①河，曲曲弯弯，河中架一弯②石桥，弓样的小桥横跨两岸。

　　每天，不管是鸡鸣晓月，日丽中天，还是月华泻地，小桥都印下串串足迹，洒落串串汗珠。那是乡亲为了追求多棱③的希望，兑现④美好的遐想。弯弯小桥，不时荡过轻吟低唱，不时露出⑤舒心的笑容。

　　因而⑥，我稚小的心灵，曾将心声献给小桥：你是一弯银色的新月，给人间普照光辉；你是一把⑦闪亮的镰刀，割刈⑧着欢笑的花果；你是一根⑨晃悠悠的扁担，挑起了彩色的明天！哦，小桥走进我的梦中。

　　我在漂泊⑩他乡的岁月，心中总涌动着故乡的河水，梦中总看到弓样的小桥。当我访南疆探北国，眼帘闯进座座雄伟的长桥时，我的梦变得丰满了，增添了赤橙黄绿青蓝紫。

　　三十多年过去，我带着满头霜花回到故乡，第一紧要的便是去看望小桥。

　　啊！小桥呢？它躲起来了？河中一道⑪长虹，浴着朝霞熠熠闪光⑫。哦，雄浑的大桥敞开胸怀，汽车的呼啸⑬、摩托的笛音、自行车的叮铃⑭，合奏着进行交响乐；南来的钢筋、花布，北往的柑橙、家禽，绘出交流欢悦图……

　　啊！蜕变的桥，传递了家乡进步的消息，透露了家乡富裕的声音。时代的春风，美好的追求，我蓦地⑮记起儿时⑯唱 // 给小桥的歌，哦，明艳艳的太阳照耀了，芳香甜蜜的花果捧来了，五彩斑斓的岁月拉开了！

　　我心中涌动的河水，激荡起甜美的浪花。我仰望一碧蓝天，心底轻声呼喊：家乡的桥啊，我梦中的桥！

（节选自郑莹《家乡的桥》）

【朗读提示】

①一条：读为 yì tiáo。②一弯：读为 yì wān。③多棱：读为 duōléng。④兑现：读为 duìxiàn。⑤露出：读为 lùchū。⑥因而：读为 yīn'ér。⑦一把：读为 yì bǎ。⑧割刈：读为 gēyì。⑨一根：读为 yì gēn。⑩漂泊：读为 piāobó。⑪一道：读为 yí dào。⑫熠熠闪光：读为 yìyì shǎnguāng。⑬呼啸：读为 hūxiào。⑭叮铃：读为 dīnglíng。⑮蓦地：读为 mòdì。⑯儿时：读

为 érshí。

1. 必读轻声词

的、着、了、呢、为了、扁担、变得、消息

2. 读为次轻音

过去、起来、太阳

Zuòpǐn 19 Hào

Sānbǎi duō nián qián, jiànzhù shèjìshī Láiyī'ēn shòumìng shèjìle Yīngguó Wēnzé shì zhèngfǔ dàtīng。 Tā yùnyòng gōngchéng lìxué de zhīshi, yījù zìjǐ duōnián de shíjiàn, qiǎomiào de shèjìle zhǐ yòng yī gēn zhùzi zhīchēng de dàtīng tiānhuābǎn。 Yī nián yǐhòu, shìzhèngfǔ quánwēi rénshì jìnxíng gōngchéng yànshōu shí, què shuō zhǐ yòng yī gēn zhùzi zhīchēng tiānhuābǎn tài wēixiǎn, yāoqiú Láiyī'ēn zài duō jiā jǐ gēn zhùzi。

Láiyī'ēn zìxìn zhǐyào yī gēn jiāngù de zhùzi zúyǐ bǎozhèng dàtīng ānquán, tā de "gùzhi" rěnǎole shìzhèng guānyuán, xiǎnxiē bèi sòng · shàng fǎtíng。 Tā fēicháng kǔnǎo: jiānchí zìjǐ yuánxiān de zhǔzhāng ba, shìzhèng guānyuán kěndìng huì lìng zhǎo rén xiūgǎi shèjì; bù jiānchí ba, yòu yǒu bèi zìjǐ wéirén de zhǔnzé。 Máodùn le hěn cháng yī duàn shíjiān, Láiyī'ēn zhōngyú xiǎngchūle yī tiáo miàojì, tā zài dàtīng · lǐ zēngjiāle sì gēn zhùzi, bùguò zhèxiē zhùzi bìng wèi yǔ tiānhuābǎn jiēchù, zhǐ · bùguò shì zhuāngzhuang yàngzi。

Sānbǎi duō nián guò · qù le, zhège mìmì shǐzhōng méi · yǒu bèi rén fāxiàn。 Zhídào qián liǎng nián, shìzhèngfǔ zhǔnbèi xiūshàn dàtīng de tiānhuābǎn, cái fāxiàn Láiyī'ēn dāngnián de "nòngxū-zuòjiǎ"。 Xiāoxi chuánchū hòu, shìjiè gè guó de jiànzhù zhuānjiā hé yóukè yúnjí, dāngdì zhèngfǔ duìcǐ yě bù jiā yǎnshì, zài xīn shìjì dàolái zhī jì, tèyì jiāng dàtīng zuòwéi yī gè lǚyóu jǐngdiǎn duìwài kāifàng, zhǐ zài yǐndǎo rénmen chóngshàng hé xiāngxìn kēxué。

Zuòwéi yī míng jiànzhùshī, Láiyī'ēn bìng bù shì zuì chūsè de。 Dàn zuòwéi yī gè rén, tā wúyí fēicháng wěidà。 Zhè zhǒng //wěidà biǎoxiàn zài tā shǐzhōng kèshǒuzhe zìjǐ de yuánzé, gěi gāoguì de xīnlíng yī gè měilì de zhùsuǒ, nǎpà shì zāoyù dào zuì dà de zǔlì, yě yào xiǎng bànfǎ dǐdá shènglì。

(Jiéxuǎn zì Yóu Yǔmíng《Jiānshǒu nǐ de Gāoguì》)

作品 19 号

三百多年前，建筑设计师莱伊恩受命设计了英国温泽市政府大厅。他运用工程力学的知识，依据自己多年的实践，巧妙地设计了只用一根[①]柱子支撑的大厅天花板。一年②以后，市政府权威人士进行工程验收时，却说只用一根柱子支撑天花板太危险，要求莱伊恩再多加几根柱子。

莱伊恩自信只要一根坚固的柱子足以保证大厅安全，他的"固执"惹恼了市政官员，险些被送上法庭。他非常苦恼：坚持自己原先的主张吧，市政官员肯定会另找人修改设计；不坚持吧，又有悖③自己为人的准则。矛盾了很长一段④时间，莱伊恩终于⑤想出了一条⑥妙计，他在大厅里增加了四根柱子，不过⑦这些柱子并未与天花板接触，只不过是装装样子。

三百多年过去了，这个秘密⑧始终没有被人发现。直到前两年，市政府准备修缮大厅的天花板，才发现莱伊恩当年的"弄虚作假"。消息传出后，世界各国的建筑专家和游客云集，当地政府对此也不加掩饰，在新世纪到来之际，特意将大厅作为一个⑨旅游景点对外开放，旨在引导人们崇尚和相信科学。

作为一名⑩建筑师，莱伊恩并不是⑪最出色的。但作为一个人，他无疑非常伟大。这种//伟大表现在他始终恪守着自己的原则，给高贵的心灵一个美丽的住所，哪怕是遭遇到最大的阻力，也要想办法抵达胜利。

（节选自游宇明《坚守你的高贵》）

【朗读提示】

①一根：读为 yì gēn。②一年：读为 yì nián。③有悖：读为 yǒu bèi。④一段：读为 yí duàn。⑤终于：读为 zhōngyú。⑥一条：读为 yì tiáo。⑦不过：读为 búguò。⑧秘密：读为 mìmì。⑨一个：读为 yí gè。⑩一名：读为 yì míng。⑪并不是：读为 bìng bú shì。

1. 必读轻声词
了、的、吧、知识、巧妙地、柱子、固执、装装、样子、这个、消息、人们

2. 读为次轻音
送上、大厅里、只不过、过去、没有

3. 停连提示
三百多年前，建筑设计师莱伊恩/受命设计了/英国温泽市/政府大厅。

Zuòpǐn 20 Hào

Zìcóng chuányán yǒu rén zài Sàwén hépàn sànbù shí wúyì fāxiànle jīnzi hòu, zhè·lǐ biàn cháng yǒu láizì sìmiàn-bāfāng de táojīnzhě. Tāmen dōu xiǎng chéngwéi fùwēng, yúshì xúnbiànle zhěnggè héchuáng, hái zài héchuáng·shàng wāchū hěnduō dàkēng, xīwàng jièzhù tāmen zhǎodào gèng duō de jīnzi. Díquè, yǒu yīxiē rén zhǎodào le, dàn lìngwài yīxiē rén yīn·wèi yīwú-suǒdé ér zhǐhǎo sǎoxìng guīqù.

Yě yǒu bù gānxīn luòkōng de, biàn zhùzhā zài zhè·lǐ, jìxù xúnzhǎo. Bǐdé Fúléitè jiùshì qízhōng yī yuán。Tā zài héchuáng fùjìn mǎile yī kuài méi rén yào de tǔdì, yī gè rén mòmò de gōngzuò. Tā wèile zhǎo jīnzi, yǐ bǎ suǒyǒu de qián dōu yā zài zhè kuài tǔdì·shàng. Tā máitóu-kǔgànle jǐ gè yuè, zhídào tǔdì quán biànchéngle kēngkēngwāwā, tā shīwàng le ——tā fānbiànle zhěng kuài tǔdì, dàn lián yī dīngdiǎnr jīnzi dōu méi kàn·jiàn.

Liù gè yuè hòu, tā lián mǎi miànbāo de qián dōu méi·yǒu le. Yúshì tā zhǔnbèi líkāi zhèr dào biéchù qù móushēng.

Jiù zài tā jíjiāng líqù de qián yī gè wǎnshang, tiān xiàqǐle qīngpén-dàyǔ, bìngqiě yīxià jiùshì sān tiān sān yè. Yǔ zhōngyú tíng le, Bǐdé zǒuchū xiǎo mùwū, fāxiàn yǎnqián de tǔdì kàn shàng·qù hǎoxiàng hé yǐqián bù yīyàng: kēngkeng-wāwā yǐ bèi dàshuǐ chōngshuā píngzhěng, sōngruǎn de tǔdì·shàng zhǎngchū yī céng lǜróngróng de xiǎocǎo.

"Zhè·lǐ méi zhǎodào jīnzi," Bǐdé hū yǒu suǒ wù de shuō, "Dàn zhè tǔdì hěn féiwò, wǒ kěyǐ yònglái zhòng huā, bìngqiě nádào zhèn·shàng qù màigěi nàxiē fùrén, tāmen yīdìng huì mǎi xiē huā zhuāngbàn tāmen huálì de kè//tīng. Rúguǒ zhēn shì zhèyàng de huà, nàme wǒ yīdìng huì zhuàn xǔduō qián, yǒuzhāo-yīrì wǒ yě huì chéngwéi fùrén……"

Yúshì tā liú le xià·lái. Bǐdé huā le bù shǎo jīnglì péi yù huāmiáo, bùjiǔ tián dì·lǐ zhǎngmǎnle měilì jiāoyàn de gè sè xiānhuā.

Wǔ nián yǐhòu, Bǐdé zhōngyú shíxiànle tā de mèngxiǎng——chéngle yī gè fùwēng. "Wǒ shì wéiyī de yī gè zhǎodào zhēnjīn de rén!" Tā shícháng bùwú jiāo'ào de gàosu bié·rén, "Bié·rén zài zhèr zhǎo·bùdào jīnzi hòu biàn yuǎnyuǎn de líkāi, ér wǒ de 'jīnzi' shì zài zhè kuài tǔdì·lǐ, zhǐyǒu chéng·shí de rén yòng qínláo cáinéng cǎijí dào."

(Jiéxuǎn zì Táo Měng yì《Jīnzi》)

作品 20 号

自从传言有人在萨文河畔①散步时无意发现了金子后，这里便常有来自四面八方的淘金者②。他们都想成为富翁，于是③寻遍了整个河床，还在河床上挖出很多大坑，希望借助它们找到更多的金子。的确，有一些人④找到了，但另外一些人因为⑤一无所得而⑥只好扫兴归去。

也有不甘心落空⑦的，便驻扎⑧在这里，继续寻找。彼得·弗雷特⑨就是其中一员⑩。他在河床附近买了一块⑪没人要的土地，一个人默默地工作。他为了找金子，已把所有的钱都押在这块土地上。他埋头苦干了几个月，直到土地全变成了坑坑洼洼⑫，他失望了——他翻遍了整块土地，但连一丁点儿⑬金子都没看见。

六个月后，他连买面包的钱都没有了。于是他准备离开这儿⑭到别处去谋生。

就在他即将⑮离去的前一个晚上，天下起了倾盆大雨，并且一下⑯就是三天三夜。雨终于停了，彼得走出小木屋，发现眼前的土地看上去好像和以前不一样⑰：坑坑洼洼已被大水冲刷平整，松软的土地上长出一层⑱绿茸茸⑲的小草。

"这里没找到金子，"彼得忽有所悟地说，"但这土地很肥沃⑳，我可以用来种花，并且拿到镇上去卖给那些富人，他们一定㉑会买些花装扮他们华丽的客//厅。如果真是这样的话，那么我一定会赚许多钱，有朝一日我也会成为富人……"

于是他留了下来。彼得花了不少精力培育花苗，不久田地里长满了美丽娇艳的各色鲜花。

五年以后，彼得终于实现了他的梦想——成了一个富翁。"我是唯一的一个找到真金的人！"他时常不无骄傲地告诉别人，"别人在这儿找不到金子后便远远地离开，而我的'金子'是在这块土地里，只有诚实的人用勤劳才能采集到。"

（节选自陶猛译《金子》）

【朗读提示】

①河畔：读为 hépàn。②淘金者：读为 táojīnzhě。③于是：读为 yúshì。④一些人：读为 yìxiē rén。⑤因为：读为 yīn·wèi。⑥而：读为 ér。⑦落空：读为 luòkōng。⑧驻扎：读为 zhùzhā。⑨彼得·弗雷特：读为 Bǐdé Fúléitè。⑩一员：读为 yì yuán。⑪一块：读为 yí kuài。⑫坑坑洼洼：读为 kēngkēngwāwā。⑬一丁点儿：读为 yì dīngdiǎnr。⑭这儿：读为 zhèr。⑮即将：读为 jíjiāng。⑯一下：读为 yíxià。⑰不一样：读为 bù yíyàng。⑱一层：读为 yì céng。⑲绿茸茸：读为 lǜróngróng。⑳肥沃：读为 féiwò。㉑一定：读为 yídìng。

1. 必读轻声词

了、的、金子、他们、它们、默默地、为了、忽有所悟地、晚上

2. 读为次轻音

这里、河床上、因为、土地上、看见、没有、看上去、镇上、下来、田地里、别人、找不到、土地里、诚实

3. 停连提示

天/下起了倾盆大雨……

Zuòpǐn 21 Hào

Wǒ zài Jiānádà xuéxí qījiān yùdàoguo liǎng cì mùjuān, nà qíngjǐng zhìjīn shǐ wǒ nányǐ - wànghuái.

Yī tiān, wǒ zài Wòtàihuá de jiē · shàng bèi liǎng gè nánháizi lánzhù qùlù. Tāmen shí lái suì, chuān de zhěngzhěng-qíqí, měi rén tóu · shàng dàizhe gè zuògōng jīngqiǎo、sècǎi xiānyàn de zhǐmào, shàng·miàn xiězhe "Wèi bāngzhù huàn xiǎo'ér mábì de huǒbàn mùjuān". Qízhōng de yī gè, bùyóu-fēnshuō jiù zuò zài xiǎodèng·shàng gěi wǒ cā·qǐ píxié·lái, lìng yī gè zé bīnbīn-yǒulǐ de fāwèn: "Xiǎo·jiě, nín shì nǎ guó rén? Xǐhuan Wòtàihuá ma?" "Xiǎo·jiě, zài nǐmen guójiā yǒu méi·yǒu xiǎoháir huàn xiǎo'ér mábì? Shéi gěi tāmen yīliáofèi?" Yīliánchuàn de wèntí, shǐ wǒ zhège yǒushēng-yǐlái tóu yī cì zài zhòngmù-kuíkuí zhīxià ràng bié·rén cā xié de yìxiāngrén, cóng jìnhū lángbèi de jiǒngtài zhōng jiětuō chū·lái. Wǒmen xiàng péngyou yīyàng liáo·qǐ tiānr·lái……

Jǐ gè yuè zhīhòu, yě shì zài jiē·shàng. Yīxiē shízì lùkǒu chù huò chēzhàn zuòzhe jǐ wèi lǎorén. Tāmen mǎntóu yínfà, shēn chuān gè zhǒng lǎoshì jūnzhuāng, shàng·miàn bùmǎnle dàdà-xiǎoxiǎo xíngxíng-sèsè de huīzhāng、jiǎngzhāng, měi rén shǒu pěng yī dà shù xiānhuā, yǒu shuǐxiān、shízhú、méigui jí jiào·bùchū míngzi de, yīsè xuěbái. Cōngcōng guòwǎng de xíngrén fēnfēn zhǐbù, bǎ qián tóujìn zhèxiē lǎorén shēnpáng de báisè mùxiāng nèi, ránhòu xiàng tāmen wēiwēi jūgōng, cóng tāmen shǒu zhōng jiē guo yī duǒ huā. Wǒ kànle yīhuìr, yǒu rén tóu yī – liǎng yuán, yǒu rén tóu jǐbǎi yuán, hái yǒu rén tāochū zhīpiào tiánhǎo hòu tóujìn mùxiāng. Nàxiē lǎojūnrén háobù zhùyì rénmen juān duōshao qián, yīzhí bù//tíng de xiàng rénmen dīshēng dàoxiè. Tóngxíng de péngyou gàosu wǒ, zhè shì wèi jìniàn Èr Cì Dàzhàn zhōng cānzhàn de yǒngshì, mùjuān jiùjì cánfèi jūnrén hé lièshì yíshuāng, měinián yī cì; rèn juān de rén kěwèi yǒngyuè, érqiě zhìxù jǐngrán, qì·fēn zhuāngyán. Yǒuxiē dìfang, rénmen hái nàixīn de páizhe duì. Wǒ xiǎng, zhè shì yīn·wèi tāmen dōu zhī·dào: Zhèng shì zhèxiē lǎorénmen de liúxuè xīshēng huànláile bāokuò tāmen xìnyǎng zìyóu zài nèi de xǔxǔ-duōduō.

Wǒ liǎng cì bǎ nà wēibùzúdào de yīdiǎnr qián pěnggěi tāmen, zhǐ xiǎng duì tāmen shuō shēng "xièxie".

(Jiéxuǎn zì Qīng Bái 《Juān Chéng》)

作品 21 号

我在加拿大①学习期间②遇到过两次募捐，那情景至今使我难以忘怀。

一天③，我在渥太华的街上被两个男孩子拦住去路。他们十来岁，穿得整整齐齐，每人头上戴着个做工精巧、色彩鲜艳的纸帽，上面写着"为帮助患小儿麻痹的伙伴募捐"。其中的一个，不由分说就坐在小凳上给我擦起皮鞋来，另一个则彬彬有礼地发问："小姐，您是哪国人？喜欢渥太华吗？""小姐，在你们国家有没有小孩儿④患小儿麻痹？谁给他们医疗费？"一连串⑤的问题，使我这个有生以来头一次⑥在众目睽睽之下让别人擦鞋的异乡人，从近乎狼狈的窘态中解脱出来。我们像朋友一样⑦聊起天儿⑧来……

几个月之后，也是在街上。一些⑨十字路口处或车站坐着几位老人。他们满头银发，身穿各种老式军装，上面布满了大大小小形形色色的徽章、奖章，每人手捧一大束⑩鲜花，有水仙、石竹、玫瑰及叫不出名字的，一色⑪雪白。匆匆过往的行人纷纷止步，把钱投进这些老人身旁的白色木箱内，然后向他们微微鞠躬，从他们手中接过一朵花⑫。我看了一会儿⑬，有人投一两元⑭，有人投几百元，还有人掏出支票填好后投进木箱。那些老军人毫不注意⑮人们捐多少钱，一直⑯不 // 停地向人们低声道谢。同行的朋友告诉我，这是为纪念二次大战中参战的勇士，募捐救济残废军人和烈士遗孀，每年一次；认捐的人可谓踊跃，而且秩序井然，气氛庄严。有些地方，人们还耐心地排着队。我想，这是因为他们都知道：正是这些老人们的流血牺牲换来了包括他们信仰自由在内的许许多多。

我两次把那微不足道的一点儿钱捧给他们，只想对他们说声"谢谢"。

（节选自青白《捐诚》）

【朗读提示】

①加拿大：读为 Jiānádà。②期间：读为 qījiān。③一天：读为 yì tiān。④小孩儿：读为 xiǎoháir。⑤一连串：读为 yìliánchuàn。⑥头一次：读为 tóu yí cì。⑦一样：读为 yíyàng。⑧天儿：读为 tiānr。⑨一些：读为 yìxiē。⑩一大束：读为 yí dà shù。⑪一色：读为 yí sè。⑫一朵花：读为 yì duǒ huā。⑬一会儿：读为 yíhuìr。⑭一两元：读为 yì – liǎng yuán。⑮毫不注意：读为 háobú zhùyì。⑯一直：读为 yìzhí。

1. 必读轻声词

的、着、地、吗、了、遇到过、男孩子、他们、穿得、喜欢、你们、这个、我们、朋友、玫瑰、名字、人们、告诉、地方

2. 读为次轻音

街上、头上、上面、小凳上、擦起皮鞋来、小姐、没有、别人、出来、聊起天儿来、叫不出、△多少、气氛、因为、知道

3. 停连提示

（1）我在加拿大学习期间/遇到过/两次募捐，那情景/至今/使我难以忘怀。

（2）一连串的问题，使我这个/有生以来/头一次/在众目睽睽之下/让别人擦鞋的异乡人，从近乎狼狈的窘态中/解脱出来。

Zuòpǐn 22 Hào

Méi·yǒu yī piàn lùyè, méi·yǒu yī lǚ chuīyān, méi·yǒu yī lì nítǔ, méi·yǒu yī sī huāxiāng, zhǐyǒu shuǐ de shìjiè, yún de hǎiyáng.

Yī zhèn táifēng xíguò, yī zhī gūdān de xiǎoniǎo wújiā-kěguī, luòdào bèi juǎndào yáng·lǐ de mùbǎn·shàng, chéng liú ér xià, shānshān ér lái, jìn le, jìn le! ……

Hūrán, xiǎoniǎo zhāngkāi chìbǎng, zài rénmen tóudǐng pánxuánle jǐ quānr, "pūlā" yī shēng luòdàole chuán·shàng. Xǔ shì lèi le? Háishì fāxiànle "xīn dàlù"? Shuǐshǒu niǎn tā tā bù zǒu, zhuā tā, tā guāiguāi de luò zài zhǎngxīn. Kě'ài de xiǎoniǎo hé shànliáng de shuǐshǒu jiéchéngle péngyou.

Qiáo, tā duō měilì, jiāoqiǎo de xiǎozuǐ, zhuólǐzhe lǜsè de yǔmáo, yāzi yàng de biǎnjiǎo, chéngxiàn chū chūncǎo de éhuáng. Shuǐshǒumen bǎ tā dàidào cāng·lǐ, gěi tā "dā pù", ràng tā zài chuán·shàng ānjiā-luòhù, měi tiān, bǎ fēndào de yī sùliàotǒng dànshuǐ yúngěi tā hē, bǎ cóng zǔguó dài·lái de xiānměi de yúròu fēngěi tā chī, tiāncháng-rìjiǔ, xiǎoniǎo hé shuǐshǒu de gǎnqíng rìqū dǔhòu. Qīngchén, dāng dì-yī shù yángguāng shèjìn xiánchuāng shí, tā biàn chǎngkāi měilì de gēhóu, chàng a chàng, yīngyīng-yǒuyùn, wǎnrú chūnshuǐ cóngcóng. Rénlèi gěi tā yǐ shēngmìng, tā háobù qiānlìn de bǎ zìjǐ de yìshù qīngchūn fèngxiàn gěile bǔyù tā de rén. Kěnéng dōu shì zhèyàng? Yìshùjiāmen de qīngchūn zhǐ huì xiànggěi zūnjìng tāmen de rén.

Xiǎoniǎo gěi yuǎnháng shēnghuó méng·shàngle yī céng làngmàn sèdiào. Fǎnháng shí, rénmen àibùshìshǒu, liànliàn-bùshě de xiǎng bǎ tā dàidào yìxiāng. Kě xiǎoniǎo qiáocuì le, gěi shuǐ, bù hē! Wèi ròu, bù chī! Yóuliàng de yǔmáo shīqùle guāngzé. Shì a, wǒ//men yǒu zìjǐ de zǔguó, xiǎoniǎo yě yǒu tā de guīsù, rén hé dòngwù dōu shì yīyàng a, nǎr yě bùrú gùxiāng hǎo!

Cí'ài de shuǐshǒumen juédìng fàngkāi tā, ràng tā huídào dàhǎi de yáolán·qù, huídào lánsè de gùxiāng·qù. Líbié qián, zhège dàzìrán de péngyou yǔ shuǐshǒumen liúyǐng jìniàn. Tā zhàn zài xǔduō rén de tóu·shàng, jiān·shàng, zhǎng·shàng, gēbo·shàng, yǔ wèiyǎngguò tā de rénmen, yīqǐ róngjìn nà lánsè de huàmiàn……

(Jiéxuǎn zì Wáng Wénjié《Kě'ài de Xiǎoniǎo》)

作品 22 号

没有一片①绿叶，没有一缕②炊烟，没有一粒③泥土，没有一丝④花香，只有水的世界，云的海洋。

一阵⑤台风袭过，一只⑥孤单的小鸟无家可归，落到被卷到洋里的木板上，乘流而下⑦，姗姗而来，近了，近了！……

忽然，小鸟张开翅膀，在人们头顶盘旋了几圈儿⑧，"噗啦⑨"一声⑩落到了船上。许是累了？还是发现了"新大陆"？水手撵它⑪它不走，抓它，它乖乖地落在掌心。可爱的小鸟和善良的水手结成了朋友。

瞧，它多美丽，娇巧的小嘴，啄理着绿色的羽毛，鸭子样的扁脚，呈现出春草的鹅黄。水手们把它带到舱里，给它"搭铺⑫"，让它在船上安家落户，每天，把分到的一塑料筒⑬淡水匀给它喝，把从祖国带来的鲜美的鱼肉分给它吃，天长日久，小鸟和水手的感情日趋笃厚⑭。清晨，当第一束阳光射进舷窗⑮时，它便敞开美丽的歌喉，唱啊唱⑯，嘤嘤有韵，宛如春水淙淙⑰。人类给它以生命，它毫不悭吝⑱地把自己的艺术青春奉献给了哺育⑲它的人。可能都是这样？艺术家们的青春只会献给尊敬他们的人。

小鸟给远航生活蒙上了一层⑳浪漫色调。返航时，人们爱不释手㉑，恋恋不舍地想把它带到异乡。可小鸟憔悴㉒了，给水，不喝！喂肉，不吃！油亮的羽毛失去了光泽。是啊㉓，我 // 们有自己的祖国，小鸟也有它的归宿，人和动物都是一样啊，哪儿也不如故乡好！

慈爱的水手们决定放开它，让它回到大海的摇篮去，回到蓝色的故乡去。离别前，这个大自然的朋友与水手们留影纪念。它站在许多人的头上，肩上，掌上，胳膊上，与喂养过它的人们，一起融进那蓝色的画面……

（节选自王文杰《可爱的小鸟》）

【朗读提示】

①一片：读为 yí piàn。②一缕：读为 yì lǚ。③一粒：读为 yí lì。④一丝：读为 yì sī。⑤一阵：读为 yí zhèn。⑥一只：读为 yì zhī。⑦乘流而下：读为 chéng liú ér xià。⑧几圈儿：读为 jǐ quār。⑨噗啦：读为 pūlā。⑩一声：读为 yì shēng。⑪撵它：读为 niǎn tā。⑫搭铺：读为 dā pù。⑬一塑料筒：读为 yí sùliàotǒng。⑭日趋笃厚：读为 rìqū dǔhòu。⑮舷窗：读为 xiánchuāng。⑯唱啊唱：读为 chàng nga chàng。⑰春水淙淙：读为 chūnshuǐ cóngcóng。⑱毫不悭吝：读为 háobù qiānlìn。⑲哺育：读为 bǔyù。⑳一层：读为 yì céng。㉑爱不释手：读为 àibúshìshǒu。㉒憔悴：读为 qiáocuì。㉓是啊：读为 shì ra。

1. 必读轻声词

的、了、地、啊、人们、朋友、鸭子样、水手们、艺术家们、他们、我们、胳膊

2. 读为次轻音

没有、洋里、木板上、船上、舱里、带来、蒙上、摇篮去、故乡去、头上、肩上、掌上、胳膊上

Zuòpǐn 23 Hào

Niǔyuē de dōngtiān cháng yǒu dà fēngxuě, pūmiàn de xuěhuā bùdàn lìng rén nányǐ zhēngkāi yǎnjing, shènzhì hūxī dōu huì xīrù bīnglěng de xuěhuā. Yǒushí qián yī tiān wǎnshang háishì yī piàn qínglǎng, dì-èr tiān lākāi chuānglián, què yǐ·jīng jīxuě yíng chǐ, lián mén dōu tuī·bùkāi le.

Yùdào zhèyàng de qíngkuàng, gōngsī、shāngdiàn cháng huì tíngzhǐ shàngbān, xuéxiào yě tōngguò guǎngbō, xuānbù tíngkè. Dàn lìng rén bùjiě de shì, wéi yǒu gōnglì xiǎoxué, réngrán kāifàng. Zhǐjiàn huángsè de xiàochē, jiānnán de zài lùbiān jiē háizi, lǎoshī zé yīdàzǎo jiù kǒuzhōng pēnzhe rèqì, chǎnqù chēzi qiánhòu de jīxuě, xiǎoxīn-yìyì de kāichē qù xuéxiào.

Jù tǒngjì, shí nián lái Niǔyuē de gōnglì xiǎoxué zhǐ yīn·wèi chāojí bàofēngxuě tíngguo qī cì kè. Zhè shì duōme lìng rén jīngyà de shì. Fàndezháo zài dàrén dōu wúxū shàngbān de shíhou ràng háizi qù xuéxiào ma? Xiǎoxué de lǎoshī yě tài dǎoméile ba?

Yúshì, měiféng dàxuě ér xiǎoxué bù tíngkè shí, dōu yǒu jiāzhǎng dǎ diànhuà qù mà. Miào de shì, měi gè dǎ diànhuà de rén, fǎnyìng quán yīyàng——xiān shì nùqì-chōngchōng de zéwèn, ránhòu mǎnkǒu dàoqiàn, zuìhòu xiàoróng mǎnmiàn de guà·shàng diànhuà. Yuányīn shì, xuéxiào gàosu jiāzhǎng:

Zài Niǔyuē yǒu xǔduō bǎiwàn fùwēng, dàn yě yǒu bùshǎo pínkùn de jiātíng. Hòuzhě bái·tiān kāi·bùqǐ nuǎnqì, gōng·bùqǐ wǔcān, háizi de yíngyǎng quán kào xuéxiào·lǐ miǎnfèi de zhōngfàn, shènzhì kěyǐ duō ná xiē huíjiā dàng wǎncān. Xuéxiào tíngkè yī tiān, qióng háizi jiù shòu yī tiān dòng, ái yī tiān è, suǒyǐ lǎoshīmen nìngyuàn zìjǐ kǔ yīdiǎnr, yě bù néng tíngkè. //

Huòxǔ yǒu jiāzhǎng huì shuō: Hé bù ràng fùyù de háizi zài jiā·lǐ, ràng pínqióng de háizi qù xuéxiào xiǎngshòu nuǎnqì hé yíngyǎng wǔcān ne?

Xuéxiào de dá·fù shì: Wǒmen bùyuàn ràng nàxiē qióngkǔ de háizi gǎndào tāmen shì zài jiēshòu jiùjì, yīn·wèi shīshě de zuìgāo yuánzé shì bǎochí shòushīzhě de zūnyán.

[Jiéxuǎn zì (Táiwān) Liú Yōng 《Kè Bù néng Tíng》]

作品 23 号

纽约的冬天常有大风雪，扑面的雪花不但①令人难以睁开眼睛，甚至呼吸都会吸入冰冷的雪花。有时前一天②晚上还是一片③晴朗，第二天④拉开窗帘，却已经积雪盈尺，连门都推不开了。

遇到这样的情况，公司、商店常会停止上班，学校也通过广播，宣布停课。但令人不解的是，唯有公立小学，仍然开放。只见黄色的校车，艰难地在路边接孩子，老师则一大早⑤就口中喷着热气，铲去车子前后的积雪，小心翼翼地开车去学校。

据统计，十年来纽约的公立小学只因为⑥超级暴风雪停过七次课。这是多么令人惊讶的事。犯得着⑦在大人都无须上班的时候让孩子去学校吗？小学的老师也太倒霉了吧？

于是，每逢大雪而⑧小学不停课时，都有家长打电话去骂。妙的是，每个打电话的人，反应全一样⑨——先是怒气冲冲地责问，然后满口道歉，最后笑容满面地挂上电话。原因是，学校告诉家长：

在纽约有许多百万富翁，但也有不少贫困的家庭。后者白天开不起暖气，供不起⑩午餐，孩子的营养全靠学校里免费的中饭，甚至可以多拿些回家当晚餐⑪。学校停课一天，穷孩子就受一天冻，挨一天饿⑫，所以老师们宁愿⑬自己苦一点儿⑭，也不能停课。//

或许有家长会说：何不让富裕的孩子在家里，让贫穷的孩子去学校享受暖气和营养午餐呢？

学校的答复是：我们不愿让那些穷苦的孩子感到他们是在接受救济，因为施舍的最高原则是保持受施者的尊严。

[节选自（台湾）刘墉《课不能停》]

【朗读提示】

①不但：读为 búdàn。②前一天：读为 qián yì tiān。③一片：读为 yí piàn。④第二天：读为 dì-èr tiān。⑤一大早：读为 yídàzǎo。⑥因为：读为 yīn·wèi。⑦犯得着：读为 fànde zháo。⑧而：读为 ér。⑨全一样：读为 quán yíyàng。⑩供不起：读为 gōng·bùqǐ。⑪当晚餐：读为 dàng wǎncān。⑫挨一天饿：读为 ái yì tiān'è。⑬宁愿：读为 nìngyuàn。⑭一点儿：读为 yìdiǎnr。

1. 必读轻声词

的、了、地、吗、吧、眼睛、晚上、孩子、喷着、车子、停过、多么、犯得着、时候、告诉老师们、我们、他们

2. 读为次轻音

已经、推不开、因为、挂上、白天、开不起、供不起、学校里、家里、答复

Zuòpǐn 24 Hào

Shí nián, zài lìshǐ·shàng bùguò shì yī shùnjiān. Zhǐyào shāo jiā zhùyì, rénmen jiù huì fāxiàn: zài zhè yī shùnjiān·lǐ, gè zhǒng shìwù dōu qiāoqiāo jīnglìle zìjǐ de qiānbiàn-wànhuà.

Zhè cì chóngxīn fǎng Rì, wǒ chùchù gǎndào qīnqiè hé shú·xī, yě zài xǔduō fāngmiàn fājuéle Rìběn de biànhuà. Jiù ná Nàiliáng de yī gè jiǎoluò lái shuō ba, wǒ chóngyóule wèi zhī gǎnshòu hěn shēn de Táng Zhāotísì, zài sìnèi gè chù cōngcōng zǒule yī biàn, tíngyuàn yījiù, dàn yìxiǎngbùdào hái kàndàole yīxiē xīn de dōngxi. Qízhōng zhīyī, jiùshì jìn jǐ nián cóng Zhōngguó yízhí lái de "yǒuyì zhī lián".

Zài cúnfàng Jiànzhēn yíxiàng de nàge yuànzi·lǐ, jǐ zhū Zhōngguó lián ángrán tǐnglì, cuìlǜ de kuāndà héyè zhèng yíngfēng ér wǔ, xiǎnde shífēn yúkuài. Kāihuā de jìjié yǐ guò, héhuā duǒduǒ yǐ biàn wéi liánpéng léiléi. Liánzǐ de yánsè zhèngzài yóu qīng zhuǎn zǐ, kàn · lái yǐ · jīng chéngshú le.

Wǒ jīnbuzhù xiǎng："yīn" yǐ zhuǎnhuà wéi "guǒ".

Zhōngguó de liánhuā kāi zài Rìběn, Rìběn de yīnghuā kāi zài Zhōngguó, zhè bù shì ǒurán. Wǒ xīwàng zhèyàng yī zhǒng shèngkuàng yánxù bù shuāi. Kěnéng yǒu rén bù xīnshǎng huā, dàn jué bùhuì yǒu rén xīnshǎng luò zài zìjǐ miànqián de pàodàn.

Zài zhèxiē rìzi · lǐ, wǒ kàndàole bùshǎo duō nián bù jiàn de lǎopéngyou, yòu jiéshíle yīxiē xīn péngyou. Dàjiā xǐhuan shèjí de huàtí zhīyī, jiùshì gǔ Cháng'ān hé gǔ Nàiliáng. Nà hái yòngdezháo wèn ma, péngyoumen miǎnhuái guòqù, zhèngshì zhǔwàng wèilái. Zhǔmù yú wèilái de rénmen bìjiāng huòdé wèilái.

Wǒ bù lìwài, yě xīwàng yī gè měihǎo de wèilái.

Wèi//le Zhōng – Rì rénmín zhījiān de yǒuyì, wǒ jiāng bù làngfèi jīnhòu shēngmìng de měi yī shùnjiān.

(Jiéxuǎn zì Yán Wénjǐng《Liánhuā hé Yīnghuā》)

作品 24 号

十年，在历史上不过①是一瞬间②。只要稍加注意，人们就会发现：在这一瞬间里，各种事物都悄悄经历了自己的千变万化。

这次重新访日，我处处感到亲切和熟悉，也在许多方面发觉了日本的变化。就拿奈良的一个③角落来说吧，我重游了为之④感受很深的唐招提寺，在寺内各处匆匆走了一遍⑤，庭院依旧，但意想不到⑥还看到了一些⑦新的东西。其中之一，就是近几年从中国移植来的"友谊之莲"。

在存放鉴真遗像的那个院子里，几株中国莲昂然挺立，翠绿的宽大荷叶正迎风而舞⑧，显得十分愉快。开花的季节已过，荷花朵朵已变为莲蓬累累⑨。莲子⑩的颜色正在由青转紫，看来已经成熟了。

我禁不住⑪想："因"已转化为"果"。

中国的莲花开在日本，日本的樱花开在中国，这不是⑫偶然。我希望这样一种⑬盛况延续不衰。可能有人不欣赏花，但决不会⑭有人欣赏落在自己面前的炮弹。

在这些日子里，我看到了不少多年不见⑮的老朋友，又结识了一些新朋友。大家喜欢涉及的话题之一，就是古长安和古奈良。那还用得着⑯问吗，朋友们缅怀过去，正是瞩望未来。瞩目于⑰未来的人们必将获得⑱未来。

我不例外，也希望一个美好的未来。

为//了中日人民之间的友谊，我将不浪费今后生命的每一瞬间。

(节选自严文井《莲花和樱花》)

【朗读提示】

①不过：读为 bóguò。②一瞬间：读为 yí shùnjiān。③一个：读为 yí gè。④为之：读为 wèi zhī。⑤一遍：读为 yí biàn。⑥意想不到：读为 yìxiǎngbúdào。⑦一些：读为 yìxiē。⑧迎风而舞：读为 yíngfēng ér wǔ。⑨莲蓬累累：读为 liánpeng léiléi。⑩莲子：读为 liánzǐ。⑪禁不住：读为 jīnbuzhù。⑫不是：读为 bú shì。⑬一种：读为 yì zhǒng。⑭决不会：读为 jué búhuì。⑮不见：读为 bú jiàn。⑯用得着：读为 yòngdezháo。⑰瞩目于：读为 zhǔmù yú。⑱获得：读为 huòdé。

1. 必读轻声词

的、了、吧、吗、人们、东西、那个、院子、莲蓬、日子、朋友、喜欢、用得着、朋友们、为了

2. 读为次轻音

历史上、一瞬间里、熟悉、院子里、△显得、看来、已经、△禁不住、日子里

Zuòpǐn 25 Hào

Méiyǔtán shǎnshǎn de lǜsè zhāoyǐnzhe wǒmen, wǒmen kāishǐ zhuīzhuō tā nà líhé de shénguāng le. Jiūzhe cǎo, pānzhe luànshí, xiǎo·xīn tànshēn xià·qù, yòu jūgōng guòle yī gè shíqióngmén, biàn dàole wāngwāng yī bì de tán biān le.

Pùbù zài jīnxiù zhījiān, dànshì wǒ de xīnzhōng yǐ méi·yǒu pùbù le. Wǒ de xīn suí tánshuǐ de lǜ ér yáodàng. Nà zuìrén de lǜ ya! Fǎngfú yī zhāng jí dà jí dà de héyè pūzhe, mǎnshì qíyì de lǜ ya. Wǒ xiǎng zhāngkāi liǎngbì bàozhù tā, dàn zhè shì zěnyàng yī gè wàngxiǎng a.

Zhàn zài shuǐbiān, wàngdào nà·miàn, jūrán juézhe yǒu xiē yuǎn ne! Zhè píngpūzhe、hòujīzhe de lǜ, zhuóshí kě'ài. Tā sōngsōng de zhòuxiézhe, xiàng shàofù tuōzhe de qúnfú; tā huáhuá de míngliàngzhe, xiàng túle "míngyóu" yībān, yǒu jīdànqīng nàyàng ruǎn, nàyàng nèn; tā yòu bù zá xiē chénzǐ, wǎnrán yī kuài wēnrùn de bìyù, zhǐ qīngqīng de yī sè——dàn nǐ què kàn·bùtòu tā!

Wǒ céng jiànguo Běijīng Shíchàhǎi fúdì de lǜyáng, tuō·bùliǎo éhuáng de dǐzi, sìhū tài dàn le. Wǒ yòu céng jiànguo Hángzhōu Hǔpáosì jìnpáng gāojùn ér shēnmì de lǜbì, cóngdiézhe wúqióng de bìcǎo yǔ lǜyè, nà yòu sìhū tài nóng le. Qíyú ne, Xīhú de bō tài míng le, Qínhuái Hé de yě tài àn le. Kě'ài de, wǒ jiāng shénme lái bǐnǐ nǐ ne? Wǒ zěnme bǐnǐ de chū ne? Dàyuē tán shì hěn shēn de, gù néng yùnxùzhe zhèyàng qíyì de lǜ; fǎngfú wèilán de tiān róngle yī kuài zài lǐ·miàn shìde, zhè cái zhèbān de xiānrùn a.

Nà zuìrén de lǜ ya! Wǒ ruò néng cái nǐ yǐ wéi dài, wǒ jiāng zènggěi nà qīngyíng de// wǔ, tā bìnéng línfēng piāojǔ le. Wǒ ruò néng yì nǐ yǐ wéi yǎn, wǒ jiāng zènggěi nà shàn gē de mángmèi, tā bì míngmóu-shànlài le.　Wǒ shěbude nǐ; wǒ zěn shěde nǐ ne?　Wǒ yòng shǒu pāizhe nǐ, fǔmózhe nǐ, rútóng yī gè shí'èr-sān suì de xiǎogūniang.　Wǒ yòu jū nǐ rùkǒu, biànshì wěnzhe tā le.　Wǒ sòng nǐ yī gè míngzi, wǒ cóngcǐ jiào nǐ "nǚ'érlù", hǎo me?

　　Dì-èr cì dào Xiānyán de shíhou, wǒ bùjīn jīngchà yú Méiyǔtán de lù le.

（Jiéxuǎn zì Zhū ZìQīng《Lù》）

作品 25 号

　　梅雨潭闪闪的绿色招引着我们，我们开始追捉①她那离合的神光了。揪着草，攀着乱石，小心探身下去，又鞠躬过了一个②石穹门，便到了汪汪一碧③的潭边了。

　　瀑布在襟袖④之间，但是我的心中已没有瀑布了。我的心随潭水的绿而⑤摇荡。那醉人的绿呀！仿佛一张⑥极大极大的荷叶铺着，满是奇异的绿呀。我想张开两臂抱住她，但这是怎样一个妄想啊⑦。

　　站在水边，望到那面，居然觉着有些远呢！这平铺着、厚积着的绿，着实⑧可爱。她松松地皱缬⑨着，像少妇拖着的裙幅；她滑滑地明亮着，像涂了"明油"一般⑩，有鸡蛋清那样软，那样嫩；她又不杂些尘滓⑪，宛然一块⑫温润的碧玉，只清清的一色⑬——但你却看不透⑭她！

　　我曾见过北京什刹海⑮拂地的绿杨，脱不了鹅黄的底子，似乎太淡了。我又曾见过杭州虎跑寺⑯近旁高峻而深密的绿壁，丛叠着无穷的碧草与绿叶，那又似乎太浓了。其余呢，西湖的波太明了，秦淮河的也太暗了。可爱的，我将什么⑰来比拟你呢？我怎么比拟得出呢？大约潭是很深的，故能蕴蓄⑱着这样奇异的绿；仿佛蔚蓝的天融了一块在里面似的⑲，这才这般的鲜润啊⑳。

　　那醉人的绿呀！我若能裁你以为带，我将赠给那轻盈的//舞女，她必能临风飘举了。我若能挹你以为眼，我将赠给那善歌的盲妹，她必明眸善睐了。我舍不得你；我怎舍得你呢？我用手拍着你，抚摩着你，如同一个十二三岁的小姑娘。我又掬你入口，便是吻着她了。我送你一个名字，我从此叫你"女儿绿"，好么？

　　第二次到仙岩的时候，我不禁惊诧于梅雨潭的绿了。

（节选自朱自清《绿》）

【朗读提示】

①追捉：读为 zhuīzhuō。②一个：读为 yí gè。③汪汪一碧：读为 wāngwāng yí bì。④襟袖：读为 jīnxiù。⑤而：读为 ér。⑥一张：读为 yì zhāng。⑦妄想啊：读为 wàngxiǎng nga。⑧着实：读为 zhuóshí。⑨皱缬：读为 zhòuxié。⑩一般：读为 yìbān。⑪尘滓：读为 chénzǐ。⑫一块：读为 yí kuài。⑬一色：读为 yí sè。⑭看不透：读为 kàn·bútòu。⑮什刹海：读为 Shíchàhǎi。⑯虎

跑寺：读为 Hǔpáosì。⑰什么：读为 shénme。⑱蕴蓄：读为 yùnxù。⑲似的：读为 shìde。⑳鲜润啊：读为 xiānrùn na。

1. 必读轻声词

的、着、了、呀、啊、呢、我们、见过、底子、什么、怎么、似的、小姑娘、名字、时候

2. 读为次轻音

小心、下去、没有、那面、看不透、脱不了、里面、△舍不得、△舍得

Zuòpǐn 26 Hào

Wǒmen jiā de hòuyuán yǒu bàn mǔ kòngdì, mǔ·qīn shuō: "Ràng tā huāngzhe guài kěxī de, nǐmen nàme ài chī huāshēng, jiù kāipì chū·lái zhòng huāshēng ba." Wǒmen jiě–dì jǐ gè dōu hěn gāoxìng, mǎizhǒng, fāndì, bōzhǒng, jiāoshuǐ, méi guò jǐ gè yuè, jūrán shōuhuò le.

Mǔ·qīn shuō: "Jīnwǎn wǒmen guò yī gè shōuhuòjié, qǐng nǐmen fù·qīn yě lái chángchang wǒmen de xīn huāshēng, hǎo·bù hǎo?" Wǒmen dōu shuō hǎo. Mǔ·qīn bǎ huāshēng zuòchéngle hǎo jǐ yàng shípǐn, hái fēnfù jiù zài hòuyuán de máotíng·lǐ guò zhège jié.

Wǎnshang tiānsè bù tài hǎo, kěshì fù·qīn yě lái le, shízài hěn nándé.

Fù·qīn shuō: "Nǐmen ài chī huāshēng ma?"

Wǒmen zhēngzhe dāying: "ài!"

"Shéi néng bǎ huāshēng de hǎo·chù shuō chū·lái?"

Jiějie shuō: "Huāshēng de wèir měi."

Gēge shuō: "Huāshēng kěyǐ zhàyóu."

Wǒ shuō: "Huāshēng de jià·qián piányi, shéi dōu kěyǐ mǎi·lái chī, dōu xǐhuan chī. Zhè jiùshì tā de hǎo·chù."

Fù·qīn shuō: "Huāshēng de hǎo·chù hěn duō, yǒu yī yàng zuì kěguì, tā de guǒshí mái zài dì·lǐ, bù xiàng táozi、shíliu、píngguǒ nàyàng, bǎ xiānhóng nènlù de guǒshí gāogāo de guà zài zhītóu·shàng, shǐ rén yī jiàn jiù shēng àimù zhī xīn. Nǐmen kàn tā ǎi'ǎi de zhǎng zài dì·shàng, děngdào chéngshú le, yě bùnéng lìkè fēnbiàn chū·lái tā yǒu méi·yǒu guǒshí, bìxū wā chū·lái cái zhī·dào."

Wǒmen dōu shuō shì, mǔ·qīn yě diǎndiǎn tóu.

Fù·qīn jiē xià·qù shuō: "Suǒyǐ nǐmen yào xiàng huāshēng, tā suīrán bù hǎokàn, kěshì hěn yǒuyòng, bù shì wàibiǎo hǎokàn ér méi·yǒu shíyòng de dōngxi."

Wǒ shuō: "Nàme, rén yào zuò yǒuyòng de rén, bùyào zuò zhǐ jiǎng tǐ·miàn, ér duì bié·rén méi·yǒu hǎo·chù de rén le." //

Fù·qīn shuō: "Duì. Zhè shì wǒ duì nǐmen de xīwàng."

Wǒmen tándào yè shēn cái sàn. Huāshēng zuò de shípǐn dōu chīwán le, fù·qīn de huà què shēnshēn de yìn zài wǒ de xīn·shàng.

(Jiéxuǎn zì Xǔ Dìshān 《Luòhuāshēng》)

作品 26 号

我们家的后园有半亩空地①，母亲说："让它荒着怪可惜的，你们那么爱吃花生，就开辟②出来种花生吧。"我们姐弟几个都很高兴，买种③，翻地，播种④，浇水，没过几个月，居然收获了。

母亲说："今晚我们过一个⑤收获节，请你们父亲也来尝尝我们的新花生，好不好？"我们都说好。母亲把花生做成了好几样食品，还吩咐⑥就在后园的茅亭里过这个节。

晚上天色不太好⑦，可是父亲也来了，实在很难得⑧。

父亲说："你们爱吃花生吗？"

我们争着答应："爱！"

"谁能把花生的好处说出来？"

姐姐说："花生的味儿美。"

哥哥说："花生可以榨油。"

我说："花生的价钱便宜，谁都可以买来吃，都喜欢吃。这就是它的好处。"

父亲说："花生的好处很多，有一样⑨最可贵，它的果实埋在地里，不像⑩桃子、石榴、苹果那样，把鲜红嫩绿的果实高高地挂在枝头上，使人一见⑪就生爱慕之心。你们看它矮矮地长在地上，等到成熟了，也不能立刻分辨出来它有没有果实，必须挖出来才知道。"

我们都说是，母亲也点点头。

父亲接下去说："所以你们要像花生，它虽然不好看，可是很有用，不是⑫外表好看而⑬没有实用的东西。"

我说："那么，人要做有用的人，不要做只讲体面，而对别人没有好处的人了。"//

父亲说："对。这是我对你们的希望。"

我们谈到夜深才散。花生做的食品都吃完了，父亲的话却深深地印在我的心上。

(节选自许地山《落花生》)

【朗读提示】

①空地：读为 kòngdì。②开辟：读为 kāipì。③买种：读为 mǎizhǒng。④播种：读为 bōzhòng。⑤一个：读为 yí gè。⑥吩咐：读为 fēnfù。⑦不太好：读为 bú tài hǎo。⑧难得：读为

nándé。⑨一样：读为 yíyàng。⑩不像：读为 bú xiàng。⑪一见：读为 yí jiàn。⑫不是：读为 bú shì。⑬而：读为 ér。

1. 必读轻声词

的、着、了、吧、吗、我们、你们、那么、尝尝、这个、晚上、答应、便宜、喜欢、桃子、高高地、东西、矮矮地、深深地

2. 读为次轻音

母亲、出来、父亲、好不好、茅亭里、好处、价钱、买来、地里、枝头上、地上、没有、知道、接下去、体面、别人

Zuòpǐn 27 Hào

Wǒ dǎliè guīlái, yánzhe huāyuán de línyīnlù zǒuzhe. Gǒu pǎo zài wǒ qián·biān.

Hūrán, gǒu fàngmàn jiǎobù, nièzú－qiánxíng, hǎoxiàng xiùdàole qiánbian yǒu shénme yěwù.

Wǒ shùnzhe línyīnlù wàng·qù, kàn·jiànle yī zhī zuǐ biān hái dài huángsè, tóu·shàng shēngzhe róumáo de xiǎo máquè. Fēng měngliè de chuīdǎzhe línyīnlù·shàng de báihuàshù, máquè cóng cháo·lǐ diēluò xià·lái, dāidāi de fú zài dì·shàng, gūlì wúyuán de zhāngkāi liǎng zhī yǔmáo hái wèi fēngmǎn de xiǎo chìbǎng.

Wǒ de gǒu mànmàn xiàng tā kàojìn. Hūrán, cóng fùjìn yī kē shù·shàng fēi·xià yī zhī hēi xiōngpú de lǎo máquè, xiàng yī kē shízi shìde luòdào gǒu de gēn·qián. Lǎo máquè quánshēn dàoshùzhe yǔmáo, jīngkǒng－wànzhuàng, fāchū juéwàng、qīcǎn de jiàoshēng, jiēzhe xiàng lùchū yáchǐ、dà zhāngzhe de gǒuzuǐ pū·qù.

Lǎo máquè shì měng pū xià·lái jiùhù yòuquè de. Tā yòng shēntǐ yǎnhùzhe zìjǐ de yòu'ér……Dàn tā zhěnggè xiǎoxiǎo de shēntǐ yīn kǒngbù ér zhànlìzhe, tā xiǎoxiǎo de shēngyīn yě biànde cūbào sīyǎ. Tā zài xīshēng zìjǐ!

Zài tā kànlái, gǒu gāi shì duōme pángdà de guàiwu a! Rán'ér, tā háishì bùnéng zhàn zài zìjǐ gāogāo de、ānquán de shùzhī·shàng……Yī zhǒng bǐ tā de lǐzhì gèng qiángliè de lì·liàng, shǐ tā cóng nàr pū·xià shēn·lái.

Wǒ de gǒu zhànzhù le, xiàng hòu tuì le tuì……Kànlái, tā yě gǎndàole zhè zhǒng lì·liàng.

Wǒ gǎnjǐn huànzhù jīnghuāng-shīcuò de gǒu, ránhòu wǒ huáizhe chóngjìng de xīnqíng, zǒukāi le.

Shì a, qǐng bùyào jiànxiào. Wǒ chóngjìng nà zhī xiǎoxiǎo de、yīngyǒng de niǎo·ér, wǒ chóngjìng tā nà zhǒng ài de chōngdòng hé lì·liàng.

Ài, wǒ xiǎng, bǐ//sǐ hé sǐ de kǒngjù gèng qiángdà. Zhǐyǒu yīkào tā, yīkào zhè zhǒng ài, shēngmìng cái néng wéichí xià·qù, fāzhǎn xià·qù.

（Jiéxuǎn zì［É］Túgénièfū《Máquè》, Bā Jīn yì）

作品 27 号

我打猎归来,沿着花园的林阴路走着。狗跑在我前边。

忽然,狗放慢脚步,蹑足潜行①,好像嗅到了前边有什么野物。

我顺着林阴路望去,看见了一只②嘴边还带黄色,头上生着柔毛的小麻雀。风猛烈地吹打着林阴路上的白桦树③,麻雀从巢里④跌落下来,呆呆地伏在地上,孤立无援地张开两只羽毛还未丰满的小翅膀。

我的狗慢慢向它靠近。忽然,从附近一棵⑤树上飞下一只黑胸脯的老麻雀,像一颗⑥石子似的⑦落到狗的跟前。老麻雀全身倒竖⑧着羽毛,惊恐万状,发出绝望、凄惨的叫声,接着向露出⑨牙齿、大张着的狗嘴扑去。

老麻雀是猛扑下来救护幼雀的。它用身体掩护着自己的幼儿⑩……但它整个小小的身体因恐怖而⑪战栗⑫着,它小小的声音也变得粗暴嘶哑。它在牺牲自己!

在它看来,狗该是多么庞大的怪物啊⑬!然而,它还是不能站在自己高高的、安全的树枝上……一种比它的理智更强烈的力量,使它从那儿⑭扑下身来。

我的狗站住了,向后退了退……看来,它也感到了这种力量。

我赶紧唤住惊慌失措的狗,然后我怀着崇敬的心情,走开了。

是啊⑮,请不要⑯见笑。我崇敬那只小小的、英勇的鸟儿⑰,我崇敬它那种爱的冲动和力量。

爱,我想,比//死和死的恐惧更强大。只有依靠它,依靠这种爱,生命才能维持下去,发展下去。

(节选自 [俄] 屠格涅夫《麻雀》,巴金译)

【朗读提示】

①蹑足潜行:读为 nièzú – qiánxíng。②一只:读为 yì zhī。③白桦树:读为 báihuàshù。④巢里:读为 cháo·lǐ。⑤一棵:读为 yì kē。⑥一颗:读为 yì kē。⑦似的:读为 shìde。⑧倒竖:读为 dàoshù。⑨露出:读为 lùchū。⑩幼儿:读为 yòu'ér。⑪而:读为 ér。⑫战栗:读为 zhànlì。⑬怪物啊:读为 guàiwu wa。⑭那儿:读为 nàr。⑮是啊:读为 shì ra。⑯不要:读为 búyào。⑰鸟儿:读为 niǎo·ér。

1. 必读轻声词

的、着、了、地、啊、什么、石子、似的、变得、多么、怪物

2. 读为次轻音

△前边、望去、看见、头上、林阴路上、巢里、下来、地上、树上、飞下、跟前、扑去、树枝上、力量、扑下身来、鸟儿、下去

Zuòpǐn 28 Hào

Nànián wǒ liù suì. Lí wǒ jiā jǐn yī jiàn zhī yáo de xiǎo shānpō páng, yǒu yī gè zǎo yǐ bèi fèiqì de cǎishíchǎng, shuāngqīn cónglái bùzhǔn wǒ qù nàr, qíshí nàr fēngjǐng shífēn mírén.

Yī gè xiàjì de xiàwǔ, wǒ suízhe yī qún xiǎohuǒbànr tōutōu shàng nàr qù le. Jiù zài wǒmen chuānyuèle yī tiáo gūjì de xiǎolù hòu, tāmen què bǎ wǒ yī gè rén liú zài yuán dì, ránhòu bēnxiàng "gèng wēixiǎn de dìdài" le.

Děng tāmen zǒuhòu, wǒ jīnghuāng – shīcuò de fāxiàn, zài yě zhǎo·bùdào yào huíjiā de nà tiáo gūjì de xiǎodào le. Xiàng zhī wú tóu de cāngying, wǒ dàochù luàn zuān, yīkù·shàng guàmǎnle mángcì. Tài·yáng yǐ·jīng luò shān, ér cǐshí cǐkè, jiā·lǐ yīdìng kāishǐ chī wǎncān le, shuāngqīn zhèng pànzhe wǒ huíjiā······ Xiǎngzhe xiǎngzhe, wǒ bùyóude bèi kàozhe yī kē shù, shāngxīn de wūwū dàkū qǐ·lái······

Tūrán, bù yuǎnchù chuán·láile shēngshēng liǔdí. Wǒ xiàng zhǎodàole jiùxīng, jímáng xúnshēng zǒu·qù. Yī tiáo xiǎodào biān de shùzhuāng·shàng zuòzhe yī wèi chuīdí rén, shǒu·lǐ hái zhèng xiāozhe shénme. Zǒujìn xì kàn, tā bù jiùshì bèi dàjiā chēng wéi "xiāngbalǎor" de Kǎtíng ma?

"Nǐ hǎo, xiǎojiāhuor," Kǎtíng shuō, "kàn tiānqì duō měi, nǐ shì chū·lái sànbù de ba?"

Wǒ qièshēngshēng de diǎndiǎn tóu, dádào: "Wǒ yào huíjiā le."

"Qǐng nàixīn děng·shàng jǐ fēnzhōng," Kǎtíng shuō, "Qiáo, wǒ zhèngzài xiāo yī zhī liǔdí, chàbuduō jiù yào zuòhǎo le, wángōng hòu jiù sònggěi nǐ ba!"

Kǎtíng biān xiāo biān bùshí bǎ shàng wèi chéngxíng de liǔdí fàng zài zuǐ·lǐ shìchuī yīxià. Méi guò duōjiǔ, yī zhī liǔdí biàn dìdào wǒ shǒu zhōng. Wǒ liǎ zài yī zhènzhèn qīngcuì yuè·ěr de díyīn//zhōng, tà·shàng le guītú······

Dāngshí, wǒ xīnzhōng zhǐ chōngmǎn gǎn·jī, ér jīntiān, dāng wǒ zìjǐ yě chéngle zǔfù shí, què tūrán lǐngwù dào tā yòngxīn zhī liángkǔ! Nà tiān dāng tā tīngdào wǒ de kūshēng shí, biàn pàndìng wǒ yīdìng míle lù, dàn tā bìng bù xiǎng zài háizi miànqián bànyǎn "jiùxīng" de juésè, yúshì chuīxiǎng liǔdí yǐbiàn ràng wǒ néng fāxiàn tā, bìng gēnzhe tā zǒuchū kùnjìng! Jiù zhèyàng, Kǎtíng xiānsheng yǐ xiāngxiàrén de chúnpǔ, bǎohùle yī gè xiǎonánháir qiángliè de zìzūn.

(Jiéxuǎn zì Táng Ruòshuǐ yì 《Mítú Díyīn》)

作品 28 号

那年我 6 岁。离我家仅一箭之遥①的小山坡旁，有一个②早已被废弃的采石场③，双亲从来不准我去那儿④，其实那儿风景十分迷人。

一个夏季的下午，我随着一群⑤小伙伴儿偷偷上那儿去了。就在我们穿越了一条⑥孤寂的小路后，他们却把我一个人留在原地，然后奔向⑦"更危险的地带"了。

等他们走后，我惊慌失措地发现，再也找不到⑧要回家的那条孤寂的小道了。像只无头的苍蝇，我到处乱钻⑨，衣裤上挂满了芒刺。太阳已经落山，而⑩此时此刻，家里一定⑪开始吃晚餐了，双亲正盼着我回家……想着想着，我不由得背靠着一棵⑫树，伤心地呜呜大哭起来……

突然，不远处传来了声声柳笛。我像找到了救星，急忙循声走去。一条小道边的树桩上坐着一位⑬吹笛人，手里还正削着⑭什么。走近细看，他不就是⑮被大家称为"乡巴佬儿⑯"的卡廷吗？

"你好，小家伙儿⑰，"卡廷说，"看天气多美，你是出来散步的吧？"

我怯生生地点点头，答道："我要回家了。"

"请耐心等上几分钟，"卡廷说，"瞧，我正在削一支⑱柳笛，差不多⑲就要做好了，完工后就送给你吧！"

卡廷边削边不时把尚未成形的柳笛放在嘴里试吹一下⑳。没过多久，一支柳笛便递到我手中。我俩㉑在一阵阵㉒清脆悦耳㉓的笛音//中，踏上了归途……

当时，我心中只充满感激，而今天，当我自己也成了祖父时，却突然领悟到他用心之良苦！那天当他听到我的哭声时，便判定我一定迷了路，但他并不想在孩子面前扮演"救星"的角色，于是吹响柳笛以便让我能发现他，并跟着他走出困境！就这样，卡廷先生以乡下人的纯朴，保护了一个小男孩儿强烈的自尊。

（节选自唐若水译《迷途笛音》）

【朗读提示】

①一箭之遥：读为 yí jiàn zhī yáo。②一个：读为 yí gè。③采石场：读为 cǎishíchǎng。④那儿：读为 nàr。⑤一群：读为 yì qún。⑥一条：读为 yì tiáo。⑦奔向：读为 bēnxiàng。⑧找不到：读为 zhǎo·búdào。⑨乱钻：读为 luàn zuān。⑩而：读为 ér。⑪一定：读为 yí dìng。⑫一棵：读为 yì kē。⑬一位：读为 yí wèi。⑭削着：读为 xiāozhe。⑮不就是：读为 bújiùshì。⑯乡巴佬儿：读为 xiāngbalǎor。⑰小家伙儿：读为 xiǎojiāhuor。⑱一支：读为 yì zhī。⑲差不多：读为 chàbuduō。⑳一下：读为 yí xià。㉑我俩：读为 wǒ liǎ。㉒一阵阵：读为 yí zhènzhèn。㉓清脆悦耳：读为 qīngcuì yuè'ěr。

1. 必读轻声词

的、着、了、地、吗、吧、我们、他们、惊慌失措地、苍蝇、不由得、伤心地、什么、乡巴佬、小家伙儿、怯生生地、孩子、先生

2. 读为次轻音

找不到、衣裤上、太阳、已经、家里、起来、传来、走去、树桩上、手里、出来、等上、△差不多、嘴里、踏上、感激

Zuòpǐn 29 Hào

Zài hàohàn wúyín de shāmò·lǐ, yǒu yī piàn měilì de lùzhōu, lùzhōu·lǐ cángzhe yī kē shǎnguāng de zhēnzhū. Zhè kē zhēnzhū jiùshì Dūnhuáng Mògāokū. Tā zuòluò zài wǒguó Gānsù Shěng Dūnhuáng Shì Sānwēi Shān hé Míngshā Shān de huáibào zhōng.

Míngshā Shān dōnglù shì píngjūn gāodù wéi shíqī mǐ de yábì. Zài yīqiān liùbǎi duō mǐ cháng de yábì·shàng, záo yǒu dàxiǎo dòngkū qībǎi yú gè, xíngchéngle guīmó hóngwěi de shíkūqún. Qízhōng sìbǎi jiǔshí'èr gè dòngkū zhōng, gòng yǒu cǎisè sùxiàng liǎngqiān yībǎi yú zūn, gè zhǒng bìhuà gòng sìwàn wǔqiān duō píngfāngmǐ. Mògāokū shì wǒguó gǔdài wúshù yìshù jiàngshī liúgěi rénlèi de zhēnguì wénhuà yíchǎn.

Mògāokū de cǎisù, měi yī zūn dōu shì yī jiàn jīngměi de yìshùpǐn. Zuì dà de yǒu jiǔ céng lóu nàme gāo, zuì xiǎo de hái bùrú yī gè shǒuzhǎng dà. Zhèxiē cǎisù gèxìng xiānmíng, shéntàigèyì. Yǒu címéi-shànmù de pú·sà, yǒu wēifēng-lǐnlǐn de tiānwáng, háiyǒu qiángzhuàng yǒngměng de lìshì……

Mògāokū bìhuà de nèiróng fēngfù-duōcǎi, yǒude shì miáohuì gǔdài láodòng rénmín dǎliè, bǔyú, gēngtián, shōugē de qíngjǐng, yǒude shì miáohuì rénmen zòuyuè, wǔdǎo, yǎn zájì de chǎngmiàn, hái yǒude shì miáohuì dàzìrán de měilì fēngguāng. Qízhōng zuì yǐnrén-zhùmù de shì fēitiān. Bìhuà·shàng de fēitiān, yǒude bì kuà huālán, cǎizhāi xiānhuā; yǒude fǎn tán pípa, qīng bō yínxián; yǒude dào xuán shēnzi, zì tiān ér jiàng; yǒude cǎidài piāofú, màntiān áoyóu; yǒude shūzhǎnzhe shuāngbì, piānpiān-qǐwǔ. Kànzhe zhèxiē jīngměi dòngrén de bìhuà, jiù xiàng zǒujìnle//cànlàn huīhuáng de yìshù diàntáng.

Mògāokū·lǐ háiyǒu yī gè miànjī bù dà de dòngkū——cángjīngdòng. Dòng·lǐ céng cángyǒu wǒguó gǔdài de gè zhǒng jīngjuàn, wénshū, bóhuà, cìxiù, tóngxiàng děng gòng liùwàn duō jiàn. Yóuyú Qīngcháo zhèngfǔ fǔbài wúnéng, dàliàng zhēnguì de wénwù bèi wàiguó qiángdào lüèzǒu. Jǐncún de bùfen jīngjuàn, xiànzài chénliè yú Běijīng Gùgōng děng chù.

Mògāokū shì jǔshì-wénmíng de yìshù bǎokù. Zhè·lǐ de měi yī zūn cǎisù, měi yī fú bìhuà, měi yī jiàn wénwù, dōu shì Zhōngguó gǔdài rénmín zhìhuì de jiéjīng.

(Jiéxuǎn zì Xiǎoxué《Yǔwén》dì-liù cè zhōng《Mògāokū》)

作品 29 号

在浩瀚无垠①的沙漠里，有一片②美丽的绿洲，绿洲里藏着一颗③闪光的珍珠。这颗珍珠就是敦煌莫高窟。它坐落在我国甘肃省敦煌市三危山和鸣沙山的怀抱中。

鸣沙山东麓④是平均高度为十七米的崖壁。在一千六百多米⑤长的崖壁上，凿有大小洞窟七百余个，形成了规模宏伟的石窟群。其中四百九十二⑥个洞窟中，共有彩色塑像两千一百⑦余尊，各种壁画共四万五千多平方米。莫高窟是我国古代无数艺术匠师留给人类的珍贵文化遗产。

莫高窟的彩塑，每一尊⑧都是一件⑨精美的艺术品。最大的有九层楼那么高，最小的还不如一个⑩手掌大。这些彩塑个性鲜明，神态各异。有慈眉善目的菩萨，有威风凛凛的天王，还有强壮勇猛的力士……

莫高窟壁画的内容丰富多彩，有的是描绘古代劳动人民打猎、捕鱼、耕田、收割的情景，有的是描绘人们奏乐⑪、舞蹈、演杂技的场面，还有的是描绘大自然的美丽风光。其中最引人注目的是飞天。壁画上的飞天，有的臂挎花篮，采摘鲜花；有的反弹琵琶，轻拨银弦⑫；有的倒悬⑬身子，自天而降⑭；有的彩带飘拂，漫天遨游⑮；有的舒展着双臂，翩翩起舞。看着这些精美动人的壁画，就像走进了//灿烂辉煌的艺术殿堂。

莫高窟里还有一个面积不大的洞窟——藏经洞。洞里曾藏有我国古代的各种经卷、文书、帛画、刺绣、铜像等共六万多件。由于清朝政府腐败无能，大量珍贵的文物被外国强盗掠走。仅存的部分经卷，现在陈列于北京故宫等处。

莫高窟是举世闻名的艺术宝库。这里的每一尊彩塑、每一幅壁画、每一件文物，都是中国古代人民智慧的结晶。

（节选自小学《语文》第六册中《莫高窟》）

【朗读提示】

①浩瀚无垠：读为 hàohàn wúyín。②一片：读为 yí piàn。③一颗：读为 yì kē。④东麓：读为 dōnglù。⑤一千六百多米：读为 yìqiān liùbǎi duō mǐ。⑥四百九十二：读为 sìbǎi jiǔshí'èr。⑦一百：读为 yìbǎi。⑧一尊：读为 yì zūn。⑨一件：读为 yí jiàn。⑩一个：读为 yí gè。⑪奏乐：读为 zòuyuè。⑫轻拨银弦：读为 qīng bō yínxián。⑬倒悬：读为 dàoxuán。⑭自天而降：读为 zì tiān ér jiàng。⑮漫天遨游：读为 màntiān áoyóu。

1. 必读轻声词

的、了、着、那么、有的、人们、身子

2. 读为次轻音

沙漠里、绿洲里、崖壁上、菩萨、壁画上、△琵琶、莫高窟里、洞里、这里

3. 停连提示

（1）它坐落在/我国甘肃省敦煌市/三危山和鸣沙山的怀抱中。

（2）莫高窟壁画的内容/丰富多彩，有的是/描绘古代劳动人民打猎、捕鱼、耕田、收割的情景，有的是/描绘人们奏乐、舞蹈、演杂技的场面，还有的是/描绘大自然的美丽风光。

Zuòpǐn 30 Hào

Qíshí nǐ zài hěn jiǔ yǐqián bìng bù xǐhuan mǔdan, yīn·wèi tā zǒng bèi rén zuòwéi fùguì móbài. Hòulái nǐ mùdǔle yī cì mǔdan de luòhuā, nǐ xiāngxìn suǒyǒu de rén dōu huì wèi zhī gǎndòng: yī zhèn qīngfēng xúlái, jiāoyàn xiānnèn de shèngqī mǔdan hūrán zhěng duǒ zhěng duǒ de zhuìluò, pūsǎ yīdì xuànlì de huābàn. Nà huābàn luòdì shí yīrán xiānyàn duómù, rútóng yī zhī fèng·shàng jìtán de dàniǎo tuōluò de yǔmáo, dīyínzhe zhuàngliè de bēigē líqù.

Mǔdan méi·yǒu huāxiè – huābài zhī shí, yàome shuòyú zhītóu, yàome guīyú nítǔ, tā kuàyuè wěidùn hé shuāilǎo, yóu qīngchūn ér sǐwáng, yóu měilì ér xiāodùn. Tā suī měi què bù lìnxī shēngmìng, jíshǐ gàobié yě yào zhǎnshì gěi rén zuìhòu yī cì de jīngxīn – dòngpò.

Suǒyǐ zài zhè yīnlěng de sì yuè·lǐ, qíjì bù huì fāshēng. Rènpíng yóurén sǎoxìng hé zǔzhòu, mǔdan yīrán ānzhī – ruòsù. Tā bù gǒuqiě、bù fǔjiù、bù tuǒxié、bù mèisú, gānyuàn zìjǐ lěngluò zìjǐ. Tā zūnxún zìjǐ de huāqī zìjǐ de guīlù, tā yǒu quánlì wèi zìjǐ xuǎnzé měinián yī dù de shèngdà jiérì. Tā wèishénme bù jùjué hánlěng?

Tiānnán – hǎiběi de kàn huā rén, yīrán luòyì – bùjué de yǒngrù Luòyáng Chéng. Rénmen bù huì yīn mǔdan de jùjué ér jùjué tā de měi. Rúguǒ tā zài bèi biǎnzhé shí cì, yěxǔ tā jiùhuì fányǎn chū shí gè Luòyáng mǔdan chéng.

Yúshì nǐ zài wúyán de yíhàn zhōng gǎnwù dào, fùguì yǔ gāoguì zhǐshì yī zì zhī chā. Tóng rén yīyàng, huā'ér yě shì yǒu língxìng de, gèng yǒu pǐnwèi zhī gāodī. Pǐnwèi zhè dōngxi wéi qì wéi hún wéi//jīngǔ wéi shényùn, zhǐ kě yìhuì. Nǐ tànfú mǔdan zhuó'ěr – bùqún zhī zī, fāng zhī pǐnwèi shì duōme róng·yì bèi shìrén hūlüè huò mòshì de měi.

(Jiéxuǎn zì Zhāng Kàngkàng 《Mǔ·dān de Jùjué》)

作品30号

其实你在很久以前并不喜欢牡丹，因为①它总被人作为富贵膜拜。后来你目睹了一次②牡丹的落花，你相信所有的人都会为之感动③：一阵④清风徐来，娇艳鲜嫩的盛期牡丹忽然整朵整朵地坠落，铺撒⑤一地⑥绚丽的花瓣。那花瓣落地时依然鲜艳夺目，如同一只⑦奉上⑧祭坛的大鸟脱落的羽毛，低吟着壮烈的悲歌离去。

牡丹没有花谢花败之时，要么烁于⑨枝头，要么归于泥土，它跨越委顿和衰老，由青春而⑩死亡，由美丽而消遁。它虽美却不吝惜⑪生命，即使⑫告别也要展示给人最后一次的惊心动魄。

所以在这阴冷的四月里，奇迹⑬不会⑭发生。任凭游人扫兴和诅咒，牡丹依然安之若素。它不苟且、不俯就、不妥协、不媚俗⑮，甘愿自己冷落自己。它遵循自己的花期自己的规律，它有权利为自己选择每年一度⑯的盛大节日。它为什么⑰不拒绝⑱寒冷？

天南海北的看花人⑲，依然络绎不绝⑳地涌入洛阳城。人们不会㉑因牡丹的拒绝而拒绝它的美。如果它再被贬谪㉒十次，也许它就会繁衍出十个洛阳牡丹城。

于是你在无言的遗憾中感悟到，富贵与高贵只是一字之差㉓。同人一样㉔，花儿㉕也是有灵性的，更有品位之高低。品位这东西为气㉖为魂为//筋骨为神韵，只可意会。你叹服牡丹卓尔不群之姿，方知品位是多么容易被世人忽略或漠视的美。

（节选自张抗抗《牡丹的拒绝》）

【朗读提示】

①因为：读为 yīn·wèi。②一次：读为 yí cì。③为之感动：读为 wèizhī gǎndòng。④一阵：读为 yí zhèn。⑤铺撒：读为 pūsǎ。⑥一地：读为 yídì。⑦一只：读为 yì zhī。⑧奉上：读为 fèng·shàng。⑨于：读为 yú。⑩而：读为 ér。⑪不吝惜：读为 bú lìnxī。⑫即使：读为 jíshǐ。⑬奇迹：读为 qíjì。⑭不会：读为 búhuì。⑮不媚俗：读为 búmèisú。⑯一度：读为 yídù。⑰为什么：读为 wèishénme。⑱不拒绝：读为 bú jùjué。⑲看花人：读为 kàn huā rén。⑳络绎不绝：读为 luòyì-bùjué。㉑不会：读为 búhuì。㉒贬谪：读为 biǎnzhé。㉓一字之差：读为 yízì zhīchā。㉔一样：读为 yíyàng。㉕花儿：读为 huā'ér。㉖为气：读为 wéi qì。

1. 必读轻声词

了、的、地、着、喜欢、整朵整朵地、要么、为什么、人们、络绎不绝地、低吟着、东西、多么

2. 读为次轻音

因为、△牡丹、奉上、没有、四月里、容易

3. 停连提示

那花瓣落地时/依然鲜艳夺目，如同/一只奉上祭坛的大鸟脱落的/羽毛，低吟着壮烈的悲歌/离去。

Zuòpǐn 31 Hào

Sēnlín hányǎng shuǐyuán, bǎochí shuǐtǔ, fángzhǐ shuǐhàn zāihài de zuòyòng fēicháng dà. Jù zhuānjiā cèsuàn, yī piàn shíwàn mǔ miànjī de sēnlín, xiāngdāngyú yī gè liǎngbǎi wàn lìfāngmǐ de shuǐkù, zhè zhèng rú nóngyàn suǒ shuō de: "Shān·shàng duō zāi shù, děngyú xiū shuǐkù. Yǔ duō tā néng tūn, yǔ shǎo tā néng tǔ."

Shuōqǐ sēnlín de gōng·láo, nà hái duō de hěn. Tā chúle wèi rénlèi tígōng mùcái jí xǔduō zhǒng shēngchǎn、shēnghuó de yuánliào zhīwài, zài wéihù shēngtài huánjìng fāngmiàn yě shì gōng·láo zhuózhù, tā yòng lìng yī zhǒng "néngtūn-

néngtǔ" de tèshū gōngnéng yùnyùle rénlèi. Yīn·wèi dìqiú zài xíngchéng zhīchū,
dàqì zhōng de èryǎnghuàtàn hánliàng hěn gāo, yǎngqì hěn shǎo, qìwēn yě gāo,
shēngwù shì nányǐ shēngcún de. Dàyuē zài sì yì nián zhīqián, lùdì cái chǎnshēngle
sēnlín. Sēnlín mànmàn jiāng dàqì zhōng de èryǎnghuàtàn xīshōu, tóngshí tǔ·chū
xīn·xiān yǎngqì, tiáojié qìwēn: zhè cái jùbèile rénlèi shēngcún de tiáojiàn, dìqiú·
shàng cái zuìzhōng yǒule rénlèi.

　　Sēnlín, shì dìqiú shēngtài xìtǒng de zhǔtǐ, shì dàzìrán de zǒng diàodùshì, shì
dìqiú de lǜsè zhī fèi. Sēnlín wéihù dìqiú shēngtài huánjìng de zhè zhǒng "néngtūn-
néngtǔ" de tèshū gōngnéng shì qítā rènhé wùtǐ dōu bùnéng qǔdài de. Rán'ér, yóuyú
dìqiú·shàng de ránshāowù zēngduō, èryǎnghuàtàn de páifàngliàng jíjù zēngjiā, shǐ
de dìqiú shēngtài huánjìng jíjù èhuà, zhǔyào biǎoxiàn wéi quánqiú qìhòu biàn nuǎn,
shuǐfèn zhēngfā jiākuài, gǎibiànle qìliú de xúnhuán, shǐ qìhòu biànhuà jiājù, cóng'ér
yǐnfā rèlàng、jùfēng、bàoyǔ、hónglào jí gānhàn.

　　Wèile//shǐ dìqiú de zhège "néngtūn-néngtǔ" de lǜsè zhī fèi huīfù jiànzhuàng, yǐ
gǎishàn shēngtài huánjìng, yìzhì quánqiú biàn nuǎn, jiǎnshǎo shuǐhàn děng zìrán
zāihài, wǒmen yīnggāi dàlì zàolín、hùlín, shǐ měi yī zuò huāngshān dōu lǜqǐ·lái.

　　(Jiéxuǎn zì《Zhōngkǎo Yǔwén Kèwài Yuèdú Shìtí Jīngxuǎn》zhōng《"Néngtūn-
Néngtǔ" de Sēnlín》)

作品 31 号

　　森林涵养水源，保持水土，防止水旱灾害的作用非常大。据专家测算，一
片①十万亩面积②的森林，相当于③一个④两百万立方米的水库，这正如农谚所说
的："山上多栽树，等于修水库。雨多它能吞，雨少它能吐⑤。"

　　说起森林的功劳，那还多得很。它除了为人类提供木材及许多种生产、生活
的原料之外，在维护生态环境方面也是功劳卓著⑥，它用另一种⑦"能吞能吐"
的特殊功能孕育了人类。因为⑧地球在形成之初，大气中的二氧化碳⑨含量很高，
氧气很少，气温也高，生物是难以生存的。大约在四亿年之前，陆地才产生了森
林。森林慢慢将大气中的二氧化碳吸收，同时吐出新鲜氧气，调节气温：这才具
备了人类生存的条件，地球上才最终有了人类。

　　森林，是地球生态系统的主体，是大自然的总调度室⑩，是地球的绿色之
肺。森林维护地球生态环境的这种"能吞能吐"的特殊功能是其他任何物体都
不能取代的。然而⑪，由于地球上的燃烧物增多，二氧化碳的排放量急剧增加，
使得地球生态环境急剧恶化，主要表现为全球气候变暖，水分⑫蒸发加快，改变
了气流的循环，使气候变化加剧，从而引发热浪、飓风、暴雨、洪涝及干旱。

为了//使地球的这个"能吞能吐"的绿色之肺恢复健壮，以改善生态环境，抑制全球变暖，减少水旱等自然灾害，我们应该大力造林、护林，使每一座荒山都绿起来。

（节选自《中考语文课外阅读试题精选》中《"能吞能吐"的森林》）

【朗读提示】

①一片：读为 yí piàn。②面积：读为 miànjī。③于：读为 yú。④一个：读为 yí gè。⑤吐：读为 tǔ。⑥功劳卓著：读为 gōng·láo zhuózhù。⑦另一种：读为 lìng yì zhǒng。⑧因为：读为 yīn·wèi。⑨二氧化碳：读为 èryǎnghuàtàn。⑩总调度室：读为 zǒng diàodùshì。⑪然而：读为 rán'ér。⑫水分：读为 shuǐfèn。

1. 必读轻声词

的、了、多得很、除了、有了、为了、这个、我们

2. 读为次轻音

山上、功劳、因为、吐出、新鲜、地球上、△使得、绿起来

3. 停连提示

（1）森林/涵养水源，保持水土，防止水旱灾害的作用/非常大。

（2）森林维护地球生态环境的/这种"能吞能吐"的特殊功能/是其他任何物体/都不能取代的。

（3）由于/地球上的燃烧物增多，二氧化碳的排放量急剧增加，使得/地球生态环境急剧恶化，主要表现为/全球气候变暖，水分蒸发加快，改变了气流的循环，使气候变化加剧，从而引发/热浪、飓风、暴雨、洪涝及干旱。

Zuòpǐn 32 Hào

Péngyou jíjiāng yuǎnxíng.

Mùchūn shíjié, yòu yāole jǐ wèi péngyou zài jiā xiǎojù. Suīrán dōu shì jí shú de péngyou, què shì zhōngnián nándé yī jiàn, ǒu'ěr diànhuà·lǐ xiāngyù, yě wúfēi shì jǐ jù xúnchánghuà. Yī guō xiǎomǐ xīfàn, yī dié dàtóucài, yī pán zìjiā niàngzhì de pàocài, yī zhī xiàngkǒu mǎihuí de kǎoyā, jiǎnjiǎn-dāndān, bù xiàng qǐngkè, dào xiàng jiārén tuánjù.

Qíshí, yǒuqíng yě hǎo, àiqíng yě hǎo, jiǔ'érjiǔzhī dōu huì zhuǎnhuà wéi qīnqíng.

Shuō yě qíguài, hé xīn péngyou huì tán wénxué、tán zhéxué、tán rénshēng dào·lǐ děngděng, hé lǎo péngyou què zhǐ huà jiācháng, chái-mǐ-yóu-yán, xìxì-suìsuì, zhǒngzhǒng suǒshì. Hěn duō shíhou, xīnlíng de qìhé yǐ·jīng bù xūyào tài duō de yányǔ lái biǎodá.

Péngyou xīn tàngle gè tóu, bùgǎn huíjiā jiàn mǔ·qīn, kǒngpà jīnghàile

lǎorenjia, què huāntiān-xǐdì lái jiàn wǒmen, lǎo péngyou pō néng yǐ yī zhǒng
qùwèixìng de yǎnguāng xīnshǎng zhège gǎibiàn.

Niánshào de shíhou, wǒmen chàbuduō dōu zài wèi bié·rén ér huó, wèi kǔkǒu-
póxīn de fùmǔ huó, wèi xúnxún-shànyòu de shīzhǎng huó, wèi xǔduō guānniàn、
xǔduō chuántǒng de yuēshùlì ér huó. Niánsuì zhú zēng, jiànjiàn zhèngtuō wàizài de
xiànzhì yǔ shùfù, kāishǐ dǒngde wèi zìjǐ huó, zhào zìjǐ de fāngshì zuò yīxiē zìjǐ xǐhuan
de shì, bù zàihu bié·rén de pīpíng yì·jiàn, bù zàihu bié·rén de dǐhuǐ liúyán, zhǐ
zàihu nà yī fèn suíxīn-suǒyù de shūtan zìrán. Ou'ěr, yě nénggòu zòngróng zìjǐ
fànglàng yīxià, bìngqiě yǒu yī zhǒng èzuòjù de qièxǐ.

Jiù ràng shēngmìng shùn qí zìrán, shuǐdào-qúchéng ba, yóurú chuāng qián de//
wūjiù, zìshēng-zìluò zhījiān, zì yǒu yī fèn yuánróng fēngmǎn de xǐyuè. Chūnyǔ
qīngqīng luòzhe, méi·yǒu shī, méi·yǒu jiǔ, yǒude zhǐshì yī fèn xiāng zhī xiāng
zhǔ de zìzài zìdé.

Yèsè zài xiàoyǔ zhōng jiànjiàn chénluò, péngyou qǐshēn gàocí, méi·yǒu
wǎnliú, méi·yǒu sòngbié, shènzhì yě méi·yǒu wèn guīqī.

Yǐ·jīng guòle dàxǐ-dàbēi de suìyuè, yǐ·jīng guòle shānggǎn liúlèi de niánhuá,
zhī·dàole jùsàn yuánlái shì zhèyàng de zìrán hé shùnlǐ-chéngzhāng, dǒngde zhè
diǎn, biàn dǒngde zhēnxī měi yī cì xiāngjù de wēnxīn, líbié biàn yě huānxǐ.

[Jiéxuǎn zì (Táiwān) Xìng Línzǐ《Péngyou hé Qítā》]

作品 32 号

朋友即将①远行。

暮春时节，又邀了几位朋友在家小聚。虽然都是极熟的朋友，却是终年难得
一见②，偶尔③电话里相遇，也无非是几句寻常话。一锅④小米稀饭，一碟⑤大头
菜，一盘⑥自家酿制的泡菜⑦，一只⑧巷口买回的烤鸭，简简单单，不像⑨请客，
倒像⑩家人团聚。

其实，友情也好，爱情也好，久而久之⑪都会转化为亲情。

说也奇怪，和新朋友会谈文学、谈哲学、谈人生道理等等，和老朋友却只话
家常，柴米油盐，细细碎碎，种种琐事。很多时候，心灵的契合⑫已经不需要太
多的言语来表达。

朋友新烫了个头，不敢回家见母亲，恐怕惊骇了老人家，却欢天喜地来见我
们，老朋友颇能以一种⑬趣味性的眼光欣赏这个改变。

年少的时候，我们差不多都在为别人⑭而活，为苦口婆心的父母活，为循循
善诱的师长活，为许多观念、许多传统的约束力⑮而活。年岁逐增，渐渐挣脱⑯

外在的限制与束缚⑰，开始懂得为自己活，照自己的方式做一些⑱自己喜欢的事，不在乎⑲别人的批评意见，不在乎别人的诋毁流言，只在乎那一份⑳随心所欲的舒坦自然。偶尔，也能够纵容自己放浪一下㉑，并且有一种恶作剧㉒的窃喜。

就让生命顺其自然，水到渠成吧，犹如㉓窗前的//乌桕，自生自落之间，自有一份圆融丰满的喜悦。春雨轻轻落着，没有诗，没有酒，有的只是一份相知相属的自在自得。

夜色在笑语中渐渐沉落，朋友起身告辞，没有挽留，没有送别，甚至也没有问归期。

已经过了大喜大悲的岁月，已经过了伤感流泪的年华，知道了聚散原来是这样的自然和顺理成章，懂得这点，便懂得珍惜每一次相聚的温馨，离别便也欢喜。

［节选自（台湾）杏林子《朋友和其他》］

【朗读提示】

①即将：读为 jíjiāng。②难得一见：读为 nándé yíjiàn。③偶尔：读为 ǒu'ěr。④一锅：读为 yì guō。⑤一碟：读为 yì dié。⑥一盘：读为 yì pán。⑦泡菜：读为 pàocài。⑧一只：读为 yì zhī。⑨不像：读为 búxiàng。⑩倒像：读为 dào xiàng。⑪久而久之：读为 jiǔ'érjiǔzhī。⑫契合：读为 qìhé。⑬一种：读为 yì zhǒng。⑭别人：读为 wèi bié·rén。⑮约束力：读为 yuēshùlì。⑯挣脱：读为 zhèngtuō。⑰束缚：读为 shùfù。⑱一些：读为 yìxiē。⑲不在乎：读为 búzàihu。⑳那一份：读为 nà yí fèn。㉑一下：读为 yíxià。㉒恶作剧：读为 èzuòjù。㉓犹如：读为 yóurú。

1. 必读轻声词

的、了、吧、朋友、时候、我们、这个、喜欢、在乎、舒坦、落着

2. 读为次轻音

电话里、道理、已经、母亲、△老人家、△差不多、别人、意见、没有、知道、△懂得

3. 停连提示

年岁逐增，渐渐挣脱/外在的限制与束缚，开始懂得/为自己活……

Zuòpǐn 33 Hào

Wǒmen zài tiányě sànbù: Wǒ, wǒ de mǔ·qīn, wǒ de qīzi hé érzi.

Mǔ·qīn běn bùyuàn chū·lái de. Tā lǎo le, shēntǐ bù hǎo, zǒu yuǎn yīdiǎnr jiù juéde hěn lèi. Wǒ shuō, zhèng yīn·wèi rúcǐ, cái yīnggāi duō zǒuzou. Mǔ·qīn xìnfú de diǎndian tóu, biàn qù ná wàitào. Tā xiànzài hěn tīng wǒ de huà, jiù xiàng wǒ xiǎoshíhou hěn tīng tā de huà yīyàng.

Zhè nánfāng chūchūn de tiányě, dàkuài xiǎokuài de xīnlǜ suíyì de pūzhe, yǒude nóng, yǒude dàn, shù·shàng de nènyá yě mìle, tián·lǐ de dōngshuǐ yě gūgū de qǐzhe shuǐpào. Zhè yīqiè dōu shǐ rén xiǎngzhe yī yàng dōngxi——shēngmìng.

Wǒ hé mǔ·qīn zǒu zài qián·miàn, wǒ de qīzi hé érzi zǒu zài hòu·miàn. Xiǎojiāhuo tūrán jiào qǐ·lái: "Qián·miàn shì māma hé érzi, hòu·miàn yě shì māma hé érzi." Wǒmen dōu xiào le.

Hòulái fāshēngle fēnqí: Mǔ·qīn yào zǒu dàlù, dàlù píngshùn; Wǒ de érzi yào zǒu xiǎolù, xiǎolù yǒu yìsi. Bùguò, yīqiè dōu qǔjuéyú wǒ. Wǒ de mǔ·qīn lǎo le, tā zǎoyǐ xíguàn tīngcóng tā qiángzhuàng de érzi; wǒ de érzi hái xiǎo, tā hái xíguàn tīngcóng tā gāodà de fù·qīn; qīzi ne, zài wài·miàn, tā zǒngshì tīng wǒ de. Yīshàshí wǒ gǎndàole zérèn de zhòngdà. Wǒ xiǎng zhǎo yī gè liǎngquán de bànfǎ, zhǎo bù chū; wǒ xiǎng chāisàn yī jiā rén, fēnchéng liǎng lù, gèdé-qísuǒ, zhōng bù yuàn·yì. Wǒ juédìng wěiqu érzi, yīn·wèi wǒ bàntóng tā de shírì hái cháng. Wǒ shuō: "Zǒu dàlù."

Dànshì mǔ·qīn mōmo sūn'ér de xiǎo nǎoguār, biànle zhǔyi: "Háishì zǒu xiǎolù ba." Tā de yǎn suí xiǎolù wàng·qù: Nà·lǐ yǒu jīnsè de càihuā, liǎng háng zhěngqí de sāngshù, //jìntóu yī kǒu shuǐbō línlín de yútáng. "Wǒ zǒu bù guò·qù de dìfang, nǐ jiù bēizhe wǒ." Mǔ·qīn duì wǒ shuō.

Zhèyàng, wǒmen zài yángguāng·xià, xiàngzhe nà càihuā、 sāngshù hé yútáng zǒu·qù. Dàole yī chù, wǒ dūn xià·lái, bēiqǐle mǔ·qīn; qīzi yě dūn xià·lái, bēiqǐle érzi. Wǒ hé qīzi dōu shì mànmàn de, wěnwěn de, zǒu de hěn zǐxì, hǎoxiàng wǒ bèi·shàng de tóng tā bèi·shàng de jiā qǐ·lái, jiùshì zhěnggè shìjiè.

(Jiéxuǎn zì Mò Huáiqī《Sànbù》)

作品 33 号

我们在田野散步：我，我的母亲，我的妻子和儿子①。

母亲本不愿②出来的。她老了，身体不好，走远一点儿③就觉得很累。我说，正因为④如此，才应该多走走。母亲信服地点点头，便去拿外套。她现在很听我的话，就像我小时候很听她的话一样⑤。

这南方初春的田野，大块小块的新绿随意地铺着，有的浓，有的淡，树上的嫩芽也密了，田里的冬水也咕咕地起着水泡。这一切⑥都使人想着一样东西——生命。

我和母亲走在前面，我的妻子和儿子走在后面。小家伙突然叫起来："前面是妈妈和儿子，后面也是妈妈和儿子。"我们都笑了。

后来发生了分歧⑦：母亲要走大路，大路平顺；我的儿子要走小路，小路有意思。不过⑧，一切都取决于⑨我。我的母亲老了，她早已习惯听从她强壮的儿子；我的儿子还小，他还习惯听从他高大的父亲；妻子呢，在外面，她总是听我的。一霎时⑩我感到了责任的重大。我想找一个⑪两全的办法，找不出；我想拆散⑫一家人⑬，分成两路，各得其所，终不愿意⑭。我决定委屈儿子，因为我伴同他的时日还长。我说："走大路。"

但是母亲摸摸孙儿⑮的小脑瓜儿⑯，变了主意："还是走小路吧。"她的眼随小路望去：那里有金色的菜花，两行整齐的桑树，//尽头一口水波粼粼的鱼塘。"我走不过去的地方，你就背着我。"母亲对我说。

这样，我们在阳光下，向着那菜花、桑树和鱼塘走去。到了一处，我蹲下来，背起了母亲；妻子也蹲下来，背起了儿子。我和妻子都是慢慢地，稳稳地，走得很仔细，好像我背上的同她背上的加起来，就是整个世界。

（节选自莫怀戚《散步》）

【朗读提示】

①儿子：读为 érzi。②不愿：bú yuàn。③一点儿：读为 yìdiǎnr。④因为：读为 yīn·wèi。⑤一样：读为 yíyàng。⑥这一切：读为 zhè yíqiè。⑦分歧：读为 fēnqí。⑧不过：读为 búguò。⑨取决于：读为 qǔjuéyú。⑩一霎时：读为 yíshàshí。⑪一个：读为 yí gè。⑫拆散：读为 chāisàn。⑬一家人：读为 yì jiā rén。⑭不愿意：读为 bú yuàn·yì。⑮孙儿：读为 sūn'ér。⑯小脑瓜儿：读为 xiǎo nǎoguār。

1. 必读轻声词

的、了、地、着、呢、吧、我们、儿子、觉得、走走、小时候、有的、东西、小家伙、意思、委屈、摸摸、主意、地方

2. 读为次轻音

母亲、△妻子、出来、因为、树上、田里、前面、后面、起来、父亲、外面、愿意、望去、那里、过去、阳光下、走去、下来、背上

Zuòpǐn 34 Hào

Dìqiú·shàng shìfǒu zhēn de cúnzài "wúdǐdòng"? Ànshuō dìqiú shì yuán de, yóu dìqiào、dìmàn hé dìhé sān céng zǔchéng, zhēnzhèng de "wúdǐdòng" shì bù yīng cúnzài de, wǒmen suǒ kàndào de gè zhǒng shāndòng、lièkǒu、lièfèng, shènzhì huǒshānkǒu yě dōu zhǐshì dìqiào qiǎnbù de yī zhǒng xiànxiàng. Rán'ér zhōngguó yīxiē gǔjí què duō cì tídào hǎiwài yǒu gè shēn'ào-mòcè de wúdǐdòng. Shìshí·shàng dì qiú·shàng quèshí yǒu zhèyàng yī gè "wúdǐdòng".

Tā wèiyú Xīlà Yàgèsī gǔchéng de hǎibīn. Yóuyú bīnlín dàhǎi, dà zhǎngcháo shí, xiōngyǒng de hǎishuǐ biàn huì páishān-dǎohǎi bān de yǒngrù dòng zhōng, xíngchéng yī gǔ tuāntuān de jíliú. Jù cè, měi tiān liúrù dòng nèi de hǎishuǐliàng dá sānwàn duō dūn. Qíguài de shì, rúcǐ dàliàng de hǎishuǐ guànrù dòng zhōng, què cónglái méi·yǒu bǎ dòng guànmǎn. Céng yǒu rén huáiyí, zhège "wúdǐdòng" huì·

bùhuì jiù xiàng shíhuīyán dìqū de lòudǒu、shùjǐng、luòshuǐdòng yīlèi de dìxíng. Rán'ér cóng èrshí shìjì sānshí niándài yǐlái, rénmen jiù zuòle duō zhǒng nǔlì qǐtú xúnzhǎo tā de chūkǒu, què dōu shì wǎngfèi-xīnjī.

Wèile jiēkāi zhège mìmì, yī jiǔ wǔ bā nián Měiguó Dìlǐ Xuéhuì pàichū yī zhī kǎocháduì, tāmen bǎ yī zhǒng jīngjiǔ-bùbiàn de dài sè rǎnliào róngjiě zài hǎishuǐ zhōng, guānchá rǎnliào shì rúhé suízhe hǎishuǐ yīqǐ chén xià·qù. Jiēzhe yòu chákànle fùjìn hǎimiàn yǐjí dǎo·shàng de gè tiáo hé、hú, mǎnhuái xīwàng de xúnzhǎo zhè zhǒng dài yánsè de shuǐ, jiéguǒ lìng rén shīwàng. Nándào shì hǎishuǐliàng tài dà bǎ yǒusèshuǐ xīshì de tài dàn, yǐzhì wúfǎ fāxiàn?//

Zhìjīn shéi yě bù zhī·dào wèishénme zhè·lǐ de hǎishuǐ huì méiwán-méiliǎo de "lòu" xià·qù, zhège "wúdǐdòng" de chūkǒu yòu zài nǎ·lǐ? Měi tiān dàliàng de hǎishuǐ jiūjìng dōu liúdào nǎ·lǐ qù le?

(Jiéxuǎn zì Luóbótè Luówēi'ěr《Shénmì de "Wúdǐdòng"》)

作品 34 号

地球上是否真的存在"无底洞"？按说地球是圆的，由地壳①、地幔和地核三层组成，真正的"无底洞"是不应存在的，我们所看到的各种山洞、裂口、裂缝，甚至火山口也都只是地壳浅部的一种②现象。然而③中国一些④古籍却多次提到海外有个深奥莫测的无底洞。事实上地球上确实有这样一个⑤"无底洞"。

它位于⑥希腊亚各斯古城的海滨。由于濒临⑦大海，大涨潮⑧时，汹涌的海水便会排山倒海般地涌入洞中，形成一股⑨湍湍⑩的急流。据测，每天流入洞内的海水量达三万多吨。奇怪的是，如此大量的海水灌入洞中，却从来没有把洞灌满。曾有人怀疑，这个"无底洞"会不会⑪就像石灰岩地区的漏斗、竖井、落水洞一类的地形。然而从二十⑫世纪三十年代以来，人们就做了多种努力企图寻找它的出口，却都是枉费心机。

为了揭开这个秘密，一九五八年美国地理学会派出一支⑬考察队，他们把一种经久不变的带色染料溶解在海水中，观察染料是如何随着海水一起⑭沉下去。接着又察看了附近海面以及岛上的各条河、湖，满怀希望地寻找这种带颜色的水，结果令人失望。难道是海水量太大把有色水稀释得太淡，以致无法发现？//

至今谁也不知道为什么这里的海水会没完没了地"漏"下去，这个"无底洞"的出口又在哪里？每天大量的海水究竟都流到哪里去了？

(节选自罗伯特·罗威尔《神秘的"无底洞"》)

【朗读提示】

①地壳：读为 dìqiào。②一种：读为 yì zhǒng。③然而：读为 rán'ér。④一些：读为 yìxiē。

⑤一个：读为 yí gè。⑥位于：读为 wèiyú。⑦濒临：读为 bīnlín。⑧涨潮：读为 zhǎngcháo。⑨一股：读为 yì gǔ。⑩湍湍：读为 tuāntuān。⑪会不会：读为 huì·búhuì。⑫二十：读为 èrshí。⑬一支：读为 yìzhī。⑭一起：读为 yìqǐ。

1. 必读轻声词

的、了、得、我们、这个、人们、做了、为了、他们、随着、满怀希望地、稀释得、为什么、没完没了地

2. 读为次轻音

地球上、事实上、没有、会不会、沉下去、岛上、知道、这里、哪里

Zuòpǐn 35 Hào

Wǒ zài Éguó jiàndào de jǐngwù zài méi·yǒu bǐ Tuō'ěrsītài mù gèng hóngwěi、gèng gǎnrén de.

Wánquán ànzhào Tuō'ěrsītài de yuànwàng, tā de fénmù chéngle shìjiān zuì měi de、gěi rén yìnxiàng zuì shēnkè de fénmù. Tā zhǐshì shùlín zhōng de yī gè xiǎoxiǎo de chángfāngxíng tǔqiū, shàng·miàn kāimǎn xiānhuā——méi·yǒu shízìjià, méi·yǒu mùbēi, méi·yǒu mùzhìmíng, lián Tuō'ěrsītài zhège míngzi yě méi·yǒu.

Zhè wèi bǐ shéi dōu gǎndào shòu zìjǐ de shēngmíng suǒ lěi de wěirén, què xiàng ǒu'ěr bèi fāxiàn de liúlànghàn, bù wéi rén zhī de shìbīng, bù liú míng xìng de bèi rén máizàng le. Shéi dōu kěyǐ tàjìn tā zuìhòu de ānxīdì, wéi zài sìzhōu xīshū de mù zhàlan shì bù guānbì de——bǎohù Lièfū Tuō'ěrsītài déyǐ ānxī de méi·yǒu rènhé biéde dōngxi, wéiyǒu rénmen de jìngyì; ér tōngcháng, rénmen què zǒngshì huáizhe hàoqí, qù pòhuài wěirén mùdì de níngjìng.

Zhè·lǐ, bīrén de pǔsù jìngù zhù rènhé yī zhǒng guānshǎng de xiánqíng, bìngqiě bù róngxǔ nǐ dàshēng shuōhuà. Fēng'ér fǔ lín, zài zhè zuò wúmíngzhě zhī mù de shùmù zhījiān sàsà xiǎngzhe, hénuǎn de yángguāng zài féntóur xīxì; dōngtiān, báixuě wēnróu de fùgài zhèpiàn yōu'àn de guītǔdì. Wúlùn nǐ zài xiàtiān huò dōngtiān jīngguò zhèr, nǐ dōu xiǎngxiàng bù dào, zhège xiǎoxiǎo de、lóngqǐ de chángfāngtǐ·lǐ ānfàngzhe yī wèi dāngdài zuì wěidà de rénwù.

Rán'ér, qiàqià shì zhè zuò bù liú xìngmíng de fénmù, bǐ suǒyǒu wākōng xīnsi yòng dàlǐshí hé shēhuá zhuāngshì jiànzào de fénmù gèng kòurénxīnxián. Zài jīntiān zhège tèshū de rìzi·lǐ, //dào tā de ānxīdì lái de chéng bǎi shàng qiān rén zhōngjiān, méi·yǒu yī gè yǒu yǒngqì, nǎpà jǐnjǐn cóng zhè yōu'àn de tǔqiū·shàng zhāixià yī duǒ huā liúzuò jìniàn. Rénmen chóngxīn gǎndào, shìjiè·shàng zài méi·yǒu bǐ Tuō'ěrsītài zuìhòu liúxià de、zhè zuò jìniànbēi shì de pǔsù fénmù, gèng dǎdòng rénxīn de le.

(Jiéxuǎn zì〔Ào〕Cíwēigé《Shìjiān Zuì Měi de Fénmù》, Zhāng Hòurén yì)

作品 35 号

我在俄国见到的景物再没有比托尔斯泰①墓更宏伟、更感人的。

完全按照托尔斯泰的愿望，他的坟墓成了世间最美的、给人印象最深刻的坟墓。它只是树林中的一个②小小的长方形土丘，上面开满鲜花——没有十字架，没有墓碑，没有墓志铭，连托尔斯泰这个名字也没有。

这位比谁都感到受自己的声名所累③的伟人，却像偶尔被发现的流浪汉，不为人知④的士兵，不留名姓地被人埋葬了。谁都可以踏进他最后的安息地，围在四周稀疏的木栅栏⑤是不关闭的——保护列夫·托尔斯泰得以安息的没有任何别的东西，唯有人们的敬意；而⑥通常，人们却总是怀着好奇，去破坏伟人墓地的宁静。

这里，逼人的朴素禁锢⑦住任何一种⑧观赏的闲情，并且不容许你大声说话。风儿⑨俯临，在这座无名者之墓的树木之间飒飒⑩响着，和暖的阳光在坟头儿嬉戏；冬天，白雪温柔地覆盖这片幽暗的圭土地⑪。无论你在夏天或冬天经过这儿⑫，你都想象不到⑬，这个小小的、隆起的长方体里安放着一位⑭当代最伟大的人物。

然而，恰恰是这座不留姓名的坟墓，比所有挖空心思用大理石和奢华⑮装饰建造的坟墓更扣人心弦⑯。在今天这个特殊的日子里，//到他的安息地来的成百上千人中间，没有一个有勇气，哪怕仅仅从这幽暗的土丘上摘下一朵花留作纪念。人们重新感到，世界上再没有比托尔斯泰最后留下的、这座纪念碑式的朴素坟墓，更打动人心的了。

（节选自［奥］茨威格《世间最美的坟墓》，张厚仁译）

【朗读提示】

①托尔斯泰：读为 Tuō'ěrsītài。②一个：读为 yí gè。③所累：读为 suǒlěi。④不为人知：读为 bù wéi rén zhī。⑤木栅栏：读为 mù zhàlan。⑥而：读为 ér。⑦禁锢：读为 jìngù。⑧一种：读为 yì zhǒng。⑨风儿：读为 fēng'ér。⑩飒飒：读为 sàsà。⑪圭土地：读为 guītǔdì。⑫这儿：读为 zhèr。⑬不到：读为 búdào。⑭一位：读为 yí wèi。⑮奢华：读为 shēhuá。⑯扣人心弦：读为 kòurénxīnxián。

1. 必读轻声词
的、了、这个、名字、不留名姓地、栅栏、别的、东西、人们、温柔地、心思、日子

2. 读为次轻音
没有、上面、这里、长方体里、日子里、土丘上、世界上

Zuòpǐn 36 Hào

Wǒguó de jiànzhù, cóng gǔdài de gōngdiàn dào jìndài de yībān zhùfáng, jué dà bùfen shì duìchèn de, zuǒbian zěnmeyàng, yòubian zěnmeyàng. Sūzhōu yuánlín kě juébù jiǎngjiu duìchèn, hǎoxiàng gùyì bìmiǎn shìde. Dōngbian yǒule yī gè tíngzi huòzhě yī dào huíláng, xībian juébùhuì lái yī gè tóngyàng de tíngzi huòzhě yī dào tóngyàng de huíláng. Zhè shì wèishénme? Wǒ xiǎng, yòng túhuà lái bǐfang, duìchèn de jiànzhù shì tú'ànhuà, bù shì měishùhuà, ér yuánlín shì měishùhuà, měishùhuà yāoqiú zìrán zhī qù, shì bù jiǎngjiu duìchèn de.

Sūzhōu yuánlín·lǐ dōu yǒu jiǎshān hé chízhǎo.

Jiǎshān de duīdié, kěyǐ shuō shì yī xiàng yìshù ér bùjǐn shì jìshù. Huòzhě shì chóngluán-diézhàng, huòzhě shì jǐ zuò xiǎoshān pèihézhe zhúzi huāmù, quán zàihu shèjìzhě hé jiàngshīmen shēngpíng duō yuèlì, xiōng zhōng yǒu qiūhè, cái néng shǐ yóulǎnzhě pāndēng de shíhou wàngquè Sūzhōu chéngshì, zhǐ juéde shēn zài shān jiān.

Zhìyú chízhǎo, dàduō yǐnyòng huóshuǐ. Yǒuxiē yuánlín chízhǎo kuānchang, jiù bǎ chízhǎo zuòwéi quán yuán de zhōngxīn, qítā jǐngwù pèihézhe bùzhì. Shuǐmiàn jiǎrú chéng hédào múyàng, wǎngwǎng ānpái qiáoliáng. Jiǎrú ānpái liǎng zuò yǐshàng de qiáoliáng, nà jiù yī zuò yī gè yàng, jué bù léitóng.

Chízhǎo huò hédào de biānyán hěn shǎo qì qízhěng de shí'àn, zǒngshì gāodī qūqǔ rèn qí zìrán. Hái zài nàr bùzhì jǐ kuài línglóng de shítou, huòzhě zhòng xiē huācǎo. Zhè yě shì wèile qǔdé cóng gège jiǎodù kàn dōu chéng yī fú huà de xiàoguǒ. Chí zhǎo·lǐ yǎngzhe jīnyú huò gè sè lǐyú, xià-qiū jìjié héhuā huò shuìlián kāi//fàng, yóulǎnzhě kàn "yú xì lián yè jiān", yòu shì rù huà de yī jǐng.

(Jiéxuǎn zì Yè Shèngtáo《Sūzhōu Yuánlín》)

作品 36 号

我国的建筑，从古代的宫殿到近代的一般①住房，绝大部分是对称②的，左边怎么样，右边怎么样。苏州园林可绝不讲究对称，好像故意避免似的③。东边有了一个④亭子或者一道⑤回廊，西边决不会⑥来一个同样的亭子或者一道同样的回廊。这是为什么⑦？我想，用图画来比方，对称的建筑是图案画，不是⑧美术画，而⑨园林是美术画，美术画要求自然之趣，是不讲究对称的。

苏州园林里都有假山和池沼。

假山的堆叠，可以说是一项⑩艺术而不仅是技术。或者是重峦叠嶂⑪，或者是几座小山配合着竹子花木，全在乎⑫设计者和匠师们生平多阅历，胸中有丘壑，才能使游览者攀登的时候忘却苏州城市，只觉得⑬身在山间。

至于⑭池沼，大多引用活水。有些园林池沼宽敞⑮，就把池沼作为全园的中心，其他景物配合着布置。水面假如成河道模样⑯，往往安排桥梁。假如安排两座以上的桥梁，那就一座⑰一个样，决不雷同。

池沼或河道的边沿很少砌⑱齐整的石岸，总是高低屈曲⑲任其自然。还在那儿⑳布置几块玲珑的石头，或者种些花草。这也是为了取得㉑从各个角度看都成一幅㉒画的效果。池沼里养着金鱼或各色鲤鱼，夏秋季节荷花或睡莲开//放，游览者看"鱼戏莲叶间"，又是入画的一景。

（节选自叶圣陶《苏州园林》）

【朗读提示】

①一般：读为 yìbān。②对称：读为 duìchèn。③似的：读为 shìde。④一个：读为 yí gè。⑤一道：读为 yí dào。⑥决不会：读为 juébúhuì。⑦为什么：读为 wèishénme。⑧不是：读为 búshì。⑨而：读为 ér。⑩一项：读为 yí xiàng。⑪重峦叠嶂：读为 chóngluán-diézhàng。⑫全在乎：读为 quán zàihu。⑬觉得：读为 juéde。⑭至于：读为 zhìyú。⑮宽敞：读为 kuān·chǎng。⑯模样：读为 múyàng。⑰一座：读为 yí zuò。⑱砌：读为 qì。⑲高低屈曲：读为 gāodī qūqǔ。⑳那儿：读为 nàr。㉑取得：读为 qǔdé。㉒一幅：读为 yì fú。

1．必读轻声词

的、着、部分、怎么样、似的、有了、亭子、为什么、比方、竹子、在乎、匠师们、时候、觉得、石头、为了

2．读为次轻音

△左边、△右边、△讲究、△东边、△西边、园林里、△宽敞、池沼里

Zuòpǐn 37 Hào

Yī wèi fǎng Měi Zhōngguó nǚzuòjiā, zài Niǔyuē yùdào yī wèi mài huā de lǎotàitai. Lǎotàitai chuānzhuó pòjiù, shēntǐ xūruò, dàn liǎn·shàng de shénqíng què shì nàyàng xiánghé xīngfèn. Nǚzuòjiā tiāole yī duǒ huā shuō: "Kàn qǐ·lái, nǐ hěn gāoxìng." Lǎotàitai miàn dài wēixiào de shuō: "Shìde, yīqiè dōu zhème měihǎo, wǒ wèishénme bù gāoxìng ne?" "Duì fánnǎo, nǐ dào zhēn néng kàndekāi." Nǚzuòjiā yòu shuōle yī jù. Méi liàodào, lǎotàitai de huídá gèng lìng nǚzuòjiā dàchī-yìjīng: "Yēsū zài xīngqīwǔ bèi dìng·shàng shízìjià shí, shì quán shìjiè zuì zāogāo de yī tiān, kě sān tiān hòu jiùshì Fùhuójié. Suǒyǐ, dāng wǒ yùdào bùxìng shí, jiù huì děngdài sān tiān, zhèyàng yīqiè jiù huīfù zhèngcháng le."

"Děngdài sān tiān", duōme fùyú zhélǐ de huàyǔ, duōme lèguān de shēnghuó fāngshì. Tā bǎ fánnǎo hé tòngkǔ pāo·xià, quánlì qù shōuhuò kuàilè.

Shěn Cóngwén zài "wén-gé" qījiān, xiànrùle fēirén de jìngdì. Kě tā háobù zàiyì, tā zài Xiánníng shí gěi tā de biǎozhí、huàjiā Huáng Yǒngyù xiěxìn shuō: "Zhè·lǐ de héhuā zhēn hǎo, nǐ ruò lái……" Shěn xiàn kǔnàn què réng wèi héhuā de shèngkāi xīnxǐ zàntàn bùyǐ, zhè shì yī zhǒng qūyú chéngmíng de jìngjiè, yī zhǒng kuàngdá sǎ·tuō de xiōngjīn, yī zhǒng miànlín mónàn tǎndàng cóngróng de qìdù, yī zhǒng duì shēnghuó tóngzǐ bān de rè'ài hé duì měihǎo shìwù wúxiàn xiàngwǎng de shēngmìng qínggǎn.

Yóucǐ-kějiàn, yǐngxiǎng yī gè rén kuàilè de, yǒushí bìng bù shì kùnjìng jí mónàn, ér shì yī gè rén de xīntài. Rúguǒ bǎ zìjǐ jìn pào zài jījí, lèguān, xiàngshàng de xīntài zhōng, kuàilè bìrán huì//zhànjù nǐ de měi yī tiān.

(Jiéxuǎn zì 《Tài·dù Chuàngzào Kuàilè》)

作品 37 号

一位①访美中国女作家，在纽约遇到一位卖花的老太太。老太太穿着②破旧，身体虚弱，但脸上的神情却是那样祥和兴奋③。女作家挑了④一朵花⑤说："看起来，你很高兴。"老太太面带微笑地说："是的，一切⑥都这么美好，我为什么⑦不高兴呢？""对烦恼，你倒⑧真能看得开。"女作家又说了一句⑨。没料到，老太太的回答更令女作家大吃一惊⑩："耶稣⑪在星期五⑫被钉上⑬十字架时，是全世界最糟糕的一天⑭，可三天后就是复活节。所以，当我遇到不幸⑮时，就会等待三天，这样一切就恢复正常了。"

"等待三天"，多么富于哲理⑯的话语，多么乐观的生活方式。它把烦恼和痛苦抛下，全力去收获快乐。

沈从文在"文革"期间，陷入了非人的境地。可他毫不在意，他在咸宁时给他的表侄、画家黄永玉写信说："这里的荷花真好，你若来……"身陷苦难却仍⑰为荷花的盛开欣喜赞叹不已，这是一种⑱趋于澄明⑲的境界，一种旷达洒脱⑳的胸襟，一种面临磨难㉑坦荡从容㉒的气度，一种对生活童子般㉓的热爱和对美好事物无限向往的生命情感。

由此可见，影响一个人快乐的，有时并不是㉔困境及磨难，而㉕是一个人的心态。如果把自己浸泡在积极、乐观、向上的心态中，快乐必然会//占据你的每一天。

(节选自《态度创造快乐》)

【朗读提示】

①一位：读为 yí wèi。②穿着：读为 chuānzhuó。③祥和兴奋：读为 xiánghé xīngfèn。④挑了：读为 tiāole。⑤一朵花：读为 yì duǒ huā。⑥一切：读为 yíqiè。⑦为什么：读为 wèishénme。⑧倒：读为 dào。⑨一句：读为 yí jù。⑩大吃一惊：读为 dàchī-yìjīng。⑪耶稣：读为 Yēsū。⑫星期五：读为 xīngqīwǔ。⑬钉上：读为 dìng·shàng。⑭一天：读为 yì tiān。⑮不幸：读为 búxìng。⑯富于哲理：读为 fùyú zhélǐ。⑰仍：读为 réng。⑱一种：读为 yì zhǒng。⑲趋于澄明：读为 qūyú chéngmíng。⑳洒脱：读为 sǎ·tuō。㉑磨难：读为 mónàn。㉒从容：读为 cóngróng。㉓童子般：读为 tóngzǐ bān。㉔不是：读为 búshì。㉕而：读为 ér。

1．必读轻声词

的、了、呢、老太太、面带微笑地、这么、为什么、看得开、多么

2．读为次轻音

脸上、看起来、钉上、抛下、这里、洒脱

Zuòpǐn 38 Hào

Tài Shān jí dǐng kàn rìchū, lìlái bèi miáohuì chéng shífēn zhuàngguān de qíjǐng. Yǒu rén shuō：Dēng Tài Shān ér kàn·bùdào rìchū, jiù xiàng yī chū dàxì méi·yǒu xìyǎn, wèir zhōngjiū yǒu diǎnr guǎdàn.

Wǒ qù páshān nà tiān, zhèng gǎn·shàng gè nándé de hǎotiān, wànlǐ chángkōng, yúncaisīr dōu bù jiàn. Sùcháng, yānwù téngténg de shāntóu, xiǎnde méi·mù fēnmíng. Tóngbànmen dōu xīnxǐ de shuō："Míngtiān zǎo·chén zhǔn kěyǐ kàn·jiàn rìchū le." Wǒ yě shì bàozhe zhè zhǒng xiǎngtou, pá·shàng shān·qù.

Yī lù cóng shānjiǎo wǎngshàng pá, xì kàn shānjǐng, wǒ juéde guà zài yǎnqián de bù shì Wǔ Yuè dú zūn de Tài Shān, què xiàng yī fú guīmó jīngrén de qīnglǜ shānshuǐhuà, cóng xià·miàn dào zhǎn kāi·lái. Zài huàjuàn zhōng zuì xiān lùchū de shì shāngēnr dǐ nà zuò Míngcháo jiànzhù Dàizōngfāng, mànmàn de biàn xiànchū Wángmǔchí、Dǒumǔgōng、Jīngshíyù. Shān shì yī céng bǐ yī céng shēn, yī dié bǐ yī dié qí, céngcéng-diédié, bù zhī hái huì yǒu duō shēn duō qí. Wàn shān cóng zhōng, shí'ér diǎnrǎnzhe jíqí gōngxì de rénwù. Wángmǔchí páng de Lǚzǔdiàn·lǐ yǒu bùshǎo zūn míngsù, sùzhe Lǚ Dòngbīn děng yīxiē rén, zītài shénqíng shì nàyàng yǒu shēngqì, nǐ kàn le, bùjīn huì tuōkǒu zàntàn shuō："Huó la."

Huàjuàn jìxù zhǎnkāi, lǜyīn sēnsēn de Bǎidòng lòumiàn bù tài jiǔ, biàn láidào Duìsōng Shān. Liǎngmiàn qífēng duìzhìzhe, mǎn shānfēng dōu shì qíxíng-guàizhuàng de lǎosōng, niánjì pà dōu yǒu shàng qiān suì le, yánsè jìng nàme nóng, nóng de hǎoxiàng yào liú xià·lái shìde. Láidào zhèr, nǐ bùfáng quándāng yī cì huà·lǐ de xiěyì rénwù, zuò zài lùpáng de Duìsōngtíng·lǐ, kànkan shānsè, tīngting liú//shuǐ hé sōngtāo.

Yī shíjiān, wǒ yòu juéde zìjǐ bùjǐn shì zài kàn huàjuàn, què yòu xiàng shì zài línglíng-luànluàn fānzhe yī juàn lìshǐ gǎoběn.

（Jiéxuǎn zì Yáng Shuò《Tài Shān Jí Dǐng》）

作品38号

泰山极顶看日出，历来被描绘成十分壮观的奇景。有人说：登泰山而①看不到②日出，就像一出③大戏没有戏眼，味儿④终究有点儿⑤寡淡。

　　我去爬山那天，正赶上个难得⑥的好天，万里长空，云彩丝儿⑦都不见⑧。素常，烟雾腾腾的山头，显得⑨眉目分明。同伴们都欣喜地说："明天早晨⑩准可以看见日出了。"我也是抱着这种想头⑪，爬上山去。

　　一路⑫从山脚往上爬，细看山景，我觉得挂在眼前的不是⑬五岳独尊的泰山，却像一幅⑭规模惊人的青绿山水画，从下面倒展开来⑮。在画卷中最先露出⑯的是山根儿底那座明朝建筑岱宗坊⑰，慢慢地便现出王母池、斗母宫⑱、经石峪⑲。山是一层⑳比一层深，一叠㉑比一叠奇，层层叠叠，不知还会有多深多奇。万山丛中，时而点染着极其工细的人物。王母池旁的吕祖殿里有不少尊明塑，塑着吕洞宾等一些㉒人，姿态神情是那样有生气，你看了，不禁㉓会脱口赞叹说："活啦。"

　　画卷继续展开，绿阴森森的柏洞露面不太久㉔，便来到对松山。两面奇峰对峙㉕着，满山峰都是奇形怪状的老松，年纪怕都有上千岁了，颜色竟那么浓，浓得好像要流下来似的㉖。来到这儿㉗，你不妨权当一次㉘画里的写意人物，坐在路旁的对松亭里，看看山色，听听流//水和松涛。

　　一时间，我又觉得自己不仅是在看画卷，却又像是在零零乱乱翻着一卷历史稿本。

（节选自杨朔《泰山极顶》）

【朗读提示】

①而：读为 ér。②看不到：读为 kàn·búdào。③一出：读为 yì chū。④味儿：读为 wèir。⑤有点儿：读为 yǒu diǎnr。⑥难得：读为 nándé。⑦云彩丝儿：读为 yúncaisīr。⑧不见：读为 bú jiàn。⑨显得：读为 xiǎnde。⑩早晨：读为 zǎochen。⑪想头：读为 xiǎngtou。⑫一路：读为 yí lù。⑬不是：读为 bú shì。⑭一幅：读为 yì fú。⑮倒展开来：读为 dào zhǎn kāi·lái。⑯露出：读为 lùchū。⑰岱宗坊：读为 Dàizōngfāng。⑱斗母宫：读为 Dǒumǔgōng。⑲经石峪：读为 Jīngshíyù。⑳一层：读为 yì céng。㉑一叠：读为 yì dié。㉒一些：读为 yìxiē。㉓不禁：读为 bùjīn。㉔不太久：读为 bútàijiǔ。㉕对峙：读为 duìzhì。㉖似的：读为 shìde。㉗这儿：读为 zhèr。㉘一次：读为 yí cì。

1. 必读轻声词

的、地、了、着、啦、云彩、同伴们、想头、觉得、那么、浓得、似的、看看、听听

2. 读为次轻音

看不到、没有、赶上、△显得、眉目、看见、△早晨、爬上山去、下面、开来、殿里、流下来、画里、对松亭里

Zuòpǐn 39 Hào

Yùcái Xiǎoxué xiàozhǎng Táo Xíngzhī zài xiàoyuán kàndào xué·shēng Wáng Yǒu yòng níkuài zá zìjǐ bān·shàng de tóngxué, Táo Xíngzhī dāngjí hèzhǐle tā, bìng lìng tā fàngxué hòu dào xiàozhǎngshì qù. Wúyí, Táo Xíngzhī shì yào hǎohǎo jiàoyù zhège "wánpí" de xué·shēng. Nàme tā shì rúhé jiàoyù de ne?

Fàngxué hòu, Táo Xíngzhī láidào xiàozhǎngshì, Wáng Yǒu yǐ·jīng děng zài ménkǒu zhǔnbèi ái xùn le. Kě yī jiànmiàn, Táo Xíngzhī què tāochū yī kuài tángguǒ sònggěi Wáng Yǒu, bìng shuō: "Zhè shì jiǎnggěi nǐ de, yīn·wèi nǐ ànshí láidào zhè·lǐ, ér wǒ què chídào le." Wáng Yǒu jīngyí de jiēguò tángguǒ.

Suíhòu, Táo Xíngzhī yòu tāochū yī kuài tángguǒ fàngdào tā shǒu·lǐ, shuō: "Zhè dì-èr kuài tángguǒ yě shì jiǎnggěi nǐ de, yīn·wèi dāng wǒ bùràng nǐ zài dǎrén shí, nǐ lìjí jiù zhùshǒu le, zhè shuōmíng nǐ hěn zūnzhòng wǒ, wǒ yīnggāi jiǎng nǐ." Wáng Yǒu gèng jīngyí le, tā yǎnjing zhēng de dàdà de.

Táo Xíngzhī yòu tāochū dì-sān kuài tángguǒ sāidào Wáng Yǒu shǒu·lǐ, shuō: "Wǒ diàocháguo le, nǐ yòng níkuài zá nàxiē nánshēng, shì yīn·wèi tāmen bù shǒu yóuxì guīzé, qīfu nǚshēng; nǐ zá tāmen, shuōmíng nǐ hěn zhèngzhí shànliáng, qiě yǒu pīpíng bùliáng xíngwéi de yǒngqì, yīnggāi jiǎnglì nǐ a!" Wáng Yǒu gǎndòng jí le, tā liúzhe yǎnlèi hòuhuǐ de hǎndào: "Táo……Táo xiàozhǎng, nǐ dǎ wǒ liǎng xià ba! Wǒ zá de bù shì huàirén, ér shì zìjǐ de tóngxué a……"

Táo Xíngzhī mǎnyì de xiào le, tā suíjí tāochū dì-sì kuài tángguǒ dìgěi Wáng Yǒu, shuō: "Wèi nǐ zhèngquè de rènshi cuò·wù, wǒ zài jiǎnggěi nǐ yī kuài tángguǒ, zhǐ kěxī wǒ zhǐyǒu zhè yī kuài tángguǒ le. Wǒ de tángguǒ//méi·yǒu le, wǒ kàn wǒmen de tánhuà yě gāi jiéshù le ba!" Shuōwán, jiù zǒuchūle xiàozhǎngshì.

(Jiéxuǎn zì 《Jiàoshī Bólǎn·Bǎiqī Jīnghuá》 zhōng 《Táo Xíngzhī de "Sì Kuài Tángguǒ"》)

作品 39 号

育才小学校长陶行知在校园看到学生①王友用泥块砸自己班上的同学，陶行知当即②喝止③了他，并令他放学后到校长室去。无疑，陶行知是要好好教育这个"顽皮"的学生。那么他是如何教育的呢？

放学后，陶行知来到校长室，王友已经等在门口准备挨训④了。可一见面⑤，陶行知却掏出一块⑥糖果送给王友，并说："这是奖给你的，因为⑦你按时来到这里，而⑧我却迟到了。"王友惊疑地接过糖果。

随后，陶行知又掏出一块糖果放到他手里，说："这第二块⑨糖果也是奖给你的，因为当我不让⑩你再打人时，你立即就住手了，这说明你很尊重我，我应该奖你。"王友更惊疑了，他眼睛睁得大大的。

陶行知又掏出第三块糖果塞到王友手里，说："我调查过了，你用泥块砸那些男生，是因为他们不守游戏规则，欺负女生；你砸他们，说明你很正直善良，且有批评不良行为的勇气，应该奖励你啊⑪！"王友感动极了，他流着眼泪后悔地喊道："陶……陶校长，你打我两下吧！我砸的不是⑫坏人，而是自己的同学啊⑬……"

陶行知满意地笑了，他随即掏出第四块糖果递给王友，说："为你正确地认识错误，我再奖给你一块糖果，只可惜我只有这一块糖果了。我的糖果//没有了，我看我们的谈话也该结束了吧！"说完，就走出了校长室。

（节选自《教师博览·百期精华》中《陶行知的"四块糖果"》）

【朗读提示】

①学生：读为 xué·shēng。②当即：读为 dāngjí。③喝止：读为 hèzhǐ。④挨训：读为 áixùn。⑤一见面：读为 yí jiànmiàn。⑥一块：读为 yí kuài。⑦因为：读为 yīn·wèi。⑧而：读为 ér。⑨第二块：读为 dì-èr kuài。⑩不让：读为 búràng。⑪应该奖励你啊：读为 yīnggāi jiǎnglì nǐ ya。⑫不是：读为 búshì。⑬同学啊：读为 tóngxué ya。

1. 必读轻声词

的、了、呢、得、啊、流着、地、吧、这个、那么、眼睛、调查过、睁得、他们、流着、欺负、认识、我们

2. 读为次轻音

△学生、班上、已经、因为、这里、手里、错误、没有

3. 停连提示

育才小学校长陶行知/在校园看到/学生王友用泥块砸自己班上的同学……

Zuòpǐn 40 Hào

Xiǎngshòu xìngfú shì xūyào xuéxí de, dāng tā jíjiāng láilín de shíkè xūyào tíxǐng. Rén kěyǐ zìrán'érrán de xuéhuì gǎnguān de xiǎnglè, què wúfǎ tiānshēng de zhǎngwò xìngfú de yùnlǜ. Línghún de kuàiyì tóng qìguān de shūshì xiàng yī duì luánshēng xiōngdì, shí'ér xiāngbàng-xiāngyī, shí'ér nányuán-běizhé.

Xìngfú shì yī zhǒng xīnlíng de zhènchàn. Tā xiàng huì qīngtīng yīnyuè de ěrduo yīyàng, xūyào bùduàn de xùnliàn.

Jiǎn'éryánzhī, xìngfú jiùshì méi·yǒu tòngkǔ de shíkè. Tā chūxiàn de pínlǜ bìng bù xiàng wǒmen xiǎngxiàng de nàyàng shǎo. Rénmen chángcháng zhǐshì zài xìngfú de jīn mǎchē yǐ·jīng shǐ guò·qù hěn yuǎn shí, cái jiǎnqǐ dì·shàng de jīn zōngmáo shuō, yuánlái wǒ jiànguo tā.

Rénmen xǐ'ài huíwèi xìngfú de biāoběn, què hūlüè tā pīzhe lùshui sànfā qīngxiāng de shíkè. Nà shíhou wǒmen wǎngwǎng bùlǚ cōngcōng, zhānqián-gùhòu bù zhī zài mángzhe shénme.

Shì·shàng yǒu yùbào táifēng de, yǒu yùbào huángzāi de, yǒu yùbào wēnyì de, yǒu yùbào dìzhèn de. Méi·yǒu rén yùbào xìngfú.

Qíshí xìngfú hé shìjiè wànwù yīyàng, yǒu tā de zhēngzhào.

Xìngfú chángcháng shì ménglóng de, hěn yǒu jiézhì de xiàng wǒmen pēnsǎ gānlín. Nǐ bùyào zǒng xīwàng hōnghōng-lièliè de xìngfú, tā duōbàn zhǐshì qiāoqiāo de pūmiàn ér lái. Nǐ yě bùyào qǐtú bǎ shuǐlóngtóu nǐng de gèng dà, nàyàng tā huì hěn kuài de liúshī. Nǐ xūyào jìngjìng de yǐ pínghé zhī xīn, tǐyàn tā de zhēndì.

Xìngfú jué dà duōshù shì pǔsù de. Tā bù huì xiàng xìnhàodàn shìde, zài hěn gāo de tiānjì shǎnshuò hóngsè de guāngmáng. Tā pīzhe běnsè de wàiyī, qīn//qiè wēnnuǎn de bāoguǒqǐ wǒmen.

Xìngfú bù xǐhuan xuānxiāo fúhuá, tā chángcháng zài àndàn zhōng jiànglín. Pínkùn zhōng xiāngrúyǐmò de yī kuài gāobǐng, huànnàn zhōng xīnxīn-xiāngyìn de yī gè yǎnshén, fù·qīn yī cì cūcāo de fǔmō, nǔyǒu yī zhāng wēnxīn de zìtiáo……Zhè dōu shì qiānjīn nán mǎi de xìngfú a. Xiàng yī lìlì zhuì zài jiù chóuzi·shàng de hóngbǎoshí, zài qīliáng zhōng yùfā yìyì duómù.

(Jiéxuǎn zì Bì Shūmǐn《Tíxǐng Xìngfú》)

作品 40 号

享受幸福是需要学习的，当它即将来临的时刻需要提醒。人可以自然而然①地学会感官的享乐，却无法天生地掌握幸福的韵律。灵魂的快意同器官的舒适像一对②孪生兄弟，时而相傍相依，时而南辕北辙。

幸福是一种③心灵的震颤。它像会倾听音乐的耳朵一样④，需要不断⑤地训练。

简而言之，幸福就是没有痛苦的时刻。它出现的频率并不像⑥我们想象的那样少。人们常常只是在幸福的金马车已经驶过去很远时，才捡起地上的金鬃毛说，原来我见过它。

人们喜爱回味幸福的标本，却忽略它披着露水散发⑦清香的时刻。那时候我们往往步履⑧匆匆，瞻前顾后不知在忙着什么⑨。

世上有预报台风的，有预报蝗灾的，有预报瘟疫的，有预报地震的。没有人预报幸福。

其实幸福和世界万物一样，有它的征兆⑩。

幸福常常是朦胧的，很有节制地向我们喷洒⑪甘霖。你不要⑫总希望轰轰烈烈的幸福，它多半只是悄悄地扑面而来。你也不要企图把水龙头拧⑬得更大，那样它会很快地流失。你需要静静地以平和之心，体验它的真谛。

幸福绝大多数是朴素的。它不会像信号弹似的⑭，在很高的天际闪烁红色的光芒。它披着本色的外衣，亲//切温暖地包裹起我们。

幸福不喜欢喧嚣浮华，它常常在暗淡中降临。贫困中相濡以沫的一块糕饼，患难中心心相印的一个眼神，父亲一次粗糙的抚摸，女友一张温馨的字条……这都是千金难买的幸福啊。像一粒粒缀在旧绸子上的红宝石，在凄凉中愈发熠熠夺目。

（节选自毕淑敏《提醒幸福》）

【朗读提示】

①自然而然：读为 zìrán'érrán。②一对：读为 yíduì。③一种：读为 yì zhǒng。④一样：读为 yíyàng。⑤不断：读为 búduàn。⑥不像：读为 búxiàng。⑦散发：读为 sànfā。⑧步履：读为 bùlǚ。⑨什么：读为 shénme。⑩征兆：读为 zhēngzhào。⑪喷洒：读为 pēnsǎ。⑫不要：读为 búyào。⑬拧：读为 nǐng。⑭似的：读为 shìde。

1. 必读轻声词

的、地、过、啊、耳朵、我们、人们、忙着、什么、拧得、似的、喜欢、绸子

2. 读为次轻音

没有、已经、过去、地上、△露水、世上、父亲、绸子上

Zuòpǐn 41 Hào

Zài Lǐyuērènèilú de yī gè pínmínkū · lǐ, yǒu yī gè nánháizi, tā fēicháng xǐhuan zúqiú, kěshì yòu mǎi · bùqǐ, yúshì jiù tī sùliàohé, tī qìshuǐpíng, tī cóng lājīxiāng · lǐ jiǎnlái de yēzikér. Tā zài hútòngr · lǐ tī, zài néng zhǎodào de rènhé yī piàn kòng dì · shàng tī.

Yǒu yī tiān, dāng tā zài yī chù gānhé de shuǐtáng · lǐ měng tī yī gè zhū pángguāng shí, bèi yī wèi zúqiú jiàoliàn kàn · jiàn le. Tā fāxiàn zhège nánhái tī de hěn xiàng shì nàme huí shì, jiù zhǔdòng tíchū yào sònggěi tā yī gè zúqiú. Xiǎonánhái dédào zúqiú hòu tī de gèng màijìnr le. Bùjiǔ, tā jiù néng zhǔnquè de bǎ qiú tījìn yuǎnchù suíyì bǎifàng de yī gè shuǐtǒng · lǐ.

Shèngdànjié dào le, háizi de māma shuō: "Wǒmen méi · yǒu qián mǎi shèngdàn lǐwù sònggěi wǒmen de ēnrén, jiù ràng wǒmen wèi tā qídǎo ba."

Xiǎonánhái gēnsuí māma qídǎo wánbì, xiàng māma yàole yī bǎ chǎnzi biàn pǎole chū · qù. Tā láidào yī zuò biéshù qián de huāyuán · lǐ, kāishǐ wā kēng.

Jiù zài tā kuài yào wāhǎo kēng de shíhou, cóng biéshù · lǐ zǒuchū yī gè rén · lái, wèn xiǎohái zài gàn shénme, háizi táiqǐ mǎn shì hànzhū de liǎndànr, shuō: "Jiàoliàn, Shèngdànjié dào le, wǒ méi · yǒu lǐwù sònggěi nín, wǒ yuàn gěi nín de shèngdànshù wā yī gè shùkēng."

Jiàoliàn bǎ xiǎonánhái cóng shùkēng · lǐ lā shàng · lái, shuō, wǒ jīntiān dédàole shìjiè · shàng zuìhǎo de lǐwù, míngtiān nǐ jiù dào wǒ de xùnliànchǎng qù ba.

Sān nián hòu, zhè wèi shíqī suì de nánháir zài dì – liù jiè zúqiú jǐnbiāosài·shàng dú jìn èrshíyī qiú, wèi Bāxī dì – yī cì pěnghuíle jīnbēi. Yī gè yuánlái bù//wéi shìrén suǒ zhī de míngzi——Bèilì, suí zhī chuánbiàn shìjiè.

(Jiéxuǎn zì Liú Yànmǐn《Tiāncái de Zàojiù》)

作品41号

在里约热内卢的一个①贫民窟里，有一个男孩子，他非常喜欢足球，可是又买不起，于是②就踢塑料盒，踢汽水瓶，踢从垃圾箱里拣来的椰子壳儿。他在胡同儿③里踢，在能找到的任何一片④空地上⑤踢。

有一天⑥，当他在一处⑦干涸的水塘里猛踢一个猪膀胱时，被一位⑧足球教练看见了。他发现这个男孩儿⑨踢得很像是那么回事，就主动提出要送给他一个足球。小男孩儿得到足球后踢得更卖劲儿⑩了。不久，他就能准确地把球踢进远处随意摆放的一个水桶里。

圣诞节到了，孩子的妈妈说："我们没有钱买圣诞礼物送给我们的恩人，就让我们为他祈祷吧。"

小男孩儿跟随妈妈祈祷完毕，向妈妈要了一把⑪铲子便跑了出去。他来到一座别墅前的花园里，开始挖坑。

就在他快要挖好坑的时候，从别墅里走出一个人来，问小孩儿⑫在干什么⑬，孩子抬起满是汗珠的脸蛋儿⑭，说："教练，圣诞节到了，我没有礼物送给您，我愿给您的圣诞树挖一个树坑。"

教练把小男孩儿从树坑里拉上来，说，我今天得到了世界上最好的礼物，明天你就到我的训练场去吧。

三年后，这位十七岁的男孩儿在第六届足球锦标赛上独进二十一⑮球，为巴西第一次捧回了金杯。一个原来不//为世人所知的名字——贝利，随之传遍世界。

(节选自刘燕敏《天才的造就》)

【朗读提示】

①一个：读为 yí gè。②于是：读为 yúshì。③胡同儿：读为 hútòngr。④一片：读为 yí piàn。⑤空地上：读为 kòngdì·shàng。⑥有一天：读为 yǒu yì tiān。⑦一处：读为 yí chù。⑧一位：读为 yí wèi。⑨男孩儿：读为 nánháir。⑩卖劲儿：读为 màijìer。⑪一把：读为 yì bǎ。⑫小孩儿：读为 xiǎohair。⑬什么：读为 shénme。⑭脸蛋儿：读为 liǎndànr。⑮二十一：读为 èrshíyī。

1. 必读轻声词

的、了、吧、男孩子、喜欢、椰子壳儿、这个、那么、踢得、准确地、孩子、妈妈、我们、铲子、时候、什么、名字

2. 读为次轻音

贫民窟里、买不起、垃圾箱里、胡同儿里、空地上、水塘里、看见、水桶里、没有、出去、花园里、别墅里、一个人来、树坑里、拉上来、世界上、锦标赛上

Zuòpǐn 42 Hào

Jìde wǒ shísān suì shí, hé mǔ·qīn zhù zài Fǎguó dōngnánbù de Nàisī Chéng. Mǔ·qīn méi·yǒu zhàngfu, yě méi·yǒu qīnqi, gòu qīngkǔ de, dàn tā jīngcháng néng ná·chū lìng rén chījīng de dōngxi, bǎi zài wǒ miànqián. Tā cónglái bù chīròu, yīzài shuō zìjǐ shì sùshízhě. Rán'ér yǒu yī tiān, wǒ fāxiàn mǔ·qīn zhèng zǐxì de yòng yī xiǎo kuài suì miànbāo cā nà gěi wǒ jiān niúpái yòng de yóuguō. Wǒ míngbaile tā chēng zìjǐ wéi sùshízhě de zhēnzhèng yuányīn.

Wǒ shíliù suì shí, mǔ·qīn chéngle Nàisī Shì Měiméng lǔguǎn de nǚ jīnglǐ. Zhèshí, tā gèng mánglù le. Yī tiān, tā tān zài yǐzi·shàng, liǎnsè cāngbái, zuǐchún fā huī. Mǎshàng zhǎolái yīshēng, zuò·chū zhěnduàn: Tā shèqǔle guòduō de yídǎosù. Zhídào zhèshí wǒ cái zhī·dào mǔ·qīn duōnián yīzhí duì wǒ yǐnmán de jítòng——tángniàobìng.

Tā de tóu wāixiàng zhěntou yībiān, tòngkǔ de yòng shǒu zhuānao xiōngkǒu. Chuángjià shàngfāng, zé guàzhe yī méi wǒ yī jiǔ sān èr nián yíngdé Nàisī Shì shàonián pīngpāngqiú guànjūn de yínzhì jiǎngzhāng.

À, shì duì wǒ de měihǎo qiántú de chōngjǐng zhīchēngzhe tā huó xià·qù, wèile gěi tā nà huāng·táng de mèng zhìshǎo jiā yīdiǎnr zhēnshí de sècǎi, wǒ zhǐnéng jìxù nǔlì, yǔ shíjiān jìngzhēng, zhízhì yī jiǔ sān bā nián wǒ bèi zhēng rù kōngjūn. Bālí hěn kuài shīxiàn, wǒ zhǎnzhuǎn diàodào Yīngguó Huángjiā Kōngjūn. Gāng dào Yīngguó jiù jiēdàole mǔ·qīn de láixìn. Zhèxiē xìn shì yóu zài Ruìshì de yī gè péngyou mìmì de zhuǎndào Lúndūn, sòngdào wǒ shǒuzhōng de.

Xiànzài wǒ yào huíjiā le, xiōngqián pèidàizhe xǐngmù de lù–hēi liǎng sè de jiěfàng shízì shòu//dài, shàng·miàn guàzhe wǔ–liù méi wǒ zhōngshēn nánwàng de xūnzhāng, jiān·shàng hái pèidàizhe jūnguān jiānzhāng. Dàodá lǔguǎn shí, méi·yǒu yī gè rén gēn wǒ dǎ zhāohu. Yuánlái, wǒ mǔ·qīn zài sān nián bàn yǐqián jiù yǐ·jīng líkāi rénjiān le.

Zài tā sǐ qián de jǐ tiān zhōng, tā xiěle jìn èrbǎi wǔshí fēng xìn, bǎ zhèxiē xìn jiāogěi tā zài Ruìshì de péngyou, qǐng zhège péngyou dìngshí jì gěi wǒ. Jiù zhèyàng, zài mǔ·qīn sǐ hòu de sān nián bàn de shíjiān·lǐ, wǒ yīzhí cóng tā shēnshang xīqǔzhe lì·liàng hé yǒngqì——zhè shǐ wǒ nénggòu jìxù zhàndòu dào shènglì nà yī tiān.

(Jiéxuǎn zì［Fǎ］Luómàn Jiālǐ《Wǒ de Mǔ·qīn Dúyīwú'èr》)

作品 42 号

记得我十三岁时，和母亲住在法国东南部的耐斯城。母亲没有丈夫，也没有亲戚，够清苦的，但她经常能拿出令人吃惊的东西，摆在我面前。她从来不吃肉，一再①说自己是素食者。然而②有一天③，我发现母亲正仔细地用一小块④碎面包擦那给我煎牛排用的油锅⑤。我明白了她称自己为素食者的真正原因。

我十六岁时，母亲成了耐斯市美蒙旅馆的女经理。这时，她更忙碌了。一天，她瘫在椅子上，脸色苍白，嘴唇发灰。马上找来医生，做出诊断：她摄取⑥了过多的胰岛素。直到这时我才知道母亲多年一直⑦对我隐瞒的疾痛——糖尿病。

她的头歪向枕头一边⑧，痛苦地用手抓挠胸口。床架上方，则挂着一枚⑨我一九三二年⑩赢得⑪耐斯市少年乒乓球冠军的银质奖章。

啊，是对我的美好前途的憧憬支撑着她活下去，为了给她那荒唐的梦至少加一点儿⑫真实的色彩，我只能继续努力，与时间竞争，直至一九三八年我被征入空军。巴黎很快失陷，我辗转⑬调到英国皇家空军。刚到英国就接到了母亲的来信。这些信是由在瑞士的一个⑭朋友秘密地转到伦敦，送到我手中的。

现在我要回家了，胸前佩戴着醒目的绿黑两色的解放十字绶//带，上面挂着五六枚我终身难忘的勋章，肩上还佩戴着军官肩章。到达旅馆时，没有一个人跟我打招呼。原来，我母亲在三年半以前就已经离开人间了。

在她死前的几天中，她写了近二百五十封信，把这些信交给她在瑞士的朋友，请这个朋友定时寄给我。就这样，在母亲死后的三年半的时间里，我一直从她身上吸取着力量和勇气——这使我能够继续战斗到胜利那一天。

（节选自［法］罗曼·加里《我的母亲独一无二》）

【朗读提示】

①一再：读为 yízài。②然而：读为 rán'ér。③有一天：读为 yǒu yì tiān。④一小块：读为 yì xiǎo kuài。⑤油锅：读为 yóuguō。⑥摄取：读为 shèqǔ。⑦一直：读为 yìzhí。⑧一边：读为 yì biān。⑨一枚：读为 yì méi。⑩一九三二年：读为 yī jiǔ sān èr nián。⑪赢得：读为 yíngdé。⑫一点儿：读为 yìdiǎnr。⑬辗转：读为 zhǎnzhuǎn。⑭一个：读为 yí gè。

1. 必读轻声词

的、地、了、着、丈夫、亲戚、东西、明白、椅子、枕头、抓挠、为了、朋友、招呼、这个、身上

2. 读为次轻音

△记得、母亲、没有、拿出、椅子上、做出、知道、活下去、荒唐、上面、肩上、已经、时间里、力量

Zuòpǐn 43 Hào

Shēnghuó duìyú rènhé rén dōu fēi yì shì, wǒmen bìxū yǒu jiānrèn - bùbá de jīngshén. Zuì yàojǐn de, háishì wǒmen zìjǐ yào yǒu xìnxīn. Wǒmen bìxū xiāngxìn, wǒmen duì měi yī jiàn shìqing dōu jùyǒu tiānfù de cáinéng, bìngqiě, wúlùn fùchū rènhé dàijià, dōu yào bǎ zhè jiàn shì wánchéng. Dāng shìqing jiéshù de shíhou, nǐ yào néng wènxīn - wúkuì de shuō: "Wǒ yǐ · jīng jìn wǒ suǒ néng le."

Yǒu yī nián de chūntiān, wǒ yīn bìng bèipò zài jiā · lǐ xiūxi shù zhōu. Wǒ zhùshìzhe wǒ de nǚ'ermen suǒ yǎng de cán zhèngzài jiéjiǎn, zhè shǐ wǒ hěn gǎn xìngqù. Wàngzhe zhèxiē cán zhízhuó de、qínfèn de gōngzuò, wǒ gǎndào wǒ hé tāmen fēicháng xiāngsì. Xiàng tāmen yīyàng, wǒ zǒngshì nàixīn de bǎ zìjǐ de nǔlì jízhōng zài yī gè mùbiāo · shàng. Wǒ zhīsuǒyǐ rúcǐ, huòxǔ shì yīn · wèi yǒu mǒu zhǒng lì · liàng zài biāncèzhe wǒ——zhèng rú cán bèi biāncèzhe qù jiéjiǎn yībān.

Jìn wǔshí nián lái, wǒ zhìlìyú kēxué yánjiū, ér yánjiū, jiùshì duì zhēnlǐ de tàntǎo. Wǒ yǒu xǔduō měihǎo kuàilè de jìyì. Shàonǚ shíqī wǒ zài Bālí Dàxué, gūdú de guòzhe qiúxué de suìyuè; zài hòulái xiànshēn kēxué de zhěnggè shíqī, wǒ zhàngfu hé wǒ zhuānxīn - zhìzhì, xiàng zài mènghuàn zhōng yībān, zuò zài jiǎnlòu de shū fáng · lǐ jiānxīn de yánjiū, hòulái wǒmen jiù zài nà · lǐ fāxiàn le léi.

Wǒ yǒngyuǎn zhuīqiú ānjìng de gōngzuò hé jiǎndān de jiātíng shēnghuó. Wèile shíxiàn zhège lǐxiǎng, wǒ jiélì bǎochí níngjìng de huánjìng, yǐmiǎn shòu rénshì de gānrǎo hé shèngmíng de tuōlěi.

Wǒ shēnxìn, zài kēxué fāngmiàn wǒmen yǒu duì shìyè ér bù shì//duì cáifù de xìngqù. Wǒ de wéiyī shēwàng shì zài yī gè zìyóu guójiā zhōng, yǐ yī gè zìyóu xuézhě de shēn · fèn cóngshì yánjiū gōngzuò.

Wǒ yīzhí chénzuì yú shìjiè de yōuměi zhīzhōng, wǒ suǒ rè'ài de kēxué yě bùduàn zēngjiā tā zhǎnxīn de yuǎnjǐng. Wǒ rèndìng kēxué běnshēn jiù jùyǒu wěidà de měi.

(Jiéxuǎn zì〔Bōlán〕Mǎlì Jūlǐ《Wǒ de Xìnniàn》, Jiàn Jié yì)

作品43号

生活对于①任何人都非易事，我们必须有坚韧不拔的精神。最要紧的，还是我们自己要有信心。我们必须相信，我们对每一件②事情都具有天赋的才能，并且，无论付出任何代价，都要把这件事完成，当事情结束的时候，你要能问心无愧地说："我已经尽我所能了。"

有一年③的春天，我因病被迫在家里休息数周。我注视着我的女儿们所养的蚕正在结茧，这使我很感兴趣。望着这些蚕执着地、勤奋地工作，我感到我和它们非常相似④。像它们一样⑤，我总是耐心地把自己的努力集中在一个⑥目标上。我之所以如此，或许是因为⑦有某种力量在鞭策着我——正如蚕被鞭策着去结茧一般⑧。

近五十年来，我致力于科学研究，而⑨研究，就是对真理的探讨。我有许多美好快乐的记忆。少女时期我在巴黎大学，孤独地过着求学的岁月；在后来献身科学的整个时期，我丈夫和我专心致志，像在梦幻中一般，坐在简陋的书房里艰辛地研究，后来我们就在那里发现了镭。

我永远追求安静的工作和简单的家庭生活。为了实现这个理想，我竭力保持宁静的环境，以免受人事的干扰和盛名的拖累⑩。

我深信，在科学方面我们有对事业而不是⑪//对财富的兴趣。我的唯一奢望是在一个自由国家中，以一个自由学者的身份从事研究工作。

我一直沉醉于世界的优美之中，我所热爱的科学也不断增加它崭新的远景。我认定科学本身就具有伟大的美。

（节选自［波兰］玛丽·居里《我的信念》，剑捷译）

【朗读提示】

①对于：读为 duìyú。②每一件：读为 měi yí jiàn。③有一年：读为 yǒu yì nián。④相似：读为 xiāngsì。⑤一样：读为 yíyàng。⑥一个：读为 yí gè。⑦因为：读为 yīn·wèi。⑧一般：读为 yìbān。⑨而：读为 ér。⑩拖累：读为 tuōlěi。⑪不是：读为 bú shì。

1. 必读轻声词
的、地、了、着、我们、事情、时候、休息、女儿们、它们、丈夫、为了、这个

2. 读为次轻音
已经、家里、目标上、因为、力量、书房里、那里、身份

Zuòpǐn 44 Hào

Wǒ wèishénme fēi yào jiāoshū bùkě? Shì yīn·wèi wǒ xǐhuan dāng jiàoshī de shíjiān ānpáibiǎo hé shēnghuó jiézòu. Qī、bā、jiǔ sān gè yuè gěi wǒ tígōngle jìnxíng huígù、yánjiū、xiězuò de liángjī, bìng jiāng sānzhě yǒujī rónghé, ér shànyú huígù、yánjiū hé zǒngjié zhèngshì yōuxiù jiàoshī sùzhì zhōng bùkě quēshǎo de chéng·fèn.

Gàn zhè háng gěile wǒ duōzhǒng-duōyàng de "gānquán" qù pǐncháng, zhǎo yōuxiù de shūjí qù yándú, dào "xiàngyátǎ" hé shíjì shìjiè·lǐ qù fāxiàn. Jiàoxué gōngzuò gěi wǒ tígōngle jìxù xuéxí de shíjiān bǎozhèng, yǐjí duōzhǒng tújìng、jīyù hé tiǎozhàn.

Rán'ér, wǒ ài zhè yī háng de zhēnzhèng yuányīn, shì ài wǒ de xué·shēng. Xué·shēngmen zài wǒ de yǎnqián chéngzhǎng、biànhuà. Dāng jiàoshī yìwèizhe qīnlì "chuàngzào" guòchéng de fāshēng——qiàsì qīnshǒu fùyǔ yī tuán nítǔ yǐ shēngmìng, méi·yǒu shénme bǐ mùdǔ tā kāishǐ hūxī gèng jīdòng rénxīn de le.

Quánlì wǒ yě yǒu le: Wǒ yǒu quánlì qù qǐfā yòudǎo, qù jīfā zhìhuì de huǒhuā, qù wèn fèixīn sīkǎo de wèntí, qù zànyáng huídá de chángshì, qù tuījiàn shūjí, qù zhǐdiǎn míjīn. Háiyǒu shénme biéde quánlì néng yǔ zhī xiāng bǐ ne?

Érqiě, jiāoshū hái gěi wǒ jīnqián hé quánlì zhīwài de dōngxi, nà jiùshì àixīn. Bùjǐn yǒu duì xuésheng de ài, duì shūjí de ài, duì zhīshi de ài, háiyǒu jiàoshī cái néng gǎnshòudào de duì "tèbié" xuésheng de ài. Zhèxiē xuésheng, yǒurú míngwán - bùlíng de níkuài, yóu yú jiēshòule lǎoshī de chì'ài cái bófāle shēngjī.

Suǒyǐ, wǒ ài jiāoshū, hái yīn·wèi, zài nàxiē bófā shēngjī de "tè//bié" xué·shēng shēnshang, wǒ yǒushí fāxiàn zìjǐ hé tāmen hūxī xiāngtōng, yōulè yǔ gòng.

(Jiéxuǎn zì［Měi］ Bǐdé Jī Bèidélè《Wǒ Wèishénme Dāng Jiàoshī》)

作品44号

我为什么①非要教书不可？是因为②我喜欢当教师的时间安排表和生活节奏。七、八、九三个月给我提供③了进行回顾、研究、写作的良机，并将三者有机融合，而④善于⑤回顾、研究和总结正是优秀教师素质中不可缺少的成分⑥。

干这行给了我多种多样的"甘泉"去品尝，找优秀的书籍去研读，到"象牙塔"和实际世界里去发现。教学⑦工作给我提供了继续学习的时间保证，以及多种途径、机遇和挑战。

然而，我爱这一行的真正原因，是爱我的学生⑧。学生们在我的眼前成长、变化。当教师意味着亲历"创造"过程的发生——恰似⑨亲手赋予⑩一团⑪泥土以生命，没有什么比目睹它开始呼吸更激动人心的了。

权利我也有了：我有权利去启发诱导，去激发智慧的火花，去问费心思考的问题，去赞扬回答的尝试，去推荐书籍，去指点迷津。还有什么别的权利能与之相比呢？

而且，教书⑫还给我金钱和权利之外的东西，那就是爱心。不仅有对学生的爱，对书籍的爱，对知识的爱，还有教师才能感受到的对"特别"学生的爱。这些学生，有如冥顽不灵⑬的泥块，由于接受了老师的炽爱⑭才勃发了生机。

所以，我爱教书，还因为，在那些勃发生机的"特//别"学生身上，我有时发现自己和他们呼吸相通，忧乐与共。

(节选自［美］彼得·基·贝得勒《我为什么当教师》)

【朗读提示】

①为什么：读为 wèishénme。②因为：读为 yīn·wèi。③提供：读为 tígōng。④而：读为

ér。⑤善于：读为 shànyú。⑥成分：读为 chéng·fen。⑦教学：读为 jiāoxué。⑧学生：读为 xué·shēng。⑨恰似：读为 qiàsì。⑩赋予：读为 fùyǔ。⑪一团：读为 yì tuán。⑫教书：读为 jiāoshū。⑬冥顽不灵：读为 míngwán－bùlíng。⑭炽爱：读为 chì'ài。

1. 必读轻声词

的、了、呢、为什么、喜欢、意味着、什么、别的、东西、知识、他们

2. 读为次轻音

因为、成分、世界里、△学生、学生们、没有、△身上

3. 停连提示

七、八、九三个月/给我提供了/进行回顾、研究、写作的良机……而/善于回顾、研究和总结/正是/优秀教师素质中不可缺少的成分。

Zuòpǐn 45 Hào

Zhōngguó xībù wǒmen tōngcháng shì zhǐ Huáng Hé yǔ Qín Lǐng xiānglián yī xiàn yǐxī，bāokuò xīběi hé xīnán de shí'èr gè shěng、shì、zìzhìqū。Zhè kuài guǎngmào de tǔdì miànjī wéi wǔbǎi sìshíliù wàn píngfāng gōnglǐ，zhàn guótǔ zǒng miànjī de bǎi fēn zhī wǔshíqī；rénkǒu èr diǎn bā yì，zhàn quánguó zǒng rénkǒu de bǎi fēn zhī èrshísān。

Xībù shì Huáxià wénmíng de yuántóu。Huáxià zǔxiān de jiǎobù shì shùnzhe shuǐbiān zǒu de：Cháng Jiāng shàngyóu chūtǔguo Yuánmóurén yáchǐ huàshí，jù jīn yuē yībǎi qīshí wàn nián；Huáng Hé zhōngyóu chūtǔguo Lántiánrén tóugàigǔ，jù jīn yuē qīshí wàn nián。Zhè liǎng chù gǔ rénlèi dōu bǐ jù jīn yuē wǔshí wàn nián de Běijīng yuánrén zī·gé gèng lǎo。

Xībù dìqū shì HuáXià wénmíng de zhòngyào fāyuándì。Qínhuáng Hànwǔ yǐhòu，dōng－xīfāng wénhuà zài zhè·lǐ jiāohuì rónghé，cóng'ér yǒule sīchóu zhī lù de tuólíng shēngshēng，fó yuàn shēn sì de mùgǔ-chénzhōng。Dūnhuáng Mògāokū shì shìjiè wénhuàshǐ·shàng de yī gè qíjì，tā zài jìchéng Hàn Jìn yìshù chuántǒng de jīchǔ·shàng，xíngchéngle zìjǐ jiānshōu-bìngxù de huīhóng qìdù，zhǎnxiànchū jīngměi-juélún de yìshù xíngshì hé bódà jīngshēn de wénhuà nèihán。Qínshǐhuáng Bīngmǎyǒng、Xīxià wánglíng、Lóulán gǔguó、Bùdálāgōng、Sānxīngduī、Dàzú shíkè děng lìshǐ wénhuà yíchǎn，tóngyàng wéi shìjiè suǒ zhǔmù，chéngwéi zhōnghuá wénhuà zhòngyào de xiàngzhēng。

Xībù dìqū yòu shì shǎoshù mínzú jíqí wénhuà de jícuìdì，jīhū bāokuòle wǒguó suǒyǒu de shǎoshù mínzú。Zài yīxiē piānyuǎn de shǎoshù mínzú dìqū，réng bǎoliú//le yīxiē jiǔyuǎn shídài de yìshù pǐnzhǒng，chéngwéi zhēnguì de "huó huàshí"，rú Nàxī gǔyuè、xìqǔ、jiǎnzhǐ、cìxiù、yánhuà děng mínjiān yìshù hé zōngjiào yìshù。Tèsè xiānmíng、fēngfù-duōcǎi，yóurú yī gè jùdà de mínzú mínjiān wénhuà yìshù bǎokù。

Wǒmen yào chōngfèn zhòngshì hé lìyòng zhèxiē détiān-dúhòu de zīyuán yōushì, jiànlì liánghǎo de mínzú mínjiān wénhuà shēngtài huánjìng, wèi xībù dà kāifā zuòchū gòngxiàn.

(Jiéxuǎn zì 《Zhōngkǎo Yǔwén Kèwài Yuèdú Shìtí Jīngxuǎn》 zhōng 《Xībù Wénhuà hé Xībù Kāifā》)

作品 45 号

中国西部我们通常是指黄河与秦岭相连一线①以西，包括西北和西南的十二②个省、市、自治区。这块广袤③的土地面积④为五百四十六万平方公里，占国土总面积的百分之⑤五十七；人口二点八亿，占全国总人口的百分之二十三。

西部是华夏文明的源头。华夏祖先的脚步是顺着水边走的：长江上游出土过元谋人牙齿化石，距今约一百七十万年；黄河中游出土过蓝田人头盖骨，距今约七十万年。这两处古人类都比距今约五十万年的北京猿人资格更老。

西部地区是华夏文明的重要发源地。秦皇汉武以后，东西方文化在这里交汇融合，从而⑥有了丝绸之路的驼铃声声⑦，佛院深寺的暮鼓晨钟。敦煌莫高窟是世界文化史上的一个奇迹⑧，它在继承汉晋艺术传统的基础上，形成了自己兼收并蓄的恢宏气度，展现出精美绝伦的艺术形式和博大精深的文化内涵。秦始皇兵马俑、西夏王陵、楼兰古国、布达拉宫、三星堆、大足石刻等历史文化遗产，同样为世界所瞩目⑨，成为中华文化重要的象征。

西部地区又是少数民族及其文化的集萃地⑩，几乎⑪包括了我国所有的少数民族。在一些偏远的少数民族地区，仍⑫保留//了一些久远时代的艺术品种，成为珍贵的"活化石"，如纳西古乐、戏曲、剪纸、刺绣、岩画等民间艺术和宗教艺术。特色鲜明、丰富多彩，犹如一个巨大的民族民间文化艺术宝库。

我们要充分重视和利用这些得天独厚的资源优势，建立良好的民族民间文化生态环境，为西部大开发做出贡献。

(节选自《中考语文课外阅读试题精选》中《西部文化和西部开发》)

【朗读提示】

①一线：读为 yí xiàn。②十二：读为 shí'èr。③广袤：读为 guǎngmào。④面积：读为 miànjī。⑤百分之：读为 bǎi fēn zhī。⑥从而：读为 cóng'ér。⑦驼铃声声：读为 tuólíng shēngshēng。⑧一个奇迹：读为 yí gè qíjì。⑨为世界所瞩目：读为 wéi shìjiè suǒ zhǔmù。⑩集萃地：读为 jícuìdì。⑪几乎：读为 jīhū。⑫仍：读为 réng。

1. 必读轻声词

的、顺着、出土过、了、我们

2. 读为次轻音

资格、这里、文化史上、基础上

3. 停连提示

（1）中国西部/我们通常是指/黄河与秦岭相连一线以西，包括/西北和西南的十二个省、市、自治区。

（2）秦始皇兵马俑、西夏王陵、楼兰古国、/布达拉宫、三星堆、大足石刻等/历史文化遗产，同样/为世界所瞩目，成为/中华文化重要的象征。

Zuòpǐn 46 Hào

Gāoxìng, zhè shì yī zhǒng jùtǐ de bèi kàndedào mōdezháo de shìwù suǒ huànqǐ de qíng·xù. Tā shì xīnlǐ de, gèng shì shēnglǐ de. Tā róng·yì lái yě róng·yì qù, shéi yě bù yīnggāi duì tā shì'érbùjiàn shīzhījiāobì, shéi yě bù yīnggāi zǒngshì zuò nàxiē shǐ zìjǐ bù gāoxìng yě shǐ pángrén bù gāoxìng de shì. Ràng wǒmen shuō yī jiàn zuì róng·yì zuò yě zuì lìng rén gāoxìng de shì ba, zūnzhòng nǐ zìjǐ, yě zūnzhòng bié·rén, zhè shì měi yī gè rén de quánlì, wǒ háiyào shuō zhè shì měi yī gè rén de yìwù.

Kuàilè, tā shì yī zhǒng fùyǒu gàikuòxìng de shēngcún zhuàngtài、gōngzuò zhuàngtài. Tā jīhū shì xiānyàn de, tā láizì shēngmìng běnshēn de huólì, láizì yǔzhòu, dìqiú hé rénjiān de xīyǐn, tā shì shìjiè de fēngfù、xuànlì、kuòdà、yōujiǔ de tǐxiàn. Kuàilè háishì yī zhǒng lì·liàng, shì mái zài dìxià de gēnmài. Xiāomiè yī gè rén de kuàilè bǐ wājuédiào yī kē dàshù de gēn yào nán de duō.

Huānxīn, zhè shì yī zhǒng qīng chūn de、shīyì de qínggǎn. Tā láizì miànxiàngzhe wèilái shēnkāi shuāngbì bēnpǎo de chōnglì, tā láizì yī zhǒng qīngsōng ér yòu shénmì、ménglóng ér yòu yǐnmì de jīdòng, tā shì jīqíng jíjiāng dàolái de yùzhào, tā yòu shì dàyǔ guòhòu de bǐ xiàyǔ háiyào měimiào de duō yě jiǔyuǎn de duō de huí wèi……

Xǐyuè, tā shì yī zhǒng dàiyǒu xíng ér shàng sècǎi de xiūyǎng hé jìngjiè. Yǔqí shuō tā shì yī zhǒng qíng·xù, bùrú shuō tā shì yī zhǒng zhìhuì、yī zhǒng chāobá、yī zhǒng bēitiān-mǐnrén de kuānróng hé lǐjiě, yī zhǒng bǎojīng-cāngsāng de chōngshí hé zìxìn, yī zhǒng guāngmíng de lǐxìng, yī zhǒng jiāndìng//de chéngshú, yī zhǒng zhànshènglе fánnǎo hé yōngsú de qīngmíng chéngchè. Tā shì yī tán qīngshuǐ, tā shì yī mǒ zhāoxiá, tā shì wúbiān de píngyuán, tā shì chénmò de dìpíngxiàn. Duō yīdiǎnr, zài duō yīdiǎnr xǐyuè ba, tā shì chìbǎng, yě shì guīcháo. Tā shì yī bēi měijiǔ, yě shì yī duǒ yǒngyuǎn kāi bù bài de liánhuā.

（Jiéxuǎn zì Wáng Méng《Xǐyuè》）

作品 46 号

高兴，这是一种①具体的被看得到摸得着②的事物所唤起的情绪。它是心理的，更是生理的。它容易来也容易去，谁也不应该对它视而不见③失之交臂，谁也不应该总是做那些使自己不高兴也使旁人不高兴的事。让我们说一件④最容易做也最令人高兴的事吧，尊重你自己，也尊重别人，这是每一个人⑤的权利，我还要说这是每一个人的义务。

快乐，它是一种富有概括性的生存状态、工作状态。它几乎⑥是先验的，它来自生命本身的活力，来自宇宙、地球和人间的吸引，它是世界的丰富、绚丽、阔大、悠久的体现。快乐还是一种力量，是埋在地下的根脉。消灭一个人的快乐比挖掘掉一棵大树的根要难得多。

欢欣，这是一种青春的、诗意的情感。它来自面向着未来伸开双臂奔跑的冲力，它来自一种轻松而又神秘、朦胧而又隐秘的激动，它是激情即将⑦到来的预兆，它又是大雨过后的比下雨还要美妙得多也久远得多的回味……

喜悦，它是一种带有形而上色彩的修养和境界。与其说它是一种情绪，不如说它是一种智慧、一种超拔、一种悲天悯人⑧的宽容和理解，一种饱经沧桑的充实和自信，一种光明的理性，一种坚定//的成熟，一种战胜了烦恼和庸俗的清明澄澈。它是一潭清水，它是一抹朝霞，它是无边的平原，它是沉默的地平线。多一点儿，再多一点儿喜悦吧，它是翅膀，也是归巢。它是一杯美酒，也是一朵永远开不败的莲花。

（节选自王蒙《喜悦》）

【朗读提示】

①一种：读为 yì zhǒng。②摸得着：读为 mōdezháo。③视而不见：读为 shì'érbújiàn。④一件：读为 yí jiàn。⑤每一个人：读为 měi yí gè rén。⑥几乎：读为 jīhū。⑦即将：读为 jíjiāng。⑧悲天悯人：读为 bēitiān-mǐnrén。

1. 必读轻声词
的、吧、面向着、我们

2. 读为次轻音
情绪、容易、别人、力量

3. 停连提示
(1) 高兴，这是一种/具体的/被看得到摸得着的事物/所唤起的情绪。
(2) 它是/世界的丰富、绚丽、阔大、悠久的体现。
(3) 它是/激情即将到来的预兆，它又是大雨过后的/比下雨还要美妙得多也久远得多的回味……

Zuòpǐn 47 Hào

Zài Wānzǎi, Xiānggǎng zuì rènao de dìfang, yǒu yī kē róngshù, tā shì zuì guì de yī kē shù, bùguāng zài Xiānggǎng, zài quánshìjiè, dōu shì zuì guì de.

Shù, huó de shù, yòu bù mài, hé yán qí guì? Zhǐ yīn tā lǎo, tā cū, shì Xiānggǎng bǎinián cāngsāng de huó jiànzhèng, Xiānggǎngrén bùrěn kànzhe tā bèi kǎnfá, huòzhě bèi yízǒu, biàn gēn yào zhànyòng zhè piàn shānpō de jiànzhùzhě tán tiáojiàn: Kěyǐ zài zhèr jiàn dàlóu gài shāngshà, dàn yī bùzhǔn kǎn shù, èr bùzhǔn nuó shù, bìxū bǎ tā yuándì jīngxīn yǎng qǐ · lái, chéngwéi Xiānggǎng nàoshì zhōng de yī jǐng. Tàigǔ Dàshà de jiànshèzhě zuìhòu qiānle hé · tóng, zhànyòng zhège dà shānpō jiàn háohuá shāngshà de xiānjué tiáojiàn shì tóngyì bǎohù zhè kē lǎoshù.

Shù zhǎng zài bànshānpō · shàng, jìhuà jiāng shù xià · miàn de chéngqiān- shàngwàn dūn shānshí quánbù tāokōng qǔzǒu, téngchū dìfang · lái gài lóu. Bǎ shù jià zài dàlóu shàng · miàn, fǎngfú tā yuánběn shì zhǎng zài lóudǐng · shàng shìde. Jiànshèzhě jiùdì zàole yī gè zhíjìng shíbā mǐ、shēn shí mǐ de dà huāpén, xiān gùdìng hǎo zhè kē lǎoshù, zài zài dà huāpén dǐxia gài lóu. Guāng zhè yī xiàng jiù huāle liǎngqiān sānbǎi bāshíjiǔ wàn gǎngbì, kānchēng shì zuì ángguì de bǎohù cuòshī le.

Tàigǔ Dàshà luòchéng zhīhòu, rénmen kěyǐ chéng gǔndòng fútī yī cì dàowèi, láidào Tàigǔ Dàshà de dǐngcéng, chū hòumén, nàr shì yī piàn zìrán jǐngsè. Yī kē dàshù chūxiàn zài rénmen miànqián, shùgàn yǒu yī mǐ bàn cū, shùguān zhíjìng zú yǒu èrshí duō mǐ, dúmù-chénglín, fēicháng zhuàngguān, xíngchéng yī zuò yǐ tā wéi zhōngxīn de xiǎo gōngyuán, qǔ míng jiào "róngpǔ". Shù qián · miàn//chāzhe tóngpái, shuōmíng yuányóu. Cǐqíng cǐjǐng, rú bù kàn tóngpái de shuōmíng, juéduì xiǎngbudào jùshùgēn dǐxia háiyǒu yī zuò hóngwěi de xiàndài dàlóu.

(Jiéxuǎn zì Shū Yǐ 《Xiānggǎng: Zuì Guì de Yī Kē Shù》)

作品 47 号

在湾仔①，香港最热闹的地方，有一棵②榕树，它是最贵的一棵树，不光在香港，在全世界，都是最贵的。

树，活的树，又不卖③，何言其贵？只因它老，它粗，是香港百年沧桑的活见证，香港人不忍看着它被砍伐，或者被移走，便跟要占用这片山坡的建筑者谈条件：可以在这儿④建大楼盖商厦⑤，但一不准砍树，二不准⑥挪树，必须把它原地精心养起来，成为香港闹市中的一景⑦。太古大厦的建设者最后签了合同⑧，占用这个大山坡建豪华商厦的先决条件是同意保护这棵老树。

树长在半山坡上，计划将树下面的成千上万吨山石全部掏空取走，腾出地方来盖楼。把树架在大楼上面，仿佛它原本是长在楼顶上似的⑨。建设者就地造了一个⑩直径十八米、深十米的大花盆，先固定好这棵老树，再在大花盆底下盖楼。光这一项⑪就花了两千三百八十九万港币，堪称是最昂贵的保护措施了。

太古大厦落成之后，人们可以乘滚动扶梯一次⑫到位，来到太古大厦的顶层，出后门，那儿⑬是一片⑭自然景色。一棵大树出现在人们面前，树干⑮有一米半粗⑯，树冠⑰直径足有二十多米，独木成林，非常壮观，形成一座⑱以它为中心的小公园，取名叫"榕圃⑲"。树前面//插着铜牌，说明缘由。此情此景，如不看铜牌的说明，绝对想不到巨树根底下还有一座宏伟的现代大楼。

（节选自舒乙《香港：最贵的一棵树》）

【朗读提示】

①湾仔：读为 Wānzǎi。②一棵：读为 yì kē。③不卖：读为 bú mài。④这儿：读为 zhèr。⑤盖商厦：读为 gài shāngshà。⑥二不准：读为 èr bùzhǔn。⑦一景：读为 yì jǐng。⑧合同：读为 hé·tong。⑨似的：读为 shìde。⑩一个：读为 yí gè。⑪这一项：读为 zhè yí xiàng。⑫一次：读为 yí cì。⑬那儿：读为 nàr。⑭一片：读为 yí piàn。⑮树干：读为 shùgàn。⑯一米半粗：读为 yì mǐ bàn cū。⑰树冠：读为 shùguān。⑱一座：读为 yí zuò。⑲榕圃：读为 róngpǔ。

1. 必读轻声词

的、着、了、热闹、地方、这个、似的、人们、△想不到

2. 读为次轻音

养起来、半山坡上、△合同、下面、腾出地方来、上面、楼顶上、△底下、前面

Zuòpǐn 48 Hào

Wǒmen de chuán jiànjiàn de bījìn róngshù le. Wǒ yǒu jī·huì kànqīng tā de zhēn miànmù: Shì yī kē dàshù, yǒu shǔ·bùqīng de yāzhī, zhī·shàng yòu shēnggēn, yǒu xǔduō gēn yīzhí chuídào dì·shàng, shēnjìn nítǔ·lǐ. Yī bùfen shùzhī chuídào shuǐmiàn, cóng yuǎnchù kàn, jiù xiàng yī kē dàshù xié tǎng zài shuǐmiàn·shàng yīyàng.

Xiànzài zhèngshì zhīfán-yèmào de shíjié. Zhè kē róngshù hǎoxiàng zài bǎ tā de quánbù shēngmìnglì zhǎnshì gěi wǒmen kàn. Nàme duō de lǜ yè, yī cù duī zài lìng yī cù de shàng·miàn, bù liú yīdiǎnr fèngxì. Cuìlǜ de yánsè míngliàng de zài wǒmen de yǎnqián shǎnyào, sìhū měi yī piàn shùyè·shàng dōu yǒu yī gè xīn de shēngmìng zài chàndòng, zhè měilì de nánguó de shù!

Chuán zài shù·xià bóle piànkè, àn·shàng hěn shī, wǒmen méi·yǒu shàng·qù. Péngyou shuō zhè·lǐ shì "niǎo de tiāntáng", yǒu xǔduō niǎo zài zhè kē shù·shàng zuò wō, nóngmín bùxǔ rén qù zhuō tāmen. Wǒ fǎngfú tīng·jiàn jǐ zhī niǎo pū chì de shēngyīn, dànshì děngdào wǒ de yǎnjing zhùyì de kàn nà·lǐ shí, wǒ què kàn·bùjiàn yī zhī niǎo de yǐngzi. Zhǐyǒu wúshù de shùgēn lì zài dì·shàng, xiàng xǔduō gēn mùzhuāng. Dì shì shī de, dàgài zhǎngcháo shí héshuǐ chángcháng chōng·shàng àn·qù. "Niǎo de tiāntáng" ·lǐ méi ·yǒu yī zhī niǎo, wǒ zhèyàng xiǎngdào. Chuán kāi le, yī gè péngyou bōzhe chuán, huǎnhuǎn de liúdào hé zhōngjiān qù.

Dì-èr tiān, wǒmen huázhe chuán dào yī gè péngyou de jiāxiāng qù, jiùshì nàge yǒu shān yǒu tǎ de dìfang. Cóng xuéxiào chūfā, wǒmen yòu jīngguò nà "niǎo de tiāntáng".

Zhè yī cì shì zài zǎochen, yángguāng zhào zài shuǐmiàn ·shàng, yě zhào zài shùshāo ·shàng. Yīqiè dōu//xiǎnde fēicháng guāngmíng. Wǒmen de chuán yě zài shù ·xià bóle piànkè.

Qǐchū sì zhōuwéi fēicháng qīngjìng. Hòulái hūrán qǐle yī shēng niǎojiào. Wǒmen bǎ shǒu yī pāi, biàn kàn ·jiàn yī zhī dàniǎo fēile qǐ ·lái, jiēzhe yòu kàn ·jiàn dì-èr zhī, dì-sān zhī. Wǒmen jìxù pāizhǎng, hěn kuài de zhège shùlín jiù biàn de hěn rènao le. Dàochù dōu shì niǎo shēng, dàochù dōu shì niǎo yǐng. Dà de, xiǎo de, huā de, hēi de, yǒude zhàn zài zhī ·shàng jiào, yǒude fēi qǐ ·lái, zài pū chìbǎng.

（Jiéxuǎn zì Bā Jīn《Niǎo de Tiāntáng》）

作品 48 号

我们的船渐渐地逼近榕树了。我有机会看清它的真面目：是一棵①大树，有数不清的丫枝，枝上又生根，有许多根一直②垂到地上，伸进泥土里。一部分③树枝垂到水面，从远处看，就像一棵大树斜躺在水面上一样④。

现在正是枝繁叶茂的时节。这棵榕树好像在把它的全部生命力展示给我们看。那么多的绿叶，一簇⑤堆在另一簇的上面，不留一点儿⑥缝隙。翠绿的颜色明亮地在我们的眼前闪耀，似乎⑦每一片⑧树叶上都有一个⑨新的生命在颤动，这美丽的南国的树！

船在树下泊⑩了片刻，岸上很湿，我们没有上去。朋友说这里是"鸟的天堂"，有许多鸟在这棵树上做窝，农民不许人去捉⑪它们。我仿佛听见几只鸟扑翅的声音，但是等到我的眼睛注意地看那里时，我却看不见⑫一只⑬鸟的影子。只有无数的树根立在地上，像许多根木桩。地是湿的，大概涨潮⑭时河水常常冲上岸去。"鸟的天堂"里没有一只鸟，我这样想到。船开了，一个朋友拨着船⑮，缓缓地流到河中间去。

第二天⑯，我们划着船⑰到一个朋友的家乡去，就是那个有山有塔的地方。从学校出发，我们又经过那"鸟的天堂"。

这一次⑱是在早晨，阳光照在水面上，也照在树梢上。一切⑲都//显得非常光明。我们的船也在树下泊了片刻。

起初四周围非常清静。后来忽然起了一声鸟叫。我们把手一拍，便看见一只大鸟飞了起来，接着又看见第二只，第三只。我们继续拍掌，很快地这个树林就变得很热闹了。到处都是鸟声，到处都是鸟影。大的，小的，花的，黑的，有的站在枝上叫，有的飞起来，在扑翅膀。

（节选自巴金《鸟的天堂》）

【朗读提示】

①一棵：读为 yì kē。②一直：读为 yìzhí。③一部分：读为 yíbùfen。④一样：读为 yíyàng。⑤一簇：读为 yí cù。⑥一点儿：读为 yìdiǎnr。⑦似乎：读为 sìhū。⑧一片：读为 yí piàn。⑨一个：读为 yí gè。⑩泊：读为 bó。⑪捉：读为 zhuō。⑫看不见：读为 kàn·bújiàn。⑬一只：读为 yì zhī。⑭涨潮：读为 zhǎngcháo。⑮拨着船：读为 bōzhe chuán。⑯第二天：读为 dì-èr tiān。⑰划着船：读为 huázhe chuán。⑱这一次：读为 zhè yí cì。⑲一切：读为 yíqiè。

1. 必读轻声词

的、地、了、着、我们、部分、那么、朋友、它们、眼睛、影子、那个、地方、这个、热闹

2. 读为次轻音

机会、数不清、枝上、地上、泥土里、水面上、上面、树叶上、树下、岸上、没有、上去、这里、树上、听见、那里、看不见、冲上岸去、"鸟的天堂"里、树梢上、△早晨、△显得、看见、起来

Zuòpǐn 49 Hào

Yǒu zhèyàng yī gè gùshi.

Yǒu rén wèn: shìjiè·shàng shénme dōngxi de qìlì zuì dà? Huídá fēnyún de hěn, yǒudc shuō "xiàng", yǒude shuō "shī", yǒu rén kāi wánxiào shìde shuō: shì "Jīngāng", Jīngāng yǒu duōshao qìlì, dāngrán dàjiā quán bù zhī·dào.

Jiéguǒ, zhè yīqiè dá'àn wánquán bù duì, shìjiè·shàng qìlì zuì dà de, shì zhíwù de zhǒngzi. Yī lì zhǒngzi suǒ kěyǐ xiǎnxiàn chū·lái de lì, jiǎnzhí shì chāoyuè yīqiè.

Rén de tóugàigǔ, jiéhé de fēicháng zhìmì yǔ jiāngù, shēnglǐxuéjiā hé jiěpōuxuézhě yòngjìn le yīqiè de fāngfǎ, yào bǎ tā wánzhěng de fēn chū·lái, dōu méi·yǒu zhè zhǒng lìqi. Hòulái hūrán yǒu rén fāmíngle yī gè fāngfǎ, jiùshì bǎ yīxiē zhíwù de zhǒngzi fàng zài yào pōuxī de tóugàigǔ·lǐ, gěi tā yǐ wēndù yǔ shīdù, shǐ tā fāyá. Yī fāyá, zhèxiē zhǒngzi biàn yǐ kěpà de lì·liàng, jiāng yīqiè jīxièlì suǒ bùnéng fēnkāi de gǔgé, wánzhěng de fēnkāi le. Zhíwù zhǒngzi de lì·liàng zhī dà, rúcǐ rúcǐ.

Zhè, yěxǔ tèshūle yīdiǎnr, chángrén bù róng·yì lǐjiě. Nàme, nǐ kàn·jiànguo sǔn de chéngzhǎng ma? Nǐ kàn·jiànguo bèi yā zài wǎlì hé shíkuài xià·miàn de yī kē xiǎocǎo de shēngzhǎng ma? Tā wèizhe xiàngwǎng yángguāng, wèizhe dáchéng tā de shēng zhī yìzhì, bùguǎn shàng·miàn de shíkuài rúhé zhòng, shí yǔ shí zhījiān rúhé xiá, tā bìdìng yào qūqū-zhézhé de, dànshì wánqiáng-bùqū de tòudào dì miàn ·shàng·lái. Tā de gēn wǎng tǔrǎng zuān, tā de yá wǎng dìmiàn tǐng, zhèshì yī zhǒng bùkě kàngjù de lì, zǔzhǐ tā de shíkuài, jiéguǒ yě bèi tā xiānfān. Yī lì zhǒngzi de lì·liàng zhī dà, //rúcǐ rúcǐ.

Méi·yǒu yīgē rén jiāng xiǎocǎo jiàozuò "dàlìshì", dànshì tā de lì·liàng zhī dà, díquè shì shìjiè wúbǐ. Zhè zhǒng lì, shì yībān rén kàn·bùjiàn de shēngmìnglì. Zhǐyào shēngmìng cúnzài, zhè zhǒng lì jiù yào xiǎnxiàn. Shàng·miàn de shíkuài, sīháo bù zúyǐ zǔdǎng. Yīn·wèi tā shì yī zhǒng "chángqī kàngzhàn" de lì; yǒu tánxìng, néngqū-néngshēn de lì; yǒu rènxìng, bù dá mùdì bù zhǐ de lì.

(Jiéxuǎn zì Xià Yǎn 《Yěcǎo》)

作品 49 号

有这样一个①故事。

有人问：世界上什么②东西的气力最大？回答纷纭得很，有的说"象"，有的说"狮"，有人开玩笑似的③说：是"金刚"，金刚有多少气力，当然大家全不知道。

结果，这一切④答案完全不对⑤，世界上气力最大的，是植物的种子⑥。一粒⑦种子所可以显现出来的力，简直是超越一切。

人的头盖骨，结合得非常致密与坚固，生理学家和解剖学者用尽了一切的方法，要把它完整地分出来，都没有这种力气⑧。后来忽然有人发明了一个方法，就是把一些⑨植物的种子放在要剖析的头盖骨里，给它以温度与湿度，使它发芽。一发芽⑩，这些种子便以可怕的力量，将一切机械力所不能分开的骨骼⑪，完整地分开了。植物种子的力量之大，如此如此。

这，也许特殊了一点儿⑫，常人不容易理解。那么，你看见过笋的成长吗？你看见过被压在瓦砾⑬和石块下面的一棵⑭小草的生长吗？它为着向往阳光，为着达成它的生之意志，不管上面的石块如何重，石与石之间如何狭，它必定要曲曲折折⑮地，但是顽强不屈地透到地面上来。它的根往土壤钻⑯，它的芽往地面挺，这是一种⑰不可抗拒的力，阻止它的石块，结果也被它掀翻。一粒种子的力量之大，//如此如此。

没有一个人将小草叫作"大力士"，但是它的力量之大，的确是世界无比。这种力，是一般人看不见的生命力。只要生命存在，这种力就要显现。上面的石块，丝毫不足以阻挡。因为它是一种"长期抗战"的力；有弹性，能屈能伸的力；有韧性，不达目的不止的力。

(节选自夏衍《野草》)

【朗读提示】

①一个：读为 yí gè。②什么：读为 shénme。③似的：读为 shìde。④一切：读为 yíqiè。⑤不对：读为 bú duì。⑥种子：读为 zhǒngzi。⑦一粒：读为 yí lì。⑧力气：读为 lìqi。⑨一些：读为 yìxiē。⑩一发芽：读为 yì fāyá。⑪骨骼：读为 gǔgé。⑫一点儿：读为 yìdiǎnr。⑬瓦砾：读为 wǎlì。⑭一棵：读为 yì kē。⑮曲曲折折：读为 qūqū-zhézhé。⑯钻：读为 zuān。⑰一种：读为 yì zhǒng。

1. 必读轻声词

的、得、了、地、见过、吗、为着、故事、什么、东西、有的、似的、多少、种子、力气

2. 读为次轻音

世界上、知道、出来、没有、头盖骨里、力量、容易、看见、下面、上面、透到地面上来、看不见、因为

Zuòpǐn 50 Hào

Yànzi qùle, yǒu zài lái de shíhou; yángliǔ kūle, yǒu zài qīng de shíhou; táohuā xièle, yǒu zài kāi de shíhou. Dànshì, cōng·míng de, nǐ gàosu wǒ, wǒmen de rìzi wèishénme yī qù bù fùfǎn ne? ——Shì yǒu rén tōule tāmen ba: nà shì shuí? Yòu cáng zài héchù ne? Shì tāmen zìjǐ táozǒule ba: xiànzài yòu dàole nǎ·lǐ ne?

Qù de jǐnguǎn qùle, lái de jǐnguǎn láizhe; qù lái de zhōngjiān, yòu zěnyàng de cōngcōng ne? Zǎoshang wǒ qǐ·lái de shíhou, xiǎowū·lǐ shèjìn liǎng–sān fāng xiéxié de tài·yáng. Tài·yáng tā yǒu jiǎo a, qīngqīngqiāoqiāo de nuóyí le; wǒ yě mángmángrán gēnzhe xuánzhuǎn. Yúshì——xǐshǒu de shíhou, rìzi cóng shuǐpén·lǐ guò·qù; chīfàn de shíhou, rìzi cóng fànwǎn·lǐ guò·qù; mòmò shí, biàn cóng níngrán de shuāngyǎn qián guò·qù. Wǒ juéchá tā qù de cōngcōng le, shēnchū shǒu zhēwǎn shí, tā yòu cóng zhēwǎnzhe de shǒu biān guò·qù; tiānhēi shí, wǒ tǎng zài chuáng·shàng, tā biàn línglínglìlì de cóng wǒ shēnshang kuàguo, cóng wǒ jiǎo biān fēiqù le. Děng wǒ zhēngkāi yǎn hé tài·yáng zàijiàn, zhè suàn yòu liūzǒule yī rì. Wǒ yǎnzhe miàn tànxī. Dànshì xīn lái de rìzi de yǐng'·ér yòu kāishǐ zài tànxī·lǐ shǎnguòle.

Zài táo qù rú fēi de rìzi·lǐ, zài qiānmén–wànhù de shìjiè·lǐ de wǒ néng zuò xiē shénme ne? Zhǐyǒu páihuái bàle, zhǐyǒu cōngcōng bàle; zài bāqiān duō rì de cōngcōng·lǐ, chú páihuái wài, yòu shèng xiē shénme ne? Guò·qù de rìzi rú qīngyān, bèi wēifēng chuīsànle, rú bówù, bèi chūyáng zhēngróngle; wǒ liúzhe xiē shénme hénjì ne? Wǒ hécéng liúzhe xiàng yóusī yàng de hénjì ne? Wǒ chìluǒluǒ lái // dào zhè shìjiè, zhuǎnyǎnjiān yě jiāng chìluǒluǒ de huí·qù ba? Dàn bù néng píng de, wèishénme piān báibái zǒu zhè yīzāo a?

Nǐ cōng·míng de, gàosu wǒ, wǒmen de rìzi wèishénme yī qù bù fùfǎn ne?

(Jiéxuǎn zì Zhū Zìqīng《Cōngcōng》)

作品50号

燕子去了，有再来的时候；杨柳枯①了，有再青的时候；桃花谢了，有再开的时候。但是，聪明②的，你告诉我，我们的日子为什么一去不复返③呢？——是有人偷了他们罢：那是谁？又藏在何处呢？是他们自己逃走了罢：现在又到了哪里呢？

去的尽管④去了，来的尽管来着；去来的中间，又怎样地匆匆呢？早上我起来的时候，小屋里射进两三方斜斜的太阳。太阳他有脚啊⑤，轻轻悄悄地挪移了；我也茫茫然跟着旋转⑥。于是——洗手的时候，日子从水盆里过去；吃饭的时候，日子从饭碗里过去；默默时，便从凝然的双眼前过去。我觉察他去的匆匆了，伸出手遮挽时，他又从遮挽着的手边过去；天黑时，我躺在床上，他便伶伶俐俐⑦地从我身上跨过，从我脚边飞去了。等我睁开眼和太阳再见，这算又溜走了一日⑧。我掩着面叹息。但是新来的日子的影儿又开始在叹息里闪过了。

在逃去如飞的日子里，在千门万户的世界里我能做些什么呢？只有徘徊罢了，只有匆匆罢了；在八千多日的匆匆里，除徘徊外，又剩些什么呢？过去的日子如轻烟，被微风吹散了，如薄雾⑨，被初阳蒸融了；我留着些什么痕迹呢？我何曾留着像游丝样的痕迹呢？我赤裸裸来//到这世界，转眼间也将赤裸裸的回去罢？但不能平的，为什么偏白白走这一遭啊⑩？

你聪明的，告诉我，我们的日子为什么一去不复返呢？

(节选自朱自清《匆匆》)

【朗读提示】

①枯：读为 kū。②聪明：读为 cōng·míng。③一去不复返：读为 yí qù bú fùfǎn。④尽管：读为 jǐnguǎn。⑤脚啊：读为 jiǎo wa。⑥旋转：读为 xuánzhuǎn。⑦伶伶俐俐：读为 línglínglìlì。⑧一日：读为 yí rì。⑨薄雾：读为 bówù。⑩一遭啊：读为 yìzāo wa。

1. 必读轻声词

了、的、呢、罢、着、地、啊、时候、告诉、我们、日子、为什么、他们、早上、跨过、闪过、什么

2. 读为次轻音

聪明、哪里、起来、太阳、小屋里、水盆里、过去、饭碗里、床上、△身上、影儿、叹息里、日子里、世界里、匆匆里、回去

Zuòpǐn 51 Hào

Yǒugè tā bízi de xiǎonánháir, yīn·wèi liǎng suì shí déguo nǎoyán, zhìlì shòu sǔn, xuéxí qǐ·lái hěn chīlì. Dǎ gè bǐfang, bié·rén xiě zuòwén néng xiě èr-sān bǎi zì, tā què zhǐnéng xiě sān-wǔ háng. Dàn jíbiàn zhèyàng de zuòwén, tā tóngyàng néng xiě de hěndòngrén.

Nà shì yī cì zuòwénkè, tímù shì "Yuànwàng". Tā jíqí rènzhēn de xiǎngle bàntiān, ránhòu jí rènzhēn de xiě, nà zuòwén jí duǎn. Zhǐyǒu sān jù huà: Wǒ yǒu liǎng gè yuànwàng, dì-yī gè shì, māma tiāntiān xiàomīmī de kànzhe wǒ shuō: "Nǐ zhēn cōng·míng." Dì-èr gè shì, lǎoshī tiāntiān xiàomīmī de kànzhe wǒ shuō: "Nǐ yīdiǎnr yě bù bèn."

Yúshì, jiùshì zhè piān zuòwén, shēnshēn de dǎdòngle tā de lǎoshī, nà wèi māma shì de lǎoshī bùjǐn gěile tā zuì gāo fēn, zài bān·shàng dài gǎnqíng de lǎngdúle zhè piān zuòwén, hái yībǐ-yīhuà de pīdào: Nǐ hěn cōng·míng, nǐ de zuòwén xiě de fēicháng gǎnrén, qǐng fàngxīn, māma kěndìng huì géwài xǐhuan nǐ de, lǎoshī kěndìng huì géwài xǐhuan nǐ de, dàjiā kěndìng huì géwài xǐhuan nǐ de.

Pěngzhe zuòwénběn, tā xiào le, bèngbèng-tiàotiào de huí jiā le, xiàng zhī xǐ·què. Dàn tā bìng méi·yǒu bǎ zuòwénběn nágěi māma kàn, tā shì zài děngdài, děngdàizhe yī gè měihǎo de shíkè.

Nàge shíkè zhōngyú dào le, shì māma de shēng·rì——yī gè yángguāng cànlàn de xīngqītiān. Nà tiān, tā qǐ de tèbié zǎo, bǎ zuòwénběn zhuāng zài yī gè qīnshǒu zuò de měilì de dà xìnfēng·lǐ, děngzhe māma xǐng·lái. Māma gānggāng zhēng yǎn xǐng·lái, tā jiù xiàomīmī de zǒudào māma gēn·qián shuō: "Māma, jīntiān shì nín de shēng·rì, wǒ yào//sònggěi nín yī jiàn lǐwù."

Guǒrán, kànzhe zhè piān zuòwén, māma tiántián de yǒngchūle liǎng háng rèlèi, yī bǎ lǒuzhù xiǎonánháir, lǒude hěn jǐn hěn jǐn.

Shìde, zhìlì kěyǐ shòu sǔn, dàn ài yǒngyuǎn bù huì!

(Jiéxuǎn zì Zhāng Yùtíng《Yī gè Měilì de Gùshi》)

作品 51 号

有个塌鼻子的小男孩儿①,因为②两岁时得过脑炎,智力受损,学习起来很吃力。打个比方,别人写作文能写二三百③字,他却只能写三五行。但即便④这样的作文,他同样能写得很动人。

那是一次⑤作文课,题目是"愿望"。他极其认真地想了半天,然后极认真地写,那作文极短。只有三句话:我有两个愿望,第一个是,妈妈天天笑眯眯地看着我说:"你真聪明⑥。"第二个是,老师天天笑眯眯地看着我说:"你一点儿也不笨⑦。"

于是⑧，就是这篇作文，深深地打动了他的老师，那位妈妈式的老师不仅给了他最高分，在班上带感情地朗读了这篇作文，还一笔一画⑨地批道：你很聪明，你的作文写得非常感人，请放心，妈妈肯定会格外喜欢你的，老师肯定会格外喜欢你的，大家肯定会格外喜欢你的。

捧着作文本，他笑了，蹦蹦跳跳地回家了，像只喜鹊⑩。但他并没有把作文本拿给妈妈看，他是在等待，等待着一个美好的时刻。

那个时刻终于到了，是妈妈的生日⑪——一个⑫阳光灿烂的星期天⑬。那天，他起得特别早，把作文本装在一个亲手做的美丽的大信封里，等着妈妈醒来。妈妈刚刚睁眼醒来，他就笑眯眯地走到妈妈跟前说："妈妈，今天是您的生日，我要//送给您一件礼物。"

果然，看着这篇作文，妈妈甜甜地涌出了两行热泪，一把搂住小男孩儿，搂得很紧很紧。

是的，智力可以受损，但爱永远不会！

（节选自张玉庭《一个美丽的故事》）

【朗读提示】

①小男孩儿：读为 xiǎonánháir。②因为：读为 yīn·wèi。③二三百：读为 èr-sān bǎi。④即便：读为 jíbiàn。⑤一次：读为 yí cì。⑥聪明：读为 cōng·míng。⑦一点儿也不笨：读为 yìdiǎnr yě búbèn。⑧于是：读为 yúshì。⑨一笔一画：读为 yìbǐ-yíhuà。⑩喜鹊：读为 xǐ·què。⑪生日：读为 shēng·rì。⑫一个：读为 yí gè。⑬星期天：读为 xīngqītiān。

1. 必读轻声词
的、得过、写得、认真地、了、看着、鼻子、比方、妈妈、喜欢、那个

2. 读为次轻音
因为、起来、别人、聪明、班上、喜鹊、没有、生日、大信封里、醒来、跟前

Zuòpǐn 52 Hào

Xiǎoxué de shíhou, yǒu yī cì wǒmen qù hǎibiān yuǎnzú, māma méi·yǒu zuò biànfàn, gěile wǒ shí kuài qián mǎi wǔcān. Hǎoxiàng zǒule hěn jiǔ, hěn jiǔ, zhōngyú dào hǎibiān le, dàjiā zuò xià·lái biàn chīfàn, huāngliáng de hǎibiān méi·yǒu shāngdiàn, wǒ yī gè rén pǎodào fángfēnglín wài·miàn qù, jírèn lǎoshī yào dàjiā bǎ chīshèng de fàncài fēngěi wǒ yīdiǎnr. Yǒu liǎng-sān gè nánshēng liú·xià yīdiǎnr gěi wǒ, hái yǒu yī gè nǚshēng, tā de mǐfàn bànle jiàngyóu, hěn xiāng. Wǒ chīwán de shíhou, tā xiàomīmī de kànzhe wǒ, duǎn tóufa, liǎn yuányuán de.

Tā de míngzi jiào Wēng Xiāngyù.

Měi tiān fàngxué de shíhou, tā zǒu de shì jīngguò wǒmen jiā de yī tiáo xiǎolù, dàizhe yī wèi bǐ tā xiǎo de nánháir, kěnéng shì dìdi. Xiǎolù biān shì yī tiáo qīngchè jiàn dǐ de xiǎoxī, liǎngpáng zhúyīn fùgài, wǒ zǒngshì yuǎnyuǎn de gēn zài tā hòu·miàn. Xiàrì de wǔhòu tèbié yánrè, zǒudào bànlù tā huì tíng xià·lái, ná shǒupà zài xīshuǐ·lǐ jìnshī, wèi xiǎonánháir cā liǎn. Wǒ yě zài hòu·miàn tíng xià·lái, bǎ āngzāng de shǒupà nòngshīle cā liǎn, zài yīlù yuǎnyuǎn gēnzhe tā huíjiā.

Hòulái wǒmen jiā bāndào zhèn·shàng qù le, guò jǐ nián wǒ yě shàngle zhōngxué. Yǒu yī tiān fàngxué huíjiā, zài huǒchē·shàng, kàn·jiàn xiéduìmiàn yī wèi duǎn tóufa、yuányuán liǎn de nǚháir, yī shēn sùjing de bái yī hēi qún. Wǒ xiǎng tā yīdìng bù rènshi wǒ le. Huǒchē hěn kuài dào zhàn le, wǒ suízhe rénqún jǐ xiàng ménkǒu, tā yě zǒujìn le, jiào wǒ de míngzi. Zhè shì tā dì-yī cì hé wǒ shuōhuà.

Tā xiàomīmī de, hé wǒ yīqǐ zǒuguò yuètái. Yǐhòu jiù méi·yǒu zài jiànguo//tā le.

Zhè piān wénzhāng shōu zài wǒ chūbǎn de 《Shàonián Xīnshì》 zhè běn shū·lǐ.

Shū chūbǎn hòu bàn nián, yǒu yī tiān wǒ hūrán shōudào chūbǎnshè zhuǎnlái de yī fēng xìn, xìnfēng·shàng shì mòshēng de zìjì, dàn qīngchu de xiězhe wǒ de běnmíng.

Xìn lǐ·miàn shuō tā kàndàole zhè piān wénzhāng xīn·lǐ fēicháng jīdòng, méi xiǎngdào zài líkāi jiāxiāng, piāobó yìdì zhème jiǔ zhīhòu, huì kàn·jiàn zìjǐ réngrán zài yī gè rén de jìyì·lǐ, tā zìjǐ yě shēnshēn jìde zhè qízhōng de měi yī mù, zhǐshì méi xiǎngdào yuèguò yáoyuǎn de shíkōng, jìngrán lìng yī gè rén yě shēnshēn jìde.

(Jiéxuǎn zì Kǔ Líng 《Yǒngyuǎn de Jìyì》)

作品 52 号

小学的时候，有一次①我们去海边远足，妈妈没有做便饭，给了我十块钱买午餐。好像走了很久，很久，终于②到海边了，大家坐下来便吃饭，荒凉的海边没有商店，我一个人③跑到防风林外面去，级任老师要大家把吃剩的饭菜分给我一点儿④。有两三个男生留下一点儿给我，还有一个女生，她的米饭拌了酱油，很香。我吃完的时候，她笑眯眯地看着我，短头发，脸圆圆的。

她的名字叫翁香玉。

每天放学的时候，她走的是经过我们家的一条⑤小路，带着一位⑥比她小的男孩儿⑦，可能是弟弟。小路边是一条清澈见底的小溪，两旁竹阴覆盖，我总是远远地跟在她后面。夏日的午后特别炎热，走到半路她会停下来，拿手帕在溪水里浸湿，为小男孩儿擦脸。我也在后面停下来，把肮脏的手帕弄湿了擦脸，再一路⑧远远跟着她回家。

后来我们家搬到镇上去了，过几年我也上了中学。有一天⑨放学回家，在火车上，看见斜对面一位短头发、圆圆脸的女孩，一身⑩素净⑪的白衣黑裙。我想她一定⑫不认识⑬我了。火车很快到站了，我随着人群挤向门口，她也走近了，叫我的名字。这是她第一次和我说话。

她笑眯眯的，和我一起⑭走过月台。以后就没有再见过//她了。

这篇文章收在我出版的《少年心事》这本书里。

书出版后半年，有一天我忽然收到出版社转来的一封信，信封上是陌生的字迹，但清楚地写着我的本名。

信里面说她看到了这篇文章心里非常激动，没想到在离开家乡，漂泊异地这么久之后，会看见自己仍然在一个人的记忆里，她自己也深深记得这其中的每一幕，只是没想到越过遥远的时空，竟然另一个人也深深记得。

（节选自苦伶《永远的记忆》）

【朗读提示】

①有一次：读为 yǒu yí cì。②终于：读为 zhōngyú。③一个人：读为 yí gè rén。④一点儿：读为 yìdiǎnr。⑤一条：读为 yì tiáo。⑥一位：读为 yí wèi。⑦男孩儿：读为 nánhár。⑧一路：读为 yílù。⑨有一天：读为 yǒu yì tiān。⑩一身：读为 yì shēn。⑪素净：读为 sùjing。⑫一定：读为 yídìng。⑬不认识：读为 bú rènshi。⑭一起：读为 yìqǐ。

1. 必读轻声词

的、了、地、着、时候、我们、妈妈、头发、名字、弟弟、素净、认识、见过、清楚

2. 读为次轻音

没有、坐下来、外面、留下、后面、停下来、溪水里、镇上、火车上、看见、书里、信封上、信里面、心里、记忆里、△记得

Zuòpǐn 53 Hào

Zài fánhuá de Bālí dàjiē de lùpáng, zhànzhe yī gè yīshān lánlǚ、tóufa bānbái、shuāngmù shīmíng de lǎorén. Tā bù xiàng qítā qǐgài nàyàng shēnshǒu xiàng guòlù xíngrén qǐtǎo, ér shì zài shēnpáng lì yī kuài mùpái, shàng·miàn xiězhe："Wǒ shénme yě kàn·bùjiàn!" Jiē·shàng guòwǎng de xíngrén hěn duō, kànle mùpái·shàng de zì dōu wúdòngyúzhōng, yǒude hái dàndàn yī xiào, biàn shānshān ér qù le.

Zhè tiān zhōngwǔ, Fǎguó zhùmíng shīrén Ràng Bǐhàolè yě jīngguò zhè·lǐ. Tā kànkan mùpái·shàng de zì, wèn máng lǎorén："Lǎorenjia, jīntiān shàngwǔ yǒu rén gěi nǐ qián ma?"

Máng lǎorén tànxīzhe huídá："Wǒ, wǒ shénme yě méi·yǒu dédào." Shuōzhe, liǎn·shàng de shénqíng fēicháng bēishāng.

Ràng Bǐhàolè tīng le, náqǐ bǐ qiāoqiāo de zài nà háng zì de qián·miàn tiān·

shàngle "Chūntiān dào le, kěshì" jǐ gè zì, jiù cōngcōng de líkāi le.

Wǎnshang, Ràng Bǐhàolè yòu jīngguò zhè·lǐ, wèn nàge máng lǎorén xiàwǔ de qíngkuàng. Máng lǎorén xiàozhe huídá shuō："Xiānsheng, bù zhī wèishénme, xiàwǔ gěi wǒ qián de rén duō jí le!" Ràng Bǐhàolè tīng le, mōzhe húzi mǎnyì de xiào le.

"Chūntiān dào le, kěshì wǒ shénme yě kàn·bù jiàn!" Zhè fùyǒu shīyì de yǔyán, chǎnshēng zhème dà de zuòyòng, jiù zàiyú tā yǒu fēicháng nónghòu de gǎnqíng sècǎi. Shìde, chūntiān shì měihǎo de, nà lántiān báiyún, nà lùshù hónghuā, nà yīnggē-yànwǔ, nà liúshuǐ rénjiā, zěnme bù jiào rén táozuì ne? Dàn zhè liángchén měijǐng, duìyú yī gè shuāngmù shīmíng de rén lái shuō, zhǐshì yī piàn qīhēi. Dāng rénmen xiǎngdào zhège máng lǎorén, yīshēng zhōng jìng lián wànzǐ-qiānhóng de chūntiān//dōu bùcéng kàndào, zěn néng bù duì tā chǎnshēng tóngqíng zhī xīn ne?

(Jiéxuǎn zì Xiǎoxué《Yǔwén》dì-liù cè zhōng《Yǔyán de Mèilì》)

作品 53 号

在繁华的巴黎大街的路旁，站着一个①衣衫褴褛②、头发斑白、双目失明的老人。他不像③其他乞丐那样伸手向过路行人乞讨，而是④在身旁立一块⑤木牌，上面写着："我什么⑥也看不见⑦！"街上过往的行人很多，看了木牌上的字都无动于衷⑧，有的还淡淡一笑⑨，便姗姗而去了。

这天中午，法国著名诗人让·彼浩勒也经过这里。他看看木牌上的字，问盲老人："老人家⑩，今天上午有人给你钱吗？"

盲老人叹息着回答："我，我什么也没有得到。"说着，脸上的神情非常悲伤。

让·彼浩勒听了，拿起笔悄悄地在那行字的前面添上了"春天到了，可是"几个字，就匆匆地离开了。

晚上，让·彼浩勒又经过这里，问那个盲老人下午的情况。盲老人笑着回答说："先生，不知为什么，下午给我钱的人多极了！"让·彼浩勒听了，摸着胡子满意地笑了。

"春天到了，可是我什么也看不见！"这富有诗意的语言，产生这么大的作用，就在于它有非常浓厚的感情色彩。是的，春天是美好的，那蓝天白云，那绿树红花，那莺歌燕舞，那流水人家，怎么不叫人陶醉⑪呢？但这良辰美景，对于一个双目失明的人来说，只是一片⑫漆黑。当人们想到这个盲老人，一生中⑬竟连万紫千红的春天//都不曾看到，怎能不对他产生同情之心呢？

(节选自小学《语文》第六册中《语言的魅力》)

【朗读提示】

①一个：读为 yí gè。②衣衫褴褛：读为 yīshān lánlǚ。③不像：读为 bú xiàng。④而是：读为 ér shì。⑤一块：读为 yí kuài。⑥什么：读为 shénme。⑦看不见：读为 kàn·bújiàn。⑧无动于衷：读为 wúdòngyúzhōng。⑨淡淡一笑：读为 dàndàn yí xiào。⑩老人家：读为 lǎorenjia。⑪不叫人陶醉：读为 bú jiào rén táozuì。⑫一片：读为 yí piàn。⑬一生中：读为 yìshēng zhōng。

1. 必读轻声词

的、着、了、吗、地、呢、头发、什么、有的、看看、晚上、那个、先生、为什么、胡子、这么、怎么、人们、这个

2. 读为次轻音

上面、看不见、街上、木牌上、这里、没有、△老人家、脸上、前面、添上

Zuòpǐn 54 Hào

Yǒu yī cì，Sū Dōngpō de péngyou Zhāng È názhe yī zhāng xuānzhǐ lái qiú tā xiě yī fú zì，érqiě xīwàng tā xiě yīdiǎnr guānyú yǎngshēng fāngmiàn de nèiróng。Sū Dōngpō sīsuǒle yīhuìr，diǎndiǎn tóu shuō："Wǒ dédàole yī gè yǎngshēng chángshòu gǔfāng，yào zhǐyǒu sì wèi，jīntiān jiù zènggěi nǐ ba。" Yúshì，Dōngpō de lánháo zài zhǐ·shàng huīsǎ qǐ·lái，shàng·miàn xiězhe："Yī yuē wú shì yǐ dàng guì，èr yuē zǎo qǐn yǐ dàng fù，sān yuē ān bù yǐ dàng chē，sì yuē wǎn shí yǐ dàng ròu。"

Zhè nǎ·lǐ yǒu yào? Zhāng È yī liǎn mángrán de wèn。Sū Dōngpō xiàozhe jiěshì shuō，yǎngshēng chángshòu de yàojué，quán zài zhè sì jù lǐ·miàn。

Suǒwèi "wú shì yǐ dàng guì"，shì zhǐ rén bùyào bǎ gōngmíng lìlù、róngrǔ guòshī kǎolǜ de tài duō，rú néng zài qíngzhì·shàng xiāosǎ dàdù，suíyù'ér'ān，wú shì yǐ qiú，zhè bǐ fùguì gèng néng shǐ rén zhōng qí tiānnián。

"Zǎo qǐn yǐ dàng fù"，zhǐ chīhǎo chuānhǎo、cáihuò chōngzú，bìngfēi jiù néng shǐ nǐ chángshòu。Duì lǎoniánrén lái shuō，yǎngchéng liánghǎo de qǐjū xíguàn，yóuqí shì zǎo shuì zǎo qǐ，bǐ huòdé rènhé cáifù gèngjiā bǎoguì。

"Ān bù yǐ dàng chē"，zhǐ rén bùyào guòyú jiǎngqiú ānyì、zhītǐ bù láo，ér yīng duō yǐ bùxíng lái tìdài qímǎ chéngchē，duō yùndòng cái kěyǐ qiángjiàn tǐpò，tōngchàng qìxuè。

"Wǎn shí yǐ dàng ròu"，yìsi shì rén yīnggāi yòng yǐ jī fāng shí、wèi bǎo xiān zhǐ dàitì duì měiwèi jiāyáo de tānchī wú yàn。Tā jìnyībù jiěshì，èle yǐhòu cái jìnshí，suīrán shì cūchá-dànfàn，dàn qí xiāngtián kěkǒu huì shèngguò shānzhēn；rúguǒ bǎole háiyào miǎnqiǎng chī，jíshǐ měiwèi jiāyáo bǎi zài yǎnqián yě nányǐ//xiàyàn。

Sū Dōngpō de sì wèi "chángshòuyào"，shíjì·shàng shì qiángdiàole qíngzhì、shuìmián、yùndòng、yǐnshí sì gè fāngmiàn duì yǎngshēng chángshòu de zhòngyàoxìng， zhè zhǒng yǎngshēng guāndiǎn jíshǐ zài jīntiān réngrán zhí · dé jièjiàn.

（Jiéxuǎn zì Pú Zhāohé《Zèng Nǐ Sì Wèi Chángshòuyào》）

作品54号

有一次①，苏东坡的朋友张鹗拿着一张②宣纸来求他写一幅字③，而且④希望他写一点儿⑤关于⑥养生方面的内容。苏东坡思索了一会儿⑦，点点头说："我得到了一个⑧养生长寿古方，药只有四味，今天就赠给你吧。"于是，东坡的狼毫在纸上挥洒起来，上面写着："一日无事以当贵⑨，二日⑩早寝以当富，三日安步以当车，四日晚食以当肉。"

这哪里有药？张鹗一脸⑪茫然地问。苏东坡笑着解释说，养生长寿的要诀，全在这四句里面。

所谓"无事以当贵"，是指人不要⑫把功名利禄、荣辱过失考虑得太多，如能在情志上潇洒大度，随遇而安，无事以求，这比富贵更能使人终其天年。

"早寝以当富"，指吃好穿好、财货充足，并非就能使你长寿。对老年人来说，养成良好的起居习惯，尤其是早睡早起，比获得⑬任何财富更加宝贵。

"安步以当车"，指人不要过于讲求安逸、肢体不劳，而应多以步行来替代骑马乘车⑭，多运动才可以强健体魄，通畅气血⑮。

"晚食以当肉"，意思是人应该用已饥方食、未饱先止代替对美味佳肴⑯的贪吃无厌。他进一步⑰解释，饿了以后才进食，虽然是粗茶淡饭，但其香甜可口会胜过山珍；如果饱了还要勉强⑱吃，即使⑲美味佳肴摆在眼前也难以//下咽。

苏东坡的四味"长寿药"，实际上是强调了情志、睡眠、运动、饮食四个方面对养生长寿的重要性，这种养生观点即使在今天仍然值得借鉴。

（节选自蒲昭和《赠你四味长寿药》）

【朗读提示】

①有一次：读为 yǒu yí cì。②一张：读为 yì zhāng。③一幅字：读为 yì fú zì。④而且：读为 érqiě。⑤一点儿：读为 yìdiǎnr。⑥关于：读为 guānyú。⑦一会儿：读为 yíhuìr。⑧一个：读为 yí gè。⑨无事以当贵：读为 wú shì yǐ dàng guì。⑩二曰：读为 èr yuē。⑪一脸：读为 yì liǎn。⑫不要：读为 búyào。⑬获得：读为 huòdé。⑭骑马乘车：读为 qímǎ chéngchē。⑮气血：读为 qìxuè。⑯美味佳肴：读为 měiwèi jiāyáo。⑰进一步：读为 jìnyíbù。⑱勉强：读为 miǎnqiǎng。⑲即使：读为 jíshǐ。

1. 必读轻声词

的、着、了、吧、茫然地、考虑得、朋友、意思

2. 读为次轻音

纸上、起来、上面、哪里、里面、情志上、实际上、值得

Zuòpǐn 55 Hào

Rén huózhe, zuì yàojǐn de shì xúnmì dào nà piàn dàibiǎozhe shēngmìng lǜsè hé rénlèi xīwàng de cónglín, ránhòu xuǎn yī gāogāo de zhītóu zhàn zài nà·lǐ guānlǎn rénshēng, xiāohuà tòngkǔ, yùnyù gēshēng, yúyuè shìjiè!

Zhè kě zhēn shì yī zhǒng xiāosǎ de rénshēng tài·dù, zhè kě zhēn shì yī zhǒng xīnjìng shuǎnglǎng de qínggǎn fēngmào.

Zhàn zài lìshǐ de zhītóu wēixiào, kěyǐ jiǎnmiǎn xǔduō fánnǎo. Zài nà·lǐ, nǐ kěyǐ cóng zhòngshēngxiàng suǒ bāohán de tián-suān-kǔ-là、bǎiwèi rénshēng zhōng xúnzhǎo nǐ zìjǐ, nǐ jìngyù zhōng de nà diǎnr kǔtòng, yěxǔ xiāngbǐ zhīxià, zài yě nányǐ zhànjù yī xí zhī dì, nǐ huì jiào róng·yì de huòdé cóng bùyuè zhōng jiětuō línghún de lì·liàng, shǐ zhī bùzhì biàn de huīsè.

Rén zhàn de gāo xiē, bùdàn néng yǒuxìng zǎo xiē lǐnglüè dào xīwàng de shǔguāng, hái néng yǒuxìng fāxiàn shēngmìng de lìtǐ de shīpiān. Měi yī gè rén de rénshēng, dōu shì zhè shīpiān zhōng de yī gè cí、yī gè jùzi huòzhě yī gè biāodiǎn. Nǐ kěnéng méi·yǒu chéngwéi yī gè měilì de cí, yī gè yǐnrén-zhùmù de jùzi, yī gè jīngtànhào, dàn nǐ yīrán shì zhè shēngmìng de lìtǐ shīpiān zhōng de yī gè yīnjié、yī gè tíngdùn、yī gè bìbùkěshǎo de zǔchéng bùfen. Zhè zúyǐ shǐ nǐ fàngqì qiánxián, méngshēng wèi rénlèi yùnyù xīn de gēshēng de xìngzhì, wèi shìjiè dài·lái gèng duō de shīyì.

Zuì kěpà de rénshēng jiànjiě, shì bǎ duōwéi de shēngcún tújǐng kànchéng píngmiàn. Yīn·wèi nà píngmiàn·shàng kèxià de dàduō shì nínggùle de lìshǐ——guòqù de yíjì; dàn huózhe de rénmen, huó de què shì chōngmǎnzhe xīnshēng zhìhuì de, yóu//bùduàn shìqù de "xiànzài" zǔchéng de wèilái. Rénshēng bùnéng xiàng mǒu xiē yúlèi tǎngzhe yóu, rénshēng yě bùnéng xiàng mǒu xiē shòulèi pázhe zǒu, ér yīnggāi zhànzhe xiàngqián xíng, zhè cái shì rénlèi yīngyǒu de shēngcún zītài.

(Jiéxuǎn zì［Měi］Běnjiémíng Lāshí《Zhàn Zài Lìshǐ de Zhītóu Wēixiào》)

作品 55 号

人活着，最要紧的是寻觅到那片代表着生命绿色和人类希望的丛林，然后选一高高的枝头①站在那里观览人生，消化痛苦，孕育歌声，愉悦世界！

这可真是一种②潇洒的人生态度，这可真是一种心境爽朗的情感风貌。

站在历史的枝头微笑，可以减免许多烦恼。在那里，你可以从众生相③所包含的甜酸苦辣、百味人生中寻找你自己，你境遇中的那点儿④苦痛，也许相比之下，再也难以占据一席之地⑤，你会较容易地获得⑥从不悦⑦中解脱灵魂的力量，使之不致⑧变得灰色。

人站得高些，不但⑨能有幸早些领略到希望的曙光，还能有幸发现生命的立体的诗篇。每一个人⑩的人生，都是这诗篇中的一个词、一个句子或者一个标点。你可能没有成为一个美丽的词，一个引人注目的句子，一个惊叹号，但你依然是这生命的立体诗篇中的一个音节、一个停顿、一个必不可少的组成部分。这足以使你放弃前嫌，萌生为人类孕育新的歌声的兴致，为世界带来更多的诗意。

最可怕的人生见解，是把多维的生存图景看成平面。因为⑪那平面上刻下的大多是凝固了的历史——过去⑫的遗迹；但活着的人们，活得却是充满着新生智慧的，由//不断逝去的"现在"组成的未来。人生不能像某些鱼类躺着游，人生也不能像某些兽类爬着走，而应该站着向前行，这才是人类应有的生存姿态。

（节选自［美］本杰明·拉什《站在历史的枝头微笑》）

【朗读提示】

①一高高的枝头：读为 yì gāogāo de zhītóu。②一种：读为 yì zhǒng。③众生相：读为 zhòngshēngxiàng。④那点儿：读为 nà diǎnr。⑤一席之地：读为 yì xí zhī dì。⑥获得：读为 huòdé。⑦不悦：读为 búyuè。⑧不致：读为 búzhì。⑨不但：读为 búdàn。⑩每一个人：读为 měi yí gè rén。⑪因为：读为 yīn·wèi。⑫过去：读为 guòqù。

1. 必读轻声词

着、的、容易地、得、句子、部分、凝固了、人们

2. 读为次轻音

那里、态度、容易、力量、没有、带来、因为、平面上

3. 停连提示

（1）人活着，最要紧的是/寻觅到那片/代表着生命绿色和人类希望的丛林，然后/选一高高的枝头站在那里/观览人生，消化痛苦，孕育歌声，愉悦世界！

（2）在那里，你可以从众生相/所包含的甜酸苦辣、百味人生中/寻找你自己……

Zuòpǐn 56 Hào

Zhōngguó de dì-yī dàdǎo、Táiwān shěng de zhǔdǎo Táiwān, wèiyú Zhōngguó dàlùjià de dōngnánfāng, dìchǔ Dōng Hǎi hé Nán Hǎi zhījiān, gézhe Táiwān Hǎixiá hé Dàlù xiāngwàng. Tiānqì qínglǎng de shíhou, zhàn zài Fújiàn yánhǎi jiào gāo de dìfang, jiù kěyǐ yǐnyǐn-yuēyuē de wàng·jiàn dǎo·shàng de gāoshān hé yúnduǒ.

Táiwān Dǎo xíngzhuàng xiácháng, cóng dōng dào xī, zuì kuān chù zhǐyǒu yìbǎi sìshí duō gōnglǐ; yóu nán zhì běi, zuì cháng de dìfang yuē yǒu sānbǎi jiǔshí duō gōnglǐ. Dìxíng xiàng yī gè fǎngzhī yòng de suōzi.

Táiwān Dǎo·shàng de shānmài zòngguàn nánběi, zhōngjiān de zhōngyāng shānmài yóurú quándǎo de jǐ·liáng. Xībù wéi hǎibá jìn sìqiān mǐ de Yù Shān shānmài, shì Zhōngguó dōngbù de zuì gāo fēng. Quándǎo yuē yǒu sān fēn zhī yī de dìfang shì píngdì, qíyú wéi shāndì. Dǎonèi yǒu duàndài bān de pùbù, lánbǎoshí shìde húpō, sìjì chángqīng de sēnlín hé guǒyuán, zìrán jǐngsè shífēn yōuměi. Xīnánbù de Ālǐ Shān hé Rìyuè Tán, Táiběi shìjiāo de Dàtúnshān fēngjǐngqū, dōu shì wénmíng shìjiè de yóulǎn shèngdì.

Táiwān Dǎo dìchǔ rèdài hé wēndài zhījiān, sìmiàn huán hǎi, yǔshuǐ chōngzú, qìwēn shòudào hǎiyáng de tiáojì, dōng nuǎn xià liáng, sìjì rú chūn, zhè gěi shuǐdào hé guǒmù shēngzhǎng tígōngle yōuyuè de tiáojiàn. Shuǐdào、gānzhe、zhāngnǎo shì Táiwān de "sān bǎo". Dǎo·shàng hái shèngchǎn xiāngguǒ hé yúxiā.

Táiwān Dǎo háishì yī gè wénmíng shìjiè de "húdié wángguó". Dǎo·shàng de húdié gòng yǒu sìbǎi duō gè pǐnzhǒng, qízhōng yǒu bùshǎo shì shìjiè xīyǒu de zhēnguì pǐnzhǒng. Dǎo·shàng háiyǒu bùshǎo niǎoyǔ-huāxiāng de hú//dié gǔ, dǎo·shàng jūmín lìyòng húdié zhìzuò de biāoběn hé yìshùpǐn, yuǎnxiāo xǔduō guójiā.

(Jiéxuǎn zì 《Zhōngguó de Bǎodǎo——Táiwān》)

作品 56 号

中国的第一大岛、台湾省的主岛台湾，位于①中国大陆架的东南方，地处②东海和南海之间，隔着台湾海峡和大陆相望。天气晴朗的时候，站在福建沿海较高的地方，就可以隐隐约约地望见岛上的高山和云朵。

台湾岛形状狭长，从东到西，最宽处只有一百四十多公里③；由南至北，最长的地方约有三百九十多公里。地形像一个④纺织用的梭子。

台湾岛上的山脉纵贯南北，中间的中央山脉犹如全岛的脊梁⑤。西部为海拔近四千米的玉山山脉，是中国东部的最高峰。全岛约有三分之一的地方是平地，其余为山地。岛内有缎带般的瀑布，蓝宝石似的⑥湖泊，四季常青的森林和果园，自然景色十分优美。西南部的阿里山和日月潭，台北市郊的大屯山⑦风景区，都是闻名世界的游览胜地。

台湾岛地处热带和温带之间，四面环海，雨水充足，气温受到海洋的调剂⑧，冬暖夏凉，四季如春，这给水稻和果木生长提供了优越的条件。水稻、甘蔗、樟脑是台湾的"三宝"。岛上还盛产鲜果和鱼虾。

台湾岛还是一个闻名世界的"蝴蝶王国"。岛上的蝴蝶共有四百多个品种，其中有不少是世界稀有的珍贵品种。岛上还有不少鸟语花香的蝴//蝶谷，岛上居民利用蝴蝶制作的标本和艺术品，远销许多国家。

(节选自《中国的宝岛——台湾》)

【朗读提示】
①位于：读为 wèiyú。②地处：读为 dìchǔ。③一百四十多公里：读为 yìbǎi sìshí duō

gōnglǐ。④一个：读为 yí ge。⑤脊梁：读为 jǐ·liáng。⑥似的：读为 shìde。⑦大屯山：读为 Dàtúnshān。⑧调剂：读为 tiáojì。

1. 必读轻声词

的、隔着、时候、地方、梭子、似的、提供了、甘蔗

2. 读为次轻音

望见、岛上、△脊梁

Zuòpǐn 57 Hào

Duìyú Zhōngguó de niú, wǒ yǒu zhe yī zhǒng tèbié zūnjìng de gǎnqíng.

Liúgěi wǒ yìnxiàng zuì shēn de, yào suàn zài tián lǒng·shàng de yī cì "xiāngyù".

Yī qún péngyou jiāoyóu, wǒ lǐngtóu zài xiázhǎi de qiānmò·shàng zǒu, zěnliào yíngmiàn láile jǐ tóu gēngniú, xiádào róng·bùxià rén hé niú, zhōng yǒu yīfāng yào rànglù. Tāmen hái méi·yǒu zǒujìn, wǒmen yǐ·jīng yùjì dòu·bù·guò chùsheng, kǒngpà nánmiǎn cǎidào tiándì níshuǐ·lǐ, nòng de xiéwà yòu ní yòu shī le. Zhèng chíchú de shíhou, dàitóu de yī tóu niú, zài lí wǒmen bùyuǎn de dìfang tíng xià·lái, táiqǐ tóu kànkan, shāo chíyí yīxià, jiù zìdòng zǒu·xià tián qù. Yī duì gēngniú, quán gēnzhe tā líkāi qiānmò, cóng wǒmen shēnbiān jīngguò.

Wǒmen dōu dāi le, huíguò tóu·lái, kànzhe shēnhèsè de niúduì, zài lù de jìntóu xiāoshī, hūrán juéde zìjǐ shòule hěn dà de ēnhuì.

Zhōngguó de niú, yǒngyuǎn chénmò de wèi rén zuòzhe chénzhòng de gōngzuò. Zài dàdì·shàng, zài chénguāng huò lièrì·xià, tā tuōzhe chénzhòng de lí, dītóu yī bù yòu yī bù, tuōchūle shēnhòu yī liè yòu yī liè sōngtǔ, hǎo ràng rénmen xià zhǒng. Děngdào mǎndì jīnhuáng huò nóngxián shíhou, tā kěnéng háiděi dāndāng bānyùn fùzhòng de gōngzuò, huò zhōngrì ràozhe shímò, cháo tóng yī fāngxiàng, zǒu bù jīchéng de lù.

Zài tā chénmò de láodòng zhōng, rén biàn dédào yīng dé de shōucheng.

Nà shíhou, yě xǔ, tā kěyǐ sōng yī jiān zhòngdàn, zhàn zài shù·xià, chī jǐ kǒu nèn cǎo. Ǒu'ěr yáoyao wěiba, bǎibai ěrduo, gǎnzǒu fēifù shēnshang de cāngying, yǐ·jīng suàn shì tā zuì xiánshì de shēnghuó le.

Zhōngguó de niú, méi·yǒu chéngqún bēnpǎo de xí//guàn, yǒngyuǎn chénchén-shíshí de, mòmò de gōngzuò, píngxīn-jìngqì. Zhè jiùshì Zhōngguó de niú!

(Jiéxuǎn zì Xiǎo Sī《Zhōngguó de Niú》)

作品57号

对于①中国的牛，我有着一种②特别尊敬的感情。

留给我印象最深的，要算在田垄③上的一次④"相遇"。

一群⑤朋友郊游，我领头在狭窄的阡陌⑥上走，怎料迎面来了几头耕牛，狭道容不下⑦人和牛，终有一方⑧要让路。它们还没有走近，我们已经预计斗不过⑨畜生，恐怕难免踩到田地泥水里，弄得鞋袜又泥又湿了。正踟蹰⑩的时候，带头的一头⑪牛，在离我们不远的地方停下来，抬起头看看，稍迟疑一下⑫，就自动走下田去。一队⑬耕牛，全跟着它离开阡陌，从我们身边经过。

我们都呆了，回过头来，看着深褐色的牛队，在路的尽头消失，忽然觉得自己受了很大恩惠。

中国的牛，永远沉默地为人做着沉重的工作。在大地上，在晨光或烈日下，它拖着沉重的犁，低头一步又一步⑭，拖出了身后一列又一列⑮松土，好让人们下种⑯。等到满地金黄或农闲时候，它可能还得⑰担当搬运负重的工作，或终日绕着石磨⑱，朝同一方向⑲，走不计程的路。

在它沉默的劳动中，人便得到应得的收成⑳。

那时候，也许，它可以松一肩重担㉑，站在树下，吃几口嫩草。偶尔㉒摇摇尾巴，摆摆耳朵，赶走飞附身上的苍蝇，已经算是它最闲适的生活了。

中国的牛，没有成群奔跑的习//惯，永远沉沉实实的，默默地工作，平心静气。这就是中国的牛！

（节选自小思《中国的牛》）

【朗读提示】

①对于：读为 duìyú。②一种：读为 yì zhǒng。③田垄：读为 tián lǒng。④一次：读为 yí cì。⑤一群：读为 yì qún。⑥阡陌：读为 qiānmò。⑦容不下：读为 róng·búxià。⑧一方：读为 yìfāng。⑨斗不过：读为 dòu·bú·guò。⑩踟蹰：读为 chíchú。⑪一头：读为 yì tóu。⑫一下：读为 yíxià。⑬一队：读为 yí duì。⑭一步又一步：读为 yí bù yòu yí bù。⑮一列又一列：读为 yí liè yòu yí liè。⑯下种：读为 xià zhǒng。⑰还得：读为 háiděi。⑱石磨：读为 shímò。⑲同一方向：读为 tóng yì fāngxiàng。⑳应得的收成：读为 yīng dé de shōucheng。㉑一肩重担：读为 yìjiān zhòngdàn。㉒偶尔：读为 ǒu'ěr。

1. 必读轻声词

的、有着、了、朋友、它们、我们、畜生、弄得、时候、地方、看看、沉默地、觉得、人们、收成、摇摇、尾巴、摆摆、耳朵、苍蝇、默默地

2. 读为次轻音

田垄上、阡陌上、容不下、没有、已经、斗不过、泥水里、停下来、走下田去、回过头来、大地上、烈日下、树下、△身上

Zuòpǐn 58 Hào

Bùguǎn wǒ de mèngxiǎng néngfǒu chéngwéi shìshí, shuō chū · lái zǒngshì hǎowánr de:

Chūntiān, wǒ jiāng yào zhù zài Hángzhōu. Èrshí nián qián, jiùlì de èryuè chū, zài Xīhú wǒ kàn · jiànle nènliǔ yǔ càihuā, bìlàng yǔ cuìzhú. Yóu wǒ kàndào de nà diǎnr chūnguāng, yǐ · jīng kěyǐ duàndìng, Hángzhōu de chūntiān bìdìng huì jiào rén zhěngtiān shēnghuó zài shī yǔ túhuà zhīzhōng. Suǒyǐ, chūntiān wǒ de jiā yīngdāng shì zài Hángzhōu.

Xiàtiān, wǒ xiǎng Qīngchéng Shān yīngdāng suànzuò zuì lǐxiǎng de dìfang. Zài nà · lǐ, wǒ suīrán zhǐ zhùguo shí tiān, kěshì tā de yōujìng yǐ shuānzhùle wǒ de xīnlíng. Zài wǒ suǒ kàn · jiànguo de shānshuǐ zhōng, zhǐyǒu zhè · lǐ méi · yǒu shǐ wǒ shīwàng. Dàochù dōu shì lǜ, mù zhī suǒ jí, nà piàn dàn ér guāngrùn de lǜsè dōu zài qīngqīng de chàndòng, fǎngfú yào liúrù kōngzhōng yǔ xīnzhōng shìde. Zhège lǜsè huì xiàng yīnyuè, díqīngle xīnzhōng de wànlǜ.

Qiūtiān yīdìng yào zhù Běipíng. Tiāntáng shì shénme yàngzi, wǒ bù zhī · dào, dànshì cóng wǒ de shēnghuó jīngyàn qù pànduàn, Běipíng zhī qiū biàn shì tiāntáng. Lùn tiānqì, bù lěng bù rè. Lùn chīde, píngguǒ, lí, shìzi, zǎor, pútao, měi yàng dōu yǒu ruògān zhǒng. Lùn huācǎo, júhuā zhǒnglèi zhī duō, huā shì zhī qí, kěyǐ jiǎ tiānxià. Xīshān yǒu hóngyè kě jiàn, Běihǎi kěyǐ huáchuán——suīrán héhuā yǐ cán, héyè kě háiyǒu yī piàn qīngxiāng. Yī-shí-zhù-xíng, zài Běipíng de qiūtiān, shì méi · yǒu yī xiàng bù shǐ rén mǎnyì de.

Dōngtiān, wǒ hái méi · yǒu dǎhǎo zhǔyi, Chéngdū huòzhě xiāngdāng de héshì, suīrán bìng bù zěnyàng hénuǎn, kěshì wèile shuǐxiān, sù xīn làméi, gè sè de cháhuā, fǎngfú jiù shòu yīdiǎnr hán//lěng, yě pō zhí · dé qù le. Kūnmíng de huā yě duō, érqiě tiānqì bǐ Chéngdū hǎo, kěshì jiù shūpù yǔ jīngměi ér piányi de xiǎochī yuǎn · bùjí Chéngdū nàme duō. Hǎo ba, jiù zàn zhème guīdìng: Dōngtiān bù zhù Chéngdū biàn zhù Kūnmíng ba.

Zài kàngzhàn zhōng, wǒ méinéng fā guónàn cái. Wǒ xiǎng, kàngzhàn shènglì yǐhòu, wǒ bì néng kuò qǐ · lái. Nà shíhou, jiǎruò fēijī jiǎnjià, yī-èr bǎi yuán jiù néng mǎi yī jià de huà, wǒ jiù zìbèi yī jià, zé huángdào-jírì mànmàn de fēixíng.

(Jiéxuǎn zì Lǎo Shě 《Zhù de Mèng》)

作品58号

不管我的梦想能否成为事实，说出来总是好玩儿①的：

春天，我将要住在杭州。二十②年前，旧历的二月初，在西湖我看见了嫩柳与菜花，碧浪与翠竹。由我看到的那点儿③春光，已经可以断定，杭州的春天必定会教人④整天生活在诗与图画之中。所以，春天我的家应当是在杭州。

夏天，我想青城山应当算作最理想的地方。在那里，我虽然只住过十天，可是它的幽静已拴住⑤了我的心灵。在我所看见过的山水中，只有这里没有使我失望。到处都是绿，目之所及，那片淡而光润⑥的绿色都在轻轻地颤动，仿佛要流入空中与心中似的⑦。这个绿色会像音乐，涤清⑧了心中的万虑。

秋天一定要住北平。天堂是什么⑨样子，我不知道，但是从我的生活经验去判断，北平之秋便是天堂。论天气，不冷不热⑩。论吃的，苹果、梨、柿子、枣儿⑪、葡萄，每样都有若干种。论花草，菊花种类之多，花式之奇，可以甲天下。西山有红叶可见，北海可以划船⑫——虽然荷花已残，荷叶可还有一片⑬清香。衣食住行，在北平的秋天，是没有一项⑭不使人满意的。

冬天，我还没有打好主意⑮，成都或者相当地合适，虽然并不怎样和暖，可是为了水仙，素心腊梅，各色的茶花，仿佛就受一点儿⑯寒//冷，也颇值得去了。昆明的花也多，而且天气比成都好，可是旧书铺与精美而便宜的小吃远不及成都那么多。好吧，就暂这么规定：冬天不住成都便住昆明吧。

在抗战中，我没能发国难财。我想，抗战胜利以后，我必能阔起来。那时候，假若飞机减价，一二百元就能买一架的话，我就自备一架，择黄道吉日慢慢地飞行。

（节选自老舍《住的梦》）

【朗读提示】

①好玩儿：读为 hǎowánr。②二十：读为 èrshí。③那点儿：读为 nà diǎnr。④教人：读为 jiào rén。⑤拴住：读为 shuānzhù。⑥淡而光润：读为 dàn ér guāngrùn。⑦似的：读为 shìde。⑧涤清：读为 díqīng。⑨什么：读为 shénme。⑩不冷不热：读为 bù lěng bú rè。⑪枣儿：读为 zǎor。⑫划船：读为 huáchuán。⑬一片：读为 yí piàn。⑭一项：读为 yí xiàng。⑮主意：读为 zhǔyi。⑯一点儿：读为 yìdiǎnr。

1. 必读轻声词

的、了、过、吧、地方、轻轻地、似的、这个、什么、样子、柿子、主意、为了、便宜、那么、这么、时候

2. 读为次轻音

说出来、看见、已经、那里、这里、没有、知道、△葡萄、值得、远不及、起来

Zuòpǐn 59 Hào

Wǒ bùyóude tíngzhùle jiǎobù.

Cóngwèi jiànguo kāide zhèyàng shèng de téngluó, zhǐ jiàn yī piàn huīhuáng de dàn zǐsè, xiàng yī tiáo pùbù, cóng kōngzhōng chuíxià, bù jiàn qí fāduān, yě bù jiàn qí zhōngjí, zhǐshì shēnshēn-qiǎnqiǎn de zǐ, fǎngfú zài liúdòng, zài huānxiào, zài bùtíng de shēngzhǎng. Zǐsè de dà tiáofú · shàng, fànzhe diǎndiǎn yíngguāng, jiù xiàng bèngjiàn de shuǐhuā. Zǐxì kàn shí, cái zhī nà shì měi yī duǒ zǐhuā zhōng de zuì qiǎndàn de bùfen, zài hé yángguāng hùxiāng tiǎodòu.

Zhè · lǐ chúle guāngcǎi, háiyǒu dàndàn de fāngxiāng. Xiāngqì sìhū yě shì qiǎn zǐsè de, mènghuàn yībān qīngqīng de lǒngzhàozhe wǒ. Hūrán jìqǐ shí duō nián qián, jiā mén wài yě céng yǒuguo yī dà zhū zǐténgluó, tā yībàng yī zhū kū huái pá de hěn gāo, dàn huāduǒ cónglái dōu xīluò, dōng yī suì xī yī chuàn língdīng de guà zài shùshāo, hǎoxiàng zài cháyán-guānsè, shìtàn shénme. Hòulái suǒxìng lián nà xīlíng de huāchuàn yě méi · yǒu le. Yuán zhōng biéde zǐténg huājià yě dōu chāidiào, gǎizhòngle guǒshù. Nàshí de shuōfǎ shì, huā hé shēnghuó fúhuà yǒuzhe bìrán guān · xì. Wǒ céng yíhàn de xiǎng: Zhè · lǐ zài kàn · bùjiàn téngluóhuā le.

Guòle zhème duō nián, téngluó yòu kāihuā le, érqiě kāi de zhèyàng shèng, zhèyàng mì, zǐsè de pùbù zhēzhùle cūzhuàng de pánqiú wòlóng bān de zhīgàn, bùduàn de liúzhe, liúzhe, liúxiàng rén de xīndǐ.

Huā hé rén dōu huì yùdào gèzhǒng-gèyàng de bùxìng, dànshì shēngmìng de chánghé shì wú zhǐjìng de. Wǒ fǔmōle yīxià nà xiǎoxiǎo de zǐsè de huācāng, nà · lǐ mǎn zhuāngle shēngmìng de jiǔniàng, tā zhāngmǎnle fān, zài zhè//shǎnguāng de huā de héliú · shàng hángxíng. Tā shì wàn huā zhōng de yī duǒ, yě zhèngshì yóu měi yī gè yī duǒ, zǔchéngle wàn huā cànlàn de liúdòng de pùbù.

Zài zhè qiǎn zǐsè de guānghuī hé qiǎn zǐsè de fāngxiāng zhōng, wǒ bùjué jiākuàile jiǎobù.

(Jiéxuǎn zì Zōng Pú《Zǐténgluó Pùbù》)

作品 59 号

我不由得①停住了脚步。

从未见过开得这样盛的藤萝，只见一片②辉煌的淡紫色，像一条③瀑布，从空中垂下，不见④其发端，也不见其终极，只是深深浅浅的紫，仿佛在流动，在欢笑，在不停地生长。紫色的大条幅上，泛着点点银光，就像迸溅⑤的水花。仔细看时，才知那是每一朵⑥紫花中的最浅淡的部分，在和阳光互相挑逗。

这里除了光彩，还有淡淡的芳香。香气似乎⑦也是浅紫色的，梦幻一般⑧轻轻地笼罩着我。忽然记起十多年前，家门外也曾有过一大株⑨紫藤萝，它依傍一株枯槐爬得很高，但花朵从来都稀落，东一穗西一串⑩伶仃地挂在树梢，好像在察言观色，试探什么⑪。后来索性连那稀零的花串也没有了。园中别的紫藤花架也都拆掉，改种了果树。那时的说法是，花和生活腐化有着必然关系。我曾遗憾地想：这里再看不见⑫藤萝花了。

过了这么多年，藤萝又开花了，而且⑬开得这样盛，这样密，紫色的瀑布遮住了粗壮的盘虬卧龙⑭般的枝干，不断地流着，流着，流向人的心底。

花和人都会遇到各种各样的不幸⑮，但是生命的长河是无止境的。我抚摸了一下⑯那小小的紫色的花舱，那里满装了生命的酒酿，它张满了帆⑰，在这//闪光的花的河流上航行。它是万花中的一朵，也正是由每一个一朵，组成了万花灿烂的流动的瀑布。

在这浅紫色的光辉和浅紫色的芳香中，我不觉加快了脚步。

（节选自宗璞《紫藤萝瀑布》）

【朗读提示】

①不由得：读为 bùyóude。②一片：读为 yí piàn。③一条：读为 yì tiáo。④不见：读为 bújiàn。⑤迸溅：读为 bèngjiàn。⑥每一朵：读为 měi yì duǒ。⑦似乎：读为 sìhū。⑧一般：读为 yìbān。⑨一大株：读为 yí dà zhū。⑩东一穗西一串：读为 dōng yí suì xī yí chuàn。⑪什么：读为 shénme。⑫看不见：读为 kàn·bújiàn。⑬而且：读为 érqiě。⑭盘虬卧龙：读为 pánqiú wòlóng。⑮不幸：读为 búxìng。⑯一下：读为 yíxià。⑰帆：读为 fān。

1. 必读轻声词
得、了、过、的、地、着、不由得、部分、除了、什么、这么

2. 读为次轻音
大条幅上、这里、没有、看不见、那里、△关系、河流上

Zuòpǐn 60 Hào

　　Zài yī cì míngrén fǎngwèn zhōng, bèi wèn jí shàng gè shìjì zuì zhòngyào de fāmíng shì shénme shí, yǒu rén shuō shì diànnǎo, yǒu rén shuō shì qìchē, děngděng. Dàn Xīnjiāpō de yī wèi zhīmíng rénshì què shuō shì lěngqìjī. Tā jiěshì, rúguǒ méi·yǒu lěngqì, rèdài dìqū rú Dōngnányà guójiā, jiù bù kěnéng yǒu hěn gāo de shēngchǎnlì, jiù bù kěnéng dádào jīntiān de shēnghuó shuǐzhǔn. Tā de huídá shíshì-qiúshì, yǒulǐ-yǒujù.

　　Kànle shàngshù bàodào, wǒ tūfā qí xiǎng, Wèishénme méi·yǒu jìzhě wèn: "Èrshí shìjì zuì zāogāo de fāmíng shì shénme?" Qíshí èr líng líng èr nián shíyuè zhōngxún, Yīngguó de yī jiā bàozhǐ jiù píngchūle "rénlèi zuì zāogāo de fāmíng". Huò cǐ "shūróng" de, jiùshì rénmen měi tiān dàliàng shǐyòng de sùliàodài.

Dànshēng yú shàng gè shìjì sānshí niándài de sùliàodài, qí jiāzú bāokuò yòng sùliào zhìchéng de kuàicān fànhé, bāozhuāngzhǐ, cān yòng bēi pán, yǐnliàopíng, suānnǎibēi, xuěgāobēi děngděng. Zhèxiē fèiqìwù xíngchéng de lājī, shùliàng duō, tǐjī dà, zhòngliàng qīng, bù jiàngjiě, gěi zhìlǐ gōngzuò dàilái hěn duō jìshù nántí hé shèhuì wèntí.

Bǐrú, sànluò zài tiánjiān, lùbiān jí cǎocóng zhōng de sùliào cānhé, yīdàn bèi shēngchù tūnshí, jiù huì wēi jí jiànkāng shènzhì dǎozhì sǐwáng. Tiánmái fèiqì sùliàodài, sùliào cānhé de tǔdì, bùnéng shēngzhǎng zhuāngjia hé shùmù, zàochéng tǔdì bǎnjié. Ér fénshāo chǔlǐ zhèxiē sùliào lājī, zé huì shìfàng chū duō zhǒng huàxué yǒudú qìtǐ, qízhōng yī zhǒng chēngwéi èr'èyīng de huàhéwù, dúxìng jí dà.

Cǐwài, zài shēngchǎn sùliàodài, sùliào cānhé de//guòchéng zhōng shǐyòng de fúlì'áng, duì réntǐ miǎnyì xìtǒng hé shēngtài huánjìng zàochéng de pòhuài yě jíwéi yánzhòng.

(Jiéxuǎn zì Lín Guāngrú《Zuì Zāogāo de Fāmíng》)

作品 60 号

在一次①名人访问中，被问及上个世纪最重要的发明是什么②时，有人说是电脑，有人说是汽车，等等。但新加坡的一位③知名人士却说是冷气机。他解释，如果没有冷气，热带地区如东南亚国家，就不可能有很高的生产力，就不可能达到今天的生活水准。他的回答实事求是，有理有据。

看了上述报道，我突发奇想，为什么没有记者问："二十世纪④最糟糕的发明是什么？"其实二〇〇二年十月中旬，英国的一家⑤报纸就评出了"人类最糟糕的发明"。获此"殊荣"的，就是人们每天大量使用的塑料袋。

诞生于⑥上个世纪三十年代的塑料袋，其家族包括用塑料制成的快餐饭盒、包装纸、餐用杯盘、饮料瓶、酸奶杯、雪糕杯等等。这些废弃物形成的垃圾⑦，数量多、体积大、重量轻、不降解⑧，给治理工作带来很多技术难题和社会问题。

比如，散落⑨在田间、路边及草丛中的塑料餐盒，一旦⑩被牲畜⑪吞食，就会危及健康甚至导致死亡。填埋废弃塑料袋、塑料餐盒的土地，不能生长庄稼⑫和树木，造成土地板结。而⑬焚烧⑭处理⑮这些塑料垃圾，则会释放出多种化学有毒气体，其中一种⑯称为二噁英⑰的化合物，毒性极大。

此外，在生产塑料袋、塑料餐盒的//过程中使用的氟利昂，对人体免疫系统和生态环境造成的破坏也极为严重。

(节选自林光如《最糟糕的发明》)

【朗读提示】

①一次：读为 yí cì。②什么：读为 shénme。③一位：读为 yí wèi。④二十世纪：读为 èrshí shìjì。⑤一家：读为 yì jiā。⑥诞生于：读为 dànshēng yú。⑦垃圾：读为 lājī。⑧不降解：读为 bú jiàngjiě。⑨散落：读为 sànluò。⑩一旦：读为 yídàn。⑪牲畜：读为 shēngchù。⑫庄稼：读为 zhuāngjia。⑬而：读为 ér。⑭焚烧：读为 fénshāo。⑮处理：读为 chǔlǐ。⑯一种：读为 yìzhǒng。⑰二噁英：读为 èr'èyīng。

1. 必读轻声词

的、了、什么、为什么、人们、庄稼

2. 读为次轻音

没有

3. 停连提示

（1）诞生于上个世纪三十年代的塑料袋，其家族包括/用塑料制成的/快餐饭盒、包装纸、餐用杯盘、饮料瓶、酸奶杯、雪糕杯等等。

（2）而/焚烧处理/这些塑料垃圾，则会释放出/多种化学有毒气体，其中一种/称为二噁英的化合物，毒性极大。

附：命题说话题目

1. 我的愿望（或理想）
2. 我的学习生活
3. 我最尊敬的人
4. 我喜爱的动物（或植物）
5. 童年的记忆
6. 我喜爱的职业
7. 难忘的旅行
8. 我的朋友
9. 我喜爱的文学（或其他）艺术形式
10. 谈谈卫生与健康
11. 我的业余生活
12. 我喜欢的季节
13. 学习普通话的感受
14. 谈谈服饰
15. 我的假日生活
16. 我的成长之路
17. 谈谈科技发展与社会生活
18. 我知道的风俗
19. 我和体育
20. 我的家乡（或熟悉的地方）
21. 谈谈美食
22. 我喜欢的节日
23. 我所在的集体（学校、机关、公司）
24. 谈谈社会公德（或职业道德）
25. 谈谈个人修养
26. 我喜欢的明星（或其他知名人士）
27. 我喜爱的书刊
28. 谈谈对环境保护的认识
29. 我向往的地方
30. 购物（消费）的感受

第七章　普通话水平模拟试题（10 套）

普通话水平测试模拟试题（一）

一、读单音节字100个

麻　聚　槽　博　辟　泛　续　掐　莫　等　夸　贼　寺　菌　音　损　游　吞　恶
海　卧　缠　彷　盯　坑　棉　窜　腔　勾　俩　捐　狂　扬　坡　容　去　蕰　赏
横　干　洒　热　不　厅　则　凶　土　份　拧　晕　灭　内　次　滑　肯　丢　临
在　闯　泥　跪　决　存　流　缺　后　挖　信　倒　提　岁　学　字　弱　祝　肉
表　吃　阿　转　风　辆　骗　使　票　伸　呆　织　弄　别　劝　软　歪　而　选
用　窗　摔　宠　过

二、读复音节词语50个

印刷	彩色	厂长	牛奶	小姐	报纸
假期	东北	扫除	确认	殴打	群众
一块儿	平日	埋没	妇女	下课	姑娘
文化	整天	加急	愿望	仍然	厌倦
对岸	聪明	侵略	首创	熊猫	悔改
无穷	港口	喷射	算了	情况	完成
针灸	差点儿	遵循	活泼	儿童节	金鱼儿
作业	起飞	诗词	挑拨	满怀	主旋律
冰棍儿	自力更生				

普通话水平测试模拟试题（二）

一、读单音节字100个

多　茶　概　儒　死　扼　匈　桑　潮　滓　弯　今　方　谐　颇　密　袜　氛　品
涉　疗　祠　米　湿　鹃　贫　纲　况　撑　筷　踢　互　森　缸　穴　只　状　唱
策　舵　揪　军　女　艘　球　栽　英　俩　声　拱　态　颁　愁　耻　匪　偌　㐰　暖
顺　甜　憋　沸　宝　轮　催　纬　末　娘　户　抓　稳　聪　犬　猾　㑏　㐱　梁　仄
月　条　邓　饵　谣　穿　裕　丙　贴　桥　尊　扣　登　身　兰　宽　茸　梁　仄

丢　拐　矮　裙　凭

二、读复音节词语 50 个

头脑	翻车	讨伐	雷电	间谍	走神儿
玫瑰	怀孕	春播	盒子	随着	一会儿
盛名	误解	左右	晚期	忙乱	喷火
浸染	债务	此刻	重心	摸索	本科
尊称	破碎	海岛	听取	自然	票据
阻止	政党	照面儿	永久	忍住	小人儿
核桃	双边	书画展	涣散	乡村	飘落
循环	导管	得意	口号	风调雨顺	远东
大多数	外围				

普通话水平测试模拟试题（三）

一、读单音节字 100 个

蓝	均	飞	装	兼	梆	肃	家	翁	久	包	凉	销	极	旋	纽	要	促	雪
框	情	最	兄	马	琴	委	鹤	兵	浊	沟	德	朱	码	轴	接	肾	缩	童
上	虐	美	二	宣	破	值	复	叁	仍	涛	床	琼	苔	捧	怀	宇	涮	洱
柔	纯	此	瓜	向	增	梨	猛	孔	根	脆	蔑	具	够	史	许	凝	气	标
溶	婚	加	钱	摆	播	曲	当	挂	炒	快	专	盼	回	锣	近	膛	粉	赖
孙	断	绣	枕	旬														

二、读复音节词语 50 个

乖巧	品种	剥削	内乱	个头儿	脑子
塑料	盆地	首长	胸怀	磕打	烟嘴儿
扭转	而且	自费	青翠	见识	选举
刀把儿	孕育	显然	创伤	困境	保险
舌头	采购	桥梁	农民	野餐	夸奖
偶尔	裙带	任何	锅贴儿	粉末	儿歌
劝架	画面	春节	权利	烹饪	西红柿
取得	封锁	窗户	顺序	资料馆	不偏不倚
进步	侵占				

普通话水平测试模拟试题（四）

一、读单音节字 100 个

凉	涩	屋	疟	樽	违	矿	娟	声	左	路	广	讯	涮	冤	耍	腭	铝	秦
目	款	移	恰	全	加	尼	蒸	滩	湘	刺	盘	拈	眠	就	州	雁	肖	扔

铿 肩 胆 拖 蹦 门 深 欧 尚 忍 岚 怯 贺 胞 荡 儿 按 恨 搓
否 涛 绪 灾 问 耸 溜 怪 道 精 老 剜 揣 蓊 漱 帮 如 定 抠
瞭 敝 抓 蟆 至 蜇 扇 拔 欣 跳 北 抽 眉 斜 涌 四 舌 榻 古
亥 欢 嘴 诈 请

二、读复音节词语 50 个

索引	此外	娇嫩	率领	现在	传播
勇敢	召开	板凳儿	典礼	平常	亏待
废止	使节	群众	举办	圆圈儿	酸菜
晕车	老实	亚洲	迷糊	默写	庞大
女儿	战争	缺少	坎肩儿	行动	佩服
图片	疯狂	耻辱	融汇	灯笼	挂号
雪糕	阅卷	恳请	穷困	聊天儿	推广
抉择	强度	火柴	鸟类	古灵精怪	歌舞团
芙蓉花	顺便				

普通话水平测试模拟试题（五）

一、读单音节字 100 个

课 洼 迥 您 进 川 砍 簸 居 陪 捉 铝 琼 遵 废 耽 洽 宾 垮
屯 河 女 汹 谅 惹 牙 敦 粉 抱 泼 泻 高 恨 职 卷 悬 粤 姜
爽 膜 学 掠 嘲 且 苍 虐 醒 匡 绒 紫 实 剖 爪 顶 摇 挡 慈
某 蹭 饺 雾 外 宏 肆 叟 若 扔 浓 拽 悠 查 匀 修 藕 尔 骂
绷 扶 虽 语 钙 潜 惨 天 岸 熏 涂 辣 害 醉 挤 垫 栓 娈 评
骏 搁 笛 搀 倍

二、读复音节词语 50 个

温暖	赠品	原谅	牺牲	讨论	瑞雪
不断	栽花	松懈	造反	饲料	大伙儿
运筹	确信	服装	否定	平庸	翡翠
围裙儿	压迫	清楚	比较	网罗	榜样
整齐	转变	羞耻	嗓门儿	草莽	赤字
越轨	衰竭	可以	趣味	招呼	玩儿命
版权	赛马	儿孙	安静	软盘	指引
效力	困难	特殊	经营	伺候	集体化
鸡鸣狗盗	危机感				

普通话水平测试模拟试题（六）

一、读单音节字100个

补 定 调 尖 闹 删 诡 焚 癌 跌 养 富 贬 女 嗡 迩 磷 胜 槛
设 鸵 许 逛 蜗 攒 河 倡 嘉 舷 跨 晴 虐 李 抓 仁 全 舞 抬
冒 烘 笋 鹅 款 弱 掊 略 侬 逯 瞎 亮 岗 法 铭 破 扯 新 比
恩 伺 衡 秋 远 鹿 梦 砸 眷 衰 聘 抠 韵 胸 日 黑 睁 起 照
窘 蔑 蛙 否 踪 坏 妖 奖 踩 懈 湾 嗓 盾 唇 柱 翠 指 苍 引
撕 拗 闻 该 阮

二、读复音节词语50个

思想	拐骗	碰见	沸腾	仍旧	女婿
一下儿	钻研	池塘	因为	月亮	揣测
鸭绒	旷工	藕节儿	相信	排列	深入
开除	咒骂	原则	推翻	爆肚儿	铁青
老成	美酒	和气	中药	双方	发扬
拙劣	论文	潦草	皇帝	工事	墨水儿
褴褛	漂亮	旅馆	胳臂	滑冰	拟人
宁肯	宣传	准备	牛痘	结构图	刻录机
万众一心	虐杀				

普通话水平测试模拟试题（七）

一、读单音节字100个

时 捞 嵩 频 武 盼 幼 霜 掰 谦 总 玄 越 道 瑞 汾 苏 法 恒
凹 受 躲 春 女 酸 南 绕 牙 膜 辞 拥 咩 揣 寇 撤 己 准 崩
梯 直 狂 亏 炯 将 向 饵 旱 澜 俄 血 型 佳 休 昏 护 耍 忸
讯 起 蜡 载 供 插 挂 苍 芹 深 巧 司 垦 秤 瞥 忍 啡 取 抓
坝 透 匀 掉 桩 暖 握 馁 夜 铁 躺 眠 艾 平 罪 缝 寸 播 妖
猜 名 怪 全 港

二、读复音节词语50个

片面	存在	转载	欺负	尽量	恰巧
垮台	裁缝	主管	摧残	物资	孙女儿
疟疾	凝血	鲜花儿	约会	跳高	完整
柴油	抽空	如果	没事儿	枯竭	抗体
用功	所有	盼望	选择	着手	晕船
堂皇	热闹	邪门儿	防风	不但	然而

算术	强烈	思想	假若	怀抱	逗留
噪音	清晨	一并	窘迫	就业率	指点江山
本来	新能源				

普通话水平测试模拟试题（八）

一、读单音节字100个

及 煤 荣 颗 竟 封 酿 让 儿 怎 熊 疮 拼 闻 唉 抹 新 笃 佛
端 龚 标 全 论 戳 私 咬 伐 准 状 邹 酸 根 瞧 腆 影 居 笤
奈 琼 是 院 觉 就 认 撑 墙 粗 瘪 菌 女 缅 船 乖 耍 趣 玄
茂 税 豪 娆 曾 两 跨 铺 宇 却 萨 妞 恰 眶 费 训 函 暂 猜
银 趴 党 虾 掠 剖 粘 或 伯 暗 乾 匀 特 坏 池 侧 帅 扛 此
秉 围 瓦 嘴 抽

二、读复音节词语50个

阅历	美好	捏造	秋霜	操场	花灯
快艇	云彩丝儿	发榜	毁灭	逊色	小曲儿
佛门	感慨	内秀	否认	黑体	海豚
一顺儿	曾经	力量	觉得	针对	扰乱
购买	偶然	私下	有点儿	按照	最初
损伤	剽窃	舞者	算盘	群众	盛景
具体	青年人	窘况	资金	宣传	用户
牙刷	国外	盼望	而且	样品	经济危机
不过	濒临				

普通话水平测试模拟试卷（九）

一、读单音节字100个

薛 爹 女 侄 鸟 八 略 彪 废 词 亨 错 串 卵 推 钩 分 看 字
罪 牌 省 打 棒 鬼 特 丁 给 主 色 然 素 入 率 号 国 糖 校
熊 俩 划 耍 甬 街 备 割 惹 体 狭 漆 翅 婆 荒 盼 震 稠 奶
投 普 库 糟 脏 帽 棚 哈 饵 残 撒 沃 蚂 伟 拗 昂 掖 邮 瓦
忘 引 愚 峻 宗 圆 讯 恐 酸 却 吨 揣 怀 瓮 挺 凌 皿 饷 粘
将 究 乾 频 尔

二、读复音节词语50个

愉快	运行	忠诚	窗口	笼络	县官
绕远儿	小家伙	把守	兄弟	光彩	夸张
抓紧	量词	全身	天然	心眼儿	决策

怀抱	纯粹	飘散	罪孽	一时冲动	银行
穷人	缺乏	尊敬	旋转	不料	主导
帮忙	需求	好玩儿	感想	马车	撇开
念头	配合	永恒	风格	射线	算计
纬度	非常	随便	头发	石磨	怎样
桑葚儿	冰激凌				

普通话水平测试模拟试题（十）

一、读单音节字100个

瘫	疮	香	寸	床	奴	松	耳	瓶	坑	乖	妙	水	乒	丢	彤	耕	穹	封
塘	室	广	苞	目	涯	坏	颊	柱	掉	森	张	吁	瓦	篇	频	蔑	锥	姐
魔	夸	箸	棺	原	释	别	暂	踉	瘟	粤	汛	降	烁	赃	色	珊	女	纯
刺	俩	绕	焕	君	涪	闹	拳	洪	娃	姊	埃	却	囤	标	替	凯	鳞	儿
返	钧	肥	粮	迁	匈	奏	厄	材	蹂	练	新	枯	宦	轩	平	克	肥	昼
帝	求	维	抓	池														

二、读复音节词语50个

勉强	而且	品行	吞并	朋友	蒜瓣儿
表扬	颠簸	没错	污秽	恶心	越发
墨水儿	劝说	雄伟	主宰	上司	咳嗽
眨眼	悲惨	差劲儿	乘车	滑雪	扩大
排队	三角	采用	冠军	保暖	推广
嫉妒	织女星	日夜	非常	老头儿	凤凰
柠檬水	同志	挂帅	牢房	远虑	恰如其分
告诫	侍候	肘子	人才	忠臣	棕榈
加工	载荷				

附录一　普通话异读词审音表

该表是由国家语委、国家教委（今教育部）和广电部（现为广播电影电视总局）于 1985 年 12 月联合发布的。该表着眼于普通话词语的一些异读现象，并通过异读现象来审定读音，它继承了 1963 年发布的《普通话异读词三次审音总表初稿》的成果，重新审订了某些读音。到目前为止，它是关于异读词读音规范的最新的法定标准，是我们规范异读字读音的主要依据。

说　明

一、本表所审，主要是普通话有异读的词和有异读的作为"语素"的字。不列出多音多义字的全部读音和全部义项，与字典、词典形式不同。例如："和"字有多种义项和读音，而本表仅列出原有异读的八条词语，分列于 hè 和 huo 两种读音之下（有多种读音，较常见的在前。下同）；其余无异读的音、义均不涉及。

二、在字后注明"统读"的，表示此字不论用于任何词语中只读一音（轻声变读不受此限），本表不再举出词例。例如："阀"字注明"fá（统读）"，原表"军阀""学阀""财阀"条和原表所无的"阀门"等词均不再举。

三、在字后不注"统读"的，表示此字有几种读音，本表只审订其中有异读的词语的读音。例如："艾"字本有 ài 和 yì 两音，本表只举"自怨自艾"一词，注明此处读 yì 音；至于 ài 音及其义项，并无异读，不再赘列。

四、有些字有文白二读，本表以"文"和"语"作注。前者一般用于书面语言，用于复音词和文言成语中；后者多用于口语中的单音词及少数日常生活事物的复音词中。这种情况在必要时各举词语为例。例如："杉"字下注"（一）shān（文）：紫～、红～、水～；（二）shā（语）：～篙、～木"。

五、有些字除附举词例之外，酌加简单说明，以便读者分辨。说明或按具体字义，或按"动作义""名物义"等区分。例如："畜"字下注"（一）chù（名物义）：～力、家～、牲～、幼～；（二）xù（动作义）：～产、～牧、～养"。

六、有些字的几种读音中某音用处较窄，另音用处甚宽，则注"除××（较少的词）念乙音外，其他都念甲音"，以避免列举词条繁而未尽、挂一漏万的缺点。例如："结"字下注"除'～了个果子''开花～果''～巴''～实'念 jiē 之外，其他都念 jié"。

七、由于轻声问题比较复杂，除《初稿》涉及的部分轻声词之外，本表一般不予审订，并删去部分原审的轻声词，例如"麻刀（dɑo）""容易（yi）"等。

八、本表酌增少量有异读的字或词，作了审订。

九、除因第二、六、七各条说明中所举原因而删略的词条之外，本表又淘汰了部分词条。主要原因是：1. 现已无异读（如"队伍""理会"）；2. 罕用词语（如"俵分""仔密"）；3. 方言土音（如"归里包堆〔zuī〕""告送〔song〕"）；4. 不常用的文言词语（如"刍荛""罷敝"）；5. 音变现象（如"胡里八涂〔tū〕""毛毛腾腾〔tēngtēng〕"）；6. 重复累赘（如原表"色"字的有关词语分列达23条之多）。删汰条目不再编入。

十、人名、地名的异读审订，除原表已涉及的少量词条外，留待以后再审。

A

阿（一）ā ~訇　～罗汉　～木林　～姨
　　（二）ē ～谀　～附　～胶　～弥陀佛

挨（一）āi ～个　～近
　　（二）ái ～打　～说

癌 ái（统读）

霭 ǎi（统读）

蔼 ǎi（统读）

隘 ài（统读）

谙 ān（统读）

埯 ǎn（统读）

昂 áng（统读）

凹 āo（统读）

拗（一）ào ～口
　　（二）niù 执～　脾气很～

坳 ào（统读）

B

拔 bá（统读）

把 bà 印～子

白 bái（统读）

膀 bǎng　翅～

蚌（一）bàng 蛤～
　　（二）bèng ～埠

傍 bàng（统读）

磅 bàng 过～

龅 bāo（统读）

胞 bāo（统读）

薄（一）báo（语）常单用，如"纸很～"。

（二）bó（文）多用于复音词。～弱　稀～　淡～　尖嘴～舌　单～　厚～

堡（一）bǎo 碉～　～垒
　　（二）bǔ ～子　吴～　瓦窑～　柴沟～
　　（三）pù 十里～

暴（一）bào ～露
　　（二）pù 一～（曝）十寒

爆 bào（统读）

焙 bèi（统读）

惫 bèi（统读）

背 bèi ～脊　～静

鄙 bǐ（统读）

俾 bǐ（统读）

笔 bǐ（统读）

比 bǐ（统读）

臂（一）bì 手～　～膀
　　（二）bei 胳～

庇 bì（统读）

髀 bì（统读）

避 bì（统读）

辟 bì 复～

裨 bì ～补　～益

婢 bì（统读）

痹 bì（统读）

壁 bì（统读）

蝙 biān（统读）

遍 biàn（统读）

骠（一）biāo 黄～马

（二）piào ~骑　~勇

傧 bīn（统读）

缤 bīn（统读）

濒 bīn（统读）

髌 bìn（统读）

屏（一）bǐng ~除　~弃　~气　~息

　　（二）píng ~藩　~风

柄 bǐng（统读）

波 bō（统读）

播 bō（统读）

菠 bō（统读）

剥（一）bō（文）~削

　　（二）bāo（语）

泊（一）bó 淡~　飘~　停~

　　（二）pō 湖~　血~

帛 bó（统读）

勃 bó（统读）

铍 bó（统读）

伯（一）bó ~~（bo）　老~

　　（二）bǎi 大~子（丈夫的哥哥）

箔 bó（统读）

簸（一）bǒ 颠~

　　（二）bò ~箕

脯 bo 胳~

卜 bo 萝~

醭 bú（统读）

哺 bǔ（统读）

捕 bǔ（统读）

鹱 bǔ（统读）

埠 bù（统读）

C

残 cán（统读）

惭 cán（统读）

灿 càn（统读）

藏（一）cáng 矿~

　　（二）zàng 宝~

糙 cāo（统读）

嘈 cáo（统读）

螬 cáo（统读）

厕 cè（统读）

岑 cén（统读）

差（一）chā（文）不~累黍　不~什么

　　　　　　偏~　色~　~别 视~　误~

　　　　　　电势~　一念之~　~池　~错

　　　　　　言~语错　一~二错　阴错阳~

　　　　　　~等　~额　~价　~强人意

　　　　　　~数　~异

　　（二）chà（语）~不多　~不离　~点儿

　　（三）cī 参~

猹 chá（统读）

搽 chá（统读）

阐 chǎn（统读）

羼 chàn（统读）

颤（一）chàn ~动　发~

　　（二）zhàn ~栗（战栗）　打~（打战）

鞡 chàn（统读）

伥 chāng（统读）

场（一）chǎng ~合　~所　冷~　捧~

　　（二）cháng 外~　圩~　~院　一~雨

　　（三）chang 排~

钞 chāo（统读）

巢 cháo（统读）

嘲 cháo ~讽　~骂　~笑

耖 chào（统读）

车（一）chē 安步当~　杯水~薪　闭门造~

　　　　　　螳臂当~

　　（二）jū（象棋棋子名称）

晨 chén（统读）

称 chèn ~心　~意　~职　对~　相~

撑 chēng（统读）

乘（动作义，念 chéng）包~ 制~　~便

　　　　　　　　　　~风破浪　~客

　　　　　　　　　　~势　~兴

橙 chéng（统读）

惩 chéng（统读）

澄（一）chéng（文）～清（如"～清混乱"
　　　　　　　"～清问题"）
　　（二）dèng（语）单用，如"把水～清了"

痴 chī（统读）

吃 chī（统读）

弛 chí（统读）

褫 chǐ（统读）

尺 chǐ～寸　～头

豉 chǐ（统读）

侈 chǐ（统读）

炽 chì（统读）

春 chōng（统读）

冲 chòng ～床　～模

臭（一）chòu 遗～万年

　　（二）xiù 乳～　铜～

储 chǔ（统读）

处 chǔ（动作义）～罚　～分　～决　～理
　　　　　　　　　～女　～置

畜（一）chù（名物义）～力　家～　牲～
　　　　　　　　　　幼～

　　（二）xù（动作义）～产　～牧　～养

触 chù（统读）

搐 chù（统读）

绌 chù（统读）

黜 chù（统读）

闯 chuǎng（统读）

创（一）chuàng 草～　～举　首～　～造
　　　　　　　　　～作

　　（二）chuāng ～伤　重～

绰（一）chuò ～　～有余

　　（二）chuo 宽～

疵 cī（统读）

雌 cí（统读）

赐 cì（统读）

伺 cì ～候

枞（一）cōng ～树

　　（二）zōng ～阳〔地名〕

从 cóng（统读）

丛 cóng（统读）

攒 cuán 万头～动　万箭～心

脆 cuì（统读）

撮（一）cuō ～儿　一～儿盐　一～儿匪帮

　　（二）zuǒ 一～儿毛

措 cuò（统读）

D

搭 dā（统读）

答（一）dá 报～　～复

　　（二）dā ～理　～应

打 dá 苏～　一～（十二个）

大（一）dà ～夫（古官名）　～王（如爆破
　　　　　　　～王、钢铁～王）

　　（二）dài ～夫（医生）　～黄　～王（如
　　　　　　　山～王）　～城〔地名〕

呆 dāi（统读）

傣 dǎi（统读）

逮（一）dài（文）如"～捕"。

　　（二）dǎi（语）单用，如"～蚊子""～
　　　　特务"。

当（一）dāng ～地　～间儿　～年（指过去）
　　　　　　　～日（指过去）　～天（指过
　　　　去）　～时（指过去）　螳臂～车

　　（二）dàng 一个～俩　安步～车　适～
　　　　　　　～年（同一年）　～日（同一时
　　　　候）　～天（同一天）

档 dàng（统读）

蹈 dǎo（统读）

导 dǎo（统读）

倒（一）dǎo 颠～　颠～是非　颠～黑白
　　　　　　　颠三～四　倾箱～箧　排山～海
　　　　　　～板　～嚼　～仓　～嗓　～戈
　　　　　　潦～

　　（二）dào ～粪（把粪弄碎）

悼 dào（统读）

纛 dào（统读）

凳 dèng（统读）

羝 dī（统读）

氐 dī〔古民族名〕

堤 dī（统读）

提 dī ~防

的 dí ~当　~确

抵 dǐ（统读）

蒂 dì（统读）

缔 dì（统读）

谛 dì（统读）

点 diɑn 打 ~（收拾、贿赂）

跌 diē（统读）

蝶 dié（统读）

订 dìng（统读）

都（一）dōu ~来了

　　（二）dū ~市　首 ~　大 ~（大多）

堆 duī（统读）

吨 dūn（统读）

盾 dùn（统读）

多 duō（统读）

咄 duō（统读）

掇（一）duō（"拾取、采取"义）

　　（二）duo 撺 ~　掂 ~

裰 duō（统读）

踱 duó（统读）

度 duó 忖 ~　~德量力

E

婀 ē（统读）

F

伐 fá（统读）

阀 fá（统读）

砝 fá（统读）

法 fǎ（统读）

发 fɑ 理 ~　脱 ~　结 ~

帆 fān（统读）

藩 fān（统读）

梵 fàn（统读）

坊（一）fāng 牌 ~　~巷

　　（二）fáng 粉 ~　磨 ~　碾 ~　染 ~

　　　　油 ~　谷 ~

妨 fáng（统读）

防 fáng（统读）

肪 fáng（统读）

沸 fèi（统读）

汾 fén（统读）

讽 fěng（统读）

肤 fū（统读）

敷 fū（统读）

俘 fú（统读）

浮 fú（统读）

服 fú ~毒　~药

拂 fú（统读）

辐 fú（统读）

幅 fú（统读）

甫 fǔ（统读）

复 fù（统读）

缚 fù（统读）

G

噶 gá（统读）

冈 gāng（统读）

刚 gāng（统读）

岗 gǎng ~楼　~哨　~子　门 ~　站 ~

　　山 ~子

港 gǎng（统读）

葛（一）gé ~藤　~布　瓜 ~

　　（二）gě〔姓〕（包括单、复姓）

隔 gé（统读）

革 gé ~命　~新　改 ~

合 gě（一升的十分之一）

给（一）gěi（语）单用

　　（二）jǐ（文）补 ~　供 ~　供 ~制　~予

　　　　配 ~　自 ~自足

亘 gèn（统读）

更 gēng 五 ~　~生

颈 gěng 脖~子

供（一）gōng~给　提~　~销

　　（二）gòng 口~　翻~　上~

佝 gōu（统读）

枸 gǒu~杞

勾 gòu~当

估（除"~衣"读 gù 外，都读 gū）

骨（除"~碌""~朵"读 gū 外，都读 gǔ）

谷 gǔ~雨

锢 gù（统读）

冠（一）guān（名物义）~心病

　　（二）guàn（动作义）沐猴而~　~军

犷 guǎng（统读）

庋 guǐ（统读）

桧（一）guì（树名）

　　（二）huì（人名）"秦~"

刽 guì（统读）

聒 guō（统读）

蝈 guō（统读）

过（除姓氏读 guō 外，都读 guò）

H

虾 há~蟆

哈（一）hǎ~达

　　（二）hà~什蚂

汗 hán 可~

巷 hàng~道

号 háo 寒~鸟

和（一）hè 唱~　附~　曲高~寡

　　（二）huo 搀~　搅~　暖~　热~　软~

貉（一）hé（文）一丘之~

　　（二）háo（语）~绒　~子

壑 hè（统读）

褐 hè（统读）

喝 hè~采　~道　~令　~止　呼幺~六

鹤 hè（统读）

黑 hēi（统读）

亨 hēng（统读）

横（一）héng~肉　~行霸道

　　（二）hèng 蛮~　~财

訇 hōng（统读）

虹（一）hóng（文）~彩　~吸

　　（二）jiàng（语）单说

讧 hòng（统读）

囫 hú（统读）

瑚 hú（统读）

蝴 hú（统读）

桦 huà（统读）

徊 huái（统读）

踝 huái（统读）

浣 huàn（统读）

黄 huáng（统读）

荒 huang 饥~（指经济困难）

诲 huì（统读）

贿 huì（统读）

会 huì 一~儿　多~儿　~厌（生理名词）

混 hùn~合　~乱　~凝土　~淆　~血儿　~杂

蠖 huò（统读）

霍 huò（统读）

豁 huò~亮

获 huò（统读）

J

羁 jī（统读）

击 jī（统读）

奇 jī~数

芨 jī（统读）

缉（一）jī 通~　侦~

　　（二）qī~鞋口

几 jǐ 茶~　条~

圾 jī（统读）

戢 jí（统读）

疾 jí（统读）

汲 jí（统续）

棘 jí（统读）

藉 jí 狼～（籍）

嫉 jí（统读）

脊 jǐ（统读）

纪（一）jǐ〔姓〕

　　（二）jì ～念　～律　纲～　～元

偈 jì ～语

绩 jì（统读）

迹 jì（统读）

寂 jì（统读）

箕 jī 簸～

辑 jí 逻～

茄 jiā 雪～

夹 jiā ～带藏掖　～道儿　～攻　～棍　～生

　　～杂　～竹桃　～注

浃 jiā（统读）

甲 jiǎ（统读）

歼 jiān（统读）

鞯 jiān（统读）

间（一）jiān ～不容发　中～

　　（二）jiàn 中～儿　～道　～谍　～断

　　　　～或　～接　～距　～隙　～续

　　　　～阻　～作　挑拨离～

跰 jiǎn（统读）

俭 jiǎn（统读）

缰 jiāng（统读）

膙 jiǎng（统读）

嚼（一）jiáo（语）味同～蜡　咬文～字

　　（二）jué（文）咀～　过屠门而大～

　　（三）jiào 倒～（倒嚼）

侥 jiǎo ～幸

角（一）jiǎo 八～（大茴香）　～落

　　　　独～戏　～膜　～度　～儿（犄～）

　　　　～楼　勾心斗～　号～

　　　　口～（嘴～）　鹿～菜　头～

　　（二）jué ～斗　～儿（脚色）

　　　　口～（吵嘴）　主～儿　配～儿

　　　　～力　捧～儿

脚（一）jiǎo 根～

　　（二）jué ～儿（也作"角儿"，脚色）

剿（一）jiǎo 围～

　　（二）chāo ～说　～袭

校 jiào ～勘　～样　～正

较 jiào（统读）

酵 jiào（统读）

嗟 jiē（统读）

疖 jiē（统读）

结(除"～了个果子""开花～果""～巴"

"～实"念 jiē 之外，其他都念 jié)

睫 jié（统读）

芥（一）jiè ～菜（一般的芥菜）　～末

　　（二）gài ～菜（也作"盖菜"）　～蓝菜

矜 jīn ～持　自～　～怜

仅 jǐn ～～　绝无～有

馑 jǐn（统读）

觐 jìn（统读）

浸 jìn（统读）

斤 jin 千～（起重的工具）

茎 jīng（统读）

粳 jīng（统读）

鲸 jīng（统读）

境 jìng（统读）

痉 jìng（统读）

劲 jìng 刚～

窘 jiǒng（统读）

究 jiū（统读）

纠 jiū（统读）

鞠 jū（统读）

鞫 jū（统读）

掬 jū（统读）

苴 jū（统读）

咀 jǔ ～嚼

矩（一）jǔ ～形

　　（二）ju 规～

俱 jù（统读）

龟 jūn ～裂（也作"皲裂"）

菌（一）jūn 细～　病～　杆～　霉～

（二）jùn 香~　~子

俊 jùn（统读）

K

卡（一）kǎ ~宾枪　~车　~介苗　~片　~通
　　（二）qiǎ ~子　关~

揩 kāi（统读）

慨 kǎi（统读）

忾 kài（统读）

勘 kān（统读）

看 kān ~管　~护　~守

慷 kāng（统读）

拷 kǎo（统读）

坷 kē ~拉（垃）

疴 kē（统读）

壳（一）ké（语）~儿　贝~儿　脑~　驳~枪
　　（二）qiào（文）地~　甲~　躯~

可（一）kě ~~　~儿的
　　（二）kè ~汗

恪 kè（统读）

刻 kè（统读）

克 kè ~扣

空（一）kōng ~心砖　~城计
　　（二）kòng ~心吃药

抠 kōu（统读）

矻 kū（统读）

酷 kù（统读）

框 kuàng（统读）

矿 kuàng（统读）

傀 kuǐ（统读）

溃（一）kuì ~烂
　　（二）huì ~脓

篑 kuì（统读）

括 kuò（统读）

L

垃 lā（统读）

邋 lā（统读）

罱 lǎn（统读）

缆 lǎn（统读）

蓝 lan 苤~

琅 láng（统读）

捞 lāo（统读）

劳 láo（统读）

醪 láo（统读）

烙（一）lào ~印　~铁　~饼
　　（二）luò 炮~（古酷刑）

勒（一）lè（文）~逼　~令　~派　~索
　　　　　悬崖~马
　　（二）lēi（语）多单用。

擂（除"~台""打~"读 lèi 外，其他都读 léi）

礌 léi（统读）

羸 léi（统读）

蕾 lěi（统读）

累（一）lèi（辛劳义，如"受~"〔受
　　　　劳~〕）
　　（二）léi（如"~赘"）
　　（三）lěi（牵连义，如"带~""~及"
　　　　　"连~""赔~""牵~""受~"
　　　　　〔受牵~〕）

蠡（一）lí 管窥~测
　　（二）lǐ ~县　范~

喱 lí（统读）

连 lián（统读）

敛 liǎn（统读）

恋 liàn（统读）

量（一）liàng ~入为出　忖~
　　（二）liang 打~　掂~

踉 liàng ~跄

潦 liáo ~草　~倒

劣 liè（统读）

捩 liè（统读）

趔 liè（统读）

拎 līn（统读）

遴 lín（统读）

淋（一）lín ~浴　~漓　~巴

（二）lìn～硝　～盐　～病

蛉 líng（统读）

榴 liú（统读）

馏（一）liú（文）如"干～"　蒸～

　　（二）liù（语）如"～馒头"

镏 liú ～金

碌 liù ～碡

笼（一）lóng（名物义）～子　牢～

　　（二）lǒng（动作义）～络　～括

　　　　　～统　～罩

偻（一）lóu 佝～

　　（二）lǚ 伛～

䁖 lou 瞘～

虏 lǔ（统读）

掳 lǔ（统读）

露（一）lù（文）赤身～体　～天　～骨

　　　　　～头角　藏头～尾　抛头～面

　　　　　～头（矿）

　　（二）lòu（语）～富　～苗　～光

　　　　　～相　～马脚　～头

橹 lú（统读）

捋（一）lǚ ～胡子

　　（二）luō ～袖子

绿（一）lù（语）

　　（二）lù（文）～林　鸭～江

孪 luán（统读）

挛 luán（统读）

掠 lüè（统读）

囵 lún（统读）

络 luò ～腮胡子

落（一）luò（文）～膘　～花生　～魄

　　　　　涨～　～槽　着～

　　（二）lào（语）～架　～色　～炕　～枕

　　　　　～儿　～子（一种曲艺）

　　（三）là（语）遗落义。丢三～四

　　　　　～在后面

M

脉（除"～～"念 mòmò 外，一律念 mài）

漫 màn（统读）

蔓（一）màn（文）～延　不～不支

　　（二）wàn（语）瓜～　压～

牤 māng（统读）

氓 máng 流～

芒 máng（统读）

铆 mǎo（统读）

瑁 mào（统读）

虻 méng（统读）

盟 méng（统读）

祢 mí（统读）

眯（一）mí ～了眼（灰尘等入目，也作"迷"）

　　（二）mī ～了一会儿（小睡）　～缝着眼（微微合目）

靡（一）mí ～费

　　（二）mǐ 风～　委～　披～

秘（除"～鲁"读 bì 外，其他都读 mì）

泌（一）mì（语）分～

　　（二）bì（文）～阳〔地名〕

娩 miǎn（统读）

缈 miǎo（统读）

皿 mǐn（统读）

闽 mǐn（统读）

茗 míng（统读）

酩 mǐng（统读）

谬 miù（统读）

摸 mō（统读）

模（一）mó ～范　～式　～型　～糊

　　　　　～特儿　～棱两可

　　（二）mú ～子　～具　～样

膜 mó（统读）

摩 mó 按～　抚～

嬷 mó（统读）

墨 mò（统读）

糖 mò（统读）

沫 mò（统读）

缪 móu 绸 ~

N

难（一）nán 困 ~（或变轻声）　 ~ 兄 ~ 弟
（难得的兄弟，现多作贬义）

（二）nàn 排 ~ 解纷　发 ~　刁 ~　责 ~
~ 兄 ~ 弟（共患难或同受苦难的人）

蝻 nǎn（统读）

蛲 náo（统读）

讷 nè（统读）

馁 něi（统读）

嫩 nèn（统读）

恁 nèn（统读）

妮 nī（统读）

拈 niān（统读）

鲇 nián（统读）

酿 niàng（统读）

尿（一）niào 糖 ~ 症

（二）suī（只用于口语名词）
尿（niào）~　 ~ 脬

嗫 niè（统读）

宁（一）níng 安 ~

（二）nìng ~ 可　无 ~〔姓〕

忸 niǔ（统读）

脓 nóng（统读）

弄（一）nòng 玩 ~

（二）lòng ~ 堂

暖 nuǎn（统读）

衄 nù（统读）

疟（一）nüè（文）~ 疾

（二）yào（语）发 ~ 子

娜（一）nuó 婀 ~　袅 ~

（二）nà（人名）

O

殴 ōu（统读）

呕 ǒu（统读）

P

杷 pá（统读）

琶 pá（统读）

牌 pái（统读）

排 pǎi ~ 子车

迫 pǎi ~ 击炮

湃 pài（统读）

爿 pán（统读）

胖 pán 心广体 ~（ ~ 为安舒貌）

蹒 pán（统读）

畔 pàn（统读）

乒 pāng（统读）

滂 pāng（统读）

脬 pāo（统读）

胚 pēi（统读）

喷（一）pēn ~ 嚏

（二）pèn ~ 香

（三）pen 嚏 ~

澎 péng（统读）

坯 pī（统读）

披 pī（统读）

匹 pǐ（统读）

僻 pì（统读）

譬 pì（统读）

片（一）piàn ~ 子　唱 ~　画 ~　相 ~　影 ~
~ 儿会

（二）piān（口语一部分词）~ 子　 ~ 儿
唱 ~ 儿　画 ~ 儿　相 ~ 儿　影 ~ 儿

剽 piāo（统读）

缥 piāo ~ 缈（飘渺）

撇 piē ~ 弃

聘 pìn（统读）

乒 pīng（统读）

颇 pō（统读）

剖 pōu（统读）

仆（一）pū 前 ~ 后继

（二）pú ~ 从

扑 pū（统读）

朴（一）pǔ 俭～　～素　～质

　　（二）pō ～刀

　　（三）pò ～硝　厚～

蹼 pǔ（统读）

瀑 pù ～布

曝（一）pù 一～十寒

　　（二）bào ～光（摄影术语）

Q

栖 qī 两～

戚 qī（统读）

漆 qī（统读）

期 qī（统读）

蹊 qī ～跷

蛴 qí（统读）

畦 qí（统读）

其 qí（统读）

骑 qí（统读）

企 qǐ（统读）

绮 qǐ（统读）

杞 qǐ（统读）

槭 qì（统读）

洽 qià（统读）

签 qiān（统读）

潜 qián（统读）

荨（一）qián（文）～麻

　　（二）xún（语）～麻疹

嵌 qiàn（统读）

欠 qian 打哈～

戕 qiāng（统读）

镪 qiāng ～水

强（一）qiáng ～渡　～取豪夺　～制

　　　　博闻～识

　　（二）qiǎng 勉～　牵～　～词夺理

　　　　～迫　～颜为笑

　　（三）jiàng 倔～

襁 qiǎng（统读）

跄 qiàng（统读）

悄（一）qiāo ～　～儿的

　　（二）qiǎo ～默声儿的

橇 qiāo（统读）

翘（一）qiào（语）～尾巴

　　（二）qiáo（文）～首　～楚　连～

怯 qiè（统读）

挈 qiè（统读）

趄 qie 趔～

侵 qīn（统读）

衾 qīn（统读）

噙 qín（统读）

倾 qīng（统读）

亲 qìng ～家

穹 qióng（统读）

黢 qū（统读）

曲（麴）qū 大～　红～　神～

渠 qú（统读）

瞿 qú（统读）

蠼 qú（统读）

苣 qǔ ～荬菜

龋 qǔ（统读）

趣 qù（统读）

雀 què ～斑　～盲症

R

髯 rán（统读）

攘 rǎng（统读）

桡 ráo（统读）

绕 rào（统读）

任 rén〔姓，地名〕

妊 rèn（统读）

扔 rēng（统读）

容 róng（统读）

糅 róu（统读）

茹 rú（统读）

孺 rú（统读）

蠕 rú（统读）

辱 rǔ（统读）

挼 ruó（统读）

S

靸 sǎ（统读）

噻 sāi（统读）

散（一）sǎn 懒~ 零零~~ ~漫

  （二）san 零~

丧 sang 哭~着脸

扫（一）sǎo ~兴

  （二）sào ~帚

埽 sào（统读）

色（一）sè（文）

  （二）shǎi（语）

塞（一）sè（文）动作义

  （二）sāi（语）名物义，如："活~""瓶
   ~"；动作义，如："把洞~住"

森 sēn（统读）

煞（一）shā ~尾 收~

  （二）shà ~白

啥 shá（统读）

厦（一）shà（语）

  （二）xià（文）~门 噶~〔地名〕

杉（一）shān（文）紫~ 红~ 水~

  （二）shā（语）~篙 ~木

衫 shān（统读）

姗 shān（统读）

苫（一）shàn（动作义，如"~布"）

  （二）shān（名物义，如"草~子"）

墒 shāng（统读）

猞 shē（统读）

舍 shè 宿~

慑 shè（统读）

摄 shè（统读）

射 shè（统读）

谁 shéi，又音 shuí

娠 shēn（统读）

什（甚）shén ~么

蜃 shèn（统读）

葚（一）shèn（文）桑~

  （二）rèn（语）桑~儿

胜 shèng（统读）

识 shí 常~ ~货 ~字

似 shì ~的

室 shì（统读）

螫（一）shì（文）

  （二）zhē（语）

匙 shi 钥~

殊 shū（统读）

蔬 shū（统读）

疏 shū（统读）

叔 shū（统读）

淑 shū（统读）

菽 shū（统读）

熟（一）shú（文）

  （二）shóu（语）

署 shǔ（统读）

曙 shǔ（统读）

漱 shù（统读）

戍 shù（统读）

蟀 shuài（统读）

孀 shuāng（统读）

说 shuì 游~

数 shuò ~见不鲜

硕 shuò（统读）

蒴 shuò（统读）

艘 sōu（统读）

嗾 sǒu（统读）

速 sù（统读）

塑 sù（统读）

虽 suī（统读）

绥 suí（统读）

髓 suǐ（统读）

遂（一）suì 不~ 毛~自荐

  （二）suí 半身不~

隧 suì（统读）

隼 sǔn（统读）

莎 suō ~草

缩 （一）suō 收~

　　（二）sù ~砂密（一种植物）

嗦 suō（统读）

索 suǒ（统读）

T

跶 tā（统读）

鳎 tǎ（统读）

獭 tǎ（统读）

沓 （一）tà 重~

　　（二）ta 疲~

　　（三）dá 一~纸

苔 （一）tái（文）

　　（二）tāi（语）

探 tàn（统读）

涛 tāo（统读）

悌 tì（统读）

佻 tiāo（统读）

调 tiáo ~皮

帖 （一）tiē 妥~　伏伏~~　俯首~耳

　　（二）tiě 请~　字~儿

　　（三）tiè 字~　碑~

听 tīng（统读）

庭 tíng（统读）

骰 tóu（统读）

凸 tū（统读）

突 tū（统读）

颓 tuí（统读）

蜕 tuì（统读）

臀 tún（统读）

唾 tuò（统读）

W

娲 wā（统读）

挖 wā（统读）

瓦 wà ~刀

喎 wāi（统读）

蜿 wān（统读）

玩 wán（统读）

惋 wǎn（统读）

脘 wǎn（统读）

往 wǎng（统读）

忘 wàng（统读）

微 wēi（统读）

巍 wēi（统读）

薇 wēi（统读）

危 wēi（统读）

韦 wéi（统读）

违 wéi（统读）

唯 wéi（统读）

圩 （一）wéi ~子

　　（二）xū ~（墟）场

纬 wěi（统读）

委 wěi ~靡

伪 wěi（统读）

萎 wěi（统读）

尾 （一）wěi ~巴

　　（二）yǐ 马~儿

尉 wèi ~官

文 wén（统读）

闻 wén（统读）

紊 wěn（统读）

喔 wō（统读）

蜗 wō（统读）

硪 wò（统读）

诬 wū（统读）

梧 wú（统读）

牾 wǔ（统读）

乌 wù ~拉（也作"靰鞡"）　~拉草

杌 wù（统读）

鹜 wù（统读）

X

夕 xī（统读）

· 350 ·

汐 xī（统读）

晰 xī（统读）

析 xī（统读）

皙 xī（统读）

昔 xī（统读）

溪 xī（统读）

悉 xī（统读）

熄 xī（统读）

蜥 xī（统读）

螅 xī（统读）

惜 xī（统读）

锡 xī（统读）

樨 xī（统读）

袭 xí（统读）

檄 xí（统读）

峡 xiá（统读）

暇 xiá（统读）

吓 xià 杀鸡~猴

鲜 xiān 屡见不~　数见不~

锨 xiān（统读）

纤 xiān ~维

涎 xián（统读）

弦 xián（统读）

陷 xiàn（统读）

霰 xiàn（统读）

向 xiàng（统读）

相 xiàng ~机行事

淆 xiáo（统读）

哮 xiào（统读）

些 xiē（统读）

颉 xié ~颃

携 xié（统读）

偕 xié（统读）

挟 xié（统读）

械 xiè（统读）

馨 xīn（统读）

囟 xìn（统读）

行 xíng 操~　德~　发~　品~

省 xǐng 内~　反~　~亲　不~人事

苘 xiōng（统读）

朽 xiǔ（统读）

宿 xiù 星~　二十八~

煦 xù（统读）

蓿 xu 苜~

癣 xuǎn（统读）

削（一）xuē（文）剥~　~减　瘦~

　　　（二）xiāo（语）切~　~铅笔　~球

穴 xué（统读）

学 xué（统读）

雪 xuě（统读）

血（一）xuè（文）用于复音词及成语，如
　　　　　“贫~”“心~”“呕心沥~”“~
　　　　　泪史”“狗~喷头”等

　　　（二）xiě（语）口语多单用，如“流了点
　　　　　儿~”及几个口语常用词，如：
　　　　　“鸡~”“~晕”“~块子”等

谑 xuè（统读）

寻 xún（统读）

驯 xùn（统读）

逊 xùn（统读）

熏 xùn 煤气~着了

徇 xùn（统读）

殉 xùn（统读）

蕈 xùn（统读）

Y

押 yā（统读）

崖 yá（统读）

哑 yǎ ~然失笑

亚 yà（统读）

殷 yān ~红

芫 yán ~荽

筵 yán（统读）

沿 yán（统读）

焰 yàn（统读）

夭 yāo（统读）

肴 yáo（统读）

杳 yǎo（统读）

窅 yǎo（统读）

钥（一）yào（语）~匙

　　（二）yuè（文）锁~

曜 yào（统读）

耀 yào（统读）

椰 yē（统读）

噎 yē（统读）

叶 yè ~公好龙

曳 yè 弃甲~兵　摇~　~光弹

屹 yì（统读）

轶 yì（统读）

谊 yì（统读）

懿 yì（统读）

诣 yì（统读）

艾 yì 自怨自~

荫 yìn（统读）（"树~""林~道"也作"树阴""林阴道"）

应（一）yīng ~届　~名儿　~许 提出的条件他都~了　是我~下来的任务

　　（二）yìng ~承　~付　~声　~时　~验　~邀　~用　~运　~征　里~外合

萦 yíng（统读）

映 yìng（统读）

佣 yōng ~工

庸 yōng（统读）

臃 yōng（统读）

壅 yōng（统读）

拥 yōng（统读）

踊 yǒng（统读）

咏 yǒng（统读）

泳 yǒng（统读）

莠 yǒu（统读）

愚 yú（统读）

娱 yú（统读）

愉 yú（统读）

伛 yǔ（统读）

屿 yǔ（统读）

吁 yù 呼~

跃 yuè（统读）

晕（一）yūn ~倒　头~

　　（二）yùn 月~　血~　~车

酝 yùn（统读）

Z

匝 zā（统读）

杂 zá（统读）

载（一）zǎi 登~　记~

　　（二）zài 搭~　怨声~道　重~　装~　~歌~舞

簪 zān（统读）

暂 zàn（统读）

凿 záo（统读）

择（一）zé 选~

　　（二）zhái ~不开　~菜　~席

贼 zéi（统读）

憎 zēng（统读）

甑 zèng（统读）

喳 zhā 叽叽~~

轧（除"~钢""~辊"念 zhá 外，其他都念 yà）（gá 为方言，不审）

摘 zhāi（统读）

粘 zhān ~贴

涨 zhǎng ~落　高~

着（一）zháo ~慌　~急　~家　~凉　~忙　~迷　~水　~雨

　　（二）zhuó ~落　~手　~眼　~意　~重　不~边际

　　（三）zhāo 失~

沼 zhǎo（统读）

遮 zhē（统读）

蛰 zhé（统读）

辙 zhé（统读）

贞 zhēn（统读）

侦 zhēn（统读）

帧 zhēn（统读）

胗 zhēn（统读）

枕 zhěn（统读）

诊 zhěn（统读）

振 zhèn（统读）

知 zhī（统读）

织 zhī（统读）

脂 zhī（统读）

植 zhí（统读）

殖（一）zhí 繁～　生～　～民

　　（二）shi 骨～

指 zhǐ（统读）

掷 zhì（统读）

质 zhì（统读）

蛭 zhì（统读）

秩 zhì（统读）

栉 zhì（统读）

炙 zhì（统读）

中 zhōng 人～（人口上唇当中处）

种 zhòng 点～（义同"点播"。动宾结构念
　　diǎnzhǒng，义为点播种子）

诌 zhōu（统读）

骤 zhòu（统读）

轴 zhòu 大～子戏　压～子

碡 zhou 碌～

烛 zhú（统读）

逐 zhú（统读）

属 zhǔ ～望

筑 zhù（统读）

著 zhù 土～

转 zhuǎn 运～

撞 zhuàng（统读）

幢（一）zhuàng 一～楼房

　　（二）chuáng 经～（佛教所设刻有经咒的
　　　　石柱）

拙 zhuō（统读）

茁 zhuó（统读）

灼 zhuó（统读）

卓 zhuó（统读）

综 zōng ～合

纵 zòng（统读）

粽 zòng（统读）

镞 zú（统读）

组 zǔ（统读）

钻（一）zuān ～探　～孔

　　（二）zuàn ～床　～杆　～具

佐 zuǒ（统读）

唑 zuò（统读）

柞（一）zuò ～蚕　～绸

　　（二）zhà ～水〔地名，在陕西〕

做 zuò（统读）

作（除"～坊"读 zuō 外，其余都读 zuò）

附录二 普通话水平测试大纲

根据教育部、国家语言文字工作委员会发布的《普通话水平测试管理规定》《普通话水平测试等级标准》，制定本大纲。

一、测试的名称、性质、方式

本测试定名为"普通话水平测试"（PUTONGHUA SHUIPING CESHI，缩写为PSC）。普通话水平测试测查应试人的普通话规范程度、熟练程度，认定其普通话水平等级，属于标准参照性考试。本大纲规定测试的内容、范围、题型及评分系统。

普通话水平测试以口试方式进行。

二、测试内容和范围

普通话水平测试的内容包括普通话语音、词汇和语法。

普通话水平测试的范围是国家测试机构编制的《普通话水平测试用普通话词语表》《普通话水平测试用普通话与方言词语对照表》《普通话水平测试用普通话与方言常见语法差异对照表》《普通话水平测试用朗读作品》《普通话水平测试用话题》。

三、试卷构成和评分

试卷包括 5 个组成部分，满分为 100 分。

（一）读单音节字词（100 个音节，不含轻声、儿化音节），限时 3.5 分钟，共 10 分。

1. 目的：

测查应试人声母、韵母、声调读音的标准程度。

2. 要求：

（1）100 个音节中，70%选自《普通话水平测试用普通话词语表》"表一"，30%选自"表二"。

（2）100 个音节中，每个声母出现次数一般不少于 3 次，每个韵母的出现次数一般不少于 2 次，4 个声调的出现次数大致均衡。

（3）音节的排列要避免同一测试要素连续出现。

3. 评分：

（1）语音错误，每个音节扣 0.1 分。

（2）语音缺陷，每个音节扣 0.05 分。

（3）超时 1 分钟以内，扣 0.5 分；超时 1 分钟以上（含 1 分钟），扣 1 分。

（二）读多音节词语（100 个音节），限时 2.5 分钟，共 20 分。

1. 目的：

测查应试人声母、韵母、声调和变调、轻声、儿化读音的标准程度。

2. 要求：

（1）词语的70%选自《普通话水平测试用普通话词语表》"表一"，30%选自"表二"。

（2）声母、韵母、声调出现的次数与读单音节字词的要求相同。

（3）上声与上声相连的词语不少于3个，上声与非上声相连的词语不少于4个，轻声不少于3个，儿化不少于4个（应为不同的儿化韵母）。

（4）词语的排列要避免同一测试要素连续出现。

3. 评分：

（1）语音错误，每个音节扣0.2分。

（2）语音缺陷，每个音节扣0.1分。

（3）超时1分钟以内，扣0.5分；超时1分钟以上（含1分钟），扣1分。

（三）选择判断，限时3分钟，共10分。

1. 词语判断（10组）

（1）目的：测查应试人掌握普通话词语的规范程度。

（2）要求：根据《普通话水平测试用普通话与方言词语对照表》，列举10组普通话与方言意义相对应，但说法不同的词语，由应试人判断并读出普通话的词语。

（3）评分：判断错误，每组扣0.25分。

2. 量词、名词搭配（10组）

（1）目的：测查应试人掌握普通话量词和名词搭配的规范程度。

（2）要求：根据《普通话水平测试用普通话与方言常见语法差异对照表》，列举10个名词和若干量词，由应试人搭配并读出符合普通话规范的10组名量短语。

（3）评分：搭配错误，每组扣0.5分。

3. 语序或表达形式判断（5组）

（1）目的：测查应试人掌握普通话语法的规范程度。

（2）要求：根据《普通话水平测试用普通话与方言常见语法差异对照表》，列举5组普通话和方言意义相对应，但语序或表达习惯不同的短语或短句，由应试人判断并读出符合普通话语法规范的表达形式。

（3）评分；判断错误，每组扣0.5分。

选择判断合计超时1分钟以内，扣0.5分；超时1分钟以上（含1分钟），扣1分。答题时语音错误，每个音节扣0.1分，如判断错误已经扣分，不重复扣分。

（四）朗读短文（1篇，400个音节），限时4分钟，共30分。

1. 目的：

测查应试人使用普通话朗读书面作品的水平。在测查声母、韵母、声调读音标准程度的同时，重点测查连读音变、停连、语调以及流畅程度。

2. 要求：

（1）短文从《普通话水平测试用朗读作品》中选取。

（2）评分以朗读作品的前400个音节（不含标点符号和括注的音节）为限。

3. 评分：

（1）每错1个音节，扣0.1分；漏读或增读1个音节，扣0.1分。

（2）声母或韵母的系统性语音缺陷，视程度扣 0.5 分、1 分。

（3）语调偏误，视程度扣 0.5 分、1 分、2 分。

（4）停连不当，视程度扣 0.5 分、1 分、2 分。

（5）朗读不流畅（包括回读），视程度扣 0.5 分、1 分、2 分。

（6）超时扣 1 分。

（五）命题说话，限时 3 分钟，共 30 分。

1. 目的：

测查应试人在无文字凭借的情况下说普通话的水平，重点测查语音标准程度、词汇语法规范程度和自然流畅程度。

2. 要求：

（1）说话话题从《普通话水平测试用话题》中选取，由应试人从给定的两个话题中选定 1 个话题，连续说一段话。

（2）应试人单向说话。如发现应试人有明显背稿、离题、说话难以继续等表现时，主试人应及时提示或引导。

3. 评分：

（1）语音标准程度，共 20 分。分六档：

一档：语音标准，或极少有失误。扣 0 分、0.5 分、1 分。

二档：语音错误在 10 次以下，有方音但不明显。扣 1.5 分、2 分。

三档：语音错误在 10 次以下，但方音比较明显；或语音错误在 10～15 次，有方音但不明显。扣 3 分、4 分。

四档：语音错误在 10～15 次，方音比较明显。扣 5 分、6 分。

五档：语音错误超过 15 次，方音明显。扣 7 分、8 分、9 分。

六档：语音错误多，方音重。扣 10 分、11 分、12 分。

（2）词汇语法规范程度，共 5 分。分三档：

一档：词汇、语法规范。扣 0 分。

二档：词汇、语法偶有不规范的情况。扣 0.5 分、1 分。

三档：词汇、语法屡有不规范的情况。扣 2 分、3 分。

（3）自然流畅程度，共 5 分。分三档：

一档：语言自然流畅。扣 0 分。

二档：语言基本流畅，口语化较差，有背稿子的表现。扣 0.5 分、1 分。

三档：语言不连贯，语调生硬。扣 2 分、3 分。

说话不足 3 分钟，酌情扣分：缺时 1 分钟以内（含 1 分钟），扣 1 分、2 分、3 分；缺时 1 分钟以上，扣 4 分、5 分、6 分；说话不满 30 秒（含 30 秒），本测试项成绩计为 0 分。

四、应试人普通话水平等级的确定

国家语言文字工作部门发布的《普通话水平测试等级标准》是确定应试人普通话水平等级的依据。测试机构根据应试人的测试成绩确定其普通话水平等级，由省、自治区、直辖市以上语言文字工作部门颁发相应的普通话水平测试等级证书。

普通话水平划分为三个级别，每个级别内划分两个等次。其中：

97 分及其以上，为一级甲等；

92 分及其以上但不足 97 分，为一级乙等；

87 分及其以上但不足 92 分，为二级甲等；

80 分及其以上但不足 87 分，为二级乙等；

70 分及其以上但不足 80 分，为三级甲等；

60 分及其以上但不足 70 分，为三级乙等。

说明：各省、自治区、直辖市语言文字工作部门可以根据测试对象或本地区的实际情况，决定是否免测"选择判断"测试项。如免测此项，"命题说话"测试项的分值由 30 分调整为 40 分。评分档次不变，具体分值调整如下：

（1）语音标准程度的分值，由 20 分调整为 25 分。

一档：扣 0 分、1 分、2 分。

二档：扣 3 分、4 分。

三档：扣 5 分、6 分。

四档：扣 7 分、8 分。

五档：扣 9 分、10 分、11 分。

六档：扣 12 分、13 分、14 分。

（2）词汇语法规范程度的分值，由 5 分调整为 10 分。

一档：扣 0 分。

二档：扣 1 分、2 分。

三档：扣 3 分、4 分。

（3）自然流畅程度，仍为 5 分，各档分值不变。

附录三　汉语拼音方案

《汉语拼音方案》是中华人民共和国的法定拼音方案，1955—1957 年由中国文字改革委员会“汉语拼音方案委员会”研究制订，1958 年 2 月 11 日第一届全国人民代表大会第五次会议批准，1982 年国际标准化组织承认为拼写汉语的国际标准。《汉语拼音方案》由“字母表”“声母表”“韵母表”“声调符号”“隔音符号”五个部分组成。

一、字母表

字母：	Aɑ	Bb	Cc	Dd	Ee	Ff	Gg
名称：	ㄚ	ㄅㄝ	ㄘㄝ	ㄉㄝ	ㄜ	ㄝㄈ	ㄍㄝ
	Hh	Ii	Jj	Kk	Ll	Mm	Nn
	ㄏㄚ	ㄧ	ㄐㄧㄝ	ㄎㄝ	ㄝㄌ	ㄝㄇ	ㄋㄝ
	Oo	Pp	Qq	Rr	Ss	Tt	
	ㄛ	ㄆㄝ	ㄑㄧㄡ	ㄚㄦ	ㄝㄙ	ㄊㄝ	
	Uu	Vv	Ww	Xx	Yy	Zz	
	ㄨ	ㄪㄝ	ㄨㄚ	ㄒㄧ	ㄧㄚ	ㄗㄝ	

v 只用来拼写外来语、少数民族语言和方言。字母的手写体依照拉丁字母的一般书写习惯。

二、声母表

b	p	m	f	d	t	n	l
ㄅ玻	ㄆ坡	ㄇ摸	ㄈ佛	ㄉ得	ㄊ特	ㄋ讷	ㄌ勒
g	k	h		j	q	x	
ㄍ哥	ㄎ科	ㄏ喝		ㄐ基	ㄑ欺	ㄒ希	
zh	ch	sh	r	z	c	s	
ㄓ知	ㄔ蚩	ㄕ诗	ㄖ日	ㄗ资	ㄘ雌	ㄙ思	

在给汉字注音的时候，为了使拼式简短，zh、ch、sh 可以省作 ẑ、ĉ、ŝ。

三、韵母表

	i 丨　衣	u ㄨ　乌	ü ㄩ　迂
a ㄚ　啊	ia 丨ㄚ　呀	ua ㄨㄚ　蛙	
o ㄛ　喔		uo ㄨㄛ　窝	
e ㄜ　鹅	ie 丨ㄝ　耶		üe ㄩㄝ　约
ai ㄞ　哀		uai ㄨㄞ　歪	
ei ㄟ　欸		uei ㄨㄟ　威	
ao ㄠ　熬	iao 丨ㄠ　腰		
ou ㄡ　欧	iou 丨ㄡ　忧		
an ㄢ　安	ian 丨ㄢ　烟	uan ㄨㄢ　弯	üan ㄩㄢ　冤
en ㄣ　恩	in 丨ㄣ　因	uen ㄨㄣ　温	ün ㄩㄣ　晕
ang ㄤ　昂	iang 丨ㄤ　央	uang ㄨㄤ　汪	
eng ㄥ　亨的韵母	ing 丨ㄥ　英	ueng ㄨㄥ　翁	
ong （ㄨㄥ）　轰的韵母	iong ㄩㄥ　雍		

(1) "知、蚩、诗、日、资、雌、思"等七个音节的韵母用 i，即知、蚩、诗、日、资、雌、思等字拼作 zhi、chi、shi、ri、zi、ci、si。

(2) 韵母儿写成 er，用作韵尾的时候写成 r。例如："儿童"拼作 ertong，"花儿"拼作 huar。

(3) 韵母ㄝ单用的时候写成 ê。

(4) i 行的韵母，前面没有声母的时候，写成 yi（衣），ya（呀），ye（耶），yao（腰），you（忧），yan（烟），yin（因），yang（央），ying（英），yong（雍）。

u 行的韵母，前面没有声母的时候，写成 wu（乌），wa（蛙），wo（窝），wai（歪），wei（威），wan（弯），wen（温），wang（汪），weng（翁）。

ü 行的韵母，前面没有声母的时候，写成 yu（迂），yue（约），yuan（冤），yun（晕）；ü

上两点省略。

ü 行的韵母跟声母 j、q、x 拼的时候，写成 ju（居），qu（区），xu（虚），ü 上两点也省略；但是跟声母 l、n 拼的时候，仍然写成 lü（吕），nü（女）。

（5）iou、uei、uen 前面加声母的时候，写成 iu、ui、un。例如 niu（牛），gui（归），lun（论）。

（6）在给汉字注音的时候，为了使拼式简短，ng 可以省作 ŋ。

四、声调符号

阴平　　阳平　　　上声　　　去声

　-　　　　ˊ　　　　ˇ　　　　　ˋ

声调符号标在音节的主要母音上。轻声不标。例如：

妈 mā　　　　麻 má　　　　马 mǎ　　　　　骂 mà　　　　　吗 ma

（阴平）　　（阳平）　　（上声）　　　（去声）　　　（轻声）

五、隔音符号

a，o，e 开头的音节连接在其他音节后面的时候，如果音节的界限发生混淆，用隔音符号（'）隔开，例如：pí'ǎo（皮袄）。

附录四　普通话单音节词表
（常用词、次常用词）

普通话水平测试单字　表一

一画

一　乙

二画

丁　七　乃　九　了　二　人　儿　入　八　几　刀　力　十　厂　又

三画

万　丈　三　上　下　个　久　义　也　习　乡　于　亏　亡　亿　凡　千　卫　飞　叉
土　士　大　女　子　寸　小　山　川　工　己　已　干　广　弓　才　门　飞　马
与　之　及

四画

不　丑　专　中　丰　为　书　予　云　互　五　井　仅　今　仍　从　仓　元　公　天
六　内　凶　分　切　劝　尺　办　勾　引　化　匹　区　升　厅　历　斗　艺　反　方　无　订
太　夫　孔　少　尤　止　毛　巴　开　心　户　火　支　手　牙　王　瓦
日　曰　月　欠　长　队　风　氏　气　以　水　片　扎　牛
认　贝　车　邓

五画

且　世　丙　业　东　丝　主　乎　乐　他　仗　付　仙　代　令　仪　兄　兰　古
册　写　另　冯　凹　出　击　功　加　务　包　北　半　占　卡　去　发　头　发　奶　未
句　宁　只　它　对　尔　可　左　号　叶　平　灭　节　司　幼　犯　玉　瓜　处
末　电　白　皮　本　术　正　目　母　石　示　史　巨　民　永　礼　右　市　汁　汉　立
圣　生　议　记　让　扑　外　打　扔　田　闪　旧　由　鸟　甲　龙

六画

丢　买　争　亚　交　亦　产　仰　件　价　任　份　伏　众　优　伤
伪　充　先　光　全　厌　关　兴　再　军　农　名　冲　决　刑　则
刚　创　动　华　壮　压　夹　吃　各　合　吊　同　冰　后　向　划　列　传　团
在　地　场　多　师　年　她　好　庄　如　式　此　存　戏　成　扛　江　因　寻　扣　导
尖　尘　尽　岁　曲　有　朱　夺　并　杂　权　当　次　考　死　耳　池　扫　灯　至
扬　收　早　竹　米　红　约　级　杀　羊　网　机　老　而　肉　肌　臣　自
灰　百

徐换桌爱砸胶诸造饿
弱捡案热破耗请速顿
座捞桃烫真耕被逛顾
席捐桂烧盐翅袖通难
峰捏根烟盏罢袁逗陶
展捉核涨益缺蚕递陷
射捆样消症绣莫透铅陪
宾捅株涂病索荷较铃
宽挽校浸瓷笔致赶钾
容振柴海畜素般起铀
家挨晒浮留粉资钻
害晃流瓶臭贼钱
娘拿晋浪班笑脓谈酒
套拳晃流瓶脓赃钱
夏扇旅氨珠站脑调配烟
壶恶旁氧狼窄脏谈酒栓
埋息料桩秤脊谁都鸭
圆恩敌桨特租能课郭高
唤徒效桥爹离胸读部验

十一画

基情族犁票菌银
域悬旋渠硅船铝
商患斜渔睁脸脱野
圈您断渔眼脚
肯得敢清添眼脚
唱彩教混盛职跃距辆
唯弹救深盘绿象梢
副常推淡盖绳象谓黄
剪巢掘欲甜粗粘麻
凑寄探液略盒累谜晚
减密掏梳球理粒袋骑
兽宿排检章笨蛇蛋颈
兜婶掉梅猫率第衔馆
偶娶据梁猪章虚领
做够惯桶猜竟著隐
停够捧梁章虚领
偏堆惟望猛移营随
假堂惊曹猎祭菜隋

十二画

强晾游落骗
幅智港税遂颁
帽晶温程脾逼
嵌景渡稀联跑集雇
属敬氮确缘趋隔
就散氖硬编跌雄
尊搅款短硫越阔
寒搁棵植粪超锋
富搂棵登紫趁锌
塔搁棚痛粤赏锁
喷握棒番答赋销
喝插棉琴筒量铺
喜提棉筑筒谢铺
喘揉期煮筐裂遗量
喊掌朝煮牌装谢
善慌替最窝街道黑
喂愣替滑窝蛮道
割惹曾湿窜审蒋遍鹅
剩彭暂湖窗葬遇鲁

十三画以上（含十三画）

感溶缝跪僧熊蜜幢稻凝瞄瓣
意溜粮跨龄演蔡蜜墨瞎额擦
愈源简赖跟鼠漆漏舞增瞳飘鞭
愁毁福跟鼓滴膜鲜熟鞋雕镜
想歇歌禁触魂模聚鲜潮鞋蹦
微歇碰蜂解韵榨缩静颗潜靠
幕楼碗蓝蜂雾旗精需潘镇震醒藤
嫌楚暗碎蓄雷敲管雌槽醉辨避翻鳃
嫁暖睡矮蒸零摘算镁横醉避辨魏
墓新碎蒸锤键敲管雌需潘镇醒翻
填数睡腿锡截端踢踩磨臂露髓
塞摸腹遣寨撒撕踢磨藏髓
塘摊煤腰遣愿慢遮撞踢燃翼灌嚼
嗅摊照腰辞察瘦碱赛遭撒趟激繁
叠摇滩腰辞寨磁遮撞踢磨篓蹲
勤摆滤群输嫩赚摩箱操穗蹬
像搬满罪跳墙熬裹德箭壁簸蟹
傻搬滤置躲嫩疑赚懂箱器磷蟹
催搞滚缠路境熔蜡影稿嘴瞪藻

表二

二画

刁 卜

三画

丸 刃 夕 尸 巾

四画

丹 乌 什 仄 仆 仇 介 允 兮 凤 勾 卅 午 尹 屯 币 幻 廿 忆
毋 爪 犬 韦 乏

五画

乍 仕 仁 卢 卯 叩 召 叮 叨 囚 奴 孕 尼 帅 弗 斥 旦 汇 玄
甘 申 皿 矛 矢 禾 纠 艾 讯 轧 辽 饥

六画

丞 乔 仲 仿 伊 伍 伐 休 伙 伟 兆 劣 匠 协 危 吉 吏 吕 夷
夸 奸 妃 妄 妆 汝 宅 纪 肋 舟 讽 诀 贞 轨 迂 旨 邢 邦 阶 朽
欢 毕 氖 汛 驮
驯

七画

估 伶 佃 佐 佑 佟 兑 况 冶 刨 劫 匣 吞 吟 吠 吭 启 吼 呕
呛 囤 址 扼 坚 抚 抠 坟 妖 妥 孝 寿 汰 岔 岗 彻 忌 忧 灾
扮 扰 扼 抑 抚 秀 拒 旷 权 杉 杆 苍 歼 汽 沁 沥 灸 灼 辰 还
甫 疗 祀 秀 纺 罕 肖 肘 芯 韧 驳 龟 巫 诈 诉 诊 诏 辛
违 邑 邮 邱 酉 闰 陇

八画

乖 佩 佯 侄 侍 典 函 券 刹 卑 卒 卓 卦 咂 咏 咒 坤 坪 垄
妾 委 孤 拄 拈 屈 岳 拎 拓 帘 帜 拦 庚 庞 弥 忠 怜 怯 杭
抻 抿 拂 枢 殴 沫 沸 泊 泣 拘 拙 泻 择 斩 昂 昌 昏 昔 绊
柱 枕 枢 苞 房 衫 衬 规 诛 详 泼 贤 炖 炙 牧 瓮 畅 盲 闸
陋 陕 隶 顷 饲 驶 驹 驼 驾 贩 轮 贬 贮 郁 郊 郎 钓

九画

亭 侯 俊 俏 俘 俞 侥 兹 剃 勇 勉 卸 厘 叙 叛 咯 哀 哉 哑
垒 垢 垣 垦 垮 奎 契 姚 姜 姨 挠 挪 昧 昭 昼 枯 柑 柔 峦 巷 柯
恃 恰 恼 括 拭 拼 拽 挎 挠 洼 浊 浑 涎 炭 狠 狱 珍 疤 疫 缸 疮 胞
疯 皇 荆 荐 钝 盾 矩 荤 砚 祛 禹 竿 籽 绑 绒 贱 绞 贺 趴 迸
荏 郝 郡 钛 钞 盈 荡 钝 贝 钧 闽 蚀 衍 袄 览 诫 诱 饶 饷 骇
逊 阀 阁 陡 革 饵 饶

十画

冤 剖 剜 剥 卿 哲 圃 埂 姬 宰 宴 屑 恋 恐 恕 悔 悟 悦 挫

捂 捅 挓 捎 损 捣 斋 晌 晓 晕 朕 栓 桑 档 桦 桨 梆
殷 毙 氢 泰 浙 浦 浴 涉 涛 涝 涡 洞 烈 烘 烙 烤 烦
瓮 畔 疲 疾 痈 监 眠 砧 砷 祥 秘 竞 绢 绥 羔 翁 耙
耸 耿 聂 逝 脆 舀 舐 航 舰 艳 莲 虑 袍 袜 豹 贾 躬
轿 辱 途 逞 逢 酌 钵 铂 铆 阅 陵 倔 俯 倡 倦 冢

十一画

乾 谐 偿 兽 勒 匾 厢 厩 唬 唾 啄 啐 啮 啸 埠 堆 婴 孰
寂 寅 寇 屠 掠 掘 崩 庵 康 廊 悉 惦 敛 惨 戚 捶 捻 掀
掂 掐 掖 崔 淘 淤 掩 掳 掷 掸 渊 敝 焉 晤 晨 曼 梭 梯
械 毫 涮 尚 矫 祸 淫 淮 渊 掺 渍 绫 蛀 焊 爽 畦 痒 盔
盗 眯 眶 眸 舵 菊 秸 窑 笛 符 绪 萤 蚱 续 绵 绷 绸 缀
聊 聋 脖 春 鄂 酚 萌 萍 铣 铭 萧 隅 雀 袭 颅 谎 谏 谕 赦

十二画

傍 储 傲 凿 募 博 厥 厨 啼 喉 喙 喻 堡 堤 堪 堰 奠 奥 媒
媚 崴 幂 御 循 悲 惠 惩 愤 愧 戟 掰 揍 揣 揩 揪 揭 援 揽
湘 湾 溃 溅 滋 斑 普 晴 暐 犄 暑 琼 皖 棍 棱 椎 欺 渴 渺
筋 筏 策 筛 蛙 焚 焰 犊 痘 絮 缔 翔 翘 禄 禅 禽 窖 竣 童
葛 董 葱 蒂 裁 裙 裤 貂 赌 赎 鼎 骚 跋 腊 腋 腌 舒 舜 艇

十三画以上（含十三画）

剽 嗓 嗜 嗣 嗤 塌 塑 寝 廉 愚 慈 慎 搏 斟 楔 概 榆 槐
殿 溜 溢 溯 溺 滇 滨 煨 煎 煞 猿 瑞 瑟 筹 痴 盟 睛 督
睬 睹 瞄 硼 碍 碑 虞 蛹 猛 阙 跤 跷 跺 频 鹿 凳 嘘 嫡
腭 腻 蒜 蓄 蓬 锭 锯 猛 阙 障 雏 雹 靳 靴 靶 辐 辑 辟 嘘 瘟 碟
酱 锚 锥 锦 锭 锯 蜻 楔 搏 歉 漫 谬 靳 漾 潇 蔫 熄 瑶 瘟 碟
孵 寡 廖 摞 撇 豎 榜 膈 膊 膏 舔 锻 镀 魄 僵 熏 嘻 蝉 裹
碧 竭 褪 誓 谭 帽 赘 赫 辣 撩 撬 播 漂 蔓 蔗 劈 蜷 蝇 墩
褐 蕙 憨 僧 憨 撼 撕 撩 簸 糊 膘 膝 蕊 敷 蕨 蜘 嗝 滕 澄
履 澳 瘠 瘪 碾 磅 磕 篡 篓 儒 噪 蓬 憾 懒 搬 擒 擎 臻 踞
澈 遵 醇 醋 镍 瘸 褶 赞 霉 鞋 磬 镀 辩 薮 糠 缰 缴 膳 薛
踪 寮 燕 犟 蟒 徽 蟒 褶 瞥 赠 蹒 爵 鳃 黏 潦 辙 薏 霍 霖 臀 躁 薪
澡 燎 螨 鳖 壕 徽 蟒 薛 骤 鳃 警 糯 瀑 辩 邀 糜 臂 镭 耀 黔
默 嚎 壑 蹬 辫 霞 簿 羹 蕴 蘸 罐 趿 螺
豁 赢 踏 疆 薛 霸 麝 黯 鳞 蠢 赣 巅 魔
鳞 蠢 赣 霸 麝 黯

附录五 普通话多音节词表

表一

氨基酸	奥运会	办公室	半导体	必然性	辩证法	标准化	差不多	出发点
传教士	传染病	创造性	大多数	大学生	大自然	代理人	蛋白质	当事人
地下水	电磁波	电视剧	电视台	对不起	多边形	发动机	法西斯	方法论
放射性	服务员	根据地	工程师	工商业	工业化	公有制	共产党	共和国
国务院	合作社	化合物	机器人	机械化	积极性	基督教	计算机	技术员
继承人	寄生虫	加速度	解放军	金刚石	锦标赛	进化论	决定性	开玩笑
科学家	科学院	来不及	劳动力	劳动日	劳动者	老百姓	老人家	老太太
老头子	联合国	了不起	农产品	农作物	偶然性	派出所	乒乓球	葡萄糖
普通话	轻工业	染色体	人民币	认识论	三角形	舍不得	社会学	生产力
生命力	世界观	收音机	手工业	手榴弹	水蒸气	私有制	思想家	四边形
所有制	太阳能	天然气	天主教	图书馆	望远镜	微生物	维生素	委员会
温度计	无线电	显微镜	现代化	想象力	消费品	小伙子	小朋友	小学生
研究生	荧光屏	游击队	原子核	运动员	责任感	怎么样	照相机	直辖市
殖民地	中世纪	中学生	重工业	主人公	啄木鸟	自动化	自然界	自行车
自治区								

表二

班主任	安理会	八仙桌	芭蕾舞	白话文	百分比	保护色	保险丝	保证金
保证人	抱不平	暴风雨	暴风雪	北半球	北极星	必需品	避雷针	半成品
变压器	辩护人	病原体	博览会	博物馆	不得了	不得已	不动产	不敢当
不见得	不像话	不锈钢	不在乎	不至于	参议院	长臂猿	长方形	长颈鹿
超导体	超声波	乘务员	吃不消	出生率	穿山甲	催化剂	打火机	打交道
大本营	大不了	大理石	大陆架	大气层	大气压	大人物	代表作	丹顶鹤
胆固醇	胆小鬼	地平线	地下室	电磁场	电气化	电解质	电影院	东道主
东正教	董事会	动画片	动物园	鹅卵石	恶作剧	发言人	反义词	方向盘
防护林	纺织品	放大镜	放射线	飞行器	飞行员	肺活量	肺结核	分水岭

负离子　副作用　工艺品　工作日　公积金　公务员　古兰经　管弦乐　规范化
海岸线　红领巾　红外线　胡萝卜　花岗岩　化妆品　画外音　黄澄澄　黄鼠狼
回归线　回忆录　混合物　混凝土　基本功　吉普车　集装箱　记忆力　继承权
甲骨文　甲状腺　交响乐　交易所　脚手架　教科书　金龟子　金丝猴　金字塔
禁不住　进行曲　经纪人　俱乐部　爵士乐　看不起　靠不住　老天爷　冷不防
离心力　里程碑　连环画　连衣裙　两口子　疗养院　了不得　林荫道　淋巴结
领事馆　留声机　流水线　龙卷风　录像机　录音机　螺旋桨　马铃薯　猫头鹰
蒙古包　穆斯林　南半球　难为情　内燃机　霓虹灯　牛仔裤　判决书　漂白粉
平衡木　葡萄酒　蒲公英　青霉素　清真寺　人行道　三角洲　三轮车　神经病
神经质　圣诞节　食物链　视网膜　糖尿病　体育场　体育馆　天花板　同位素
统一体　外祖父　外祖母　西红柿　细胞核　向日葵　小夜曲　协奏曲　写字台
形容词　蓄电池　亚热带　研究员　叶绿素　胰岛素　咏叹调　幼儿园　羽毛球
圆舞曲　蒸馏水　正比例　志愿军　中间人　主人翁　注射器　中文系　奏鸣曲
百花齐放　百家争鸣　百科全书　安居乐业　背道而驰　包罗万象　标新立异
别出心裁　别具一格　别开生面　别有用心　冰天雪地　不动声色　不计其数
不胫而走　不可思议　不可一世　不速之客　不言而喻　不以为然　不约而同
畅所欲言　持之以恒　赤手空拳　出类拔萃　出其不意　出人意料　错综复杂
层出不穷　触目惊心　川流不息　此起彼伏　大公无私　大惊小怪　大同小异
大显身手　大相径庭　得天独厚　得心应手　独一无二　方兴未艾　非同小可
奋不顾身　风驰电掣　风起云涌　根深蒂固　顾名思义　海市蜃楼　汗流浃背
后顾之忧　焕然一新　急中生智　家喻户晓　矫揉造作　精益求精　鞠躬尽瘁
举足轻重　刻不容缓　脍炙人口　来龙去脉　理直气壮　了如指掌　淋漓尽致
琳琅满目　屡见不鲜　慢条斯理　漫不经心　毛骨悚然　眉飞色舞　梦寐以求
名副其实　名列前茅　目不转睛　目瞪口呆　弄虚作假　排忧解难　迫不及待
岂有此理　千钧一发　前仆后继　潜移默化　轻描淡写　轻而易举　情不自禁
如释重负　若无其事　司空见惯　似是而非　肆无忌惮　随心所欲　啼笑皆非
天经地义　万紫千红　忘恩负义　相得益彰　心不在焉　心旷神怡　兴高采烈
胸有成竹　一筹莫展　一帆风顺　一目了然　一丝不苟　有的放矢　抑扬顿挫
与日俱增　语重心长　震耳欲聋　周而复始　诸如此类　自始至终　自以为是
千方百计　新陈代谢　因地制宜

参考文献

1. 林伦伦. 潮汕人学习普通话手册. 广州：广东高等教育出版社，1989.

2. 林伦伦. 新编潮州音字典. 汕头：汕头大学出版社，1995.

3. 冯健，许晓晖. 潮汕人普通话水平测试手册（修订版）. 广州：广东人民出版社，2006.

4. 詹伯慧. 广东粤方言概要. 广州：暨南大学出版社，2004.

5. 詹伯慧. 广州话正音字典：广州普通话读音对照（修订版）. 广州：广东人民出版社，2004.

6. 袁家骅. 汉语方言概要（第 2 版）. 北京：语文出版社，2001.

7. 詹伯慧，李如龙等. 汉语方言及方言调查. 武汉：湖北教育出版社，2001.

8. 国家教育委员会师范教育司. 教师口语（修订本）. 北京：首都师范大学出版社，2002.

9. 国家教育委员会师范教育司. 教师口语训练手册（修订本）. 北京：首都师范大学出版社，2001.

10. 郭启明. 教师语言艺术（修订本）. 北京：语文出版社，1992.

11. 郭启明，赵林森. 教师语言艺术. 北京：语文出版社，1998.

12. 林润生. 揭阳人学普通话正音方法掇要. 北京：语文出版社，2010.

13. 罗美珍等. 客家话通用词典. 广州：中山大学出版社，2004.

14. 董兆杰. 口语训练. 北京：语文出版社，1990.

15. 张颂. 朗读学. 北京：北京广播学院出版社，1999.

16. 普通话训练与测试教程编委会. 普通话训练与测试教程. 北京：人民出版社，2008.

17. 宋欣桥. 普通话语音训练教程. 北京：商务印书馆，2004.

18. 严戎庚. 普通话与朗读（增订本）. 乌鲁木齐：新疆大学出版社，2002.

19. 彭永昭. 普通话训练与测试教程. 重庆：重庆大学出版社，1998.

20. 李晓华. 普通话口语教程. 开封：河南大学出版社，1996.

21. 夏少钦，蒋成龙. 普通话口语交际. 北京：经济科学出版社，2008.

22. 杨烈雄．普通话与口语表达训练．广州：广东高等教育出版社，1995.

23. 宋欣桥．普通话水平测试员实用手册．北京：商务印书馆，2000.

24. 童效杰．普通话水平测试指南．武汉：湖北人民出版社，2000.

25. 汤力文．普通话水平测试习题集．北京：北京大学出版社，1998.

26. 汪缚天，苏晓青．普通话语音朗读教程．北京：北京师范大学出版社，1991.

27. 中国社会科学院语言研究所词典编辑室．现代汉语词典（第5版）．北京：商务印书馆，2005.

28. 李行健．现代汉语规范词典．北京：外语教学与研究出版社，语文出版社，2005.

后 记

　　本教材的编写历时三年，是在参阅了大量教材和专业书籍，并结合本人及林朝虹老师两人十多年教学实践和经验的基础上，博采众家之长汇编而成的。在编写过程中还受到暨南大学伍巍老师的启发，得到陈树思、童效杰、石瑜的无私指导，以及蔡斯永、沈珊的大力协助，尤其是得到潮州师范分院谢树浩院长的重视和支持，在此，谨对他们表示衷心的感谢！

　　特别要感谢韩山师范学院林伦伦院长！本人在大学时代就已久仰林伦伦老师在语言学界的盛名，今日承蒙拨冗指教，详细修改前言和目录，为书稿的修改提出宝贵意见，还欣然为本书赐序，并使之付梓。本人诚惶诚恐，不胜感激！我们将在今后的使用过程中，不断完善本教材，使学术性和应用性更加完美地结合，使其成为本院乃至粤东地区的优秀教材，不辜负师长的厚望！

　　本书在编写过程中参考了许多著作，特向各位作者致谢！

余铋珍

2011 年元宵

MPR 出版物链码使用说明

　　本书中凡文字下方带有链码图标"▃▃▃"的地方，均可通过"泛媒阅读"App 的"扫一扫"功能，获得对应的多媒体内容。

　　您可以通过扫描下方的二维码下载"泛媒阅读"App。

链码扫描操作步骤：

1. 打开"泛媒阅读"App；
2. 打开"扫一扫"功能；
3. 选择链码扫描，扫描书中的链码，即可播放多媒体内容。